アジア都市建築史

布野修司 編
アジア都市建築研究会 執筆

昭和堂

【はしがき】

　夜明けのタージ・マハル，このすっかり白大理石で覆われた建築はこの世のものとも思えなかった。幽閉されたシャージャハーンが日暮らし眺めて過ごしたというアーグラ城からの眺めもなんとも言えない。アンコール・ワットの頂に腰掛けて見た，落ちていく夕陽はすばらしかった。巨大な立体曼陀羅，ボロブドゥール，もう何度も登った。行くたびに，仏陀の生涯とその教えを物語るというレリーフを右肩回りで見て歩く。レリーフに描かれた建物は見逃さずに何百枚と写真に収めたけれど，土間式の建物は未だに見つからない。

　イスファハンのイマーム・モスク（王のモスク），この精緻な幾何学に驚く。そして金曜モスクの数々の小ドーム，その創意工夫に感動を覚える。イスタンブールのアヤ・ソフィア，単純で素朴だけど力強い空間だ。もともとはキリスト教の教会がモスクに転用された例である。増築に増築を重ねたイスラーム建築の傑作コルドバのメスキータは，逆にキリスト教の大聖堂に転用される。ヒンドゥ建築をモスクに転用した例がデリーのクトゥブ・モスクである。その尖塔（クトゥブ・ミナール）は，はるか彼方のジャーミー・マスジッドの尖塔から見える。モスクもイスラームがインドネシアまでやってくると木造となる。

　北京の天壇，これはやはり宇宙建築というべきではないか。景山から眺める紫禁城（故宮）の屋根の連なり，これはまさに「群宇の美」である。四合院という同じ形式の繰り返しが，変化に富んだ景観をつくりだす。万里の長城，これはもう地球規模の建築だ。

　世界遺産級の建築ばかりではない。小さな建築にも珠玉のようなものがある。ヴェトナムはハノイの一柱寺，1本の柱の上にお堂が乗っている。こんな建築をつくってみたかった。慶州の石窟庵，仏像の額に埋め込まれた水晶玉に冬至の太陽がぴったり当たるのだという。インドネシアのガウディといわれる，オランダの建築家M・ポントが建てた小さなジャワのポサランの教会，手作りの味がある。マハーバリプラムの小さなヒンドゥ寺院，5つのラタ，これはおそらく建築の雛形（モデル）であろう。やはり，ジャワのチレボンの王宮で見たファテプル・シークリーの内謁殿（ディーワーニ・ハース）の中央柱のような木造柱も忘れられない。

i

アジアには，まだまだ未知の，数多くのすばらしい建築が発見されるのを待っている，そんな気がしてならない。そして，実際，アジアには土地土地で育まれた結晶のような住居集落が残っている。また，人々が営々と築き上げてきた数多くの魅力的な町がある。ロンボク島のチャクラヌガラやラージャスターンのジャイプルのようなグリッド・パターンのヒンドゥ都市，そしてカトマンズ盆地のパタン，ティミ，バクタプルをはじめとする数々の都市集落が忘れられない。イスラーム都市の袋小路はどこでも活気に溢れているけれど，テヘランのバーザール，アーメダバードやオールド・デリーの袋小路が印象深い。西欧人たちがつくりあげた都市も，すでにアジアの都市の伝統に繰り込まれている。北ルソンのヴィガン，スリランカのゴール，マレーシアのマラッカ，ペナンなどがすぐさま思い浮かぶ。

　建築は人の営みとともにある。生きることと住むこと，そして建てることは密接に関わり合っている。そうした個々の建築行為が積み重なって，都市ができている。本書に，アジアの建築と都市を見て回るための，そして自分たちの町のあり方を振り返るための，いくつかの手がかりが含まれているとすれば幸いである。

　　　2003年6月

布野修司

目　次

はしがき

序章　アジアの都市と建築
panorama　多様な建築文化の系譜　2

- **01** 「アジア」と「ヨーロッパ」——— 3
- **02** 「亜細亜」と「東洋」——— 7
- **03** 「アジアはひとつ」——— 9
- **04** 法隆寺のルーツ探し——— 12
- **05** 日本建築の起源　—東洋建築史の発端——— 14
- **06** 東洋芸術の系統——— 16
- **07** 東洋建築系統史論——— 19

I　ヴァナキュラー建築の世界
panorama　世界単位と住居　22

- **01** アジアの伝統的住居——— 23
- **02** オーストロネシア世界　—日本建築の原像——— 32
- **03** 原始入母屋造　—構造発達論——— 38
- **04** 移動住居　—パオ, テント, 円錐形住居——— 41
- **05** 井籠組　—校倉造——— 44
- **06** 石造・煉瓦造　—ドーム, ヴォールト, ペンデンティブの起源——— 46
- **07** 高床式住居——— 50
- **08** 中庭式住居　—コートハウス——— 53

iii

09 家族と住居形式 ──────────────────────────── 56

10 コスモスとしての家 ─────────────────────── 60

    column1　水牛と船 ── 妻飾り　36
    column2　竹と木　48

Ⅱ　仏教建築の世界史 ── 仏塔の来た道

panorama　仏教の誕生と伝播　66

01 仏教の聖地 ── 釈迦の一生と仏跡 ─────────────── 67

02 仏教の系譜 ────────────────────────── 71

03 ストゥーパの原型 ─────────────────────── 75

04 チャイティヤとヴィハーラ ── 石窟寺院と伽藍 ──────── 79

05 仏塔の諸形態 ──────────────────────── 84

06 仏教寺院 ─────────────────────────── 97

07 仏教の宇宙観 ── 神々のパンテオン ──────────── 106

    column1　玄奘三蔵の道　69
    column2　仏陀の姿 ── 仏像の成立　77
    column3　五輪塔　95
    column4　中国仏教の展開　104

Ⅲ　中華の建築世界

panorama　中国建築の世界　110

01 紫禁城 ── 王権の空間 ───────────────────── 111

02 四合院 ─────────────────────────── 115

03 「明堂」と礼制の建築 ────────────────────── 119

04 陵寝の建築 ——————————————————— 122

05 木造建築の発達 ——————————————— 124

06 文廟と道観 ————————————————— 134

07 チベット建築・モンゴル建築との交渉 —————— 137

08 中国庭園の世界 ——————————————— 139

　　column1　皇帝の日常生活　114
　　column2　大仏様の特異性　132
　　column3　風水説　141

Ⅳ　ヒンドゥの建築世界 ——神々の宇宙

panorama　インド世界　144

01 ヒンドゥ教の神々 —————————————— 145

02 ヒンドゥ建築 ———————————————— 150

03 最初期のヒンドゥ寺院 ——北方型寺院の成立 ——— 156

04 石窟寺院と石彫寺院 ————————————— 158

05 5つのラタ ——南方型寺院の原型 ——————— 161

06 チャールキヤの実験 ————————————— 164

07 華開くシカラ ——北方型寺院の発展 —————— 167

08 聳え立つゴープラ ——南方型寺院の発展 ———— 171

09 ヒンドゥ・ヴァナキュラー ——土着化するヒンドゥ寺院 —— 177

10 海を渡った神々 ——東南アジアのヒンドゥ建築 ——— 181

　　column1　ヴァーラーナシーのガート　154
　　column2　白亜の宇宙 — ジャイナ教寺院の発達　175

V アジアの都城とコスモロジー

panorama 都城とは城郭都市のことか 192

- **01** 都城とコスモロジー ─2つのアジア ─ 193
- **02** 古代インドの都城思想 ─A1地帯 ─ 196
- **03** 古代中国の都城思想 ─A2地帯 ─ 200
- **04** 古代インドと古代中国の都城思想比較 ─ 202
- **05** インド世界と中国世界における都市の原初形態 ─ 205
- **06** インド都城のバロック的展開 ─ 207
- **07** 中国都城のバロック的展開 ─ 215
- **08** 元の大都 ─ 223
- **09** ベトナムの都城 ─ 226
- **10** 日本の都城 ─ 230

column1 　港市アユタヤ　213
column2 　中国の王都　221
column3 　都城の条坊　252

VI イスラーム世界の都市と建築

panorama 定形なきイスラーム建築 256

- **01** 都市国家の誕生 ─イスラーム以前の西アジア ─ 257
- **02** 最初のモスク ─ 259
- **03** 岩のドーム ─メッカ、メディーナ、エルサレム ─ 263
- **04** ワリードⅠ世と3つのモスク ─ダマスクス ─ 265
- **05** 円形都市と方形都市 ─バグダードとサーマッラー ─ 268

06 レコンキスタとコンキスタ ─マグリブ・イベリア半島 ──────── 271

07 アラブ・イスラーム都市の原理 ─チュニス ──────────── 275

08 アズハル・モスク ─イスラームの大学，カイロ ──────── 277

09 イーワーン ─イスファハン ────────────────── 280

10 シナン ─イスタンブル ─────────────────── 286

11 アクバル ─デリー，アーグラ，ラホール ──────────── 290

12 清真寺 ─────────────────────────── 294

　　column1　墓　廟　285
　　column2　クドゥス（ジャワ）のミナレット　298

VII　植民都市と植民地建築

panorama　商館，要塞，植民都市　300

01 西欧列強の海外進出と植民都市 ────────────────── 301

02 植民都市の諸類型 ──────────────────────── 312

03 フェリペII世の植民都市 ─マニラ，ヴィガン，セブ ─────── 316

04 海峡植民地 ─マラッカ，シンガポール，ジョージタウン ───── 323

05 東洋のパリ ─サイゴン，ポンディシェリー ─────────── 326

06 ステヴィンの理想都市計画とオランダ領東インドの植民都市
　　─バタヴィア，スラバヤ，スマラン ─────────────── 330

07 インド・サラセン様式の展開
　　─ボンベイ（ムンバイ），マドラス（チェンナイ），カルカッタ（コルカタ）── 335

08 大英帝国の首都 ─ニューデリー ───────────────── 341

09 ロシアの植民都市 ─ブラゴベシチェンスク，ハバロフスク，ウラジオストク ── 344

10 中国と西洋列強 ──香港, 上海, 広州 ──────────────── 349

11 日本植民地の都市と建築 ──────────────────── 352

　　column1　ラテン十字のヒンドゥ寺院 ── ゴア Goa　311
　　column2　ペルシア湾の夢 ── オルムズ Hormuz（イラン）　315
　　column3　インディアス法 Leyes de Indias ── スペイン植民都市計画の原理　320
　　column4　ヤン・ファン・リーベック Jan van Riebeeck ── ケープ・タウンの建設者　334

終章　現代アジアの都市と建築

panorama　現代建築の課題　358

01 カンポンの世界 ──────────────────────── 359

02 都市遺産の継承と活用 ───────────────────── 362

03 地域の生態系に基く建築システム ──エコ・アーキテクチャー ──── 364

　　あとがき　366
　　図版出所一覧　369
　　参考文献　372
　　索　引　384

序章

アジアの都市と建築

panorama　　　多様な建築文化の系譜

　アジアの都市と建築の歴史を論述するためには，いくつかの前提が必要である。まずは，アジアという地理的空間をどう設定するかという問題がある。おおまかな区分として，アジア，アフリカ，ラテン・アメリカという時のアジア，つまりボスフォラス海峡とウラル山脈以東のユーラシア大陸，そして，東南アジアの海域世界，ウォーレシアを含めた地域がここでの対象地域である。しかし，以下にみるように，アジアという空間は必ずしも固定的なものではない。その語源におけるヨーロッパ／アジアの二分法に忠実にしたがえば，ユーラシアのうち非ヨーロッパ的なるものがアジアである。本書では，たとえばイスラーム建築の展開を追いかけてイベリア半島もカヴァーするように，また逆に，西欧列強の非ヨーロッパ地域への進出を追いかけてアフリカ，ラテン・アメリカにも言及するように，アジアという地域をその概念の起源に遡って伸縮自在に考えたい。めざすのは，世界建築史，世界都市史を構想する世界史的視野の獲得である。

　第2に，歴史というからには時代区分が必要である。中国，インドのようにある程度確立された時代区分が前提される場合はそれを用いるとしても，各国ごとの歴史区分にとらわれるのは煩瑣であるし，建築や都市のあり方は必ずしも歴史学にいう時代区分によって大きく変わるわけではない。いささか大胆であるが，時代区分よりも，強い個性を持った都市文化，建築文化の成立とその影響という視点による区分を考えた。まず，ヴァナキュラーな建築世界を想定する。また，エジプト・メソポタミア，インダス，黄河という都市文明発祥の3つの核心域からの展開を考える。さらに，イスラーム建築，ヒンドゥ教建築，仏教建築といった，前近代を大きく支配した宗教建築の系譜を考える。そして，西欧列強による西欧建築の強烈なインパクトを考える。東南アジアを例にすると，土着の建築文化の上に，インド化，あるいは中国化，そしてイスラーム化，さらに植民地化の波が順に及ぶ，その波の前後をおよその歴史区分とすることができるだろう。また，それぞれの都市はそれらが重層する空間としてイメージできるだろう。

　第3に，前提になるのは，日本における東洋建築史学の蓄積と枠組みである。続いてみるように，「西洋建築」に対して「日本建築」のアイデンティティをいかに求めるか，あるいは起源をどこに求めるか，というのが東洋建築史学成立の発端である。とくに仏教建築，都城，民家の起源についての関心がその展開を生んだ。日本とアジア諸地域との関係は，本書でも大きなテーマである。しかし，従来の仏塔や大仏様などへの関心に加えて，日本植民地における都市計画や建築もまた問題にしたい。東洋建築史の古蹟調査がその後の保存計画に及ぼした影響などもすでに反省的に振り返るべき時代である。

　心がけるのは，ひとつの体系ではなく，多様な都市と建築文化の系譜である。アジアの都市と建築の多様性を重層的に浮かび上がらせることである。

01　「アジア」と「ヨーロッパ」

1　日いづる所

　アジアという言葉はアッシリア起源である。アッシリアの碑文にアス asu とエレブ ereb (irib) の対応, すなわち, 「日いづる所」(東) と「日没する所」(西) の対比があり, アス asu がアジア asia に転訛したとされる。また, これがギリシャに伝わって, アジア Asia とヨーロッパ Europe になった。さらに, ラテン語におけるオリエンス Oriens あるいはオリエンテム Orient-em (昇る太陽, 東) とオクシデンテム Occident-em (沈む太陽, 西) にも継承された。興味深いのは, アジアという言葉とヨーロッパという語がペアで生まれたこと, 双子であることである。ヨーロッパの定義とアジアの定義は密接に関わるのである。このことは, アジアという概念を考えるうえで大いに示唆的である。

　ヨーロッパはもともとエウロープュといった。エウロパエウス＝キリスト教世界という地域的区画が使われ出すのは15世紀のことで, エラスムスが使い出したのだというが, アジアはかなり古くから使われて

図0-1　メルカトルのアジア図, 1595年。メルカトルは世界全域にわたる世界地図帖の完成を念願としていたが, 生前にはそれを実現させることはできなかった。彼の死の翌1595年に息子の手によって完成し, 「アトラス」と名づけられて出版された。世界地図帖をアトラスとよぶのはこのときから始まった。

序章　アジアの都市と建築 ── 3

いる。エウロービュに対して，アジアつまり東方は富の所在地，驚異の源泉を意味した。しかし，アジアという語の内容は必ずしも確定せず，それが指し示す空間的領域は東へ移動してきた。アジアは不安定であり続けてきたのである。興亡が激しく，大きくかつ多様だったからである。

2　モンゴル帝国の版図

もうひとつ，アジア＝軍事的空間ということがある。「モンゴル帝国」の版図をイメージしてみればいい。常に軍事力，武力が支配してきたのがアジアの空間である。

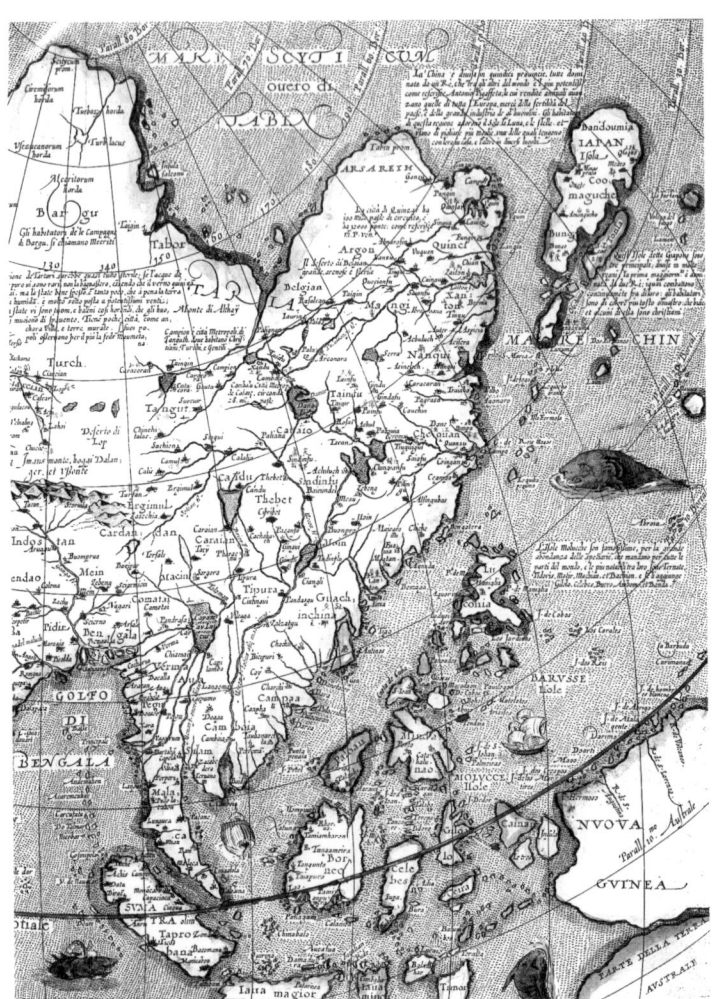

図0-2　オルテリウスのアジア図（東部分），c. 1608年。オルテリウスは，1570年に『地球の舞台』と題するラテン語版世界地図帖を刊行する。『地球の舞台』は，刊行後の約40年間に四十数版をかさね，7カ国語で刊行された。

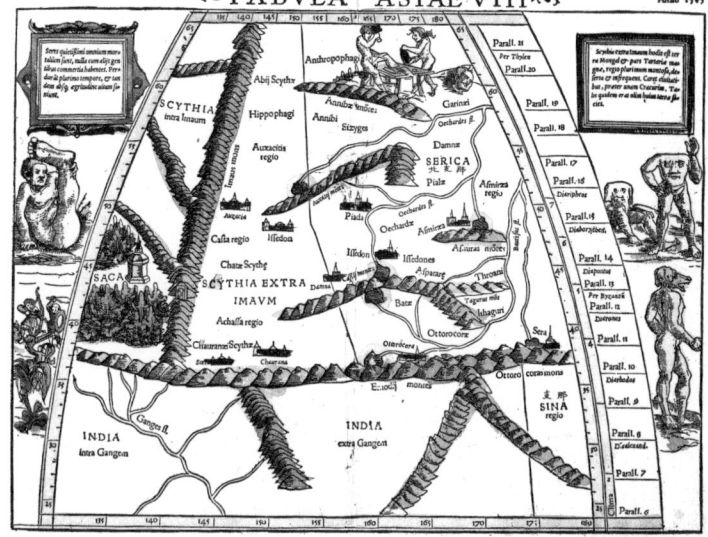

図0-3 プトレマイオスのアジアⅧ（東部アジア）図、1545年。プトレマイオスは2世紀前半の地理学者で、古典古代の地理的知識の集大成者として名だかい。その世界図復原の基本資料となった著書『地理学（ゲオグラフィーア）』は、ヨーロッパでは15世紀初期にイタリアで復活する。この図は、1545年のバーゼル版の東アジア部分図である。

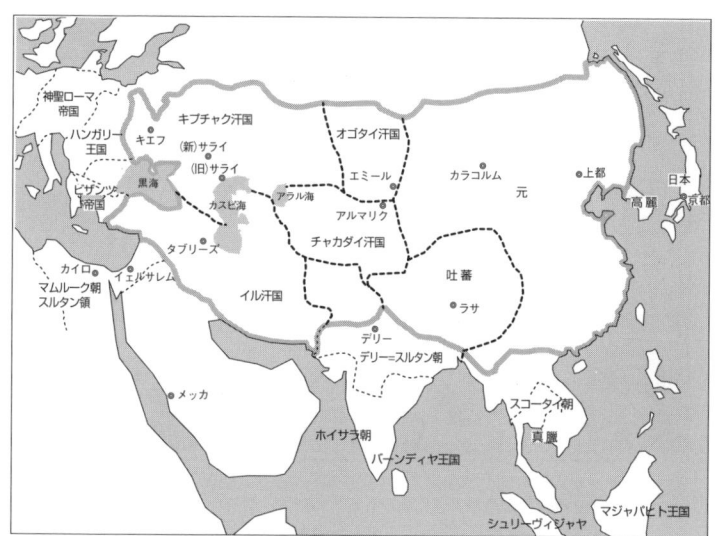

図0-4 モンゴル帝国の版図（13世紀後半）

序章　アジアの都市と建築　5

ヨーロッパからみれば,「モンゴル帝国」の版図の消長がアジアの範囲であったと考えられる。今日,ファー・イースト（極東）,東アジア,東南アジア,南アジア,中東（ミドル・イースト）,近東（ニアー・イースト）といった呼称がすべて西欧世界からの軍事的位置づけによることもその延長である。アジアという時,軍事的,政治的脈略が常につきまとうことは踏まえられていい。

3 オリエンタリズム

さらに「アジア」からみれば,「アジア」は外から与えられた概念である。そうした「アジア」あるいは「東洋」「オリエント」という概念が,もっぱらヨーロッパ人の見方によって規定されてきたことをものの見事に告発したのは,パレスティナ生まれのE・W・サイードであった。彼は,その著『オリエンタリズム』(1978年) において,ヨーロッパ人がオリエント,東洋をどうみてきたか,を明らかにしている。ヨーロッパの見方によって東洋のイメージが作られ,東洋の形が決まっていった,その歴史を跡づけるのである。サイードは,オリエンタリズムを「オリエントに対するヨーロッパの思考の様式」と定義したうえで,その根底にあるのは「東洋と西洋とのあいだに本質的な差異があるとする,存在論的,認識論的区分による見方」であるという。そして,オリエンタリズムとは「オリエントに対する支配の様式」だったというのである。

図0-5 ヤンセンの中国図,1658年。1658年刊のラテン語版『新地図帖』の所載図。朝鮮半島南部や台湾が大きく描かれると同時に,琉球列島の東への湾曲も表現されていて,東シナ海々域の描出が実状に近くなっている。しかし,北海道は描かれていない。

02　「亜細亜」と「東洋」

近代日本において「アジア」あるいは「亜細亜」とはどのような概念であったのか。漢字によって「亜細亜」と表記されたのは、マテオ・リッチの「坤輿万国全図」(1602年) が最初である。日本にも同図は刊行直後に伝わり、日本製世界図を革新した。西川如見は『増補華夷通商考』(宝永5年、1708) では「亜細亜」に「アサイア」のルビを付している。しかし、シドッチとの対話をもとにした『西洋紀聞』(正徳5年、1715) では、新井白石は「アジア」というカタカナ表記を選んでいる。

1　「興亜」と「脱亜」

まず想起すべきは、明治以降「亜細亜」は、単に地理的領域を示す言葉ではなく、もっぱら政治的脈絡において用いられてきたということである。欧米のアジア進出に対抗する「興亜」の流れ、日本の欧米化を指向する「脱亜」の流れが対立する2大思想潮流となり、「亜細亜」という概念はおのずとそうした脈略で用いられたのである。明治期には、一方、オリエントあるいはイーストの訳語として「東洋」が用いられる。

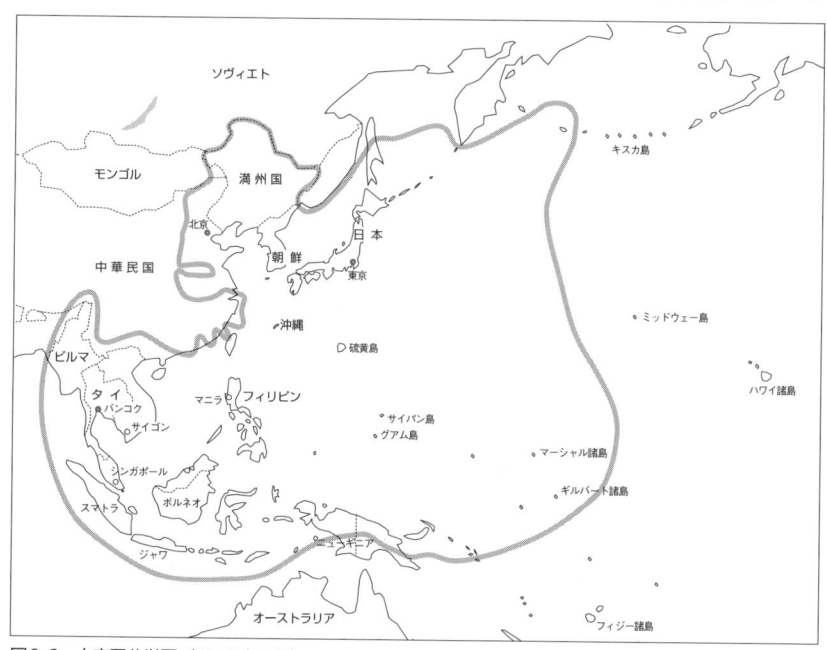

図0-6　大東亜共栄圏（1942年8月）

「東洋」という場合，中国，インドを含んだ文化の共通性を指す概念として「亜細亜」とはニュアンスを異にして定着する。岡倉天心の『東洋の理想』(明治36年，1903)の「東洋」がまさにそうだ。しかし，やがて，2つは「東亜」「大東亜」という語に吸収されていくことになる。

2 アジア主義

第二次世界大戦の敗戦までの近代日本の対外的態度として一貫するのが「アジア主義」である。中国などアジア諸国と連帯して西欧列強の圧力に対抗し，その抑圧からアジアを解放しようというのがアジア主義であり，意識的，無意識的に，列強のアジア進出に先制して，日本をアジアに進出させる役割を果たしたのがアジア主義である。「亜細亜」という概念は，まず，そうした「アジア主義」と密接不可分のものとして捉えておく必要がある。

きわめて素朴な発生のレヴェルにおいて，アジア主義は，後進国日本の独立を確保するために，中国，朝鮮と真に連帯しようというものであった。しかし，それはすぐさま膨張主義と結びつくことになる。日本の独立を守るためには対外的な膨張を図り，日本を列強化するしかないという主張に接続されるのである。その主張はさまざまであり，時代とともに変化もしていく。朝鮮や中国で近代化が進まず，列強による分割の可能性が高いがゆえに，朝鮮・中国の改革を指導すべきだという改革指導論が現れてくるのは，1880年代である。日露戦争後になると，アジア主義は，列強の新たな進出を阻止するだけにとどまらず，すでに進出している列強勢力を駆逐すべしという主張を展開し始める。第一次世界大戦中には，北一輝や徳富蘇峰によって「亜細亜(東亜)モンロー主義」が唱えられる。東亜解放の主張は，東亜における日本の覇権の要求となるのである。こうして，アジア主義は，アジア侵略のイデオロギーとしての性格を露にする。支那事変，大東亜戦争にいたって「東亜新秩序」「東亜共同体」「大東亜共栄圏」といった観念がさまざまに打ち出されるのであるが，それらは日本のアジア侵略の事実を隠蔽し，アジア支配を正当化しようとする意図のもとにであった。

3 アジア的生産様式

アジアという概念をめぐっては，もうひとつ，アジア的生産様式をめぐる議論を想起しておく必要がある。マルクス主義は「世界史発展の基本法則」として生産様式の発展段階を普遍的な過程として想定するが，資本制生産に先行する諸形態のうち，アジア的生産様式を最も初期段階のものとみなしている。その規定をめぐっては，原始共同体とするもの，古代奴隷制とするもの，封建制のアジア的変種とするもの，などさまざまある。しかしいずれにせよ，アジアという概念には，停滞，遅れたもの，というニュアンスがまとわりついている。そして，アジア＝後進性という定式は，欧化主義と表裏一体であった。

03 「アジアはひとつ」

1 伊東忠太

　近代日本の建築と「アジア」を考えるうえでは，まず，伊東忠太（1867〜1954年）をとりあげる必要がある。ユーラシア大陸を大踏査し「アジア」というテーマに真正面から取り組んだこの巨人の仕事は全面的に参照するに値する。関野貞（1868〜1935年）と並ぶ建築史学の祖であり，築地本願寺や平安神宮など社寺建築を中心に数々の名作をものした近代日本の草創期の建築家である。また，建築のあり方をめぐって一貫してアクティブな発言を続けた批評家としても知られている。そもそも西洋から移植されたアーキテクチャーという概念に「建築」という訳語を与えたのが伊東であった。そして，日本におけるその定着とその方向性を位置づけるために最もグローバルな視座を示したのが伊東である。「法隆寺建築論」によって出発した後，彼は広大なアジアの空間へその眼を向ける。

　その伊東忠太に「アジアは一なり」という文章がある。「東洋芸術の系統」という論文の1節である。「啓明会」主催の展覧会の講演（1928年）であるが，東洋芸術の各系統を順次説明したうえで，「今日にして始めて岡倉氏の書かれた巻頭の三字が意味の甚だ深いことを知るのであります」と書いている。

図0-7　築地本願寺，伊東忠太

図0-8　平安神宮，伊東忠太

2 岡倉天心

　岡倉氏とは，岡倉天心である。巻頭の3字とは，『東洋の理想』の冒頭の1行，「Asia is one」である。
　「二つの強力な文明，孔子の共同主義（コミュニズム）を持つ中国人と，ヴェーダの個人主義を持つインド人とを，ヒマラヤ

序章　アジアの都市と建築　　9

図0-9　祇園閣，伊東忠太

山脈がわけ隔てているというのも，両者それぞれの特色を強調しようがためにすぎない」という，実に壮大な書き出しである。『東洋の理想』は「理想の領域」としてアジア，東洋を設定した後，「日本の原始美術」以下「儒教―中国北部」「老子教と道教―中国南部」「仏教とインド美術」「飛鳥時代―550～700年」「奈良時代―700～800年」と続いて「明治時代―1850年から現在まで」にいたる。東洋思想そして東洋文化・東洋美術に関する実に該博な知識が盛り込まれ，「アジア的理想の歴史」が一気に語りおろされている。「日本はアジア文明の博物館」と考える岡倉は，中国文明，インド文明という2大文明の伝統が日本においてひとつに織りあげられる「物語」を立体的に描こうとするのである。

インドで仕上げられ，1903（明治36）年に英文でロンドンから出版されたこの"THE IDEALS OF THE EAST"は版を重ね，ラージパト・ライなどインドの愛国者に語り継がれることになる。日本で翻訳が出るのは1925（昭和10）年のことである。また，岩波文庫に入るのは1943（昭和18）年のことである。その「国粋主義」「アジア主義」が日本に決定的な影響をもったのは，昭和10年代のことであった。

3　多様性のなかの統一

もとより多様な「アジア」を「ひとつ」という時，今日アジアの諸国において繰り返される「多様性のなかの統一」（Unity in Diversity）という国民国家の統合原理としてのスローガンが想起される。インドやインドネシアで「多様性のなかの統一」は叫び続けられているのである。

天心は「複雑のなかの統一ともいうべきアジア的特性」という。あるいは，もう少し俗に「東洋文化の本能的な折衷主義」という。根本におかれているのは「不二一元論」（アドヴァイティズム Advitism）である。存在するものは外見上いかに多様であろうと，実はひとつである，あるいは，すべての断片的な現象にも真理の一切が発見可能のはずである，さらにあらゆる細部に全宇宙がかかわる，という哲学があった。

伊東忠太の場合，ここではいささか単純で，素朴である。

「今日エヂプトから日本，琉球までの芸術をずっと見渡しますと，果たしてアジアは一なりであります。無論其の間に種々なる変化があって，千紫萬紅とでも言いますか，いろいろ異なったものがありますけれ

ども，どこか貫通したひとつの精神が徹って居るということをどうしても感ぜずには居られないのであります」。

最も極端な一例として忠太があげるのは，エジプトのコプチック（コプト）のつづれ織と法隆寺の中宮寺にある天壽國曼陀羅との類似である。

「最も極端な例は，西のはづれのエヂプトから出ましたコプチックのつづれ織が其の図案といひ色合といひ，私の直感は，これは東のはづれの日本の法隆寺の一隅にある中宮寺の天壽國曼陀羅と，そっくりだなといふことを感じたのであります。… 東西幾千里かけ離れて居って，しかも同じやうな性質のものが存在するといふことは実に奇蹟であります。…」。

たったひとつの類似例において「アジアは一なり」を直感できるという，エンタシスやプロポーションや文様といった断片的なエレメントの類似性をもとにする議論の水準は高くはない。類似しているという実例の連鎖をいくら列挙しても，それが伝播したことを実証したことにはならないのである。忠太の眼は，しかし，後述するようにもう少し重層的であった。

4 法隆寺建築論

天心と忠太の交渉は，忠太が1893年2月に東京美術学校講師（建築装飾術）に委嘱された時に始まる。天心が弱冠29歳で美術学校校長の要職についたのは1890年のことであり「ヨーロッパ的方法を一層顕著にすべし」という政府の決定に，即座にその職を辞任したのは1898年のことである。

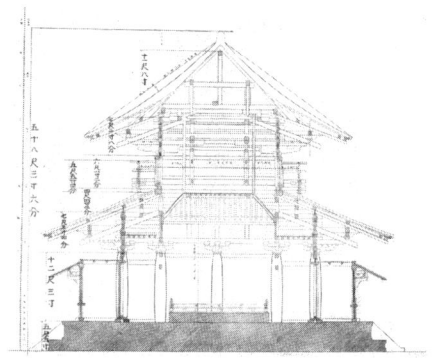

図0-10　法隆寺金堂断面図

天心のアジア主義，反欧化主義はすでに筋金入りであった。その時代の欧化主義全盛の様子を岸田日出刀の『建築学者　伊東忠太』は「断然米食の陋習を破れと慶應生徒西欧料理に舌鼓を打つ」たり，「京都の芸者地の外人の席に呼ばれるために英語を習ふ」ことをしたり，「大学生と女学生を交えて踊らしめよ」と主張されたり，「文部省が珠算の欠点を擧げて断然ソロバンを廃止」したり，「接吻と耶蘇教とで社会を矯正しよう」と論じたり，「今日からみると正気の沙汰ではなかった」「鹿鳴館時代」を日本建築研究の動機の背景として記している。

伊東忠太の全仕事の根源に，実は「法隆寺建築論」がある。なぜ，法隆寺なのか，なぜ，日本建築（史）なのか。そこにはすでに小さからぬ問いがある。そもそも「建築」という概念を導入すること，「建築学」を「学」として成立させること，しかも「美術」「芸術」の一科として成立させること，「日本建築」史の体系をつくりあげること，それらすべてに法隆寺は関わっていたのである。

04　法隆寺のルーツ探し

　1902年3月から1905年6月にかけて，忠太はユーラシア大陸横断の大旅行を敢行する。文部省派遣による支那・印度・土耳古（トルコ）への留学である。外国留学といえば欧米であることが通念である時期になぜアジアか。法隆寺伽藍の建築は百済から伝来した形式であることが知られていても，その百済における伽藍建築の実相は何ひとつ明らかにされてはいなかったなかで，仏教建築の源流を大陸にもとめようとするのである。

　「法隆寺の源は百済であり，百済の源は支那にあるということだけは判ったにしても，実地に百済や隋唐の建築をその遺構について調査すべく，半島へまた支那大陸へ渡って実地に研究しなければ，的確なことは何一つ学問的に記述できないということになる。… 順序としては，まず手近かの百済から始むべきであるが，百済の建築はおそらく支那を範とし，その糟粕をなめたものにすぎないであろうから，それはまたの機会として，まづその本拠を衝くべく支那大陸へ行くべきだ。だが，支那の仏教は印度から移入されたものだから，仏寺建築というものをその根源に遡って究めるためには，さらに足を印度へ伸ばさなければならぬ。またその頃日本に紹介されていたほ

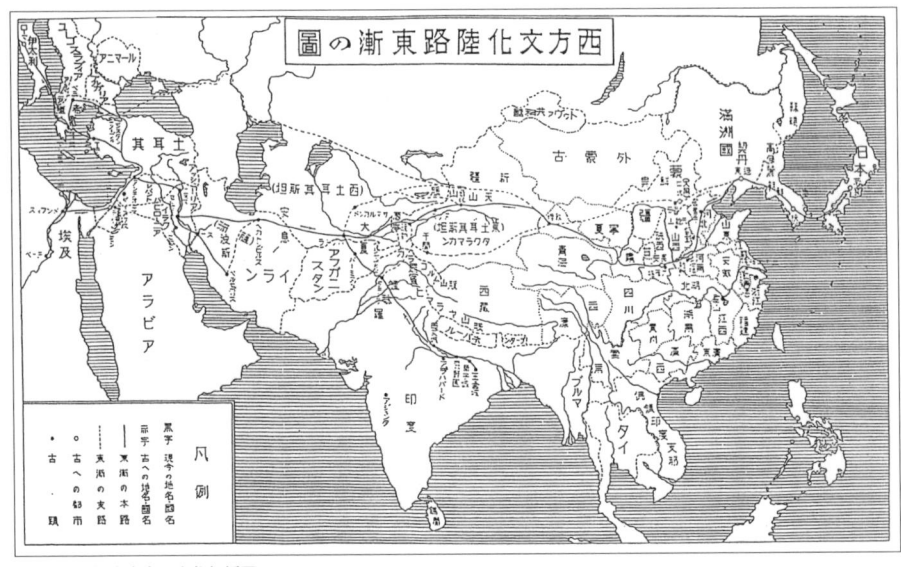

図0-11　伊東忠太の文化伝播図

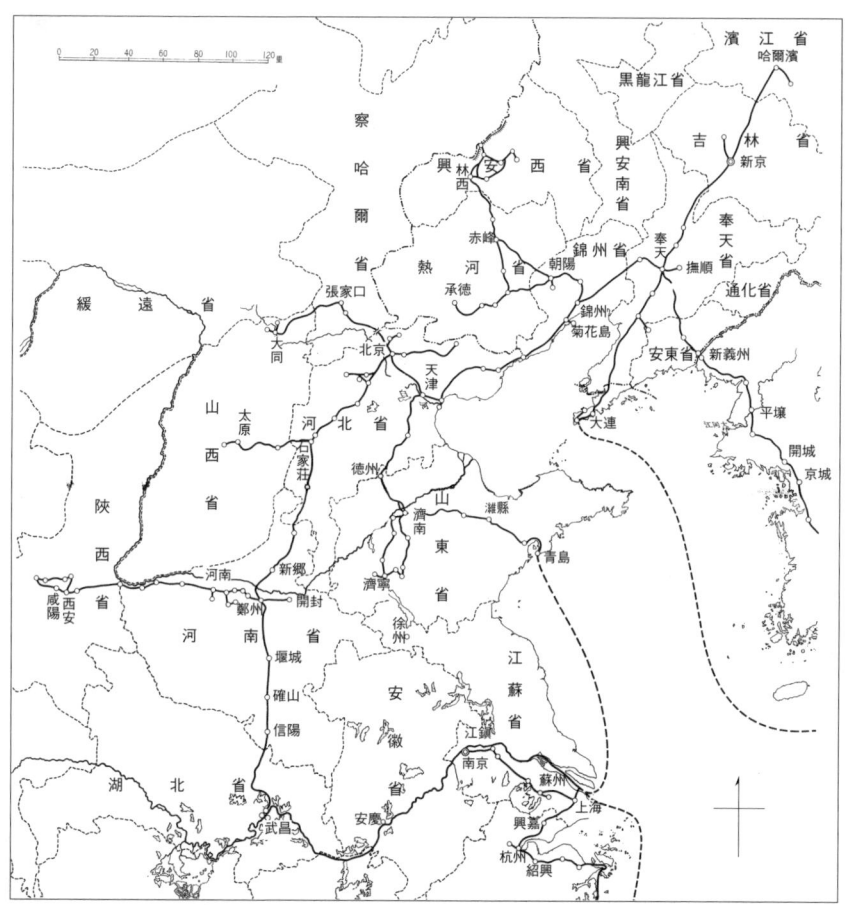

図0-12 関野貞の行程図

とんど唯一の建築史書ともいふべきJ・ファーガソン James Fergusson の建築史によれば、印度と西方亜細亜との建築交渉も誌してあるし、漢・六朝・唐を通じて支那と西域諸地との文化的交渉が濃かったことは支那の文献にも精しいのだから、印度まで伸ばした足はさらに進んで西亜細亜の地まで記されなければ充分とはいえない。…『さうだ、支那から印度を経て西アジアまで隈なく踏査しよう』」。

伊東忠太は、法隆寺とパルテノンを結びつけること、法隆寺の起源をギリシアの古典建築に遡り、その伝播経路を描くことを試みようとした。そのプログラムは気宇壮大なものであったといえるだろう。ただ、伊東忠太は、ユーラシアを駆け抜けただけで同じ所へは以後2度と行ってはいない。朝鮮神宮の建設のために朝鮮を訪れることはあったが、結局、朝鮮の建築についての調査を行うことはなかった。関野貞の精緻な研究に委ねられたようにみえる。

05　日本建築の起源 ― 東洋建築史の発端

1　「日本建築」「東洋建築」

　東洋建築史学という分野の成立は，建築に対する見方を支える概念，枠組みに本質的に関わっている。「東洋建築史」の基礎を築いたのは，伊東忠太と関野貞である。藤島亥次郎，村田治郎，竹島卓一，飯田須賀斯…が続く。一方，「日本建築史」の創始者もまた伊東，関野の両者である。「日本建築史」の成立と「東洋建築史」の成立は密接に関わっているとみていい。いずれも対抗概念としたのが「西洋建築」である。

　西洋文明の強烈なインパクトとともに「建築」という概念がもたらされて以降，「西洋建築（史）」に対抗してどう「日本建築（史）」を立てる（構築する）か，が主題となった。そこでは，不可避的に「日本建築」の起源と根拠が問われる。「東洋建築」が同時に問題となるのは，「日本建築」の起源が「東洋」との関係に求められるからである。

　伊東忠太の場合，以上のようにきわめてわかりやすい。彼の学位論文は「法隆寺建築論」(1898年)である。世界最古の木造建築とされる法隆寺を西洋建築に匹敵するものとして位置づけることが，論文の大きな動機づけである。伊東忠太は，法隆寺をパルテノン神殿に匹敵するものとして跡づけようとする。いささか単純な議論だが，法隆寺の柱の膨らみはパルテノン神殿のエンタシスが伝わったのだという。もちろん，それだけではなく，法隆寺の各部位のプロポーションが黄金比に則っていることなど西洋美術史の体系のなかに位置づけられるというのが彼の論法である。そして，ギリシアの建築文化がガンダーラをつうじて古来日本にもたらされていたというのが，彼の見取り図であった。

　そして，法隆寺のルーツそのもの，仏教建築の起源に関する関心ももちろんある。日本にもたらされた仏教建築に2系統あって，中国の漢魏に西域を加味した三韓式が推古式（仏教伝来から天智天皇まで）であり，六朝に西域を加味した隋唐式が天智式である，というのが当初からの仮説であった。そして，伊東はその見取り図に沿って仮説を裏づけるために7次にわたる海外踏査を試みる。当時の建築学者，技術者は，西洋の先進的技術を学ぶために洋行するのが当然であった。そうしたなかで伊東の行跡はきわめて特異といっていい。

2　J・ファーガソン

　伊東には，当時の西欧の建築史家が「日本建築」「東洋建築」をないがしろにしているという思いがあった。当時参照されたB・フレッチャーBanister Fletcherの建

築史は,「西洋以外の建築（非一様式建築(ノン—スタイル)）」としてほんのわずかの頁を割くだけなのである。伊東忠太が反発するのは,当時唯一の「東洋建築」についての概説書 J・ファーガソンの『印度及東洋建築史』である。支那建築に数頁割いているが,支離滅裂で,古代ペルー,古代メキシコと同列に扱うのは僻見だ,などと書いている。中国の歴史に深い理解を持ち,漢字も解する日本人こそ「中国建築史」さらには「東洋建築史」を書くべきだという思いが伊東にはあった。

3 雲岡石窟と楽浪郡治址

「法隆寺建築論」を書き上げて,伊東がまず赴いたのは北京の紫禁城である。当時,片山東熊が「漢土大内裏ノ制」で「本朝大内裏の制なるものは原是れ唐代の大内裏の制を模倣したるものなれば … 北京宮城の制を以て …」と書くように,宮都の制度についても日本のルーツを明らかにする,そうした興味は一般的にあった。詳細な実測図を作製した伊東忠太の「清國北京紫禁城殿門の建築」は「東洋建築史」の最初の成果である。伊東は続いて翌年,北京周辺,山西,大同など中国北部を回り,雲岡石窟を発見している。

平行して,関野貞の作業が開始される。関野が1902年に最初に向かったのは朝鮮半島である。京城から開城,釜山などを回っている。1906年には中国へ渡り,1909年以降,毎年のように朝鮮半島,中国の調査を行う。楽浪郡治址の発見は関野の手に

図0-13　雲岡の石窟,山西大同

なる。

こうした伊東,関野の東洋建築に関する最初の調査研究は,伊東忠太『支那建築史』(1927年),伊東忠太・関野貞・塚本靖『支那建築　上下』(1929〜32年),関野貞『朝鮮古蹟図譜』(1925〜27年),『支那仏教史蹟』(1925〜31年),『朝鮮美術史』(1941年)などにまとめられることになる。

4 村田治郎と藤島亥次郎

伊東,関野の跡を受けて,藤島,村田の活動が開始される。前者が京城高等学校,後者が南満州工業専門学校へ赴任するという日本植民地を拠点にしたことがその社会的背景を示している。「東洋建築史」の展開と日本の東洋への進出は決して無縁ではない。1929年には,東方文化学院が開設され,東京研究所（東京大学東洋文化研究所の前身）,京都研究所（京都大学人文科学研究所の前身）を拠点にさらなる調査研究が展開されることになる。

06 東洋芸術の系統

1 芸術波及の原則

　伊東，関野の調査研究は，朝鮮半島，中国大陸に留まらない。いずれも，インド，セイロン（スリランカ）に足を伸ばしている。また，天沼俊一，村田治郎らもインドに赴いている。仏教建築への関心が中心である。そうしたなかで，最もグローバルな視野を示したのは，やはり伊東忠太である。

　彼は，上述した「東洋芸術の系統」に円形と矩形の二葉の系統図を示している。矩形の方は地図（地理的位置関係）を模式化したうえで，円形の方は円形状に近接関係を並べたうえで，相互の関係を矢印で示したものである。まず，興味深いのは地域区分である。円形系統図で時計回りに見ていくと「日本」「琉球」「爪哇（ジャヴァ）」「暹羅（センラ，シャム）」「印度」「回教波斯（ペルシア）」「コプチック」「薩珊（ササン）波斯」「中亜」「支那」「朝鮮」が並べられている。矩形系統図の方には，さらに「後印度」（東南アジアのこと）「初期回教国」「古代波斯」「極西亜細亜」「希臘（ギリシア）」「羅馬（ローマ）」「ビザンティン」が付け加わり，「暹羅」が抜けている。「コプチック」とは，原始キリスト教の一派として知られるエジプトのコプト教のことである。

　続いて，伊東は各地域の関係を問題にす

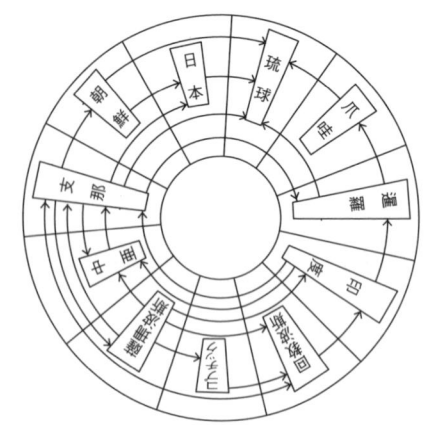

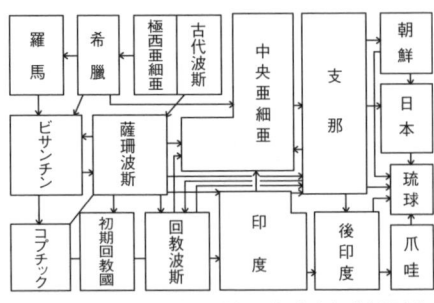

図0-14　二葉の東洋芸術系統図（伊東忠太『東洋建築系統図』より）

るのであるが，その前提になるのが「芸術波及の原則」である。用いられるのは「水紋の比喩」である。ある芸術がある地方に出ると，水面に石を投げ込んだ時に水紋が広がっていくように伝播していく。遠くに行くにしたがって波の高さは低くなる。また，途中に高山や砂漠のような障害物があれば遮断される。2つの波がぶつかるとど

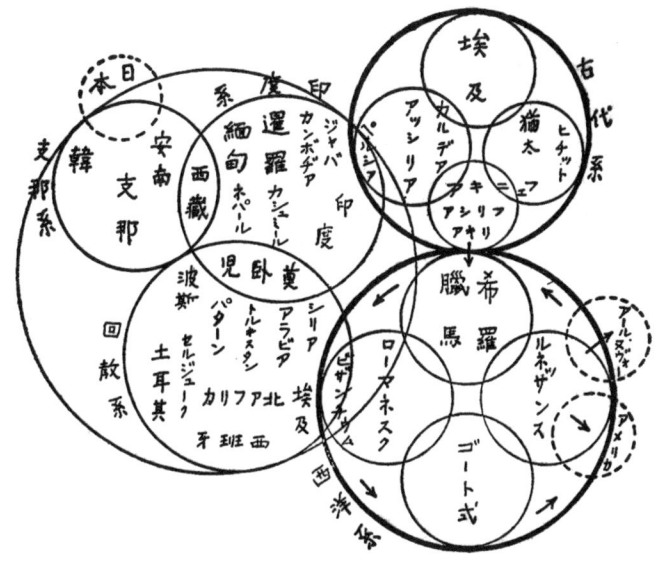

図0-15　東洋建築系統図（伊東忠太）

うなるか。ある場合は，重なり合って波は高くなり，ある場合は，相殺し合ってなくなってしまう。基本的には文化伝播説である。「芸術の父母は国土と国民」であり，「世界の各地方に起る芸術は一つも同じものはない」のが道理であるが，土地と国民の状態によって程度の差，高級，低級の区別ができる。力のある芸術が地域を越えて波紋を広げるというのである。

そして，伊東にとって「極西エヂプトより，極東の日本，琉球，朝鮮に至るところの芸術は，然らばどういふ事情で，どういふ波の動き方をしたか，これが当面の問題」であった。そして，コプチックのつづれ織りが法隆寺中宮寺の天壽國曼陀羅にそっくりだ，といいながら，いささか性急に「アジアは一なり」という。しかし，見取り図そのものは，もう少し重層的である。

2　メソポタミア，インド，中国

まず想定されたのが東洋における芸術の波の起点である。アジア大陸，東洋には3つの起点，系統がある。メソポタミアを発祥地とする西方アジア，シンドおよびガンガ川流域を起点とする印度，黄河と揚子江流域に発生した支那の3つである。すなわち，四大文明のうちの3つである。この3つの系統に干渉する波として，さらに，希臘系，薩珊波斯および東羅馬（ビザンティン）系，回教系の3つが考えられる。主として，この6つの波が重層する形で系統図は描けるというのが伊東の構図であった。

伊東は，この構図をもとに膨大な著述を著す。『東洋建築史の研究　上下』にまとめられた論文の主なものには，「支那建築史」「満州の佛寺建築」「満州の文化と遺跡

序章　アジアの都市と建築　　17

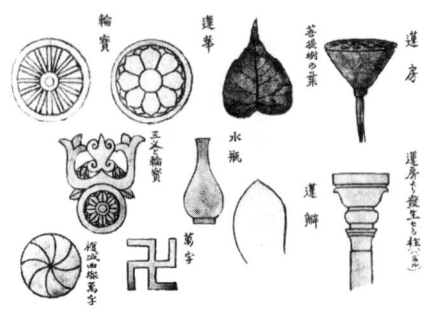

図0-16 「印度建築細部に現れたる信仰の表象」(伊東による)

図0-17 「プロブドル彫刻に現れたるスツーパ及び仏具類」(伊東による)

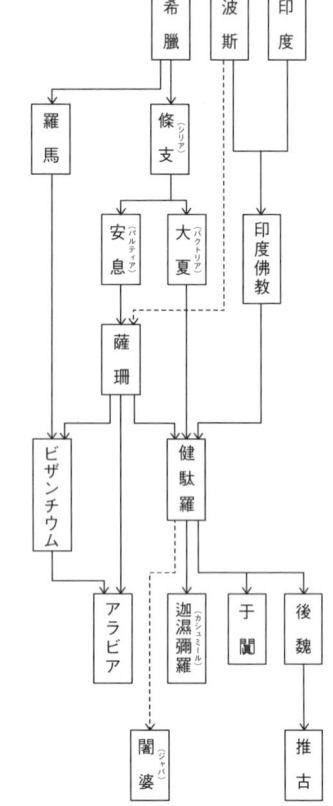

図0-18 「健駄羅建築の起源」(伊東による)

の史的考察」「五台山」「広東に於ける回教建築」「支那の住宅」「東洋建築史概説」「印度建築史」「仏領印度支那」「印度建築と回教建築の交渉」「健駄羅地方の建築」「祇園精舎とアンコル・ワット」「安南大磊

(大羅,ハノイ)故城発掘の古瓦」「回教建築」「薩珊建築」「塔」がある。ここには不確定な記述や憶測が含まれるにしろ，これだけの視野を示した建築史家は伊東忠太の先にも後にもいない。

07　東洋建築系統史論

1　建築の原型

　伊東以後、東洋全体を視野に収めた建築史叙述の書として村田治郎の『東洋建築史』（1972年）がある。しかし、その構成は、Ⅰインド建築史、Ⅱ中国建築史というだけである。東洋建築史はいまだ書かれていないというべきであろう。

　しかし、それ以前に興味深いのが村田治郎の学位論文『東洋建築系統史論』（1931年）である。村田は、伊東忠太とは別に、「民衆の生活を反映する」「住家」に着目して、その系統を描こうとする。扱われるのは、「オリエント」全体でなく「支那および其の周辺」であり、「極東または東亜」中心であるが、建築の原型への興味から叙述は遙か西アジアにも及んでいる。基礎にされるのは文化伝播説であり、歴史地理学、文化地理学の必要が力説される。また、中国の古文献を利用するのも大きな武器になっている。

　まず論じられるのが「移動住家」としての「穹廬・氈帳」である。穹廬とはゲル＝蒙古包（パオ）、氈帳とは天幕（テント）のことである。さまざまな類型と分布から、その起源、伝播経路が議論される。続いて「車上の住家」として、氈車（車帳）とか「車上の穹廬」という車のついた移動住居そのものが、さらに「圓錐形の移動住家」

が検討される。建築構造、建築形態の移動伝播に大きな議論が割かれているのがその主要な関心を示している。円錐形のテントと腰折れ円錐形テント、包の関係、発達過程の推論が興味深い。

　そして、移動住家の固定化が問題にされる。蒙古包、円形倉庫など円形建築がとくに着目され、インドのストゥーパ、ヴィハーラなどの形態との比較が試みられる。この比較検討は、後の中国仏塔や仏教伽藍の起源をめぐる議論のもとになる。仏塔の原始形態起源は、穹廬→固定穹廬→固定穹廬の墓→仏塔の覆鉢ではないかという。そして、ここでの考察は、ドームおよびヴォールトの発生にも及んでいる。

　以下、「井籠組壁の建築」「隅三角状持送式天井」「有孔天井」「高床の建築」に関して考察が進められる。「井籠組壁の建築」とは、柱梁を組み合わせる構造ではなく木材を横に重ねて壁をつくる校倉造りのことである。正倉院の校倉で知られるが、その建築的伝統が広く北アジアに求められている。

2　ドームの起源

　「隅三角状持送式天井」とは、ドイツ語でラテルネン・デッケLaternen Deckeというが、現在も定着した名前がない。方形四五度回転式天井と説明的に呼ばれたりす

序章　アジアの都市と建築　19

る。要するに正方形の部屋に屋根もしくは天井をかける手法として，各辺の中点を順次結んでいく，あるいは隅に直線部材を少しづつ掛け渡していく（隅に直角二等辺三角形ができる）やり方のことである。この手法は中国建築の折り上げ天井に一般的に見られる。また，ドームの発生，さらにペンデンティブ pendentive の発生に関わる。

「有孔天井」で問題にされるのは，陸屋根の系譜，そして屋根に出入り口を持つ建築の伝統である。「有孔天井」は中亜からシベリア，カムチャッカの狭い地域に分布しており，日本の竪穴式住居との関連が問われるのである。高床式建築をめぐる議論は，上記の議論と同様広範であり，その結論はその後の発掘事例を加えて今日なお検討に値する。日本の住居の伝統を考えるうえで，きわめて重要なテーマである。

こうして，村田は「東亜の建築系統」を，天幕系，穹廬系，圓錐系移動住家系，井籠組壁系，陸屋根系，高床系，竪穴系に分けて縦横に論じるなかで，印度系，支那系，日本系，佛領印度支那系・南洋系，朝鮮系などを見極めようとしたのである。

3　世界建築史

1973年に書かれた建築学大系『東洋建築史』の序文において，村田治郎は「東洋建築史」として，「イーラーン建築史（先史時代よりイスラーム教建築以前まで）」「インド建築史（先史時代より中世，すなわちイスラーム教建築以前まで）」「中国建築史（先史時代より近世まで）」「西洋系建築の伝来と普及の歴史」という諸項目が語られるべきだと書いてい

図0-19　「中世紀蒙古の氈車」（村田治郎）

図0-20　「アッシリアの天幕二態」（村田『東洋建築系統史論』による）

図0-21　「アルメニア建築の天井架構」（村田『東洋建築系統史論』による）

る。しかし，イスラーム建築史は『大系』に繰り込むことができなかった。日本では，「西洋建築史」「日本建築史」の2本立てになっており，「西洋建築史」が欧米の見方に追随して，古代エジプト，古代西南アジア，さらに古代イランまで含めてしまっているからである。

少なくとも村田にとって，世界建築史は1本立てで書かれるのが理想であった。

I

ヴァナキュラー建築の世界

panorama 　　　　世界単位と住居

　アジアには地域ごとに多様な建築の伝統がある。アジア各地の伝統的住居，ヴァナキュラー建築の形とその広がりをみてみよう。ヴァナキュラーとは，「その土地特有の」「風土的」あるいは「地方語」「方言」といった意味である。「根づいていること」「居住」を意味するインド＝ヨーロッパ語族系の言葉で，ラテン語のヴァナクルム vernaculum は自家製，家で育てたという意味を持つ。

　赤道直下の熱帯から北極圏の寒帯まで，まず気候（気温，湿度，降雨量，風向・風量）への対処の仕方が異なる。また，地形や立地（平野，盆地，丘陵，山地，森林，デルタ，海岸・河岸，水上）によって住居の形は異なる。気候や地形によって植生が規定され，建築材料が異なってくる。木，竹，草などの生物材料，石，土，氷！など各地域で利用可能な材料が使われ，建築材料によって建築の構法，構造が異なる。

　自然の生態条件によってのみ，すべてが決定されるわけではない。建築は人びとの営みとともにある。その住居形態は，社会的，経済的，文化的な営為の産物であり，表現でもある。地形や気候は農耕や牧畜など地域の生業を規定し，生業にしたがって必要な空間は異なる。遊牧など移動生活の場合には移動に適した形がある。また一般に，共同生活のための施設，とりわけ祭祀のための空間として特別建築がつくられる。雨露を凌ぎ，風を除けたり呼び込んだりという機能のみならず，その形の象徴的意味が重視される場合も多い。

　このようにヴァナキュラー建築の世界は，地域の自然，社会，文化の生態が複合する世界である。一方，地域を超えて，あるいは地域を通じて共通の要素もみることができる。地域間の交流によって建築の要素や技術は伝播しうるのである。高度の技術を持った大文明は周辺に影響を及ぼしていく。また，商業ネットワークはさまざまな情報を伝達する。たとえば，米倉の形は稲作の伝播にともなって各地に伝えられていった。装飾や様式は建築職人や商人がその伝播の担い手になって伝わっていくと考えられる。

　ひとつの関心は，日本の住居との関係である。日本の住居は，はたして独自のものなのか，あるいは，どこかに起源があって，その影響を受けたものなのか，日本の住居の原型というものはあるのか。日本といっても北海道から沖縄まで，住居の形はさまざまである。しかし大きくみると，すなわち，アジア全体からみると共通性がある。また，近隣地域との類似性も一般的に指摘される。

　日本の伝統的住居（民家）は地床式の北方系と高床式の南方系に分かれる。北方系は，竪穴式住居につながり庶民住宅の系譜となり，南方系は高倉，神社，そして寝殿造りなど貴族住宅の伝統を形づくった。また，主として東北日本が北方系（もしくは西方系），西南日本が南方系の影響を受けた。というのが従来の見方であるが，たとえば，北方にも高倉の伝統がある。また，柱梁構造が日本の主流と思われるけれど，校倉形式の伝統もある。日本の住宅のさまざまな特性を重層的な比較によって考えてみたいと思う。

01 アジアの伝統的住居

　アジア大陸の景観を概観すると，大きく，森，砂漠，草原，野，海の5つの区域を区別できる。大陸の中央部を横断して砂漠と草原があり，その北と南に森が広がる。東西端そして南に，中国，ヨーロッパ，インドの野が位置する。そして，大陸全体をとりまく海がある。

　砂漠は基本的に人間の居住を拒絶するが，ところどころにオアシスが存在し，交易のための宿場町，オアシス都市を発達させた。草原は牧畜が行われ，遊牧民が移動する空間であった。亜寒帯の北方林は，針葉樹が豊富であるが，冬の寒気が厳しく，通年の生活はむずかしい。穀物の栽培も困難で，採集狩猟か牧畜が生業となる。南の熱帯多雨林は豊かな資源を持つが，病原菌や害虫など人間の生活にはふさわしくない条件がある。人間が数多く居住してきたのは農耕が行われてきた野の世界である。

　高谷好一は，こうした大きな景観区分の上に，生態・生業・社会・世界観の複合体としての「世界単位」を区別する。日本，東アジア海域世界，モンゴル，中華，大陸山地，タイ・デルタ，東南アジア海域世界，チベット，インド，インド洋海域世界，トルキスタン，ペルシア，シリア・イラク，

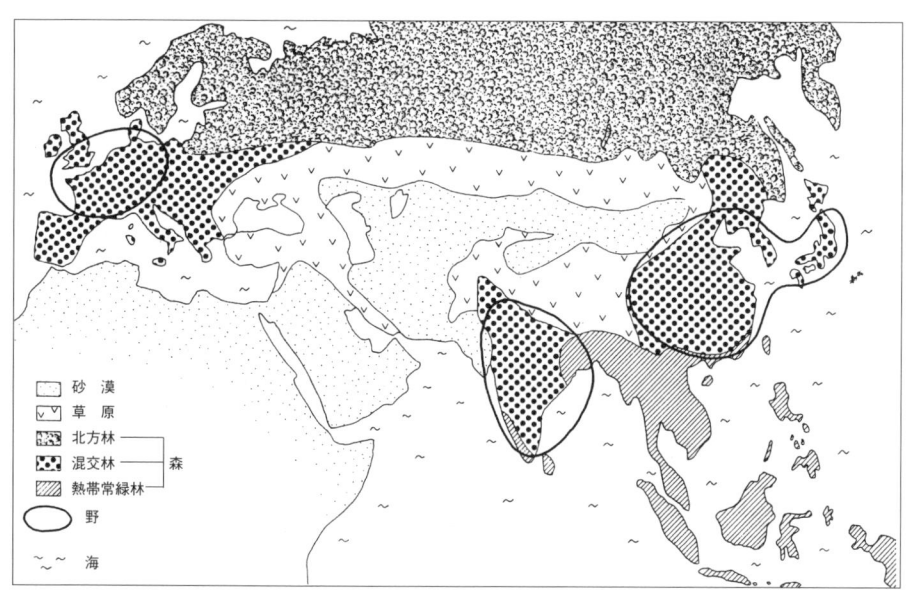

図1-1　ユーラシアに見る5つの生態区（高谷好一）

Ⅰ　ヴァナキュラー建築の世界 ─── 23

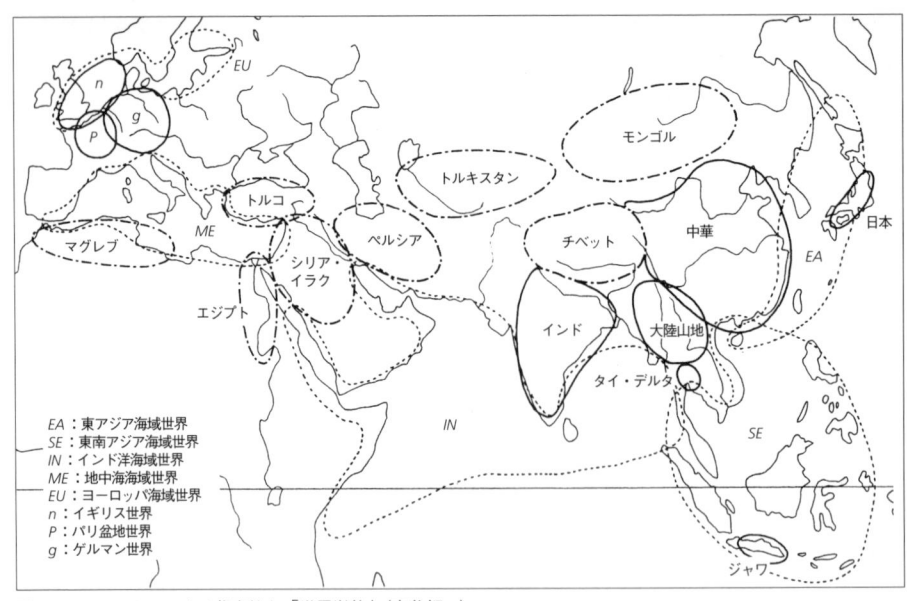

図1-2 ユーラシアにある代表的な「世界単位」(高谷好一)

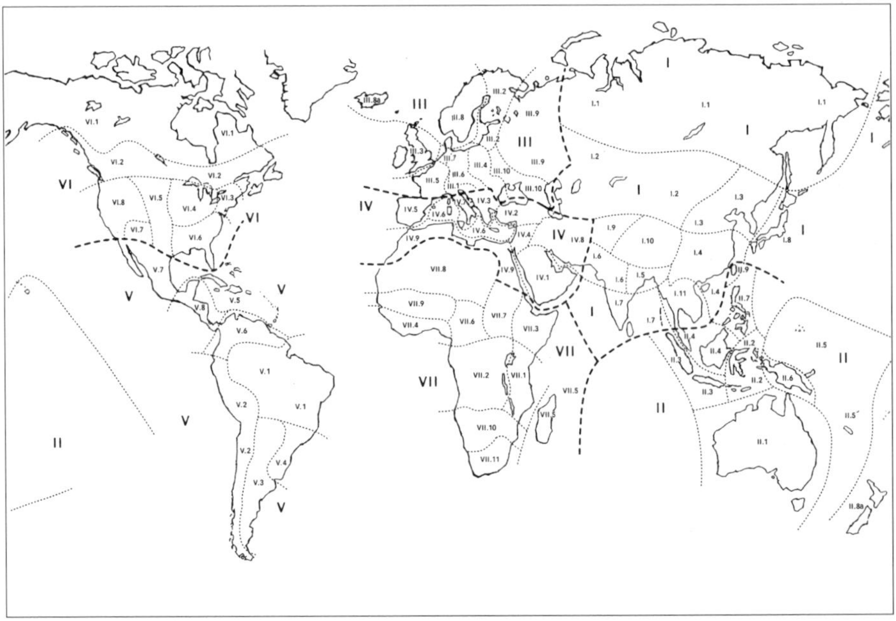

図1-3 P・オリバーの地域区分図　Ⅰ：東・中央アジア，Ⅱ：オーストラリア・オセアニア，Ⅲ：ヨーロッパ・ロシア，Ⅳ：地中海・南西アジア，Ⅴ：ラテン・アメリカ，Ⅵ：北アメリカ，Ⅶ：サハラ以南アフリカ

トルコがその単位である。それぞれの「世界単位」に，ひとつの住居や集落の形式が対応するわけではない。住居や集落の形式は，はるかに小さな地域の生態に規定されている。ただ，アジア大陸を概観するのには何らかの区分が必要である。社会文化の生態力学を重視する「世界単位」論による区分をひとつの下敷きにしよう。

また，ポール・オリバー P・Oliver 編の『世界ヴァナキュラー建築百科事典 (EVAW)』(1997年) 全3巻も参考にしよう。EVAW は，シベリア・極東アジア (Ⅰ.1)，中央アジア・モンゴル (Ⅰ.2)，北インド・北東インド・バングラデシュ (Ⅰ.5)，北西インド・インダス (Ⅰ.6)，南インド・スリランカ (Ⅰ.7)，日本 (Ⅰ.8)，カシミール・西ヒマラヤ (Ⅰ.9)，ネパール・東ヒマラヤ (Ⅰ.10)，タイ・東南アジア (Ⅰ.11)，東インドネシア (Ⅱ.2)，西インドネシア (Ⅱ.3)，マレーシア・ボルネオ (Ⅱ.4)，メラネシア・ミクロネシア (Ⅱ.5)，ニューギニア (Ⅱ.6)，フィリピン (Ⅱ.7)，アラビア半島 (Ⅳ.1)，小アジア・南コーカサス (Ⅳ.2)，東地中海・レヴァント (Ⅳ.4)，メソポタミア高原 (Ⅳ.8) を区分している。

1　北方林の世界

北極海に面して平坦なツンドラ地帯があり亜寒帯林が続く。シベリア山塊，ウラル山地とその間にタイガが広がる。オビ川，エニセイ川流域である。この地域には30を超える民族が住んできた。伝統的な集落は点在しており，住居や集落の形もさまざまである。エニセイ川流域ではトナカイ飼育，

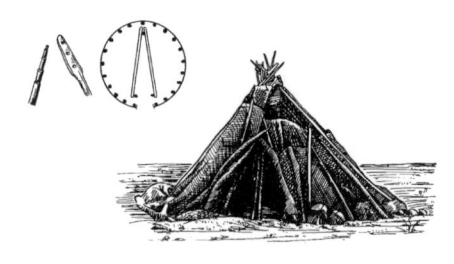

図1-4　ンガナサンの円錐形住居，シベリア

バイカル湖周辺では羊の放牧を行うエヴェンキ族のように，同じ民族によってもさまざまな生業を行うが，大別すると，ツンドラでのトナカイ放牧，タイガでの半定住狩猟，山岳部における半定住遊牧，沿岸部の定住漁労，ステップにおける羊，馬の放牧が生業である。

居住形態は生業に応じて，トナカイ放牧民のキャンプ，牧畜民のキャンプ，半猟半漁の半定住移住民の季節住居 (春，夏，秋，冬)，半定住半猟半漁民の冬用固定住居，定住漁民・海猟師・農民の常設住居の5つが区別される。

住居を大別すると，ユルト (ゲル，パオ) 形 (ブリヤート，チュクチ，トゥヴィニアン …)，円錐形 (エヴェンキ，ンガナサン，ヤクート …) の他，テントや四角錐台形の土の住居，セルクップの半地下住居，ウデゲのような切り妻の柱梁構造があり，いずれも限られた素材を生かした簡素な，原初的な形態である。そして，東欧から北欧にかけて一般的に見られるのがいわゆるログハウス，井籠組の建築である。また，キャンティの高床校倉のように校倉の伝統は北方にある。

図1-5　カッパドキアの地下住居，トルコ

2　草原の世界

　草原では遊牧が行われる。とくに重要なのは五畜といわれる馬，牛，駱駝(ラクダ)，羊，山羊である。牛は，乳，肉，皮のすべてが利用される。羊や山羊は，食肉として重要であるのに加えて，その毛がフェルトとして利用される。駱駝と馬は移動に欠かせない。草原を古来支配したのは騎馬民族である。騎馬民族には，匈奴(きょうど)，柔然(じゅうぜん)，突厥(とっけつ)，ウイグル，モンゴルなどがある。草原の騎馬民族はモンゴル帝国から元代に頂点を極めた。

　モンゴルの住居といえば，ゲル（ユルト，パオ）である。そして，ゲルは，カザフスタン，ウズベキスタン，トルクメニスタンなど中央アジア一帯に見ることができる。モンゴル人民共和国の10分の1は今なおゲルに住み，ウランバートルの大型店では規格品を買うことができる。

　中央アジアの中央にはタクラマカン砂漠やゴビ砂漠など砂漠の世界が広がり，古来のシルクロードが知られるように西アジアにまでつながっている。アフガニスタン北部のタイマニ族もユルトを用いる。また，アナトリアのトルクメンには，11～14世紀に中央アジアから移動してきたトルコ系遊牧民が住むが，夏や儀式の時にはユルトが使われている。トルクメンといえば，カッパドキアの洞窟住居，地下都市が知られる。最初に住み出したのは初期のキリスト教徒たちで，アラブ人やペルシア人の侵入に備えて地下に2,000人にも及ぶ都市をつくったのである。夏高温で冬寒い気候に見事に対応する住居形態として存続してきた。

　遊牧民の住居といえばテント住居である。草原に沿ってテント住居は一般的に見られる。ベドウィンは，一般的に「毛の家」（テント住居）に住む。ヨルダンのビドゥル族も黒テント住居である。パキスタン，アフガニスタン，イランの3国国境地帯のバルーチ族，アフガニスタン南西部のパシュトゥン族などもテント住居である。

　平地，丘陵地，ステップ，そして，砂漠，オアシスにはそれぞれに居住形態がある。ウイグル族は，トルファン，ウルムチを中心に居住する。日干煉瓦による中庭式住居が典型的である。

　チベット民族は，農民と遊牧民の2つに分けられる。また，ジョカン寺，ポタラ宮殿をもつ巡礼都市ラサには都市住居が発達している。

3　砂漠の世界

　砂漠のオアシスには古くから人びとが住みついた。古代文明は基本的にオアシスを拠点に展開したものである。メソポタミア，エジプト，インダス，黄河，いずれも都市文明の花を咲かせた。そして，イスラーム世界がそのネットワークをつなげていくこ

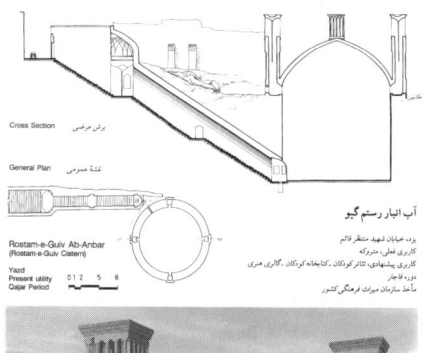

図1-6 ヤフチャール，イラン

図1-7 マダン族の住居の架構，イラク

図1-8 川の上に浮かぶマダン族の住居

とになる。オアシスの農業は基本的に灌漑農業である。カナート（暗渠導水）灌漑，バンド（堤）灌漑など灌漑技術の型は，平地か山地か河川域かという立地によって異なる。

　メソポタミアからイラン高原にかけて見られる住居は日干煉瓦による中庭式住居である。バグダード，イスファハン，カーシャン，ヤズドといった都市には今日なおそうした住居を見ることができる。興味深いのはヤフチャールと呼ばれる氷室，バードギールと呼ばれる風の塔である。

　もちろん，西アジアにも，さまざまな居住形態がある。イラン北部のギラン地方には，湿潤な気候のため寄棟屋根でファサードにベランダをもつオーソドックスな住居がある。イラク北部のクルド地方では，テント住居が一般的である。ほぼ2メートル間隔に柱を建て，山羊の毛で編んだフェルトをロープで張る構造である。また，クルド族の定住民は日干煉瓦で陸屋根の中庭式住居に住む。特異な住居として，チグリス・ユーフラテスの湿地帯に住むマダン族はアシを使ったヴォールト住居に住む。

　アラビア半島に居住する主要な民族はアラブ人と遊牧民ベドウィンである。建築の形は，海岸部と内陸部に大別され，内陸部は焼成煉瓦造で，熱暑に対応するための厚い壁，小さな開口が特徴である。

　興味深いのは，イエメンの高層住居である。西部の山岳地帯ジャバルには多層の塔状住居が見られる。下階は換気口，倉庫のみで家畜用に使われる。2階以上に生活空間が設けられ，屋上にはテラス，下階への

I　ヴァナキュラー建築の世界　27

図1-9　サナアの高層住居群，イエメン

トップライトがつくられる。東部の砂漠への緩斜面マシュリク地域にも同様の塔状住居が見られる。また，古くからの首都サナアの住居は7，8層の高層住居である。いずれも石造，焼成煉瓦造あるいはその併用である。

4　野の世界

アジア大陸における野の世界とは，具体的に，中国の黄河流域と長江流域を中核域とする中華世界と，インドのインダス川流域，ガンジス川流域を中核域とするインド世界である。中華世界とインド世界はいずれも生態学的には多様であり，草原，砂漠の要素も含む。しかし，漢字と儒教，あるいはヒンドゥ教とカースト制によって文化的には統合的世界が維持されてきた。いずれも早くから農耕が行われ，古代都市文明を発達させてきた。広大な農地が開け，大人口が集中している。

中華世界は，大きく分けて，草原の遊牧民，砂漠の商人，黄土の農民，森の焼畑民，そして海民からなる。その居住形態はそれぞれ異なる。ただ一般に，大きく南北の違いを指摘することができる。北は，磚積み（せん）の壁が厚く，開口部が少ない，また，平屋（平房ピンファン）が多いのに対して，南は木造部材を露出させ壁は漆喰仕上げが多い，開口部は大きく2階屋（楼房ロウファン）が多い。北には，磚（焼成煉瓦），日干煉瓦，版築はんちくなどが多く，南には木造が多く，懸造（吊脚楼かけづくりディアオチアオロウ）や高床式住居（干欄ガンラン）も見られる。

中華世界を代表する住居形式としてまずあげるべきは，四合院（三合院）という中庭式住居である。北京をはじめとする華北地方の典型的都市型住居である。地域や時代によって若干の変化はあるが，中央の庭「院子インツ」を囲んで，北側の母屋を正房（堂屋），東西の脇棟を「廂房シアンファン」，南棟を「倒座タンウー」と呼ぶ。この単位が南北につながり，一進，両（二）進，三進と呼ぶ。この四合院は河北省から山西省まで分布するが，「天井テンチン」と呼ぶ中庭が小さくなるタイプなど含めれば，吉林，陝西，山東，河南，江蘇，福建，さらに四川，広東，雲南まで広範囲に分布する。

黄河流域に見られる興味深い住居形態に窰洞ヤオトンがある。崖に横穴を掘る形（横穴式）と地面を掘り下げて中庭をつくり横穴を掘る形（下沈式）があるが，平面形式は四合院と同じである。

都市型住居としては，南に別のタイプが見られる。昆明周辺の「一顆印イークーイン」，広州のいわゆる「竹筒チュートンウー」住居などがある。南中国で興味深いのは客家はっかである。円形，四角形の多層の土楼による共同住居を見ることが

できる。また，雲南の山間部にはメオ族，タイ族，トン族など数多くの少数民族がそれぞれに木造住居の伝統を維持してきている。

インド世界は，生態的に，デカン高原，インダス乾燥谷，ガンジス湿潤谷，東部丘陵地，西岸多雨林帯，北部山地に分けられる。

インドの都市部で一般的に見られるのも中庭式住居である。北インド，西インドのハヴェリ haveli がよく知られる。グジャラート，ラージャスターンを中心に見られる。南インドでは都市住居の伝統は薄い。都市型住宅という意味で興味深いのは，ネパール，カトマンズ盆地のネワール族の住居である。バハ，バヒと呼ばれる中庭式住居がもとになって街区が形成される。また，古くから3～4層の集合形式を発達させてきた。

ガンジス川流域で興味深いのは，ナモスードラ族（バングラデシュ）の住居である。棟が東南アジアでよく見られる鞍形屋根とは逆に中央が高い円弧状にカーブしている。バングラと呼ばれるベンガル地域の寺院建築にも見られる屋根形である。インダス川流域で興味深いのがタッタ（パキスタン南部）で，マング mangh と呼ばれる涼風をとり込むための風の塔が独特の集落景観をつくりだしている。デカン高原の住居は閉鎖的中庭をもつのが特徴であるが，カーストによって，構造，規模が異なる。低カーストは，土壁，葺屋根で基本的に2室程度の戸建て住宅に住む。壁を共有した陸屋根の箱形住宅が一般的に見られるが，豊かな層は屋敷地に石造の建物を分棟形式で建てる。

図1-10 パタンのバハ・バヒ，カトマンズ盆地

図1-11 ナモスードラ族の住居，バングラデシュ

図1-12 タッタの風の塔（マング），パキスタン

5 熱帯林の世界

熱帯林として典型的なのが東南アジアの熱帯多雨林である。高木から低木まで多くの樹種が層をなし，年中高温多湿で，微生物も多く居住には適さない。熱帯多雨林では，採集・狩猟，根菜栽培，焼畑耕作，そして水稲耕作が行われてきた。この熱帯林の世界にはきわめて多様な住居形態がある。大型の高床式住居が見られるのが大きな特徴である。豊富な木材資源，湿潤熱帯とい

I ヴァナキュラー建築の世界 ―― 29

図1-13 ニアス島の住居，インドネシア

図1-15 西イリアンの住居，インドネシア

図1-14 ティモールの円形住居，インドネシア

図1-16 チャオプラヤー川の船上住居，タイ

う気候が共通の背景にある。

　屋根の形態として，棟が端部に向かって反り上がる鞍形屋根あるいは舟形屋根と呼ばれる住居形態が島嶼部に広範に見られる。また，中央部が突出する屋根形態も，スンバ，フローレス，そしてジャワ，マドゥラ島などに見られる。円形，楕円形の住居も珍しくない。スマトラ島西方のニアス島から大小スンダ列島ぞいにティモール島，西イリアンまで点々と分布している。インド洋のニコバル島，アンダマン島にも円形住居がある。

　タイの山間部には，樹木の葉で葺いた，小さな屋根のさまざまな形態の少数民族の民家がある。平野部に下りると，間口の狭い切妻屋根の高床の小屋を繋げていく形態

が見られる。デルタに人が住み出して以降だから伝統としては新しい。チャオプラヤー川には多くの水上住居が見られる。マレー半島を南下すればいわゆるマレーハウスがある。高床の寄せ棟の形態である。装飾には中国の影響も見られる。

6　海の世界

　水上住居あるいは船上住居という居住形態は珍しくないが，一般に海の世界は人間の居住空間とは考えられない。しかし，そこは漂海民に代表される海民の世界である。海は古来豊富な資源をもたらし，交易のネットワークを支えてきた。海の世界とそれをつなぐ交易拠点は，陸の世界と同様きわめて重要である。世界史的な交易圏を考慮すると，アジア大陸は，東アジア海域世界，東南アジア海域世界，インド洋海域世界，地中海世界に囲まれ，海とともに生きてきた。

　建築の様式や技術は海の世界をつうじても伝えられる。フィリピンのルソン島の山岳地方には，イフガオ族の住居など，日本の南西諸島の高倉形式と同じ建築構造の住居がある。明らかに両者の間には直接的関係がある。高床式の建築の伝統はさらに広範である。その建築の伝統を支えた海の世界がオーストロネシア世界である。

図1-17　ルソン島山岳地方の高床住居，フィリピン

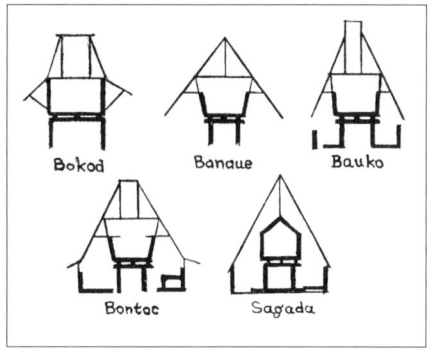

図1-18　ルソン島山岳地方の高床住居　小規模な倉型住居が数多く分布している。

図1-19　奄美大島の高倉

Ⅰ　ヴァナキュラー建築の世界　31

02　オーストロネシア世界
―日本建築の原像

1　北方系と南方系

　日本の民家の伝統には，南方系と北方系の2つがある。南方系の高床式住居や高倉が神社や貴族住宅（寝殿造や書院造）の伝統につながり，北方系の地床（土間）式住居が竪穴式住居から民家の伝統につながった，というのが一般的な理解である。そして前者が南西日本に，後者が東北日本に主としてもたらされ，日本の民家の地域性も形成されたという。こうした見方は大筋で誤りではないにしても，正確ではない。たとえば，北方にも高床式の伝統はある。同じ高床でも，正倉院の校倉は北方系で伊勢神宮は南方系である。民家の伝統はもう少し詳細に尋ねる必要がある。

　日本の伝統的民家の特徴はまず木造ということである。中国も朝鮮半島も木造の伝統は強いが，磚，煉瓦造が併用される。東南アジアは木造文化といっていい。赤道直下でも標高が高ければ針葉樹も育つ。建築用の木材が採れるところに木造文化の花が咲くのは道理である。

　ヒンドゥ教や仏教のモニュメンタルな建築には石造や煉瓦造が見られるが，住居となると生物材料で造られるのが一般的である。東欧や北欧，日本とならんで木造建築の宝庫といえるのが東南アジアである。日本の住居は，確かに東南アジア世界と親近性をもっている。

　東南アジアの民家を見渡して気づくのが，転び破風屋根，あるいは船形屋根，鞍形屋根といわれる屋根形態である。棟が大きく反り，端部は妻壁から大きくせり出している。もちろん，切妻，寄棟，方形，円形屋根などさまざまな屋根形態はあるけれども，この切妻転び破風の形態は東南アジアを代表する。スマトラ島北部のバタク諸族の住居，同島西部のミナンカバウ族の住居，スラウェシ島のトラジャ族の住居を代表例とし，大陸部ではカチン族など，島嶼部ではパラオなどにも見られる。東南アジアの住居についてひとつの共通のイメージを抱くことができるのは，この鞍形屋根の存在があるからである。

図1-20　ミナンカバウ族の住居，スマトラ島，インドネシア

2　ドンソン銅鼓

　東南アジアは，ベトナムを除くと，まず，

インド化の波を被り，イスラーム化の波を受けた。基層文化として土着の文化があり，インド文化，ヒンドゥ文化と混交する。中国文明の影響は継続的にある。そして，住まいの伝統を考える上で決して無視しえない西欧列強による植民地化の長い歴史がある。ヴァナキュラー建築の形態がどのようなものであったのかの問いに答えるのは，それゆえむずかしい。しかし，そうとう以前から各地域の住居は今日と同じような形態をしていた，また，東南アジアの住居が共通な起源と伝統を持つのではないかと思われる手がかりがある。

図1-21　ドンソン銅鼓に描かれた家屋紋

　ひとつは，ドンソン銅鼓と呼ばれる青銅鼓の表面に描かれた家屋紋である。また，アンコール・ワットやボロブドゥールの壁体に描かれた家屋図像である。さらに，中国雲南，石寨山（せきさいざん）などから発掘された家屋模型と貯貝器（ちょばいき）がある。石寨山は，1950年代後半に発掘された前漢時代の墓葬群で，数多くの家屋銅器，家屋紋が出土し，住居の原像を考える大きな手がかりを与えてくれている。

図1-22　ドンソン銅鼓

　家屋図像を並べてみると，たとえば，石寨山の家屋模型や貯貝器の取手は，ミナンカバウ族の住居にそっくりである。また，ドンソン銅鼓に描かれた家屋紋も同様である。転び破風の屋根形態がそうとう古くから東南アジアに存在してきたことを示している。また，古くから高床式住居が一般的であったことが明らかである。

　ドンソン銅鼓はインドネシア各地でも発見されている。ジャカルタの国立博物館も1部屋全部を銅鼓に当てている。すべての銅鼓に家屋紋があるわけではないが，小ス

図1-23　貯貝器

Ⅰ　ヴァナキュラー建築の世界　33

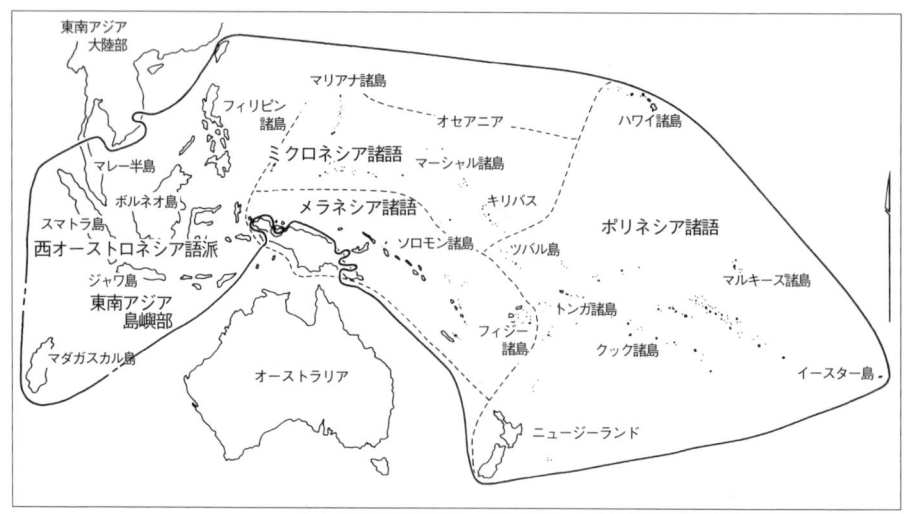

図1-24　オーストロネシア語族の分布範囲（P・ベルウッド）

ンダ諸島のスンバワ島近くのサンゲアンで発見された銅鼓の図像の住居は高床で，基礎柱にはネズミ返しらしきものがある。床下には動物がいる。屋根は，妻飾りがあって，棟束のようなものが描かれた屋根裏には家財のようなものが置かれている。

サンゲアンの青銅鼓の家屋紋と雲南省の石寨山前漢墓から出土した彫鋳模像は，実に似ている。華南と東南アジアが直結することはだれもが直感できる。不思議なのは，銅鼓，貯貝器などに表現された家屋像が，それが発見された中国の少数民族の居住地域には見られないことである。

3　オーストロネシア語族

東南アジア諸島の大部分で用いられる諸言語は，言語学者の間でオーストロネシア語と呼ばれる世界で最も大きな語族を構成している。最西端のマダガスカルから最東端のイースター島まで，地球半周以上にわたって分布し，東南アジア諸島全体，ミクロネシア，ポリネシア，そしてマレー半島の一部，南ベトナム，台湾，加えてニューギニアの海岸部までにもわたる。この広大な地域の諸言語は，すべて，プロト・オーストロネシア語と言語学では呼ばれる，少なくとも6,000年前までは存在していたらしい言語を起源としているとされる。言語学的な足跡は自然人類学や考古学の分析結果ともかなりよく一致し，新石器時代の東南アジア海域における初期移住の状況を物語っている。

プロト・オーストロネシア語の語彙の分布を復元することによって，人びとの生活様式がいろいろとわかる。住居は高床式であり，床レベルには梯子を用いて登ること，棟木があることから屋根は切妻であり，逆アーチ状の木や竹によって覆われていたこと，そして，おそらく，サゴヤシの葉で屋

図1-25　ブノン族の住居，台湾

図1-26　ヤミ族の住居，台湾

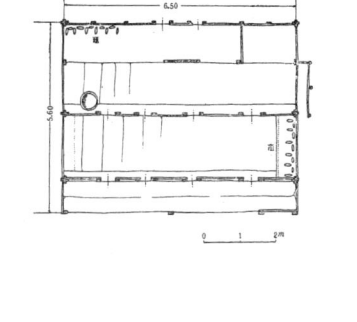

図1-27　ヤミ族の住居（平面・断面図）

　根が葺かれていたこと，炉は壺やたき木をその上に乗せる棚とともに床の上につくられていたことなどが語彙から窺えるのである。

　新石器時代に高床式住居が発達していたことはタイの考古学的資料によっても裏づけられている。西部タイで，3千数百年前から2千数百年前頃の土器群が発見され，バンカオ文化と呼ばれている。言語学者ポール・ベネディクトが復原したプロト・オーストロ・タイ語は，「基壇／階」，「柱」，「梯子／住居へ導く階段」といった単語を含んでいるという。すなわち，高床式住居はオーストロネシア語族，とくに，その下位グループとしてのマラヨ・ポリネシア語族と密接に関わりをもっているのである。

　オーストロネシア語族の源郷については中国華南あるいはインドシナに求めるのが定説である。しかし，決着がついたわけではない。台湾にその源郷を求める見方も有力なものとして提出されている。

I　ヴァナキュラー建築の世界　35

column1　　　　水牛と船 — 妻飾り

　東南アジアの建築について，繰り返し見られるのは，交差する角の形をした装飾的な妻飾りである。この妻飾りは，ブギスやマレーの例のように，垂木の延長として簡素に形造られることが多いのであるが，時には，入念に彫刻が施される。この妻面端部の装飾の名称は，多くの場合「角」という単語に由来している。

　東北インドのナガ族，タイ北部，スマトラのバタク族，また以前の中央スラウェシなどの場合，その角は水牛のものである。バタク・カロ，バタク・シマルングン，バタク・マンダイリングなどは棟にきわめて具象的な水牛そのものの彫刻が置かれる。

　西フローレスのマンガライやロティ島，中央スラウェシのポソなどでは，鳥やナーガ（東南アジアのコスモロジーにおける地下界を支配する神話上の海ヘビ，龍）の形に彫られる。また，マレー住居のシラン・グンティンのように開いたハサミの形に擬せられることもある。

　角のモチーフとしての選択が，東南アジアの多くの社会で水牛が大変重要であることを反映していることは，疑いの余地がない。水牛の角は戦いの際の主要な武器であることから，角の装飾は家を守る役目をシンボリックに果たしているのではないかという説がある。一般に富の基準は，水牛の所有数で代表され，水牛はしばしば儀式上で一番の捧げ物とされる。豊かな家ほど入念に角の装飾を施し，その装飾的要素は，地位や身分を，それとなく指し示す役割を果たしている。高貴な家柄の重要な建築物のみが，素晴らしく彫刻された装飾を用いるのが各地域で普通なのである。

　水牛が生け贄としての役割を果たすことによって，天上と下界を橋渡しするのだという説もある。死者は，天上界（または，死後の世界）へ水牛に乗って行くと信じられているのである。

　日本では，宮殿とともに伊勢神宮，出雲大社といった神社のみが交差状の角，要するに千木の装飾を許されている。日本の千木や鰹木のルーツは，タイの山間部に求められるという説がある。はたしてどうか。

　妻の端部は，船の船首，船尾を象徴することもある。東南アジアの各地に点々と分布するロングハウスの棟の端部には大規模で勇壮な棟飾りがかつては施されていた。また，鞍形屋根そのものが船を象徴しているという説がある。

　フロクラーヘは，1936年に書かれた「東南アジアと南太平洋の巨石文化における船」のなかで，先端のとがった曲線屋根（切妻転び破風屋根）が，実はインドネシア諸島にこの文化を持ち込んだ人びとが乗ってきた舟を象徴しているという。彼はこの屋根の様式を「船形屋根」と呼んだ。その理由として，彼はおびただしい事例を引用している。すなわち，住居や村落を船にたとえたり，住居や村落の各部の名称に船の用語を使用する，たとえば，村長や他の高位の人びとを「船長」や「舵手」などの称号で呼ぶこと，あるいは，死者の魂が舟に乗って来世へ旅立つと信じたり，また

死体を、船型の棺あるいは「舟」という名の石の甕棺や墓にいれて埋葬するといった、インドネシア社会にみられる多くの事例である。
　その後、「マスト」を意味すると主張されている言葉はもともと単に「柱」の意味にすぎないというように、必ずしも船に関わる言葉とは限らないといった指摘がなされる。また、船のシンボリズムを欠く地域も当然ある。ただ、船のモチーフが、東南アジア各地に点々と見られるのは事実である。

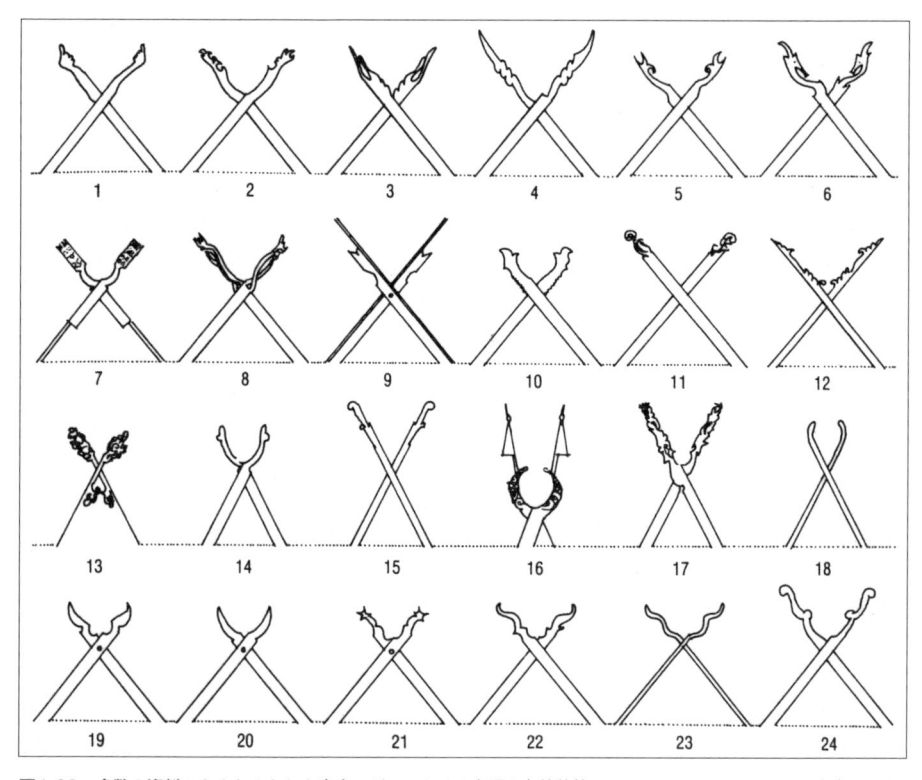

図1-28　多数の資料からまとめられた東南アジアにおける妻面の角状装飾　1〜6：カリマンタン、7：中央スラウェシ、8：東南スラウェシ、9〜10：南スラウェシ、11：フローレス、12：シンガポール、13：リアウ、14：西スマトラ、15：西ジャワ、16：タニンバル、17〜18：ロティ、19〜22：ラオス（ユアン）、23：タイ、24：カンプチア（R・ウォータソンによる）

I　ヴァナキュラー建築の世界　37

03　原始入母屋造 — 構造発達論

なぜ、オーストロネシア世界という広大な領域に共通の建築文化が想定されるのかをめぐって、もうひとつ有力な根拠がある。木造の構造原理である。木材を用いて空間を組み立てる方法は無限にあるわけではない。荷重に耐え、風圧に抗するためには、柱や梁の太さや長さに自ずと制限がある。架構方法や組立方法にも制約がある。歴史的な試行錯誤の結果、いくつかの構造方式が生み出されてきた。

1　家屋文鏡

日本の古代住居の形態を知る上で大きな手がかりとなるのが家屋文鏡である。そして、銅鐸に描かれた家屋文様や家型埴輪である。家屋文鏡と呼ばれる直径23.5センチの鏡は、奈良盆地の西部、馬見と呼ばれる古墳群のなかの佐味田宝塚古墳から発見された完形26面のうちのひとつである。4世紀から5世紀の初め、古墳時代初頭のものとされる。

家屋文鏡には4つの異なった建物（家屋）が描かれている。鏡の上部から右回りにみると、入母屋屋根の伏屋形式の建物（A棟）、切妻屋根の高床建物（B棟）、入母屋屋根の高床建物（C棟）、入母屋屋根の平屋建物（D棟）である。その4つの建物類型が何を意味するのか、日本の住居（建築）の原型が描かれているのではないかという興味から、さまざまな解釈が試みられてきた。

木村徳国は、記・紀、万葉集および残存する5国の古風土記をテキストとし、上代語における建築形式の呼び名を収集し、その記述から建築の形式を復原しようとする

図1-29　家屋文鏡

図1-30　家型埴輪

なかで，ムロ，クラ・ホクラ，ミヤ・ミアラカ，トノの4つの系列を，家屋文鏡の4つの家屋形象にあてはめて理解しようとする（木村徳国1979, 1988）。また，池浩三は，沖縄，南西諸島に残る神アシャゲを，その祭祀の構造から稲積み系の祭祀施設としてとらえ返しながら，その原型的要素をわが国古代の新嘗・大嘗祭の中心的施設ムロに対比する。さらに家屋文鏡の4つの建築類型を大嘗祭施設の原型とみなす（池浩三1979, 1983）。

図1-31　家屋文鏡A棟　　図1-32　家屋文鏡B棟

図1-33　家屋文鏡C棟　　図1-34　家屋文鏡D棟

家屋文鏡のA〜D棟は，架構形式についてのみ問題にすれば，東南アジアでも一般的に見ることができる。A棟は原始入母屋造，一般的に竪穴式住居である。B棟は，それこそ東南アジアの典型的住居，転び破風屋根，船形屋根，鞍形屋根である。D棟を平屋とすれば東南アジアには少ないが，AC棟を含めた入母屋屋根は各地に見られる。

2　原始入母屋造

東南アジアと日本の住居を考える上で興味深い学説がG・ドメニクの構造発達論である（ドメニク1984）。その説にしたがえば，実に多様に見える東南アジアの住居の架構形式を統一的に理解できるのである。また，日本の古代建築の架構形式も含めて，その発生について興味深い議論が展開される。

G・ドメニクは，東南アジアと古代日本の建築に共通な特性は「切妻屋根が，棟は軒より長く，破風が外側に転んでいること」（転び破風屋根）であるという。そして，こ

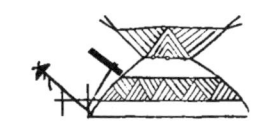

の転び破風屋根は，切妻屋根から発達したのではなく，円錐形小屋から派生した地面に直接伏せ架けた原始的な入母屋造の屋根で覆われた住居（原始入母屋住居）とともに発生したとする。

原始入母屋住居についてはすでにいくつかの復原案がある。一般的には円錐形の小屋組から変化して発生したと考えられてきた。煙出しの必要から切妻の棟が考えられ，何対かの叉首の上に棟木を渡す形が生まれたとされるのである。それに対して，G・ドメニクは，基本となる棟叉首は2対のみで，当初から用いられていたとする。微妙な違いのようであるが，実際の建設過程を考えるときわめて明快である。

G・ドメニクのいう発達過程の5段階は図1-35に示されるとおりである。円錐形に梁を集めた形から，2つの交差した叉首を基本とする形への変化を考える。そして続いて4本柱の発生を考える。その段階は，以下のようである。

①叉首組と垂木のみで構築された円錐形小屋から直接派生した原型。②2本の桁状の木材を導入することにより，煙出し用の

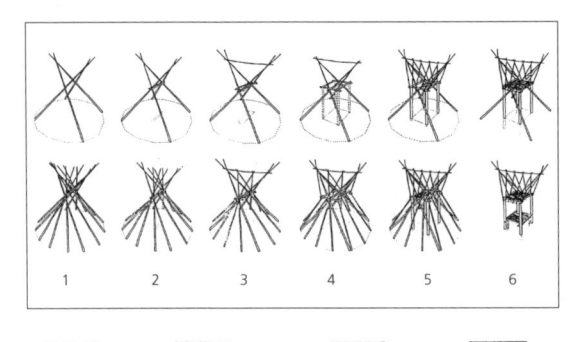

図1-36 バタク・カロの頭の家（納骨堂），スマトラ島

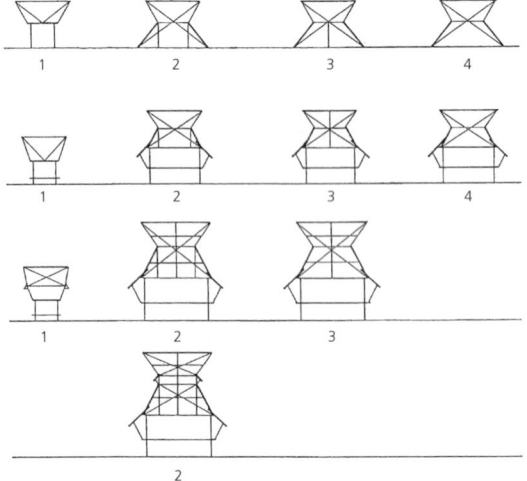

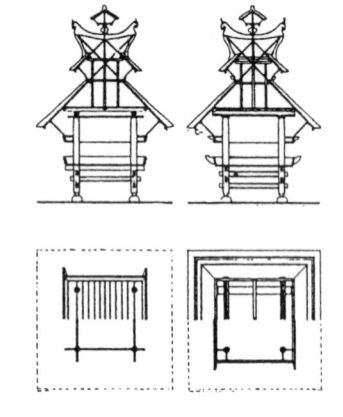

図1-35 住居の構造の発達段階（G・ドメニクによる）上段：原始入母屋住居から高倉への発達過程，下段：バタク・カロの住居の発達過程

図1-37 バタク・カロの頭の家（納骨堂）（立面図・平面図）

細長い切れ目が出現。③煙出しの構造が変化して，桁梁構造が出現。④桁梁が拡張されることにより，内部空間が広く明るくなる。構築過程中補助柱を必要とし，完成後除去される。⑤補助柱は大規模な架構においては最終的に保持され，いくらか地中に埋め込まれ，上部は桁梁と結び合わされる。

この段階において新しい支持架構が出現し，構造力学的システムは根本的変化に遭遇することになる。交叉叉首組はとくに風に対する斜材として，さらに構築時の足場としての用をなしている。すなわち，柱・桁梁架構が新しい支持機能としてとってかわるため，完成した建物においては，交叉叉首組は支持構造としての機能はもはやない。

さらに興味深いことに，G・ドメニクは，この第⑤段階から，高倉が誕生するという。原始入母屋造を北方系の円錐形屋根と別の高倉系の切妻屋根との結合体とみる見方があるなかで，切妻屋根の高倉もまた原始入母屋造の内部から発達してきたとする構造発達論には一貫性がある。

04 移動住居
——パオ，テント，円錐形住居

　大陸に眼を転じてみよう。海域世界がはるか古代から密接につながっていたことは，鞍形屋根や高床式住居の分布が示しているが，大陸部でも壮大なスケールでの建築文化の交流があった。遊牧民たちの移動住居の伝統がそれを示している。

　移動住居の形態には，まず，①ゲル(蒙古包，ユルト)がある。そして，各種の②テントがある。形態は，切妻，入母屋，方形(宝形)などさまざまである。さらに，丸太を円錐形に組む③円錐形住居がある。

1　ゲル，蒙古包，ユルト

　ゲルいわゆる蒙古包は，モンゴル平原を中心にきわめて広範囲に分布する。バイカル湖付近に住むブリヤート族，カザフスタンのキルギス族，アフガニスタンのウズベク族，トルクメニスタンのヨムート族，イラン北東部カスピ海東岸のヤム族，さらにアナトリアのトルクメン族などがゲルを使用する。名称として最も一般的に用いられるのはユルトである。

　円形の内部空間は，入口を入ると正面中央に炉があり，その奥が主人の場所，主人に向かって左が男の空間，右が女の空間という単純な構成である。

　ゲルの骨組みは，円輪のついた中央の支柱と円形の壁，そしてそれをつなぐ垂木か

図1-38　ゲル，モンゴル

らなる。それぞれはロープによって縛られる。構造材料は蒙古の水辺に多い柳條(柳の枝)あるいはポプラの木である。柳條はさまざまな器物にも用いられるが，3センチほどの茎を菱格子に組んだものを連結してハナと呼ばれる円筒形の壁をつくる。1ユニットが1.8メートル×1.8メートル程度だ。大きさは直径3メートルから4.5メートル，3～12ユニットからなる。屋根は，ちょうど傘のような構造である。屋根の垂木材をオニという。トーノという丸い天窓用の部品をバガナという1対の肘木のついた柱で支える。トーノにはオニを差し込む臍穴が刻まれており，他方はハナの上部に結びつける。縄や紐はマルと呼ばれる家畜，駱駝や馬の毛でつくる。骨組みはフェルト(氈子，毛氈)で覆う。木製の扉とその枠も部品化されている。入口にはハールガと呼ばれる開きの板扉が挿入される。組み立てに要する時間は2時間程度で，女性

I　ヴァナキュラー建築の世界　41

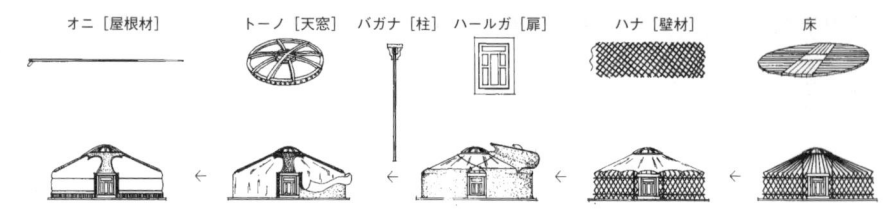

図1-39 ゲル（骨組・組み立て）

図1-40 スキタイ族の車帳

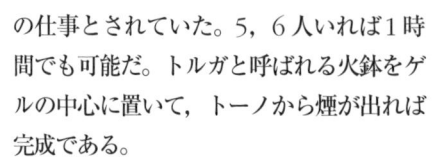

図1-41 ベドウィンのテント住居，サウジアラビア

の仕事とされていた。5，6人いれば1時間でも可能だ。トルガと呼ばれる火鉢をゲルの中心に置いて，トーノから煙が出れば完成である。

　移動の際には折り畳む。畳むのは30分程度でできるという。移動には車を用いるか，駱駝に運ばせる。一世帯のゲルの数は一定しないが夫婦は別の棟に住むから2棟は必要である。駱駝や車，家畜はかなりの数になる。固定式のゲルもある。農耕生活を行う定住地域ではゲルも常設の形をとるのである。また，半農耕半狩猟となると，ゲルと一般の住居が併用される形がとられる。ゲルを夏の家として使用し，冬の家として固定的住居をもつのである。

　ゲルは，中国の文献上では，穹廬、拂廬あるいは氈帳、廬帳などと書かれる。少なくとも前漢の匈奴が用いていたことは明らかである。そしてさらに興味深いのは，文献に，氈車、車帳、黒車、高車と記される車付き住居，車上の住居である。車上生活を行う移動民が古くから存在していたのである。スキタイ族が車上生活をしていたことは古くからギリシア人に知られ，記録に残されている。また，明器など模型も出土している。匈奴が氈車を用いていたことはよく知られ，元代にはヨーロッパ人旅行者の記述もある。具体的には，蒙古包をそのまま車上に載せ，数頭から20数頭の牛に引かせる形態である。また，カマボコ（ヴォールト）屋根の幌馬車の形態もある。

2　テント

　テントも遊牧民の間では一般的に用いられる。モンゴルにもマイカンと呼ばれる，2本の支柱と2間程度の小屋梁を切妻状に覆うテントがあり，夏に用いられた。ユル

トより簡便で，一般的には寒冷地には向かない。チベットやブータンのような高地にも見られるが，草原，砂漠がふさわしい。

ゲルは白いフェルトであるが，西アジアで一般的に見られるのは黒いテントである。ヤクあるいは黒山羊の毛で織られる。北アフリカからアラビア半島，イラン，アフガニスタンまで広範に分布する。代表的なのは，ベドウィンである。テントの形はさまざまである。アラビア半島北部のルワラ族のテントは，2列に支柱を立て，20メートルほどのフェルトを支柱に沿って縦横に引っ張り水平に近くなるようにする。部屋の間仕切りにはカーテンを吊る。柱列を増やせば大型のテント住居もできる。

3　円錐形住居

図1-42　円錐形住居，シベリア

図1-43　チュクチ族の住居，シベリア

丸太を円錐形に組んだ骨組を獣皮あるいは樹皮によって被覆した住居を円錐形住居という。エヴェンキ族，ンガナサン族，ヤクート族など北方林の世界で見られる。シベリア一帯で，いわゆるネオ（新石器）・シベリアンと呼ばれる諸民族が使用してきた。

同じ円錐形住居といっていいが，斜材のみで骨組みをつくるのではなく壁を建ち上げるものがある。すなわち，円形に柱を建てその頂部を梁でつないだ上に垂木を円錐形に組む構法である。形は蒙古包の形である。「腰折円錐形」と呼ぶ。チュクチ族，コリャーク族などの事例がある。極東に見られ，パラエオ（旧石器）・シベリアンと呼ばれる，より古い民族の住居に見られる。

技術的な発展を考えれば，円錐形住居→腰折円錐形住居→蒙古包という発展過程を

とったと考えられる。しかし，より古い民族が既に腰折円錐形住居を用いていることをどう解釈するかは興味深いテーマである。

以下は村田治郎説である。

① パラエオ・シベリアンが極東に移動したときモンゴルからシベリアにかけて，円錐形住居およびその進化形である腰折円錐形住居は既に存在していた。

② それに対して西アジア，南ロシアではかなり後の時代まで円錐形住居が用いられていた。トルコ系民族の圧迫によって北走したネオ・シベリアンは円錐形住居をそのまま持って移動した。

③ 蒙古包は西アジアで発生したのではなく，腰折円錐形住居をもとにモンゴル地方で発生した。

I　ヴァナキュラー建築の世界　43

05 井籠組 — 校倉造

　日本の木造建築は基本的に柱梁構造である。木材を縦横に直角に組み合わせて枠組みをつくる。しかし、正倉院の校倉がそうであるように木材を横に積み重ねる校倉形式の構造形式もある。現在ではログハウスがそうである。実は日本でも校倉形式の木造建築が数多く建てられていた可能性はなくはない。校倉形式は掘建てと違って跡が残らないのである。

　校倉形式は倉や寺院の経蔵だけではなく一般建築にも使われ、井籠組（せいろう）、あるいは井籠組壁と呼ばれる。木を井籠（蒸籠）のように井桁に組むからである。井籠組は累木式（るいぼく）ともいう。壁で加重を支える壁構造である点で柱梁構造とは異なる。井桁だけでなく、コリャーク族、アルタイ地方の諸族などのように八角形など多角形に組む事例も少なくない。

1　北方の井籠組

　井籠組は、森林資源が豊富な寒冷地の構造形式と考えられる。ユーラシア北部、ロシアからスカンジナビア半島、アルプス高地に一般的に見られる。サハリン、カムチャッカ、アムール川沿岸、朝鮮半島北部、エニセイ川流域、アルタイ地方、そしてヒマラヤ山地などに、移動住居と平行して、井籠組構法を見ることができる。中国でも古くから校倉形式の建築が建てられてきたことは図像として残されている。また、諸文献にも見える。朝鮮の建物について「横累木（よこるいぼく）」「積木（せきぼく）」「桴京（ふきょう）」といった言葉が使われている。「桴京」とは、高床の校倉のことである。中国でも、「井幹楼（せいかんろう）」「井垣」「井韓」「積木」「累萬木（るいまんぼく）」といった言葉が使われている。北方アジアの他、アフガニスタン北東部高地のヌリスタン族やパキスタン北部のスワート族は井籠に組んだ木の間に土を充填する工法を用いている。トルコのポンティック地方にも井籠組工法が見られる。いずれも寒い地域である。

図1-44　アルタイ地方の住居、ロシア

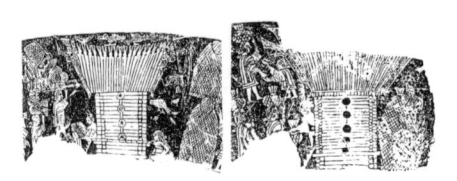

図1-45　銅鼓に描かれた校倉形、石寨山、雲南

図1-46　ヤムイモの貯蔵倉，トロブリアンド島，パプア・ニューギニア

図1-47　バタク・シマルングン族の住居，スマトラ島

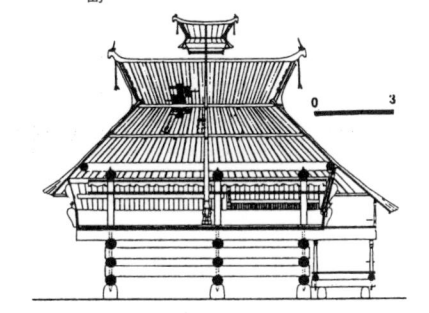

図1-48　バタク・シマルングン族の集会棟（断面図）

2　南方の井籠組

　しかし，井籠組構法は，興味深いことに熱帯地域にも存在する。著名な例としては，トロブリアンド島のヤムイモの貯蔵倉が校倉形式である。ただ，木と木の間に隙間が設けられるのは北方の校倉との大きな違いである。さらに，たとえば，バタク・シマルングン族の住居の基礎は井籠組である。同じ地域に柱梁組と井籠組の2つの形式が並存することは少なくない。驚くことに柱梁組と井籠組を併用した建物がある。基礎の構造に限定されるが，サダン・トラジャ族の住居でも井籠組の基礎をもつものがある。同じ地域で2つの架構形式が並存する例はブギス族もそうだ。井籠組の伝統が東南アジアに及んでいることは疑いないところである。

　井籠組の構造形式，すなわち校倉形式がすべて同一の起源をもつかどうかは明らかではない。興味深いのは，移動遊牧民と井籠組の分布が一致していることである。多くがテント，ユルトと併用している。実際，解体して移築することが行われている。ローマ時代のウィトルウィウスの『建築十書』に黒海沿岸に井籠組建築が存在していたことが記されている。黒海沿岸から西欧・北欧へ，また，中央アジアをへて南（西北インド，チベット，ヒマラヤ），北（シベリア）2つのルートを経て日本へ及んだという説が立てられるが，はたしてどうか。

I　ヴァナキュラー建築の世界

06 石造・煉瓦造
── ドーム，ヴォールト，ペンデンティブの起源

1 版築，日干煉瓦，磚

　木造資源の乏しい地域においては，石造あるいは煉瓦造など組積造が用いられる。また，木造と組積造が混用される。中国では，古来，版築，日干煉瓦，磚（焼成煉瓦）が用いられてきた。版築とは土を踏み固める構法である。土，煉瓦，石によって壁をつくるのは，そうむずかしいことではない。問題は屋根である。木材が利用可能であれば，木造建築と同じように屋根を組んだり，床を張ったりするのは比較的容易である。朝鮮半島や中国では木造と組積造の混構造となる。しかし，木材がまったく乏しいとなると土，石によって屋根を架けなければならない。そこで生み出されたのが，ドームであり，ヴォールトである。
　ドーム，ヴォールトは，エジプト，西アジア，中央アジア，インド，中国に広く見られる。古代メソポタミアに遺例が見られることから，西アジアに起源をもとめるのが一般的である。ヴォールトの起源の方がわかりやすいかもしれない。煉瓦や石を少しずつずらしていってアーチ（持ち送り式アーチ）をつくるとヴォールトができる。

2 円形建築

　興味深いのは，円形建築である。イラク東北部，イラン国境に近いハムリン盆地のテル・グッパ遺跡（アッカド時代，BC2300～2100年）には巨大な円形建築がある。メソポタミアとその周辺には円形建築の遺例が数多く分布している。屋根はドームであったと考えられる。現在でもイランやアフガニスタンの最も乾燥のきびしい砂漠地方では，木材がないため，グンバートとよばれる円形ドーム屋根の民家が基本である。
　円形建築といえば，ゲルの形態がまさにそうだ。ゲルが固定化され，土で塗り固められる事例をモンゴル，北中国に数多く見ることができる。ゲルの形態は，移動住居として，東西に広く用いられてきた。空間のひとつの原型として，ゲルの形態が組積造に置き換えられる過程を想定してみることは可能であろう。

3 隅三角状持送式

　ところで四角い平面に丸いドーム屋根を架けるためにはどうすればいいのか。ドームの底辺は円形となるから，正方形の上に載せることになるが，正方形を円に内接させるか外接させるかによって形態は異なる。しかし，その前に興味深い方法がある。直線的部材を積み上げて屋根あるいは天井をつくる方法である。「隅三角状持送式」あるいは「ラテルネン・デッケ」「方形四五

図1-49　ドームを支える隅のペンデンティブ

図1-50　隅三角状持送式

度回転式」などといわれるが、定着した名前はない。しかし、古来、各地に見られる方法である【図0-21】。

　正方形の各辺の中央を繋ぐ正方形を残し、各隅の直角二等辺三角形の部分を塞ぐ、続いて残された中央の正方形について同じことを繰り返す。要するに正方形の内側に順次正方形を内接させていって屋根をつくるわけである。要はスパンを縮めていけばいいのであるから、最初を八角形とする例もある。

　石材によるものとして、高句麗の双楹塚古墳（5〜6世紀）、山西省大同の雲岡石窟がある。木造の例としては、中国の宮殿建築に見られる。『営造法式』には「闘八藻井」という手法が見える。新彊、チベット、カシュミールにかけては一般の住居がこの方法で造られている。また、アフガニスタンのバーミアンの石窟、インド亜大陸のジャイナ教寺院などに見られる。黒海周辺の井籠組建築そしてアルメニアの木造建築の多くはこの方法によっていたと考えられている。そして、イスラーム建築がこの方法を広く採用している。イスラーム建築は、さらにペンデンティブやスキンチなどドーム技術を発達させていくことになる。

I　ヴァナキュラー建築の世界　　47

column2　竹と木

　日本そして東南アジアは木の文化圏あるいは竹の文化圏に属する。中国，朝鮮半島でも木は使われるが煉瓦や石との併用である。南インドのケーララ地方やヒマラヤなど木が主要に用いられる地域もあるけれど，西に行くにしたがって土の文化あるいは石の文化が優勢になる。

　建築材料として，日本では松，杉といった針葉樹が用いられるが，東南アジアにもある。ケシアマツ（二葉）は，ルソン島山間部のベンゲット州に多いのでベンゲット・パインと呼ばれる。ボントック族など諸民族の住居の構造材はケシアマツでつくられる。北スマトラのバタク諸族，西スマトラのミナンカバウ族の住居はメルクシマツ（三葉）による。赤道直下でも高度が高ければマツは育つのである。

　湿潤熱帯を代表するのがフタバガキ科の樹木である。フタバガキ科のうちフィリピンで合板に使われたものがラワンと呼ばれる。フタバガキ科の樹木は全部で570種もあり，その大半はインドからニューギニアまでの，主として東南アジアの島嶼部に分布している。マレー半島だけで168種，ボルネオだけで260種以上あるという。釈迦がその樹木の下で入滅したというサラソウジュ（サラノキ）はフタバガキ科であるが，日本でいう沙羅双樹（ツバキ科）とはまったく違う。

　チークは，インドネシア，マレーシアでジャティ，ミャンマーでキュン，タイでマイ・サック，中国では柚木（ユーム）と呼ばれる。強度があり，耐久性に優れていることから，構造材として用いられてきた。また，造船用の材料であった。今日では専ら高級家具・内装・彫刻材として用いられている。インド，ミャンマー，タイ，ラオスなど，東南アジアの大陸部で産する。湿潤熱帯より，モンスーン熱帯，すなわち，乾期を明瞭に持つ，標高の高い地域に分布する。紫檀，黒檀，カリンなども同様である。寛文元年（1661）に隠元禅師によって創建された京都宇治の黄檗山萬福寺の本堂（大雄宝殿）の柱はすべてチークである。尺5寸（45センチ），長さ12メートルにも及ぶ角柱40本以上もどうやって運んできたのかは不明であるが，南洋材は中国を通じて古くから知られていたことは確かである。

　屋根材として一般的に用いられるのがアラン・アランである。インドネシア語のアラン・アランが一般的に用いられるが，イネ科のチガヤで，英名コゴングラス，他にララン，クナイという呼び名がある。木材の豊富なところでは，木の板が屋根材として用いられる。こけら葺き，ウッドシングルである。スマトラ，ボルネオ，フィリピンの低地熱帯雨林で見られるボルネオテツボクのこけら葺きはよく知られている。屋根材としてアラン・アランと並んで用いられるのがヤシの繊維である。ココヤシ，アブラヤシ，サゴヤシ，タラバシ，バルメラヤシなどヤシの種類は何十種類に及ぶが，屋根葺き材に用いられるのはサトウヤシの繊維である。ヤシは，それこそヤシ文化といっていいほど東南アジアの生活に密着し，食料としてはもとよりヤシ酒や燃料など多様に使われている。

また，屋根材として竹が用いられる。竹を半割にし，上下を重ねて瓦のように葺く。サダン・トラジャ族の鞍形屋根は竹を何重かに葺く。すべて竹で造られる住居が各地にある。天井材にも床材にも，開口部にも使われる。樋も竹である。壁に使われる竹を編んでつくるバンブーマットもある。建設現場の足場は今でも竹が用いられる。筏に組んで水上住居の床になることもある。さらに，生活のあらゆる場面に竹は使われる。各種のざる，かご，皿，水筒，箸，煙草のパイプ，笛や笙，竹琴などの楽器，鹿威しや玩具，竹は東南アジアの日常生活と深く関わっており，A・ウォーレスをして「竹は自然が東洋熱帯の住民に与えた最大の贈り物だ」といわしめたとおり，東南アジアの文化は竹の文化である。

図1-51　バリ島のオールバンブーハウス（屋根材もすべて竹），インドネシア

図1-52　ロンボク島の倉，インドネシア

チーク

アラン・アラン

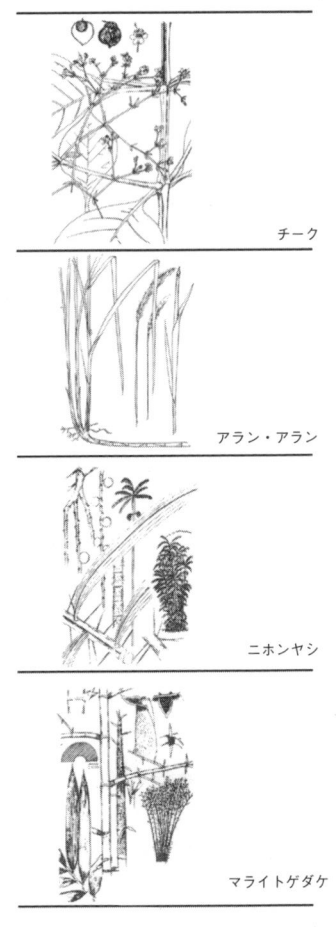

ニホンヤシ

マライトゲダケ

図1-53　建材として用いられる樹木

Ⅰ　ヴァナキュラー建築の世界

07　高床式住居

1　高床式，地床式の分布

　高床式（杭上）住居は世界中に分布するが，アジアでは，東南アジアに集中的に見られる。また，カスピ海沿岸，南中国，海南島，インド北東部，ネパールなどに見られる。

　しかし，オーストロネシア世界の中にも，高床式が存在しない例外的地域がある。ジャワ島，そして，バリ島，ロンボク島西部である。また，大陸部のベトナムの南シナ海沿岸部，西イリアンとティモールの高地がそうだ。もうひとつ，モルッカ諸島の小さな島，ブル島が高床式住居の伝統を欠いている。

　ところが不思議なことに，ボロブドゥールやプランバナンなど，中部ジャワ，東部ジャワに残る，9世紀から14世紀に建てられたチャンディ（ヒンドゥ教寺院）の壁のレリーフには地床式の建物はない。かつて

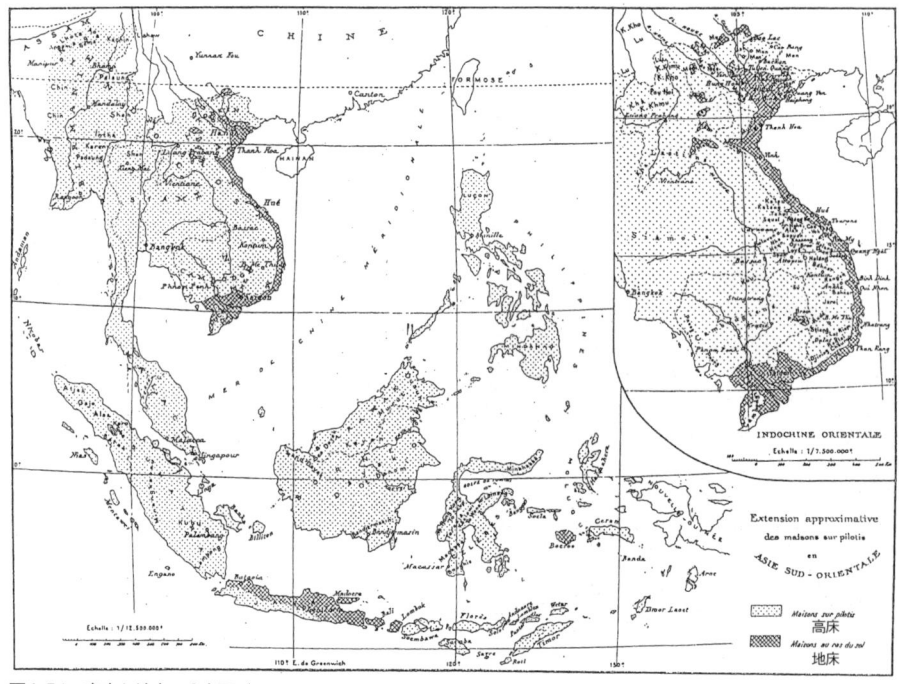

図1-54　高床と地床の分布図（N. van Huyenによる）

は高床式住居が一般的だった可能性が高い。同じジャワ島でも，スンダ（西部ジャワ）の伝統的住居は高床である。ジャワ島西部のバドゥイの集落や，プリアンガン（バンドンを中心とする地域）のナガの集落の例がある。

なぜ，ジャワ，バリ，ロンボクの住居は地床式なのかについては，いくつか説がある。まず，地床の伝統をもつ南インドの影響があげられる。中国との関係を重視して，その影響を考える説もある。イスラームの平等主義がヒンドゥー・ジャワのカースト的社会を攻撃する上で，高床式住居を禁止したという説もある。

ベトナムの南シナ海沿岸部が地床式であるのは明らかに中国の影響である。しかし，中国といっても広い。すべてが地床式というわけではない。漢代以前に長江流域，以南に高床式住居が分布していたことが明らかになっている。華南にも地床式住居はあるが，西南少数民族の住居に高床式住居は多い。シナ・チベット語系の諸族（壮洞〔チワン・トン〕語族）は高床式である。百越史研究では，チワン族，プイ族，トン族，スイ族，リー族などのタイ系稲作農耕民を百越の後裔とみる説が有力で，干欄式（高床式）建築は百越文化の重要な構成要素とみなされている。

2 抹樓

朝鮮半島の住居というと，温突と呼ばれる床暖房装置が独特である。また，抹樓あるいは大庁という板間の空間が知られる。温突，抹樓の起源をめぐっていくつかの議論がある。土間が発展して土壇のような床

図1-55 ロロ・ジョングラン（プランバナン）のレリーフの家屋像，ジャワ，インドネシア

図1-56 揚床になっているナガの住居，プリアンガン，インドネシア

図1-57 バドゥイの住居，スンダ，インドネシア

となり，次いで温突となった，そして抹樓（板間）への転化が起こったというのが一説

I ヴァナキュラー建築の世界 ―― 51

図1-58 ロンボク島の住居，インドネシア　地床式であるけれど，レベル差はある

である。板間は，南からの伝統ではなくて，北の伝統，すなわち，中国の宗教建築，宮殿建築の影響だと考える。ソウル近辺に抹樓が多いのはそのせいで，都会から南に抹樓は伝わった。それに対して，中国には板間がないこと，宮殿から住宅に板間が普及していくことはないことから，抹樓は南方系で，南朝鮮は南洋的で，北朝鮮は中国的であったというのが一説である。温突は高句麗の勢力とともに南下してきたものであり，南から板間が来て融合したという主張である。抹樓は南に少ないが，済州島には抹樓がある。南方説が常識的と思えるが，マルは住宅の中心で聖なる場所，家神や祖霊を祭る場所を意味し，ツングース系のテントにマル，マロという聖なる場所があるという指摘も有力である。

3　稲作と高床式

稲作と高床式住居の結びつきはよく指摘される。米倉を高床式住居の原型とみなす見方さえある。しかし，中国での発掘遺構によれば，稲作以前にも高床式住居が存在したことは，はっきりしている。金属器と高床の技術の関係も議論されるが，石器で高床をつくることは充分可能であった。河姆渡遺跡（BC5000年頃）の高床式建物に使われたのは石器だけであった。石製工具には斧と鑿があるのみで，木材の加工のためには，他に，楔と木槌，木棒が使われただけである。

稲作と高床の発生は関係がない。また，高倉は稲作に固有でもない。北方に見られる高床の倉は基本的に稲作とは関係ないのである。しかし，稲作の発生以降，その伝播と必要とされる高倉形式の伝播は当然結びつく。東南アジア各地の高倉を見るとそれぞれよく似ている。たとえば，北ルソンの山岳地帯のイフガオ族やボントック族の倉は，日本の南西諸島に見られる高倉とそっくりである。

稲作の技術と米倉の建設技術はセットになって伝播した可能性が高い。米倉は，解体して移築することもあった。米倉がモデルとなって，高床の技術を各地に伝えたということは，おおいに考えられることである。

4　穀倉型住居

一方，倉と住居は明確に関係がある。東南アジア各地の米倉は住居のミニチュアといっていいほどよく似ていることが多い。単にミニチュアというだけでなく，住居が倉から造られたと考えられる例が東南アジア一帯に見られる。穀倉型住居にも，主柱の上の穀倉部分に居住空間がある形式，主柱の中間，穀倉部分の下に居住用の床を追加した形式，地上に土間の居住空間をもつ形式など，いくつかの類型がある。

08　中庭式住居— コートハウス

　古今東西，世界各地に普遍的に見られるのがコートハウス（コートヤード・ハウス），中庭式住居である。

1　古代ギリシアと古代ローマ

　古代ギリシアのオリュントスやプリエネに見られる住居は，門（プロテュロン）を入ると中庭（アウレ）があり，その中庭に面して，主室（アンドロン）のほか，寝室，台所，浴室，倉庫などの諸室が歩廊に面して配される。中庭の周囲全体に列柱が並ぶものをペリステュロスという。古代オリエントには，クレタやミュケナイの遺構に見られるメガロンという形式がある。玄関ポーチ，前室，炉を持つ広い主室が縦に並ぶ長方形の構成である。ギリシアの住居の起源はメガロンであり，中庭を囲んでメガロンを組み合わせる形で中庭式住居が成立したとされる。

　古代ローマには，ドムスと呼ばれる独立住宅とインスラという集合住宅がある。ドムスの中庭はアトリウムと奥の私的なペリステュロスの2つからなる。アトリウムとはエトルリアに起源を持つ玄関広間のことで，屋根の中央部の開口から落ちる雨水を受けるインプルヴィウムという水盤が中央にある。インスラは3〜5階建てで，1階にタベルナと呼ばれる店舗，2階に貸家，上階に住居部分が置かれる。

2　四大都市文明

　さらに遡って古代エジプト，カフーンやテル・エル・アマルナの遺跡を見ると整然と中庭式住居が並んでいる。また，メソポタミアのウル，ウルクなどで見られるのも中庭式住居である。さらに，インダス文明のモエンジョ・ダーロに一般的なのも中庭式住居である。また，中国の漢族を中心とする四合院も典型的な中庭式住居である。

　こうして，中庭式住居は，四大古代文明のいずれにも見ることができる。都市文明の登場と同時に中庭式住居は出現した。チグリス・ユーフラテス川，インダス川，ナイル川，黄河，揚子江の各流域が共通の風土を持つからだというが，気候にかかわらず，各地に同じような形式を見ることができる。確認すべきは，中庭式住居は，中国でも，ギリシア，ローマでも，基本的には都市型住居，タウンハウスだということである。都市的集住状況に対処するためには，通風や光など自然を取り入れるために中庭が必要となるのである。中庭は自然と一体化する空間である。環境調整機能を持つのが中庭である。しかし，それだけではない。自然環境を担保する機能を第1とすれば，中庭そのものが屋外を楽しむひとつの空間であることが第2である。また，作業空間になる場合もある。さらに，各部屋を結び

図1-59 中国四合院の院子，西安

図1-61 ジャイプルのハヴェリ群，インド

図1-60 ハヴェリ，西インド

つける機能も持つ。多様な機能を担う形で中庭式住居は成立したのである。

3 コートヤード・ハウスの類型

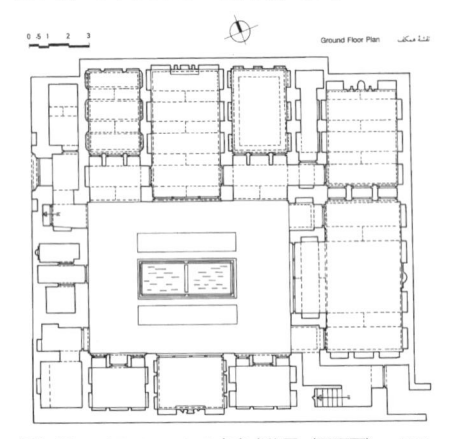

図1-62 イスファハンの中庭式住居（平面図），イラン

図1-63 パタンのハヴェリ，グジャラート，インド

もちろん，中庭式住居にもさまざまな形態がある。中庭，コートの呼称は，各地で異なる。コート（英），クール（仏），コルテ（伊）は同源であるが，アトリウム，ペリステュロス，院子（いんつ），天井（てんちん）のほか，パティオ，マダン（韓国），壷…。インドのハヴェリは，古アラビア語ハオラhaola（パーティションの意）から来ているという。また，ムガル朝初期の地方名，あるいは現代アラビア語のハヴェラhavaleh（囲む）から来ているという説もある。また，インドでは西ベンガルでラジバリrajbari，マハーラーシュトラでワダwada，アーンドラでデオリdeori，ケーララでナレクッタnalekutta（nalukettu）などと呼ばれる。

マグリブ（北アフリカ）地域の中庭式住居には2つの型があり，中庭が舗装されたものをダール，樹木が植えられているものを

54

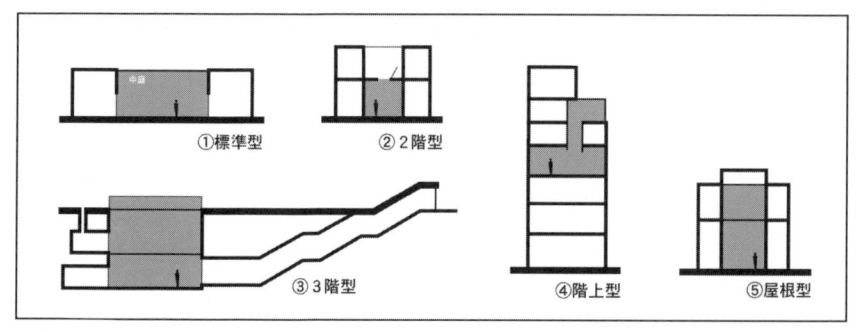

図1-64　コートハウスのタイポロジー

リアドという。

　中庭式住居をおおまかに分類してみると，以下のようになる。
① 平屋型（標準型） ── すべての部屋が地上の中庭で連結される形式。カイロ，ダマスクス，チュニスなど。中国の四合院もこれに入る。
② ２階型 ── ２階建てで，中庭の上部に天窓を持つ形式。この形式の中庭式住居の屋上は日常的に使われる。リビア砂漠のガリアンなど。中東都市のキャラバンサライもこれに属する。
③ 地下型 ── 地下に中庭を持つ形式。リビヤ砂漠のガダム，チュニジア砂漠のマトマタなど。華北の黄土高原のヤオトンもこれに属する。
④ 階上型 ── 上階に中庭を持ち，階下はサービス諸室として使われる形式。イエメンのサナアなど。
⑤ 屋根型 ── 中庭に屋根がつき，越屋根に窓を持つ形式。モロッコのマラケシュなど。

　要するに，中庭のある階と光，通風の取り入れ方によっていくつかに類型化できるのである。

　アラブ・イスラーム圏に一般的に見られる中庭式住居は，ムーア人（ムスリム）とともにイベリア半島に及ぶ。スペインのパティオは，美しい木々や草花で覆われる。このスペインの中庭式住居は，植民地化の過程でラテン・アメリカにもたらされた。また，西欧列強たとえばオランダがスリランカのゴールなどアジア各地で独特の町屋を中庭式住居の形式として成立させている。

Ⅰ　ヴァナキュラー建築の世界　── 55

09 家族と住居形式

　一般に家族形態は、①夫婦家族（イギリス、北ヨーロッパ、アメリカ、セイロンのシンハラ族など）、②直系家族（フランス、ドイツ、アイルランド、北イタリア、北スペイン、日本、フィリピンなど）、③複合家族（インド、中国、中東諸国、バルカンのザドルーガなど）に分けられる。さらに、場合によっては、④複婚家族、(a) 一夫多妻家族、(b) 一妻多夫家族、(c) 集団婚家族が区別される。住居形式は、以上のような家族の類型によって異なる。しかし、それぞれの家族類型においても住居形式は多様でありうる。大家族制②③あるいは複数家族（世帯）が居住する例を中心に、明快な構成原理をもつものをあげてみよう。集合の原理、共用スペースのあり方に注目する。

1　ロングハウス

　まず、目立つのが、東南アジアの大陸部にも島嶼部にも見られるロングハウスと呼ばれる長屋形式の共同住居である。島嶼部ではボルネオ（サラワク、サバ、カリマンタン）のイバン族、ダヤク族、ケンヤー族、カヤン族など、インド洋メンタワイ諸島のサク

図1-65　イバン族のロングハウス、カリマンタン、インドネシア

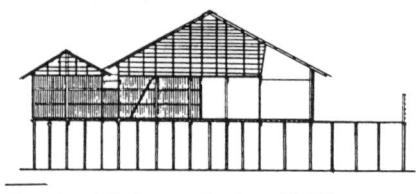

図1-66　イバン族のロングハウス（断面図）

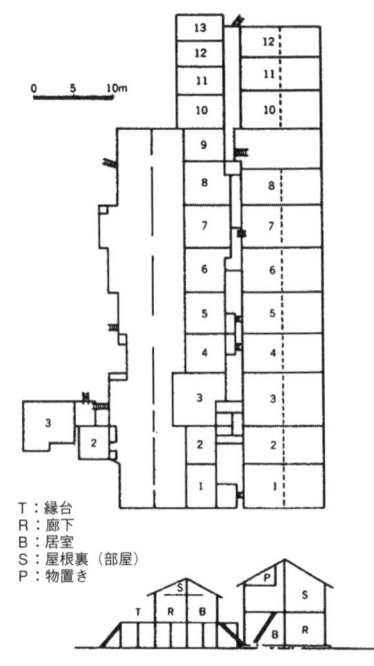

T：縁台
R：廊下
B：居室
S：屋根裏（部屋）
P：物置き

図1-67　イバン族のロングハウス（平面・断面図）

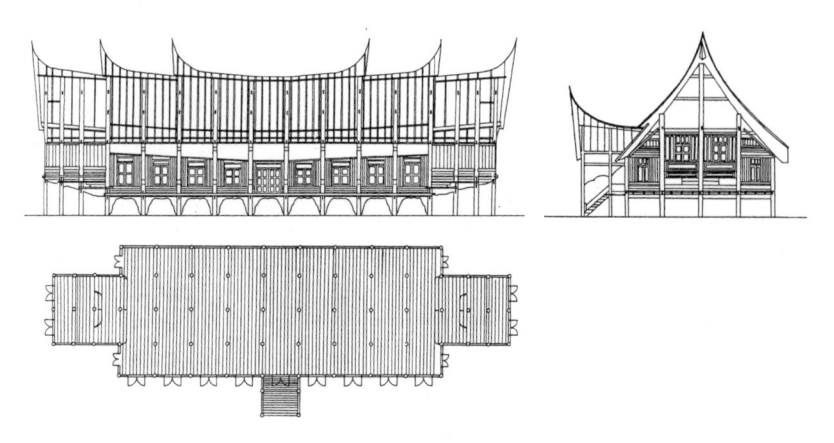

図1-68 ミナンカバウの住居（図面），スマトラ島

ディ族，ミンダナオ島のマラナオ族，大陸部では，ベトナム高地のジョライ族，エデ族など，ビルマ，タイ高地のカチン族，カレン族などである。ビルマ高地に接する北東インドにもミシン族やニシ族のように高床のロングハウスが見られる。

ロングハウスの構成はかなり多様である。一般には，長い廊下や開放されたベランダでつながっている多くの独立した部屋で構成されている。

2 ミナンカバウの住居

ミナンカバウ族は西スマトラのパダン高原一帯に居住する。ムランタウ（出稼ぎ）慣行をもち，マレーシアのマラッカ周辺にも移住している。世界最大の母系制社会を形成することで知られる。住居は高床式でゴンジョングと呼ばれる尖塔をもつ特異な屋根形態をしている。

9本柱の家，12本柱の家など柱の本数によって住居が類型化されるが，家族の規模に応じて，柱間を増やす形をとる。尖塔は，2本，4本，6本の3種ある。住居の前部に一対の米倉をもつ。アンジョングと呼ばれる階段状の端部は冠婚葬祭など儀礼時に用いられる。桁行き方向はルアングという単位で数えられ，梁間方向はラブ・ガダンという単位で数えられる。サ・ブア・パルイと呼ばれる母系大家族が居住する。原則として，奥側の1間を既婚女性の家族が占め，前面部は各世帯によって共有される。家族および住居の規模を決めるのは既婚女性の数である。規模の大きいものは梁間4間（4ラブ・ガダン）で，ラジャ・ババンディングと呼ばれる。最大数十に及ぶ世帯が住んでいた例もある。

図1-69 ミナンカバウの住居

I ヴァナキュラー建築の世界　　57

図1-70 バタク・トバ族の住居，スマトラ島

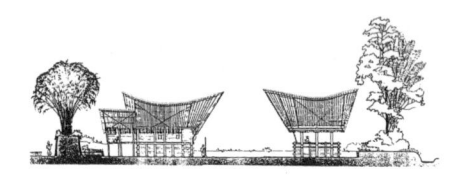

図1-71 バタク・トバ族の住居（立面図）

図1-72 バタク・カロ族の住居，スマトラ島

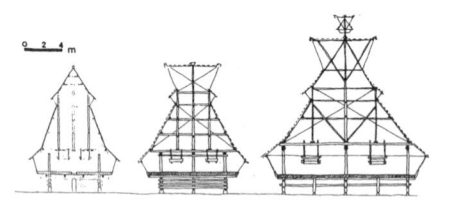

図1-73 バタク・カロ族の住居（断面図）

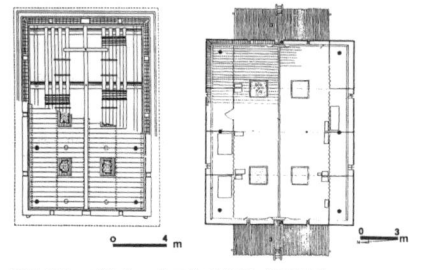

図1-74 バタク・カロ族の住居（平面図）

　興味深いことに，マラッカ周辺に移り住んだミナンカバウはまったく異なった住居形式に住む。前部にベランダ，居住部分，厨房と後ろに棟を付加していく形である。同じ民族でありながら，住居形式をまったく異にするのが興味深い。

3　バタクの住居

　北スマトラ一帯にバタク族が居住する。バタク・トバ族，バタク・カロ族，バタク・シマルングン族，バタク・マンダイリング族など6つの種族に分かれるが，互いに近接しながら，住居形式は少しずつ異なっているのが興味深い。トバ湖およびサモシル島周辺に居住するバタク・トバ族の住居，集落がひとつの典型である。

　住居は，棟が大きく反り，破風が大きく前後にせり出した鞍形屋根をしており，内部は仕切りのない一室空間である。この大型住居にリペと呼ばれる核家族を単位に何組か，炉を共有して居住する。3世代の拡

図1-75 サダン・トラジャ族の住居, スラウェシ

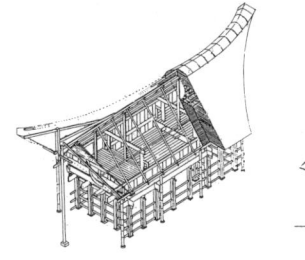

図1-76 サダン・トラジャ族の住居（鳥瞰図・立面図）

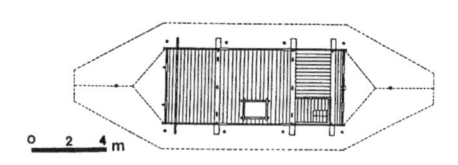

図1-77 サダン・トラジャ族の住居（平面図）

大家族が居住単位として1住居に住む。家長のスペースは入口を入って右奥というように，内部空間にはヒエラルキーがある。

集落は土塁と竹林で囲われ，住居棟と米倉が平行に配置される。住居棟と米倉の間の広場は多目的に使われる。この住居と米倉が平行に配置される形式は，南スラウェシのトラジャ族，マドゥラ島のマドゥラ族，ロンボク島のササック族など東南アジア一帯で見ることができる。

バタク・カロの住居はバタク・トバより大きい。中に4～6の炉が切られ，ひとつの炉を1ないし2家族（ジャブ）が使用する。全体では，4～12家族が共住する。20人～60人が一室空間に居住することになる。集落は，住居棟が棟の方向をそろえて（川上－川下に合わせるのが原則）並べられる。米倉，脱穀などの作業棟，若衆宿，納骨堂などの諸施設が配され，カロ高原のリンガ村のように2,000人規模になるものもある。

4　サダン・トラジャの住居

南スラウェシ北方高地のサダン・トラジャ族の住居はトンコナンと呼ばれる。トンコナンは1室であるが，3つに分けられる。真ん中のサリと呼ばれるスペースは床のレヴェルが下げられ，炉が置かれる。居間，食堂，厨房兼用の多目的スペースである。奥のスンブンが家長のスペースとなり，入口のパルアンが客間もしくは他の成員のスペースとなる。

サダン・トラジャ族は，双系的親族原理をもち，男女を問わず子どもには平等に相続の権利が与えられている。また，トラジャでは，異なるトンコナン，両親の出生地，祖父母の出生地，あるいはさらに遠く離れた先祖の出生地から出自をたどることができるとされる。親族関係に関する表現は，しばしば「家」という語彙で表され，「トンコナン内の兄弟」「トンコナン結合」などといわれる。トンコナンの子孫は，自分たちの集団の中から一家族を選出し，その家族は管理人として，その出自となったトンコナンに居住する。

I　ヴァナキュラー建築の世界 ── 59

10　コスモスとしての家

1　三界観念

　オーストロネシア言語圏にかなり広く分布するバヌアという言葉がある。大陸，土地，集落，村，町，国という意味である。インドネシア語で，ブヌアは大陸や領土，サダン・トラジャで，バヌアは住居を意味し，隣のブギスで，ワヌアは長老や領主に統治された領域を意味する。北スラウェシのミナハサでは，ワヌアは村落や地方を意味し，フィリピン南部のミンダナオ島の言語では，バンワは，領土，地域あるいは村落の集合を指す。ニアス島で，バヌアは，村落，世界そして空あるいは天を意味することもある。

　こうして，バヌアという言葉の広がりは，住居や集落の配置が宇宙そのものの配置を反映するという思考の広がりを示している。代表的なのが，宇宙が3つの層，天上界，地上界，地下界からなるという三界観念である。東南アジア島嶼部の大半の地域では，上下の世界にはさまれた人間の住む世界が存在するという概念を共有していることが知られる。

　バリ島では，島，村，屋敷地，棟，柱のそれぞれの構成に宇宙（マクロコスモス）と身体（ミクロコスモス）を貫くひとつの秩序が想定される。まず，天人地の宇宙の三層構造に対応して，バリ島全体が山と平野部と海の3つに分けて考えられる。そして，個々の集落も，頭部と胴体と足部の3つに分けられ，カヤンガン・ティガといって，すべての村には，必ずプラ・プセ（起源の寺），プラ・デサ（村の寺），プラ・ダレム（死の寺）という3つの寺が1組となって配置されている。各住棟は，屋根，壁，基壇の3つに分けて考えられ，柱も柱頭，柱脚には特有の彫刻が施され，3つに分けられる。すべて頭部・胴体・足部という身体の構造に対応する。身体，住居を包む環境全体がコスモスなのである。

　そもそも高床住居の構造が，宇宙の3つの層への分割を反映していると考えられる。住居の床下の領域は最も不潔な部分で，そこにはゴミや糞が捨てられ，豚などの動物が飼われている。高床上は人間の住む場所で，一方，屋根裏部屋は，先祖伝来の家宝や籾米が納められる，最も神聖なところである。

2　オリエンテーション

　住居あるいは集落の配置はオリエンテーション（方位）についてのさまざまな規則に従い，その規則に地域や民族の宇宙観が投影される。

　バリ島ではオリエンテーションの感覚はきわめてはっきりしている。まず，日の出

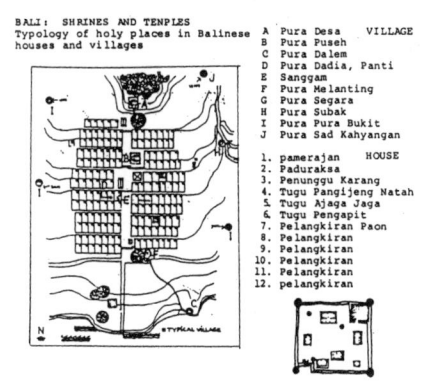

図1-78 バリの住居・集落とコスモロジー 北に起源の寺、南に死の寺、墓地が置かれる

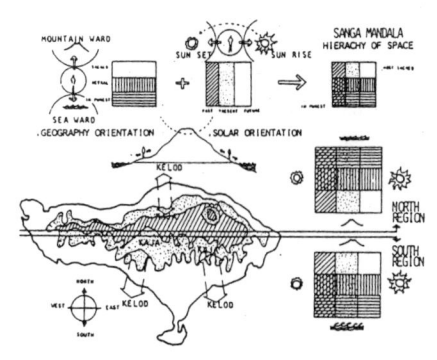

図1-79 バリの住居・集落とコスモロジー 空間のヒエラルキー 東―聖、西―邪、山―聖、海―邪という方位感覚によって屋敷地は9つに区分される。バリ島の北と南では各方向のヒエラルキーは異なる

の方向は正（生），日の入りの方向は負（死）という観念がある。そして，山の方向カジャが聖，海の方向クロッドが邪である。バリ島の南部では，北が聖なるアグン山の方向であり，南が悪霊のやってくる，汚れた海の方向である。東－西，山－海という2つの軸を基準として，各屋敷地は，北東の角を最も価値の高い場所とし，南西を最も価値の低い場所とする位階的秩序によって区分され，各棟の配置が決められる。北東の角には，サンガと呼ばれる屋敷神が祀られる。バリ島の北部地域に行くと，南が山の方向で，南東が屋敷神の場所となる。

ボルネオのンガジュ・ダヤク族のように川上，川下の感覚が強い地域もある。山－海，あるいは川上－川下という地理学的な特徴が住居，集落の配置に影響し，方位感覚を規定するのである。また，右と左の区別がオリエンテーションの感覚に重要性をもつ例がある。ロティとアトニ（ティモール）は，ともに東西軸を固定された軸とみなし，東へ向かって，北と南を左と右を表すものと考える。エンデ（東フローレス）では，

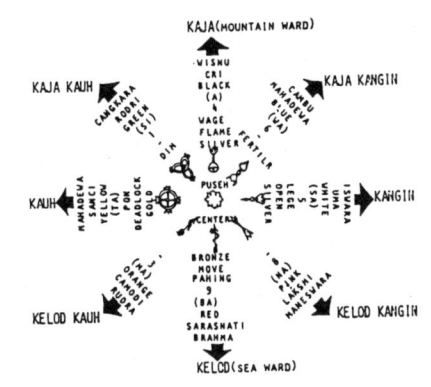

図1-80 ナワ・サンガ バリで用いられるオリエンテーション

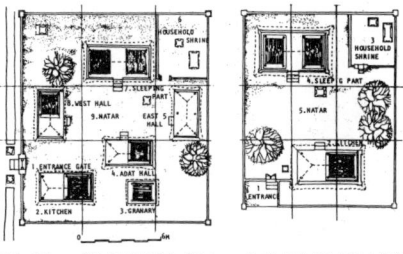

図1-81 バリ島の住居プラン 大きくは3×3に分割され，北東の一角に屋敷神のための祠が置かれ，北にウマ・メテンと呼ばれる主寝室が配される

I ヴァナキュラー建築の世界 ―― 61

海－山という軸が固定されたもので，左－右はこの軸との関係において海に向かって定義される。

バタク・カロ族の住居は，住居内部に地理的隠喩が持ち込まれる。中央の溝あるいは通路の両側に並んで2つの高床があり，床は壁から中央に向かって幾分傾斜している。高い部分はグヌン（山）と呼ばれ，最も名誉あるところであり人が寝るところである。中央に近い，最も低く，まったく敬意を払われないところはサワー（田）と呼ばれる。内部空間の構造が，ある種の景観を生み出しており，自然界を反映しているのである。

また，オリエンテーションの規則は寝るときの頭の向きに適用される。船上生活者のバジャウ族は，常に船と十字に寝る。死体は，船に見立てて造られた棺に縦に埋葬されるからである。死に関わる悪い方角はどこでも意識されている。ブギスにとって，北に向かって眠ることは死者になることである。日本でも北枕は縁起が悪い。ヌアウル人は東西軸に沿って寝る。山―海（南―北）軸に沿って寝ると死ぬと信じている。トラジャ族も東西に寝る。北タイ人も，東枕で，他の方角は危険と思っている。

3　身体としての住居

住居の各部分を小宇宙（ミクロコスモス）としての身体の部分になぞらえることがある。サヴでは，住居は頭，尾，首，頬，呼吸する空間，胸そして肋骨をもつとされる。ティモールのテトゥム族では住居には背骨，眼，足，体，肛門，顔，頭，骨そし

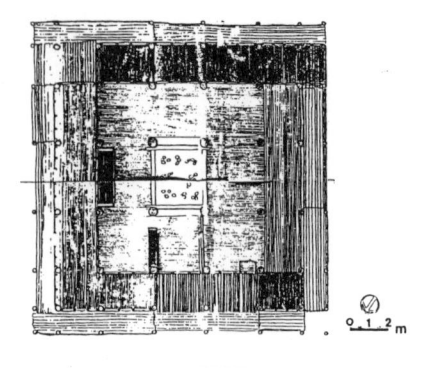

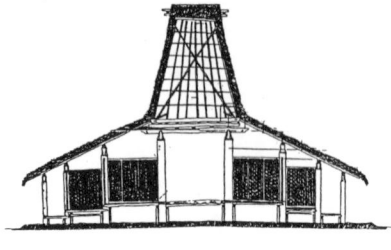

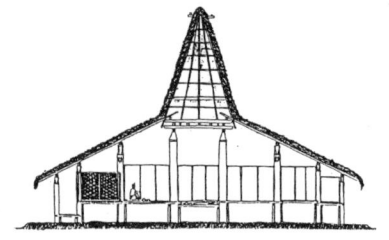

図1-82　スンバの住居　ウマ，ブライ・ヤワン村，インドネシア

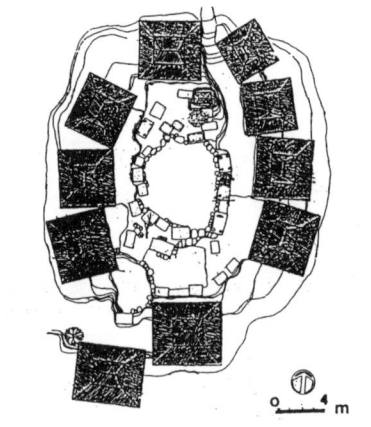

図1-83　スンバの住居　ボラ，タロン村，インドネシア

て子宮や膣があるとされる。

スンバでも，住居，墓，村落，耕作地，河川そして島そのものにも身体の比喩が使われる。すべて頭と尾をもつのである。長手方向の中央部にある門は腰門と呼ばれ，村の中心部は腹とか臍とか心臓と呼ばれる。

住居を身体として捉える考え方は水平的にも垂直的にも見られる。住居の前面は人間の頭であり，後面は尻である。住居の頂部は「髪の結び目」などと表現される。リンディ族によれば，頂部は住居の最も重要な部分であり，人が住む部分は頂部の延長あるいは手足とみなされる。

ティモールのテトゥム族の住居は，細長い切妻の建物であるが，前面は顔と呼ばれ，男性用の扉は「住居の目」と呼ばれる。後部の女性用の扉は「住居の膣」と呼ばれる。側壁は脚，棟は背骨，後壁は肛門である。住居には3つの部屋がある。儀礼的にも居住の面でも，最も広く重要な部屋は後の部屋であり，「住居の子宮」（ウマ・ロロン）と呼ばれる。

住居の各部分は，身体寸法に基づいてつくられるのが一般的である。バリの場合，男の世帯主の身体が寸法の基準となる。ロンボクのササック族は妻の身体を基準とするが，それは住居で最も長い時間を過ごし仕事をしなければならないのが妻だからという。すべての寸法体系が身体寸法に基いて決定されているから，建築法規や基準がなくとも自然に，景観にまとまりが生み出

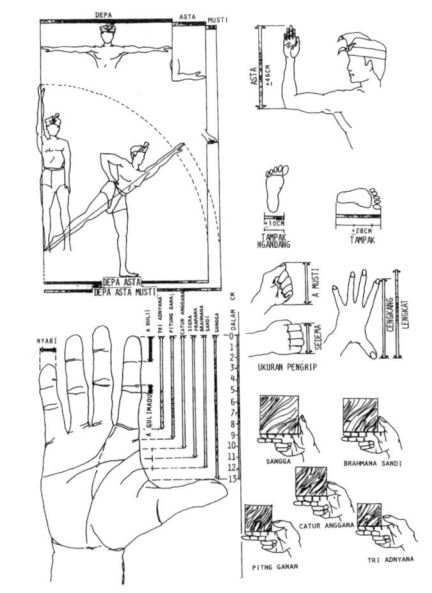

図1-84 身体寸法

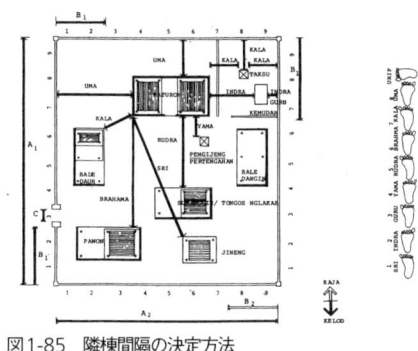

図1-85 隣棟間隔の決定方法

される。寸法は身体そのものであり，そしてこの寸法に魂が吹き込まれて初めて命をもつとされる。この場合，寸法の霊をインドネシア（マレー）語でジワ・ウクランという。

I ヴァナキュラー建築の世界 ── 63

II

仏教建築の世界史
― 仏塔の来た道 ―

panorama 仏教の誕生と伝播

　仏教に関わる諸施設,すなわち,仏陀を礼拝する場,仏教の神々を祀る場,仏教を教え,学ぶ場,仏教を広めるための場などに必要とされる建築物が仏教建築である。

　釈迦が説法を始めた時代から,諸処に説法のために必要な道場や,弟子が寄宿するための宿舎が起こされていたことが推察される。やがて,仏陀の舎利を崇拝する仏舎利信仰が起こる。仏像をつくることは当初禁じられるが,仏陀の遺品,仏足石などのチャイティヤ chaitya(礼拝対象)が礼拝されるのである。そのために,まず舎利や遺品を収めるストゥーパ stūpa がつくられた。

　ストゥーパの形態には,ひとつの原型が想定される。仏教遺跡に描かれた図像に共通の形態があり,実際にその形態と同じサンチーのストゥーパのような例があるからである。しかし,各地に仏教が伝えられる過程でさまざまな形態をとる。地域の土着の建築文化が,仏塔の形態に大きく作用するのである。インドからはるか日本にいたると,世界最古の木造建築,法隆寺の五重塔となる。ジャワには立体曼荼羅といっていいボロブドゥールのような事例もある。その形態変遷の過程は,仏教建築史のひとつの焦点である。

　やがて仏像が成立すると仏堂が建てられる。ストゥーパ,チャイティヤとともに仏教寺院の中心となる。仏教を教え,また,学ぶ場として必要とされるのがヴィハーラ vihāra である。あるいは,サンガーラーマ saṃgha-ārāma である。ヴィハーラは精舎と音訳される。祇園精舎の精舎である。サンガーラーマは,僧伽藍摩と音訳されるが,僧伽藍摩は漢訳されて僧伽藍となり,さらに略されて伽藍となった。七堂伽藍などという。仏教寺院には,僧が生活していくために必要な僧坊など諸施設が必要とされる。この諸施設の配置が,各地でどのように展開していくのかもひとつの焦点である。

　ここでは,仏教の誕生以降,その伝播の過程をふまえながら,仏教建築の広がりをみよう。

　13世紀初めにインドから姿を消すことになる仏教は,それぞれの伝播の系統において今日までその法脈を伝えている。その大きな系統のひとつが日本であり,チベットである。また,ミャンマー,タイ,スリランカなどには,原始仏教の伝統を重視し,厳格な戒律保持を誇る南方上座部仏教が生きている。

01 仏教の聖地 — 釈迦の一生と仏跡

1　仏陀　釈迦

　仏教は仏陀によって説かれた宗教である。仏陀の教えであるとともに仏陀になるための教えである。仏陀，サンスクリット語のbuddhaは「真理に目覚めた人」という意味で，ジャイナ教の教祖マハーヴィーラなどにも用いられた一般名詞である。仏教を開いた仏陀は，出身氏族の釈迦（サキャ，シャーキャ Sakya）族に因んで釈迦 Shakaもしくは釈尊（釈迦族の尊者）とも呼ばれるが，俗名は，ゴータマ・シッダールタ Gotama Siddhārtha である。ゴータマとは「最良の牛」，シッダールタとは「目的を成就した」という意味である。

　釈迦はBC463年頃に北インドのルンビニー Lumbini（現ネパール）で生まれ（4月8日），80歳で，クシナガラ Kuśinagara で死んだとされる。いくつかの伝承が，釈迦が入滅してからアショーカ Aśoka（阿育）王即位までの年数を記していて，釈迦の生没年については異説がある。南方上座部仏教が伝える『島史』『大史』をもとにしてBC563〜483年というのがドイツのガイガーで，ヨーロッパの歴史学者はこれにしたがっている。それに対して説一切有部仏教を中心に中国に伝わった伝承をもとにした説が，宇井伯寿のBC466〜386年である。それを踏襲し補強・修正したのが中村元の説で，日本では主流になっている（他にBC624〜544年という説もある）。

　コーサラ国の，釈迦族の王族の1人息子で，父は浄飯（シュッドーダナ Śuddhodana）王，母は摩耶（マーヤー Māyā）。カピラ Kapila（Kapilavastu）城で育つ。摩耶夫人は釈迦を産んで7日目に死去し，父王は王妃の妹のマハープラジャーパティ Mahā prajāpati と再婚，腹違いの弟ができる。16歳でヤショーダラー Yaśodharā と結婚，1子ラーフラ Rāhula を設ける。

　29歳で出家，修業者となる。6年間の苦行をしたが効なく，さらにブッダガヤの菩提樹の下で瞑想に入り，7日目の朝，悟りを開く（成道。中国・日本では12月8日）。時に35歳。釈迦は仏陀となった。

　仏陀は，最初，ヴァーラーナシー Vārānasī 郊外のサールナート Sārnāth（鹿野苑）で，もとの修業仲間5人に説法を行い弟子にする。この最初の布教を「初転法輪」といい，このときに三宝すなわち悟りを得た人（仏），その教え（法），教えを求めて修行する者（僧）の3つが成立する。

　以後，仏陀は，マガダ国の都ラージャグリハ（王舎城）とコーサラ国の都シュラーヴァスティー（舎衛城）の2つの都市を中心として，ガンジス川中流地域で布教に従事する。ジェータヴァナ・ヴィハーラ Jētavana-vihara（「祇園精舎」）とは，シュラ

図2-1　サールナート（配置図）

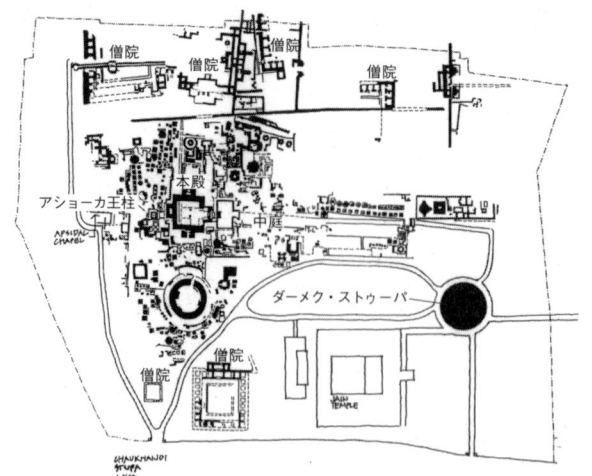

図2-2　ダーメク・ストゥーパ

ーヴァスティー（舎衛城）のスダッタ Sudatta 長者が寄進した僧坊である。

　45年間の布教の末，仏陀はクシナガラの，2本のサーラ sāla の樹（沙羅双樹）の間に横たわって死去する（2月15日。涅槃会）。遺骸は火葬され，遺骨は信者たちに分けられ塔にまつられた。

2　八大聖地

　数多くの仏跡のうち，生誕の地ルンビニー，大悟の地ブッダガヤ，初転法輪の地サールナート，入滅の地クシナガラが四大聖地とされる。さらに，ラージャグリハ（ラージギル），祇園精舎のあるサヘート・マヘート Sahēth Mahēth（シュラーヴァスティー），仏陀入滅以後，ヴァイシャーリー Vaiśālī，サーンカーシャ Sānkāsha を加えて八大聖地とされる。ヴァイシャーリーは，仏陀が晩年にたびたび説法に訪れた町で，入滅後，第2回の仏典結集が開かれた地として知られる。サーンカーシャは，仏陀が天界に昇り，摩耶夫人に真理を説いた後舞い降りたという伝説の地である。

　ルンビニーには，19世紀に再建されたマーヤー聖堂 Māyā Devi Mandir とアショーカ王柱（BC249年創建），シッダールタ池を中心とする聖園が復元整備されている。カピラ城跡とされるのが，ルンビニーの西27キロにあるティラウラコト Tilaurakoto 遺跡である。ブッダガヤには，仏陀が悟りをひらいた地にマハーボディ Mahābodhi 寺院（大菩薩寺。5～6世紀創建）が建ち，仏陀が座した場所を示す金剛宝座が置かれている。サールナートには，6世紀に建てられ，一部破壊されたままのダーメク・ストゥーパとともに伽藍の跡が残っている。僧坊の跡など寺院構成が窺える。クシナガラの仏陀入滅の地を記念するニルヴァーナ Nirvāna 寺（涅槃堂）の前には2本のサーラ樹が葉を茂らせている。アショーカ王が建てたという大ストゥーパはいまだ見つかっていない。

column1　　　玄奘三蔵の道

　中国法相宗の開祖玄奘三蔵（c.602〜664年）の名は、稀代の名僧として、また呉承恩の『西遊記』（c.1570年）の主人公として、広く知られている。

　13歳で出家し、洛陽の浄土寺で修行した玄奘は、戦乱を逃れて蜀の成都に赴き、さらに研鑽を重ねて20歳で受戒する。その後長安に入り、当時の二大徳、善光寺の法常、弘福寺の僧辯について学んだ。すでに学名高いものがあったが、当時の中国仏教界における大乗仏教をめぐる教義上の不整合、聖典とその解釈をめぐる種々の異説について根本的に理解し、その奥義を究めようとする玄奘は、インド（天竺）への求法の旅を決意する。仏教哲学の最高峰『一七地論（瑜伽師地論）』を手に入れることが目的であった。

　629年（627年説もある）に出発、帰国するのは645年、足掛け16（18）年に及ぶ旅であった。その苦難の旅の後、『大唐西域記』が書かれた。またその旅の経緯については、『大唐大慈恩寺三蔵法師伝』が弟子によってまとめられている。その経路は図2-3のようである。

図2-3　玄奘のたどった道　1：縛喝国（バクトラ）、2：梵衍那国（バーミヤン）、3：迦畢試国（カピシー）、4：那掲羅喝国（ナガラハーラ）、5：健駄邏国（ガンダーラ）、6：烏仗那国（ウッディヤーナ）、7：呾叉始羅国（タクシャシラー）、8：迦湿弥羅国（カシュミール）、9：秣菟羅国（マトゥラー）、10：羯若鞠闍国（カニャクブジャ）、11：憍賞弥国（カウシャンビ）、12：室羅伐悉底国（シュラーヴァスティー）、13：劫比羅伐窣堵国（カピラヴァストゥ）、14：拘尸那掲羅国（クシナガラ）、15：婆羅痆斯国（バーラーナシー）、16：吠舍釐国（ヴァイシャーリー）、17：波吒釐子城（パータリプトラ）、18：王舎城（ラージャグリハ）

　泰州→蘭州→涼州→瓜州と禁令を逃れて、国内で準備を行うことから旅は始まる。瓜州を出て、玉門関を通過、1人でゴビ砂漠をわたって伊吾にいたるまでが最も困難な旅であった。伊吾から高昌国へ天山北路を西に向かい、天山南路に入って屈支国（クチャ）で雪解けを待った。そこから天山北路の素葉水城、タラス、タシュケント、サマルカンドとさらに西に進む。諸国の首長の庇護の下、講義を重ねながらの旅である。やがてイスラームが支配的となる東西交通の古道は、当時は仏教の道である。そしてついにアム・ダリア（オクサス）川を渡り活国（クンドゥズ）に入る。活国はアフガニスタン地方を統治する西突蕨の中心で、高昌国とは縁戚関係にあった。

　インド（婆羅門）に入ると、各地の聖蹟を尋ねる旅となる。縛喝国（バクトラ）には伽藍が100以上あって、3000余人の僧が小乗を学んでいた。梵衍那国（バーミヤン）には伽藍が数十カ所、都城の東北には高さ150尺の金色に輝く立仏の石像があった。バーミヤンの大仏である。玄奘が見た

Ⅱ　仏教建築の世界史　69

図2-4 バーミヤンの立仏像

この遺産がイスラーム原理主義者によって破壊されたのは2001年のことである。迦畢試国（カピシー），那掲羅喝国（ナガラハーラ，現在のジャララバード）を経て健駄邏国（ガンダーラ）にいたる。ガンダーラの都は布路沙布邏（プルシャプラ，現在のペシャワール）で，古来，無著（むじゃく），世親（せしん）など聖賢の生まれたところである。城外の東南に100余尺の菩提樹があり，四如来の像がある。また，そのそばにカニシカ王の造ったストゥーパがあった。古代以来のインダス川の渡河点烏鐸迦漢荼城（ウガカカンダ，現在のアンド），呾叉始羅（タクシャシラー，現在のタキシラ），そして迦湿弥羅（カシュミール）へと旅は続いた。玄奘はカシュミールで，僧 称法師（サンガキールティ）について2年の修行を行う。

カシュミールでの修行を終えた玄奘は，各地でさらに研鑽を重ねながら摩掲陀（マガタ）国の那爛陀（ナーランダ）寺をめざした。秣菟羅国（マトゥラー），祇園精舎のある室羅伐悉底国（シュラーヴァスティー），釈迦の生地，迦毘羅衛国（カピラヴァストゥ），入滅の地，拘尸那掲羅国（クシナガラ），初転法輪の地，鹿野苑（サールナート）など，ほとんどの聖蹟を一巡している。多くの寺院は荒れ果てており，釈尊が悟りを開いたという菩提樹の下の金剛宝座の荒廃に玄奘は胸を痛めた。

ナーランダ寺では，戒 賢老師（シーラブハドラ）について5年の修行を行う。その後，東，南，西インド各地の聖蹟をめぐる旅に出ている。当時の交通路とともに玄奘の求めた大乗の道が窺えて興味深い。まず，ガンジス川に沿って東へ，続いて南へ向かう。インド洋に沿って南行した後，いったん北上してコーサラ国へ寄って，カンチープラムにまでいたっている。カンチープラムから西へ向かい北上して，アジャンター，エローラなどを見た後，インダス川河口までいたっている。

ナーランダ寺に戻った玄奘はすでにインドで一級の学者であり，各地に招かれ講義を行うほどであった。『瑜伽師地論』をはじめ諸学の教義を究めた玄奘は帰国の旅に発つ。多くの仏像や経典を共にする旅は往路の難業にまさるともおとらないものであった。帰国した玄奘は長安の弘福寺，さらには648年には新たに建立された慈恩寺（じおんじ）の上座となり，同寺の翻経院で翻訳作業に没頭した。高さ180尺の磚塔（せんとう）（大雁塔）が建てられたのは652年，大慈恩寺の碑が建てられたのは656年である。

02　仏教の系譜

1　仏典結集

釈迦入滅後，時間の経過とともに教説上の解釈の違いが次第に明らかになる。そこで「結集」によって経典の編纂が行われる。第1回の仏典結集は，仏陀の侍者であったアーナンダを中心にラージャグリハで，第2回仏典結集は，ヴァイシャーリーで開かれた。しかし，仏陀入滅から100年を経ると，さまざまな対立は拡大し，おもに戒律をめぐる対立から教団の分裂が始まる。まず，「上座部」と「大衆部」が分かれる。「根本分裂」という。「上座部」が保守的で，「大衆部」は時代に即応して規則を変えるべきという立場をとった。

2　アショーカ王

BC317年頃チャンドラグプタ王が西北インドを統一し，マウリヤ朝が成立する（BC317〜180年）。首都はパータリプトラ（華氏城，現パトナー）である。第Ⅲ代アショーカ王の時代（BC268〜BC232年）に第3回仏典結集（BC244年）が行われ，「上座部」仏教が形成される。「上座部」の一派は，後にセイロン（スリランカ）に伝えられ，さらに東南アジアにその法脈を広げていくことになる。

アショーカ王は深く仏教に帰依し，布教

図2-5　アショーカ王柱，ラウリヤー・ナンダンガル

に努める。仏陀に関係の深い聖地に記念柱を建て，その下部に王の法勅文を刻んだ。また，法勅を街道筋の人目につく岩の表面に刻んだ。各地に残されたアショーカ王柱と碑文がその広がりを示している。アショーカ王柱はパータリプトラ周辺から数多く出土している。柱頭には蓮華花弁の上に円形台座が置かれ，獅子や牛など聖獣が据えられる。石材はヴァーラーナシー南郊チュナール産の砂岩である。現在までに15例の石柱，石頭が確認されている。完全な形で残されているのがラウリヤー・ナンダンガル Lauriya-Nandangarh のものである。

Ⅱ　仏教建築の世界史　　71

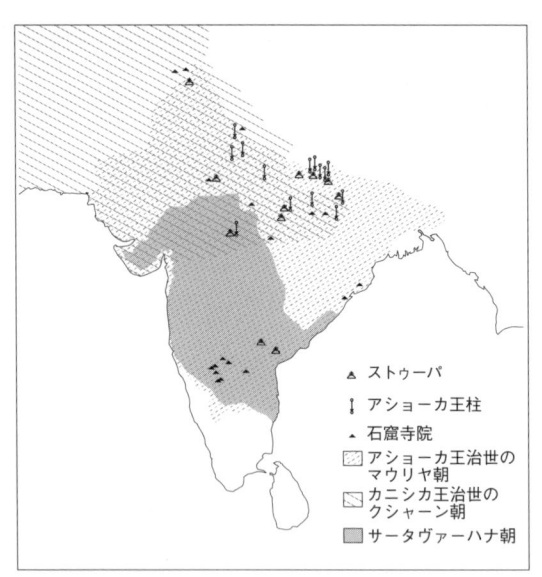

図2-6 アショーカ王柱の分布図

図2-7 アショーカ王柱（柱頭），サールナート

高さ12メートルで，2メートルほど地中に埋められている。

3 部派仏教

仏教教団は両部からさらに分裂（『枝末分裂』）し，仏滅後200年には20部（『上座部十二派』「大衆部八派」）くらいになった。この時代の仏教を「部派仏教」という。

仏陀入滅後400年，紀元前後から，宗教改革運動が始まる。「上座部」を中心とした従来の「部派仏教」を軽蔑して「小乗仏教 Hīnāyāna」と呼び，自らを「大乗仏教 Mahāyāna」と呼ぶ。大乗とは「大きい乗り物」，小乗とは「小さな乗り物」を意味する。小乗仏教は自分の悟りのみをめざすのに対し（自利），大乗仏教は他人も救ってともに悟りをめざす（利他行，利他救済）。「部派仏教」が出家者だけのものになり，細かな教理の解釈にあけくれているのに対し，大乗仏教の修行者は在家の信者とともに暮らし，衆生の救済（慈悲）を理想とする。クシャーン朝（AD45〜240年）のカニシカ王（AD140年頃〜170年頃）の時代の第4回仏典結集（AD150年頃）によって大乗仏教が公式化される。「空の思想」を打ち立て大乗仏教の教学を樹立したとされるの

がナーガルジュナ(竜樹、150～250年頃)である。また「唯識思想」の代表者がガンダーラ出身の無著(310～390年頃)、世親(320～400年頃)兄弟である。

4 南伝系 北伝系

こうして「上座部仏教」(『小乗仏教』)と「大乗仏教」という仏教の2つの系統が分離される。そして2つの系統は、南伝系と北伝系に分かれて伝えられることになる。南伝系仏教がパーリ語経典により、北伝系仏教がサンスクリット語、そして漢訳仏典によったことも大きく仏教の内容を分けることになった。日本に伝えられた経典の大部分は大乗仏教の経典である。

A 南伝系 ― 上座部仏教 ― セイロン(スリランカ)、ビルマ(ミャンマー)、タイ、カンボジア ― パーリ語教典

B 北伝系 ― 大乗仏教 ― 中国、朝鮮半島、日本 ― 漢訳仏典

5 密教

7世紀頃、バラモン教などの影響を受けて密教が成立する。仏陀の悟りを神秘的な体験によって達成できるものとし、灌頂という儀礼を経た者にしかその奥義を開かない「秘密の教え」が密教である。それに対して、すべての人に開かれ、言葉や論理によって理解し、到達可能とするのが「顕教」である。日本に密教を伝えたのが、空海である。

密教は、従来の大乗の立場に対して「金剛乗」(ヴァジラヤーナ Vajrayāna)を称する。

図2-8 ポタラ宮、ラサ

図2-9 チベットの仏塔、ラサ

仏教学では、密教は大乗仏教の一環、あるいは大乗仏教の到達点と考えられている。

インド密教史の時代区分として、前期(6世紀まで)、中期(7世紀)、後期(8世紀以降)に分けられるが、チベットに伝わったのは8世紀後半、後期の密教である。吐蕃王国を建てたソンツェンガンポ王(581年頃～649年)の時代で、2人の外国人王妃から中国仏教とインド、ネパール仏教が伝えられたとされる。吐蕃王国はティソンデツェン王(742～797年)の時に最盛期を迎え、唐の長安を一時占領する勢力を誇ったが、この時代に仏教は国教化され、779年にはチベット人出家者による僧団が成立している。

日本に伝えられたのは7世紀半ばに成立した胎蔵界を代表する『大日経』と金剛界

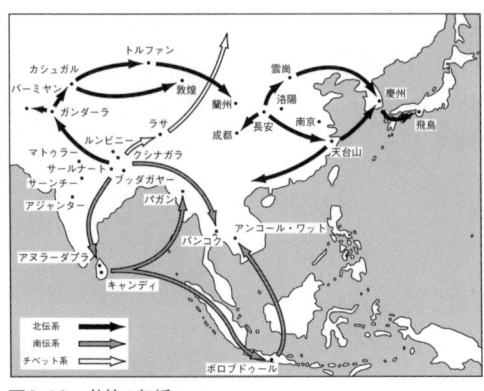

図2-10 仏教の伝播

を代表する『金剛頂経（こんごうちょうきょう）』であるが，中国を経由することによってインド本来の姿からは変形している面もある。それに対して，チベット仏教の経典の中心は『チベット大蔵経（だいぞうきょう）』である。『大日経』系統に続いて『金剛頂経』系統が優勢になるが，それ以後に成立した『無上瑜伽（むじょうゆが）（ヨーガ）』なども重視される。また，土着のボン教と融合して11世紀以後に目覚ましい展開を遂げる。13世紀頃からモンゴルからシベリアまで広まり，ラマ教とも呼ばれる。ヒンドゥ教の影響の濃いのも特徴である。8世紀にはチベット文字が制定され，チベット語の仏典が成立した。こうして，大きくはもうひとつチベット系仏教の系統を区別することができる。

　C　チベット系 ─ チベット，モンゴル
　　 ─ チベット語仏典

6　チベット仏教

　現在のチベット仏教は14世紀に出たツォンカパ（1357～1419年）によって確立した。ツォンカパの宗派はモンゴルの布教に成功し，ソナムギャンツォ（1543～88年）は，モンゴルの王より「ダライ・ラマ」の称号を得る（1578年）。ダライとは，モンゴル語で「大海」を意味する。ラマは法王を意味するが，ダライ・ラマは観世音菩薩（かんぜおんぼさつ）の化身にして最高の活仏（かつぶつ）と考えられるようになる。ダライ・ラマの任命方法はユニークで，ダライ・ラマⅡ世（1476?～1542年）以降，ダライ・ラマの生まれ変わり（転生者）を子どものなかから見出し，後継者にするというものである。ダライ・ラマⅤ世はモンゴルの援助を受けてチベットを統一する（1642年）。

　ダライ・ラマⅩⅣ世（1935年～）は，インドに亡命（1959年），今日にいたる。

　仏陀が創始した仏教は，こうしてアジア各地に広まり，繁栄を誇る。しかし，インドでは次第にその基盤をヒンドゥ教に奪われ飲み込まれていく。最後の拠点であった東ベンガルのヴィクラマシラー僧院が1203年ムスリムによって破壊されたのが決定的となった。以後インドから仏教は姿を消すことになる。

03 ストゥーパの原型

1 舎利

仏陀入滅後，遺体は茶毘に付され，その舎利 śarīra を祀ったストゥーパが人びとの礼拝対象になっていく。舎利はまず8つの場所に配られ（八分起塔），容器と灰炭をあわせて10カ所にストゥーパ（舎利塔8，瓶塔1，灰炭塔1）がつくられた。

舎利を祀っているということは一種の墓である。ストゥーパは卒塔婆と漢訳される。日本で卒塔婆といえば，供養追善のため墓に立てる，上部を塔形にした細長い梵字・経文・戒名などを記す板をいう。しかし，墓といっても，釈迦個人の墓ということではない。古来インドで墓が造られることはきわめて珍しい。「輪廻転生」が信じられてきたからである。アショーカ王ですらその墓は知られていない。アショーカ王は，ストゥーパを壊して仏舎利を取り出し，8万4000に細分して方々にストゥーパを建てさせたといわれている。

ストゥーパは，サンスクリット（梵語）で，もともと高く顕れるの意である。仏陀の達成した涅槃，もはや「輪廻転生」のない，絶対平穏な世界を象徴するものと考えられたのがストゥーパである。ストゥーパは仏教の世界観が表現された最初の仏教建築といっていい。

2 チャイティヤ

釈迦に関わる聖なるものとしての礼拝の対象はチャイティヤ（漢訳は，制多，制底，支提など）と呼ばれる。チャイティヤには，釈迦の遺骨（歯，髪，爪なども含む舎利），釈迦の使用したもの（衣鉢など，とくに菩提樹[聖樹]），そして釈迦を象徴するもの（聖壇，法輪，三宝標など）がある。ストゥーパはチャイティヤのなかで最も重要なものである。ストゥーパを構成するさまざまな部分にも仏陀を象徴するさまざまな図像表現が見られる。また，ストゥーパそのものもレリーフ（浮彫彫刻）として描かれる。

アショーカ王時代のストゥーパの遺例と考えられるのがサンチーの第1塔（BC2世紀）である。また，タキシラのダルマラージカーのストゥーパ（BC1世紀〜AD2世紀），ヴァーラーナシー南西のバールフット Bhārhut のストゥーパ（BC2世紀）がある。レリーフに描かれたストゥーパの例として著名なのが南インドのアマラーヴァティのストゥーパである。さらにチャイティヤ窟に置かれたストゥーパがある。こうした遺例，またさまざまな図像からうかがえるストゥーパの原型は以下のようである。

Ⅱ 仏教建築の世界史

図2-11 サンチーのストゥーパ

3　ストゥーパの原型

半球状の全体は5つの部分からなる。
A　台基 medhī ── 最下部の円筒形の台。
B　覆鉢 anda ── 台基の上の半球。
C　平頭 harmika ── 覆鉢の頂上に置かれる四角な箱。
D　傘竿 yasti ── 平頭の上に建てる棒（傘の柄）。
E　傘蓋 chatra ── 傘。

仏舎利は覆鉢の中心、台基の上に舎利室をつくって設けられる。傘竿、傘蓋の形態はさまざまである。サンチー第3塔は一重であるが、第1塔は三重の傘蓋がある。さまざまな図像によれば、3本のものや5本のものもあり、それぞれ布様のもので飾り立てられている。

人びとはストゥーパを右（肩）回りで回りながら礼拝する。そのために周囲に繞道 pradakshima patha が設けられた。規模が大きくなると、台基の上と下に、2段の繞道が設けられる。そして繞道に沿って欄楯（高欄、欄干）vedikā と呼ばれる柵がつくられるのが一般的となった。欄楯をストゥーパの周囲に廻らすのは聖なる領域を区画する意味を持つ。この区画への入口に設けられるのがトーラナ torana と呼ばれる門である。遺例として、サンチーの他にバールフットのストゥーパがあるが、2本の柱の間に3本の梁を貫通させる形態である。

図2-12 アマーラヴァティ レリーフのストゥーパ

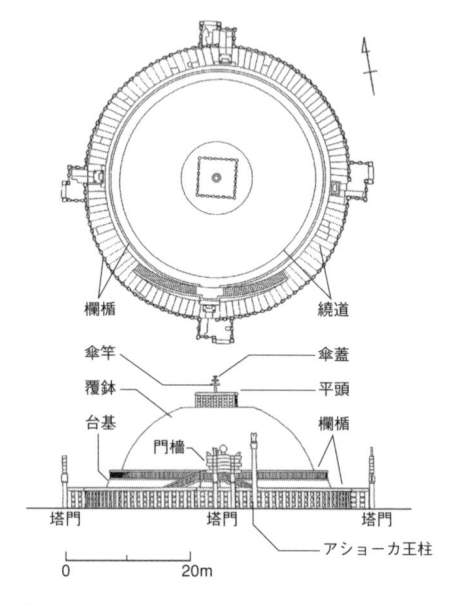

図2-13 ストゥーパの図解

column2　　　　仏陀の姿 — 仏像の成立

　仏陀の死後，仏陀は聖者化され，超人的な，絶対的な存在と見なされるようになる。その姿はさまざまにイメージされるが，やがて32相80種好というかたちに整理される。すなわち，その肉体の特徴は32，細かく見ると80あるというのである。もっとも，すべてまとめて書かれているのではなく，さまざまな経文に書かれているのを集めると32相80種好になるということである。仏陀入滅後，阿羅漢（直弟子）たちが集まって，仏陀の姿をあれこれ述べたのが経典のなかに残されているのである。

　その身体は金色であった。皮膚は細やかで滑らかであった。体毛は紺青色で上になびき右旋していた。頭の頂上は肉髻相（にくけいそう）であった。知恵袋が余分にあって膨らんでいたということである。毛髪も紺青色で長い。額は広く眉間に白毫相（びゃくごうそう）（白い毛が1本）がある。眉毛は細く長く，瞳は金色の水晶であって少し青みがかっている。鼻は高く，唇は赤い。歯は40本。…。

　仏陀の姿は，当初，法輪（太陽を図案化したもの）や仏足跡，聖樹（菩提樹）や聖壇によって象徴される。また，「本生図」や「仏伝図」など説話的表現がなされる。そして，入滅後かなりの時を経て仏像が成立することになる。

　仏像がいつどこで成立したかについては大きくガンダーラ説とマトゥラー説がある。仏像の起源を最初に論じ，仏像のガンダーラ起源説を主張したのは，フランスのインド学者Ａ・フーシェ（1865〜1952年）である。大著『ガンダーラのギリシャ的仏教美術』（1905, 1922, 1951年）などにおいて，仏像表現へのギリシャの影響を詳細に論じたのである。フーシェはガンダーラ美術を，ギリシャ人を父とし，インド人を母に持つ仏教徒の工人の手になるものとし，東西文化交流の結果仏像が成立するのは紀元前2世紀頃まで遡るとした。

　これに対して仏像のインド起源を主張したのがＡ・Ｋ・クマーラスワーミーである。『仏像の起源』（1927年）において，インドでは古代から樹神ヤクシャや竜神ナーガなどの造形が行われてきており，その伝統のなかからごく自然に仏像が製作されるようになったとする。具体的には，古来のヤクシャ像をもとにマトゥラーで仏像が製作されたとし，年代の明らかな初期仏像はカニシカ王初年（AD120年頃）であるという。独自の編年解釈によってＡ・Ｋ・クマーラスワーミーの説を補強したのがファン・ロハイツェン・デ・レーウで，年代の明確なガンダーラ仏より，マトゥラーはやはり先行し，BC1世紀後半，遅くともAD1世紀前半にはマトゥラーで仏像が製作されていたとする（1949年）。

　はたして仏像の起源はインド・ギリシャ時代まで遡ることができるか。むしろ，ローマ美術との関係が深いと主張したのが，Ｈ・ブフタルらである。たとえば，初期のガンダーラ仏は，初期のローマ皇帝像をほとんどそのまま模倣している。ブフタルはガンダーラの仏伝場面とローマ美術との

図像形式の類似を指摘するのである（1943年）。また，モチーフや様式の面からローマ美術の東方展開の一環と考えるのがB・ローランドである（1936，46年）。結果として，ガンダーラの最も古い仏像は1世紀末頃とされる。

　その後，ガンダーラ美術の編年を，様式的変遷をもとに体系化しようとする，J・マーシャルの『ガンダーラの仏教美術』（1960年）がまとめられる。そして，それを受けて，高田修が『仏像の起源』（1967年）を著す。高田は，ド・レーウのマトゥラー説も検討しながら，仏像の起源についてある結論を提示する。その結論とは，まず，ガンダーラ美術の誕生はAD1世紀の中葉であり，仏伝図の主役として初めて仏陀の姿を表現したのは，すなわち仏像の成立はAD1世期末頃というものである。そして，マトゥラー仏はガンダーラ仏とまったく異なり，古来のヤクシャ像などインド的な伝統に基づいてAD2世紀初め以降に成立したものである。すなわち，ガンダーラとマトゥラーでそれぞれ別個に仏像が成立していくのである。

図2-14　マトゥラー仏

　この高田説は必ずしも定説になっているわけではない。年代の確実な最古の仏像はカニシカ王の時代で，それ以前の仏像については根拠がないのである。また，カニシカ王の即位年代についても諸説が決着をみていないのである。また，ガンダーラ仏とマトゥラー仏が完全に独立というのにも疑問が残る。ド・レーウは「仏像の起源に関する新たな証拠」（1981年）において，ガンダーラの一群の初期仏像をあげ，それらがマトゥラーの影響を受けて成立したことをさらに強調するのである。女史によれば，BC1世紀後半にマトゥラー仏は成立しており，その影響を受けてBC1世期末にはガンダーラで仏像製作が始められるのである。

　両説はいまだ決着をみていないとすべきであろう。

図2-15　ガンダーラ仏

04 チャイティヤとヴィハーラ
― 石窟寺院と伽藍

1 ヴィハーラ

　仏教を学ぶ道場は，サンガーラーマあるいはヴィハーラ（精舎）と呼ばれる。サンガーラーマは，僧伽藍摩と音訳されるが，サンガすなわち「衆」とアラマすなわち「園」を合わせた言葉である。「衆園」すなわち「衆徒に法を説く学園」というのが原義である。僧伽藍摩は訳されて僧伽藍となり，さらに訳されて伽藍となった。

　伽藍の起源は，ジェータヴァナ・ヴィハーラ（祇園精舎）である。シュラーヴァスティー（舎衛国）の富豪，スダッタ（須達長者）が釈迦のために精舎をつくったと伝えられる。法顕の『仏国記』には，祇園精舎訪問の様子が書かれ，玄奘の『大唐西域記』にはその荒廃の様子が描かれている。しかし，その具体的な形態はわかっていない。釈迦が主として説法した精舎は，祇園精舎，竹林精舎，鷲嶺精舎，獼猴江精舎，菴羅樹園精舎の5つで，これを天竺五精舎という。中国や日本の五山の制はこれにならったものである。

2 石窟寺院

　初期の仏教寺院の形態を明らかにする手がかりとして残されているのが石窟寺院である。アショーカ王の時代に数多くつくられている。石窟には，チャイティヤを祀るチャイティヤ窟 chaitya-griha と僧坊からなるヴィハーラ窟がある。チャイティヤ

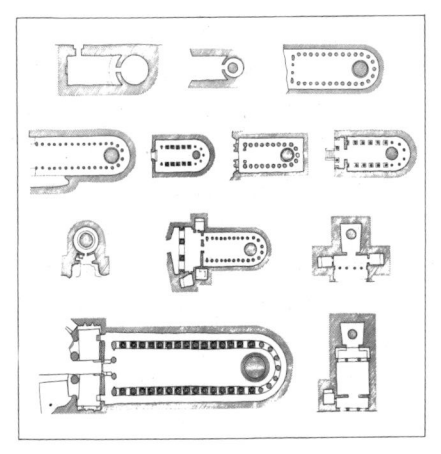

図2-16　チャイティヤ窟 諸例（平面図）

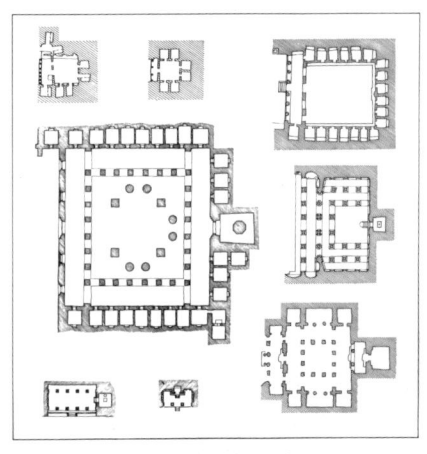

図2-17　ヴィハーラ窟諸例（平面図）

図2-18 カールラー石窟

図2-19 アジャンター（全容）

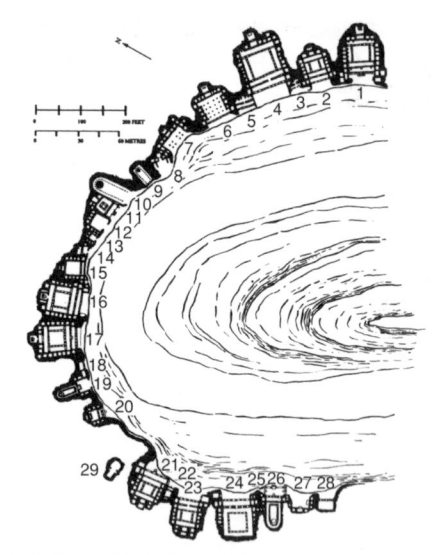

図2-20 アジャンター（配置図）

窟にはスダーマ Sudāma, コンディヴテー Kondivte, コンダーネ Kondāne, バージャー Bhājā, ナーシク Nāsik, アジャンター Ajantā IX, ジュナール Junnār, ブドレーニャ Budhlenya, グントゥッパリ Guntupalli, ベドゥサー Bedsā, カールラー Kārlā, クダ Kuda I & XV, ヴィハーラ窟にはバージャーXIX, アジャンターXIII, ナーシクⅢ, バーグ Bāgh Ⅲ, バーダーミ Bādāmi Ⅲ, アウランガーバード Aurangābād などがある。

チャイティヤ窟は，前方後半円の形が多い。奥に円形のストゥーパが置かれ，後部の壁はストゥーパに沿って半円形となる。入口から奥へ向かって左右に列柱が平行に並び，ストゥーパの後部で半円形につながる。天井はヴォールト状に掘削される。それに対してヴィハーラ窟は，矩形の広間を囲んで，各辺に僧坊が刳り抜かれて並ぶ形態である。いずれもきわめて単純な構成であり，原初的形態を示すと考えていい。

石窟寺院というと，西インドのアジャンター，エローラが著名だ。アジャンターは1819年に狩猟にきた英軍人によって発見される。1つのチャイティヤ窟といくつかのヴィハーラ窟が隣接する形で配されているのを見ることができる。大小30の石窟のうち，ナンバー9, 10, 19, 26, 29がチャイティヤ窟，残りがヴィハーラ窟である。造営は紀元前1世紀に開始され，2世紀に中断されるが，5世紀末に再開されて，7世紀まで続いた。豊富な壁画が残され，仏教絵画の源流として貴重である。エローラは，7～8世紀の造営で，ヒンドゥ教，ジャイナ教の石窟も含まれる。全34窟のうち，南のナンバー1～12窟が仏教窟である。

石窟寺院と平行して，もちろん仏教寺院

図2-21　エローラ第11窟

図2-22　シルカップ、タキシラ

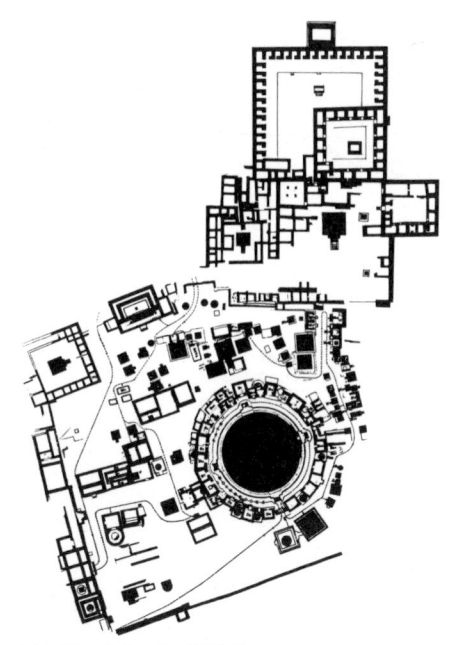

図2-23　タキシラ（敷地図）

図2-24　ダルマラージカー、タキシラ

も建設されてきた。主要な要素はストゥーパ、チャイティヤ堂（祠堂）、ヴィハーラである。仏像成立以降は仏堂、仏殿がチャイティヤ堂のなかで重みを持ってくる。

3　初期伽藍配置

　初期の伽藍配置をうかがう遺構として、タキシラの、チャイティヤ堂と双頭の鷲のストゥーパが知られるシルカップ都市遺跡（BC1～AD1世紀）、主塔を円形に小祠堂が囲み、僧坊を複数持つダルマラージカー寺院（BC1～AD2世紀）、3つの僧院と多塔院からなるカラワン Kalawan 遺跡（1～3世紀）、主塔を矩形に小祠堂が囲む塔院と2層の四面僧坊からなるジョーリアーン Jaulian 寺院（2～5世紀）、矩形の主塔院と僧院の間に多塔院を持つ、マルダン北郊のタフティ・バーイー Takhti-Bahi 寺院（2世紀頃）などがある。

　南のデカン高原にもイクシュバーク王朝の首都ヴィジャヤプリにナーガールジュナコンダの仏教遺跡（2～3世紀）がある。方形の多柱室（マンダパ）の三方に僧坊を持ち、向かい合う一対の馬蹄形のチャイティヤ堂を介して大ストゥーパが置かれている。

Ⅱ　仏教建築の世界史 ―― 81

図2-25　ジョーリアーン，タキシラ

図2-26　タフティ・バーイー，タキシラ

　クシャーン朝がササン朝ペルシアによって滅びた後，チャンドラグプタ王I世によってグプタ朝（320年頃～550年頃）が建てられる。都はパータリプトラである。サンチーでは，再び大規模な造営がなされ，この時期を代表する第17祠堂が建てられている。

　クマーラグプタI世（在位415年頃～454年頃）の時代にナーランダ僧院が建立され，大乗仏教の一大学院として12世紀まで存続する。法顕が訪れ，玄奘，義浄が学んだことでも知られる。盛期には数千人から1万人が学んだという。東西250メートル，南北600メートルの伽藍は，5基の祠堂と10基の僧院からなる。東に8基の大僧院が西向きに並び，その南に接して2基の小さな僧院が北向きに置かれている。西に平行して，大小5つの祠堂が並ぶ。最大の第3祠堂は南端に置かれ，7回の増築が確認される。僧院はパーラ朝（8～12世紀）の造営とされ，壁厚から2～3層であったと推測されている。

4　高塔

　グプタ朝の創建になる仏教建築として注目すべきは，「初転法輪」の地，サールナートのダーメク・ストゥーパと「大悟の地」ブッダガヤのマハーボディ・ヴィハーラである。いずれも，それまでにない高塔形式である。

　サールナートには伽藍遺跡が残されており，ダルマラージカー・ストゥーパの周りを円形に小さな祠堂が囲む形態，また，矩形の中庭型四面僧院などの定型をみることができる。しかし，ダーメク・ストゥーパは，みるからに巨大であり，全容は推測するしかないが半球形の原型とあまりに異なっている。

　クシャーン朝に入るとストゥーパの形に変化が見られる。台基の下に基壇が設けられ縦長のプロポーションをとりだすとともに，台基，基壇に全面的に装飾が施されるようになるのである。チャイティヤとして小型化したことも大きい。カールラーのチャイティヤ窟やアジャンター石窟のストゥーパはかなり高い基壇の上に据えられている。大ストゥーパの周辺に小ストゥーパが附属する形も出現する。そうしたなかで注目すべきはガンダーラで見られる5重，7重の傘蓋を冠した小ストゥーパである。この塔状の形態は，タキシラのモーラ・モラ

図2-27 マハーボディ寺院，ブッダガヤ

図2-28 密檐式塔，山西大同

ードゥ Mohrā Morādu 遺跡（5世紀）の小ストゥーパにも見られる。ダーメク・ストゥーパがはたしてこのガンダーラ式のストゥーパと同じような形態をしていたかどうかがひとつの興味である。

一方、ブッダガヤのマハーボディ・ヴィハーラの高塔はストゥーパではない。台のなかには仏像を祀る室が設けられている。この四角錐台の上に相輪を載せる形式、そして中央の大塔と四隅の小塔という五塔形式、金剛宝座塔はどこからもたらされたのかも大きな謎である。現在の高塔は19世紀末にビルマの仏教集団が大修理を行った時の形態であり、どこまで原型をとどめているかは疑問が多い。ただ、ナーランダの第3祠堂は五塔形式への変化を示すとされ、金剛宝座塔が古くから試みられてきたのは疑いない。

ヴァルダナ朝（606〜647年）以降、ヒンドゥ教の優位は明らかになる。ヒンドゥ教あるいはジャイナ教の高塔形式との影響関係が問題となるが、とくにマーナサーラがナガラ式と分類する北方型の砲弾（とうもろこし）形の塔が仏塔に影響したことはおおいに考えられる。中国の密檐式塔はよく似ているのである。

II 仏教建築の世界史 ——— 83

05 仏塔の諸形態

　きわめて単純で明快な形態として成立したストゥーパが，中国を経て遥か日本にいたると木造の塔となる。仏教の系譜をたどりながら，仏塔の形を一気に追いかけてみよう。

1　スリランカ

　まず，スリランカである。スリランカへは，BC3世紀にアショーカ王の王子マヒンダ（マヘーンドラ Mahendra）が「上座部」仏教を伝えたとされる。中心寺院はマハーヴィハーラ寺院である。5世紀にはブッダゴーサが来島，パーリ語で三蔵（経，律，論）の注釈書を書き，『清浄道論』を著して，上座部仏教の教学を確立したといわれる。

　ストゥーパをダーガバ Dāgaba あるいはダーゴバ Dāgoba という。ダートゥ・ガルバ Dhātugarba すなわちダートゥ（仏舎利），ガルバ（容器）から来ている。

　アヌラーダプラ Anuradhapura の3つの巨大なダーガバが知られる。ルワンウェリセーヤ Ruvanvalisaya・ダーガバ（BC2世紀），アバヤギリ Abhayagiri・ダ

図2-29　ジェータワナ，アヌラーダプラ

図2-31　ランコット・ヴェヘラ，ポロンナールワ

図2-30　トゥーパーラーマ仏塔，アヌラーダプラ

図2-32　ダラダ・マリガーワ寺院（仏歯寺），キャンディ

ーガバ(BC1世紀),ジェータヴァナ Jetavana・ダーガバ（3〜4世紀）である。いずれもストゥーパの原型を伝えているように見える。アバヤギリ・ダーガバは高さ105メートル，ジェータヴァナ・ダーガバは高さ120メートルにも及ぶ。世界最大級の煉瓦造ストゥーパである。いずれもストゥーパを囲んで中庭式住居が配されている。

アヌラーダプラは，BC2世紀以降スリランカ唯一の仏教の聖地として栄え8世紀末まで存続する。周辺には僧坊，食堂，貯水施設などを持った多くの伽藍跡が残っている。

タミル人の度重なる侵攻を受け，8世紀末にポロンナールワ Polonnaruwa に首都は移る。多くの遺跡が残されているが，ストゥーパの形は変わらず，アラハナ・パリヴェナ Alahana Parivena という学問寺，マニクヴェヘラ僧院などのダーガバはその原型を保っている。

14世紀以降キャンディに拠点が移る。王宮とともにダラダ・マリガーワ寺院（仏歯寺）が創建されたのは16世紀末のこととされる。このシンハラ朝の3都を結んで文化三角地帯といい，ダンブラの石窟寺院（BC3世紀），シーギリアの複合遺跡などを含めて多くの遺跡が世界遺産に登録されている。

2 ネパール

原型に近いストゥーパはネパールにも見られる。ネパールではインドから伝えられた大乗仏教が，ヒンドゥ教と共存しながら今日にいたっている。リッチャヴィ期（4

図2-33 スワヤンブナート，カトマンズ

〜8世紀）に遡る遺例は確認されていないが，パタンの中心と東西南北の4つの市域境界に置かれた5つのストゥーパは，アショーカ王の時代のものだという。12世紀の建立であるがスワヤンブナートのストゥーパは，湖だったカトマンズ盆地をマーンジュシュリー（文殊菩薩）が拓いた時に最初に現れたという伝説を持つ丘の上に建っている。さらに，ボードナートに6世紀建立の世界最大のストゥーパがある。

原型に近いといったが，ネパールのストゥーパであることはすぐわかる。平頭の部分に，仏陀の眼，顔が描かれるのである。また，平頭に神々が彫り込まれた半円形の浮彫トーラナが掲げられるのが特徴である。ストゥーパの内部には仏陀が埋め込まれており，四方あまねく慈悲の眼で見つめてい

II 仏教建築の世界史 —— 85

図2-34　ボードナート寺院、カトマンズ

図2-35　クンベシュワル寺院、パタン

るという観念が背後にある。仏殿とストゥーパが合体する、ひとつの形式と考えられる。台基は円形であるが、方形基壇を持つものがあり、ボードナートの場合、4つの小ストゥーパを持つ金剛宝座形となっている。

一方、ネパールで注目すべきはクンベシュワル寺院の五重塔（17世紀末）のような木造の塔である。全体のプロポーション、軒を支える斜材（方杖）の存在など、中国、日本とは異なるが、木塔と石造、煉瓦造の併存が興味深い。木塔は、バリ島、ロンボク島のヒンドゥ寺院の木造高塔に似ている。

3　東南アジア

比較的古式を伝える、スリランカ、ネパールから東南アジアに眼を転じてみよう。

マハーヴィハーラ寺院を中心とするセイロン仏教はミャンマー、タイなど東南アジア仏教に大きな影響を与えることになる。タイへ上座部仏教が伝わるのは13世紀（あるいはそれ以前）とされる。スコータイ王朝（1220年頃～1438年）において上座部仏教の地位が確立し、アユタヤ王朝（1351～1767年）、トンブリ王朝（1767～1782年）を経て、バンコクを都とする現ラタナコーシン王朝（1782年～）へと継承されている。7世紀後半からスマトラを拠点にしたシュリーヴィジャヤと8世紀中頃からジャワで栄えたシャイレンドラが仏教を保護したため、仏教文化が東南アジア各地へと、広範囲に広まった。この時期インドでは密教が栄えており、密教系の仏教が伝わったとされる。

ミャンマー

ミャンマーではストゥーパをパゴダ pagoda という。ビルマ語のパヤ paya とスリランカのダーゴバが結合した言葉だといわれる。また、祠堂はツェディあるいはゼディと呼ばれる。チャイティヤから来ている。

まず、エーヤーワディ（イラワジ）川流域に、シュリ・クシェトラ、ペイタノー、ハリン、マインモーなどピュー族の遺跡が知られる。ボーボージー、パヤージー、パヤーマーの3つのパゴダが最古の遺例とされる。ボーボージー（7世紀）は高さ46メートル、5層の円形台基の上に建つ覆鉢は円筒形である。平頭を欠き、頂部のみ円錐形である。他の2つも砲弾形をしており、ストゥーパの原型とは異なっている。

パガン王朝期（11〜13世紀末）には数千もの堂塔が建立されたといい、2000を超える建築物が残されている。ヒンドゥ寺院のシカラのようにパゴダ状の塔を祠堂の上に載せるのが一般的で、高塔の林立する独特の景観が残されている。パガンのツェディは上部の高塔の加重を周囲の壁で受ける一室のものと直接太い壁柱で受けるものとに分けられるが、アーチ・ヴォールトが用いられているのが特徴である。

パゴダ、ツェディの形態は時代によっていくつかに類型化されるが、単純に形だけ見ると、まず、基壇が段状に設けられるのが特徴的である。増拡（マウルディ）を繰り返すことによって、規模（段数、高さ）を拡大してきたと理解できる。基壇には円形基壇と方形基壇がある。方形基壇は大規模になるとピラミッド状になり、各段の角隅に

図2-36 ボーボージー・パゴダ、フモーザ

図2-37 パガンの仏塔群

は小祠堂が置かれる形となる。また、覆鉢部分あるいは円形基壇は滑らかにつながるようになり、やがて釣鐘状の形が生み出されていく。

Ⅱ 仏教建築の世界史 —— 87

図2-38　ワット・ソラサック，スコータイ

図2-39　ワット・シ・サワイ，スコータイ

タイ

　チャオプラヤー川流域には，モン族の国ドヴァーラヴァーティが6〜11世紀に栄えるが，この時期の遺構として知られるナコン・パトムのプラ・パトム・チェディは見事な釣鐘形である。この基壇を段上に積み重ねる形はインドでは見られない。スリランカ，ネパールでは幾例か見られるが，基壇をピラミッド状に構成する例は東南アジアに際だっている。神詞を段台上に設ける形は東南アジアの基層文化に共通とされる。

　タイの場合，スコータイとその副都，北のシー・サッチャナライ Si Satchanalai，南の前哨基地カンパン・ペット Kanpaeng Phet の寺院を見ると釣鐘形のなかに「蓮の蕾」形と呼ばれるチェディ chedi が目立つ。また，ヒンドゥ教の影響を受けた，プラン prang と呼ばれる砲弾（とうもろこし）形も少なくない。タイでは，チャイティヤをチェディという。しかし，

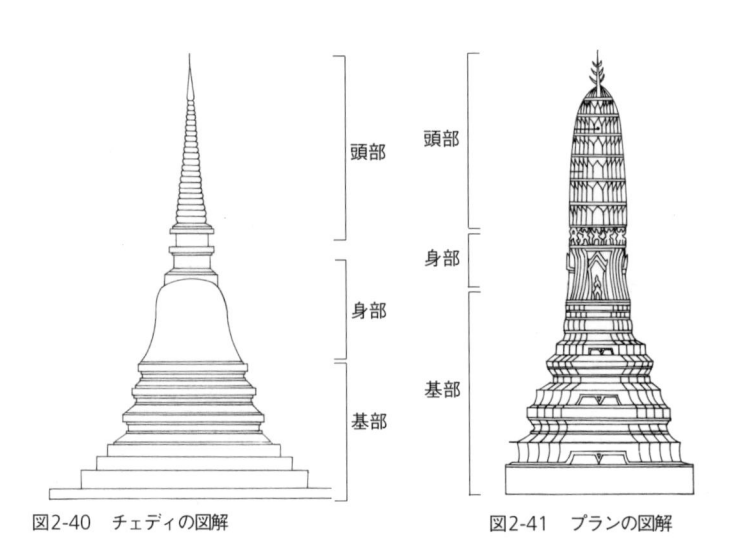

図2-40　チェディの図解

図2-41　プランの図解

88

チェディとストゥーパは一般に区別されない。釣鐘形をチェディ,「蓮の蕾」形のチェディをストゥープ stup といって区別する場合があるが,この「蓮の蕾」形はタイに独自である。シー・サッチャナライのワット・チェディ・チェット・テオ Wat Chedi Chet Thaeo, スコータイのワット・マハタート Wat Mahathat などがその代表である。一塔形式が多いが,アユタヤのワット・チャイ・ワッタナラム Wat Chai Watthanaram のように金剛宝座形式を採るものもある。

カンボジア

カンボジアを見よう。東南アジアで最も古くインド化された国は扶南（1～5世紀）である。最盛期は4世紀で,中心はメコン・デルタ,領土はベトナム南部,カンボジア,タイ,ラオスの全体に及んだ。ヒンドゥ教が卓越するが,サンスクリットを用いた南方上座部仏教も行われていたことがわかっている。扶南にとってかわったのが真臘（6世紀～）である。真臘すなわちクメールには,9世紀に入ってジャヤヴァルマンⅡ世が王位につき（802年）,以降アンコール朝が栄える。アンコール・ワット（12世紀前半）,バイヨン寺院（12世紀末）など絢爛たる建築遺産が残されている。しかし,興味深いことにストゥーパの遺構はない。クメールの諸王はシヴァ教を信仰したが,ヴィシュヌ信仰もあり,左半身がヴィシュヌ,右半身がシヴァからなるハリハラ神の信仰も行われた。また,大乗仏教も受容され,シヴァ信仰と混淆して観世音菩薩信仰がさかんであった。

図2-42 ワット・チャイ・ワッタナラム,アユタヤ

図2-43 アンコール・ワット,シェムリアップ

ジャワ

インドネシアのチャンディも基本的には祠堂である。なかで唯一,内部空間を持たない,したがってストゥーパとみなされるのがボロブドゥールである。1814年,中部ジャワのケドゥ盆地のほぼ中心,密林のなかから発見された。大乗仏教を基にしたシャイレンドラ王朝が建立したものとされる。

安山岩の切石を積み上げてつくられる巨大な構築物の最下層は1辺約120メートルの方形基壇（背後に隠れた基壇が発見されている）,合わせて6段の方形段台の上に,3層の円壇が載り,中心に釣鐘形のストゥーパが置かれる。方形基壇の周囲には仏伝に基づくおびただしいレリーフが嵌め込まれ,座像を収めた仏龕が外に向かって開かれている。円壇には,下から順に32基,24基,

Ⅱ 仏教建築の世界史 —— 89

図2-44　ボロブドゥールの頂円部, ジョクジャカルタ

図2-45　ボロブドゥールの立面

16基の目透かしに石積みされた釣鐘状の空間に仏像を収めた小ストゥーパが配されている。最上段のみが真円で他はいびつな円である。

ストゥーパとすれば，他にまったく類例のない形態である。このボロブドゥールの意味するものをめぐってはいくつかの説がある。最も一般的なのは宇宙三界の宇宙の構造を示す立体曼荼羅という説である。

4　中国

さて，中国に眼を転じよう。

中国に仏教が伝わったのは後漢時代（25～220年）のこととされる。一説によれば，AD67年，後漢の明帝の時代という。ガンダーラからパミール高原を越えるいわゆるシルクロードが仏教伝来のルートである。

留意すべきは，すでに仏像が成立していたかもしれないということである。すなわち，仏像を収める仏堂とストゥーパは同時に伝えられ，そして，仏舎利信仰は，仏像，仏堂が伝えられた後にもたらされた可能性が高いということである。

中国で，ストゥーパは卒塔婆と漢訳されるが，それ以前に，浮屠ないし浮図という言葉がある。玄奘三蔵が「雀離浮図」と記したカニシカ王の大ストゥーパは，ペシャワール近郊のシャー・ジ・キ・デリー遺跡に比定されている。ストゥーパは卒塔婆と音訳される。浮屠祠，浮図之祠は仏教寺院あるいは仏堂，仏殿のことで，ここで浮屠は仏陀を意味する。浮図が仏塔を指すことになるのは南北朝以降という説がある。木造楼閣形の仏塔が成立して後に卒塔婆，塔婆という言葉がつくられたのである。

中国に現存する最古の磚塔は，嵩嶽寺塔である。北魏の宣武帝のときに建立された（520年）。外観は十二角形で15層の砲弾形をしている。頂上には，覆鉢もしくは平頭様のものが設けられた上に7重の相輪が載せられている。第1層の基壇は2段に分かれ，上段には8つの仏龕が設けられている。内部は八角形で，床が張られて10層に分けられている。そして，最古の木造楼閣形の塔は「応県の木塔」と称される仏宮寺釈迦塔である。遼の清寧2年（1056）の建立になる。平面は八角形で内部は9層からなるが，4層は天井裏（闇層）で基本的には5層である。それぞれに仏像が安置される。外観は，初層に裳階がつく五重塔である。上層と下層の大きさはほぼ同じであり，頂上に小ストゥーパ状あるいは五輪塔状の相

図2-46　応県の木塔（仏宮寺釈迦塔），山西応県

図2-47　雲岡石窟の塔，山西大同

輪部分が載せられている。中国では，前者を密檐式塔，後者を楼閣式塔という。

木造楼閣形塔婆の起源

初期のストゥーパの形態は，文献あるいは考古学的な遺物，家型明器や図像によるしかない。ひとつの焦点は，宮殿や邸宅，陵墓の門に用いられた闕である。また，明器にみられる2層，3層の楼閣である。

木造楼閣形塔婆の起源については諸説ある。まず，関野貞のガンダーラ式の小ストゥーパがモデルになったというガンダーラ説がある。仏教が中インドから中国へ伝えられる場合，ガンダーラを経由したことがひとつの根拠である。磚造の場合，塔身以上が相輪となり，基壇が発達して多層形となったと解釈される。木造の場合，基壇を木造で組んだが，構造上の必要から屋根が架けられ，多層塔となったと解釈される。

関野説の場合，なぜ，ガンダーラ型ストゥーパを磚造でそのまま実現しなかったのかという疑問が残る。

それに対して，中国で新たな様式が生み出されたとするのが伊東忠太である。在来の楼閣建築とストゥーパの要素を融合させたものが中国式仏塔だという。もともと中国にあった楼閣建築が借用され，頂上にストゥーパ様の相輪が載せられたという解釈である。実際，雲岡石窟のレリーフには3層の木造楼閣の上に平頭，傘竿，傘蓋を載せたものがある。しかし，伊東説は結果を説明しているにすぎない。

そこで，木造楼閣形塔婆の原型がすでにインドにあり，それが中国にもたらされたという説が足立康によって提出された。雀離浮図と目されるシャー・ジ・キ・デリー遺跡は，基壇の高いガンダーラ型ストゥーパと同形であり，しかも，一時期木造の高

II　仏教建築の世界史　91

塔建築が建てられていたというのである。この説も具体的な根拠があるわけではない。

そこで出されたのが，村田治郎によるヴィマーナ vimāna 説である。ヴィマーナとはインドの高塔のことである。確かに，嵩嶽寺塔は砲弾形のヴィマーナによく似ている。すなわち，中国ではストゥーパではなくヴィマーナがモデルだというのである。

まず第1に，中国の仏塔は，漢代に神仙思想に基づいて築かれた台建築がもとになっているとする。台建築の上には，神仙の降臨する，頂上に青銅の承露盤を置いた楼閣形の木造建築（観）が建てられるのが常であった。その承露盤のかわりに小ストゥーパが置きかえられて仏塔になったという。在来の宗教建築がそのまま仏教建築に移行したという意味で，単なる折衷，融合説とは異なる。

しかし，問題はインドにそうした原型がないことである。サールナートのダーメク・ストゥーパは，覆鉢が2段になっており，高塔形であったとも思えるが，未完成か，上部が崩壊して全容が不明である。また，6世紀，グプタ朝の創建である。中国の仏塔でとりわけ問題となるのは，基壇の各層が，仏像が安置される室になっていることである。そこで，注目されるのが仏像を安置した高塔ヴィマーナである。

問題はヴィマーナの起源，原型が必ずしも明らかでないことである。グプタ朝の建造でブッダガヤのマハーボディ・ヴィハーラの高塔が先駆とされるが，その中心の大塔と四方の小塔，5塔からなる金剛宝座塔の形態の成立も必ずしも明らかでない。これまた，グプタ朝の創建である。結局，ヴィマーナの原型は四角の高層形建築の頂上に小ストゥーパが載った形であり，ガンダーラで成立し，それが中国へ伝えられたというのが村田説であるが，決着はついていない。木塔の成立をめぐっては，ネパールの木塔の存在も考慮すべきであろう。

中国仏塔の類型

中国に現存する仏塔を形態的に分類すると，密檐式塔，楼閣式塔以外に，単層，二層の塔がある。そして，時代が下って，ラマ塔，金剛宝座塔が加わる。

最古の石塔である山東省歴城の神通寺四門塔（611年）は正方形平面で4面にアーチ状の入口をもち，内部は中央に方形の心柱を据え，4面に1体ずつ仏龕が刻まれている。この形式は，基壇が高くなり覆鉢が省略された形，あるいは四角錐形（宝形）となったと見えなくはない。この場合，すでに内部空間をもった仏堂形式となっている。単層塔で，直方体（基壇）の上に覆鉢さらに相輪を載せた図像は少なくない。単層，二層の塔は，小ストゥーパの形態をそのまま写そうとしたものとも考えられる。日本の木造の多宝塔は，明らかにこの延長にある。

元代になって，チベット仏教いわゆるラマ教が伝えられる。それとともに建てられたのがラマ塔である。北京妙応寺白塔（1271年）が最初の例とされる。明代の五台山塔院寺塔（1407年）などかなりの事例が残されている。ラマ塔はストゥーパの原型を忠実に写したものとされるが，覆鉢の形は異なる。ダーメク・ストゥーパのプロポーションを思わせる。上部はラマ塔の

表2-1 中国に現存する主な仏塔

```
魏・晋・南北朝
 ○嵩嶽寺塔／密檐式塔／河南登封／北魏（宣武帝）／520／最古の塔／一二（八）角15（10）層／40m

隋・唐
 ○仏光寺祖師塔／単層二層塔／山西五台山／600前後／六角2層
 ○神通寺四門塔／単層二層塔／山東歴城／隋／611／最古の石塔／単層方形／13m
 ○慈恩寺大雁塔／密檐式塔／陝西西安／652／四角7層／60m
 ○西安城興教寺玄奘塔／楼閣式塔／669／四角5層／20m
 ○雲居寺石塔／単層二層塔／河北房山／700前後／方形単層
 ○薦福寺小雁塔／密檐式塔／陝西西安／唐／707〜709／方形15→13層／43.3m
 ○嵩聖寺千尋塔／密檐式塔／雲南大理／南紹／836／方形16層

五代・遼・宋・金
 ○霊隠寺石塔／楼閣式塔／浙江杭州／960／八角9層／10〜15m
 ○虎丘雲厳寺塔／楼閣式塔／江蘇蘇州／北宋／961／八角7層／50m
 ○棲霞寺舎利塔／密檐式塔／江蘇南京／五大南唐／937〜975／石灰岩／八角5層／15m
 ○羅漢院双塔／楼閣式塔／江蘇蘇州／982／八角7層／35m
 ○開元寺料敵塔／密檐式塔／河北定県／北宋／1055／八角11層／70m
 ○祐国寺鉄塔／楼閣式塔／河南開封／北宋／1049／八角13層（前身八角13層の木塔）／57m
 ○仏宮寺釈迦塔／楼閣式塔／山西応県／遼／1056／現存最古の木塔／八角9層
 ○天寧寺の塔／密檐式塔／北京北平／11世紀／八角13層／70m
 ○開元寺鎮国塔／楼閣式塔／福建泉州／南宋／1237, 1250／東西双塔／石塔／八角5層／48.24m, 48.06m

元
 ○妙応寺白塔／ラマ塔／北京／元／1271／方形密檐／53m
 ○天寧寺虚照禅師明公塔／密檐式塔／河北順徳／1290／六角3層／14m

明
 ○五台山塔院寺塔／ラマ塔／山西五台／1407
 ○真覚寺金剛宝座塔／金剛宝座塔／北京／明／1473／15m
 ○広恵寺華塔／金剛宝座塔／河北正定／35m
 ○大塔院寺塔／金剛宝座塔／山西五台／80m
 ○慈寿寺大塔／密檐式塔／北京／1578／八角13層

清
 ○西黄寺班禅ラマ清浄化塔ラマ塔／北京／1723
 ○慈灯寺金剛宝座塔／金剛宝座塔／内蒙古／1727
 ○碧雲寺金剛宝座塔／金剛宝座塔／北京／1748／30m
```

ようだったかもしれない。

　金剛宝座塔の形式は，明代の永楽年間（1403〜24年）にインドの僧，板的達（班迪達）によってもたらされたといわれる。真覚寺金剛宝座塔が1473年創建とされる。清代に慈灯寺金剛宝座塔（内蒙古，1727年），碧雲寺金剛宝座塔（北京，1748年）などの例がある。

　現存する中国の主な仏塔をまとめると表2-1のようになる。

図2-48　慈恩寺大雁塔，西安

図2-49　皇竜寺（九層塔復元模型）

5　朝鮮半島

　仏教が伝えられた4世紀後半以降，朝鮮半島にもさまざまな塔が建立される。高句麗の遼東城（遼寧省遼寧）に阿育王塔（アショーカ王柱）があったという説話がある。平壌近郊の定陵寺や金剛寺（青岩里廃寺）の塔は，その基壇跡から，八角形をしており木塔であったと考えられている。それに対して，7世紀中頃の建立と考えられる百済の定林寺，弥勒寺の塔は石塔である。新羅には，首都慶州・皇竜寺の九層の木塔（645年）や四天王寺の双塔（679年）が知られる。また，古新羅から統一新羅初期にかけて，感恩寺跡東西三層石塔，高仙寺跡三層石塔，皇福寺跡三層石塔など，石造の双塔が数多く建てられている。また，塼造の芬皇寺のような例がある。ソウルの景福宮にある葛項寺の三層石塔，そして慶州の仏国寺の釈迦塔，多宝塔は8世紀中葉，遠願寺，華厳寺の三層石塔は8世紀後半の建立である。木造架構を模した仏国寺の多宝塔は独特である。慶州・浄恵寺跡の十三層密檐塔，華厳寺四獅子三層石塔など特殊な形態も見られる。

　高麗時代には，首都開城に演福寺五層塔，平壌に重興寺九層塔など大型の木塔が建てられるが残っていない。玄化寺跡七層石塔，南渓院七層石塔など多層四角石塔が残る。また，月精寺塔のような八角多層塔がある。

　朝鮮時代の事例としては，法住寺捌相殿（1624年）のような木塔がある。また，円覚寺十層石塔や洛山寺七層石塔などがある。

column3 　　　　　　　五輪塔

　下から直方体，球形，三角錐，皿形，そして擬宝珠形，地水火風空の五大になぞらえられる。方形の地輪，円形の水輪，三角の火輪，半円形（仰月）の風輪，宝珠（団）形の空輪，いわゆる五輪塔である。この五輪塔，日本ではいたる所見かけるけれど，中国，インドにはないという。

　桃山時代に醍醐寺円光院で出土した応徳2（1085）年銘の五輪塔が記録された最古の例であるが，実体は不明である。また，古例として，法勝寺の瓦当，軒丸瓦（1122年）に描かれているが，方形地輪の高さが低く宝塔に近い。瓦製五輪塔（1144年）が播磨の常福寺にある。現存する石塔の早い例として，中尊寺釈尊院（1169年），豊後に2基（1170，1172年）ある他，福島県五輪坊墓地（1181年）にあるという。三角の火輪には，四角錐と三角錐の2つがあり，三角錐のものはすべて13世紀に東大寺再建にあたった俊乗坊重源に関係するという興味深い事実もある。

　五輪塔の形の起源について，まず，天蓋を持つ舎利瓶の形から来ているという説がある。しかし，形だけでは根拠が薄い。そこで根拠とされるのが，密教における五輪五大の結びつきである。唐の不空訳『宝悉地成仏陀羅尼教』に五輪塔の字句があり，善無畏訳『尊勝仏頂修瑜伽法軌儀』に，地水火風空の五智輪を四角，円，三角，半円形（仰月），宝珠形の5つの形に，a, va, ra, ha, kha の梵字を入れて示し，五輪図を掲げているという。しかし，五輪塔の実例は中国にない。

　そこでインドの古例が求められる。仏・法・僧 Triratna を象徴する三宝図，五大を意味するパーリ語文字を組み合わせ，サンチーの第1ストゥーパにある象徴図，アマラーヴァティのストゥーパの浮き彫りなどがあげられるが，ぴったりとはこない。

　最も近いと思われるのはラマ塔である。チベットのラマ塔が五大を象徴するという説も有力である。問題はラマ塔の形がどのようにして成立したかである。しかし，日本の五輪塔は，より純粋形を用いていることにおいて際だっている。

　五輪塔については，以下の説が考えられる。
① 密教経典の五輪図はインドで成立した。その形は後期ストゥーパの輪郭の要点を線描とした象徴図である。五輪のそれぞ

図2-50　岩船寺の五輪塔

図2-51　高野山奥の院　五輪塔

図2-52　五輪と身体の対応

　れの形や大きさが，必ずしもストゥーパのとおりでないのは当然である。
② チベットのラマ塔はインドの後期ストゥーパに基づくところが大きい。しかし，古例の相輪の下端が著しく大きいのは，逆に五輪図の三角形火輪の影響でもありうる。
③ 中国では後期ストゥーパの姿が南北朝（5，6世紀）にあらわれたが，たちまちに中国化されていわゆる宝塔形や宝篋印塔形になって流行した。
④ 中国や朝鮮では五輪の塔の遺例は今までまったく発見されていない。五輪塔は日本の創作のようである。
⑤ 創作は漢訳経典の五輪図を手本としたが，図は平面的な線描だから，それを立体化するにあたって宝塔の形が強く影響して，火輪が宝形屋根の姿となった。
⑥ ゆえに日本の五輪塔はインドのストゥーパの直系というべきであり，日本で五輪塔が墓に広く用いられたのは，ストゥーパ本来の意味をよく保持したものであった。
　また，日本の僧の墓石が砲弾形ストゥーパの形をとるのも興味深い。

06 仏教寺院

13世紀初めにインドから姿を消すことになる仏教は，それぞれの伝播の系統において今日までその法脈を伝えている。その大きな系統のひとつが日本であり，チベットである。また，原始仏教の伝統を重視し，厳格な戒律保持を誇るタイ，ミャンマーなど南方上座部系仏教である。東南アジア大陸部諸国またスリランカがその系譜を維持している。

すでに仏塔の様式を追う形で代表的寺院については触れたが，伽藍配置その他について補足しよう。

1 バハ，バヒ

インドで仏教が滅んだ13世紀以降，ネパールはブータンとならんでインド亜大陸で仏教が生き続ける地域となる。ネパール，とくにカトマンズ盆地には，中庭を中心に周囲に僧坊を配置する矩形の仏教僧院（ヴィハーラ）が数多く存在する。カトマンズ盆地に住むネワールの人びとは古くから都市的な集合形式を発達させてきている。1階を倉庫もしくは家畜のスペースとし，最上階に厨房を置く3〜4層の連棟形式が古くから見られるのに加えて，この仏教僧院がもとになった中庭式住居が集中する街区がある。パタンなど，仏教を中心として成

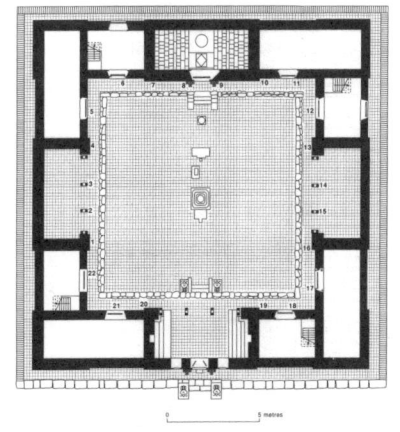

図2-53 チャ・バヒ，カトマンズ

図2-54 チュシャ・バハ（平面図），カトマンズ

II 仏教建築の世界史 ── 97

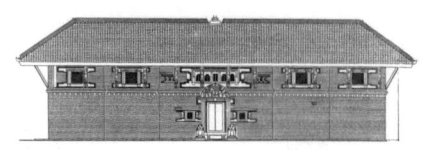

図2-55　チュシャ・バハ（立面・断面図）

り立つ都市の構成を窺ううえで，きわめて興味深い。

　中庭型の僧院には，バヒ Bahi，バハ Bahah と呼ばれる2種類がある。また，2つが統合化したバハ・バヒと呼ばれる形式がある。バヒは，独身の僧のための僧院であり，バハは，妻帯者用の僧院である。

　カトマンズ郊外，デオ・パタンにあるチャ・バヒは，アショーカ王の娘チャルマティがネパールの王子デバパラと結婚した時に創建されたと言い伝えられている。周辺には，リッチャヴィ期に遡るストゥーパや石仏が残されている。2階建てで，1・2階とも中庭側が吹きさらしの廊下になっており，南棟中央の屋根を貫く形で神祠の塔が建つ。中庭には1列のチャイティヤが置かれている。

　バハの代表はカトマンズのチュシャ・バハである。基本的にはバヒと同じ形式であるが，塔は持たず，正面中央の1室が祠堂にあてられている。ディテールは，簡素なチャ・バヒに比べるときわめて豊かである。

　もともとは，王宮から離れた場所で，寺院の周辺にバヒが並ぶ形で修行が行われていたと考えられる。7世紀頃，密教の成立とともにバハが成立する。12・13世紀には妻帯傾向が強まり，在家との関係から，また，都市の発展とともに，次第に都市内に取り込まれるようになった。バハ・バヒは，地区の中心的バヒが，バハの機能もあわせ持つことによって成立するのである。バハ・バヒによって構成される街区は，一定の住区単位ごとに広場を持ち，ヒティと呼ばれる水場，パティと呼ばれる東屋，チャイティヤなどが置かれる。

2　チェディ，ヴィハン，ウボソット

　タイでは仏教寺院をワット wat という。13世紀のスコータイ朝の時代から上座部仏教を信仰してきている。バンコクのワット・アルン，ワット・プラ・ケーオ，ワット・ベンチャマボーピットなど多くのすぐれた仏教寺院がある。

　タイの寺院の基本構成要素として，チェディ chedi，ウボソット ubosoth，ヴィハン viharn，モンドップ mondop，サラ sala（東屋）がある。チェディは，チャイティヤであるが，ストゥーパもチェディに含められる。ヴィハンの周囲に多数並んだチェディをチェディ・ライ ray といって区別することもあるが，中心に置かれる塔も同じようにチェディと呼ばれる。仏舎利，そして仏陀の遺品が安置される塔，祠堂の総称がチェディである。厳密には仏舎利を収めるストゥーパは区別される。とくに「蓮の蕾」形の塔をストゥープという場合がある。その場合，チェディは，釣鐘形をいう。砲弾（とうもろこし）形のヴィマーナ（シカラ）はプランと呼ばれる。

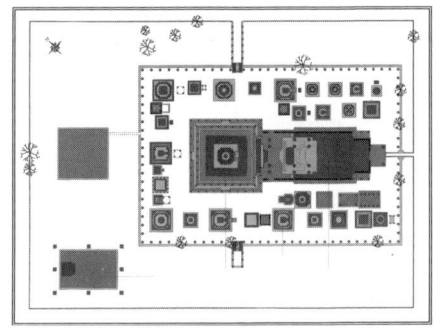

図2-56　ワット・チェディ・チェット・タエオ（平面図），シー・サッチャナライ

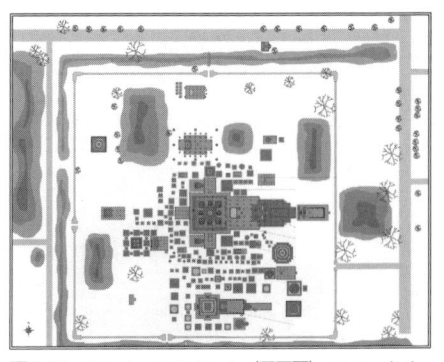

図2-57　ワット・マハタート（平面図），スコータイ

ヴィハンはヴィハーラであるが，仏像の前でさまざまな儀礼が行われ，説教も行われる。機能的にはウボソットも同じであるが，ウボソットは僧の修行の場に限定され，ヴィハンは一般信者の礼拝に開かれている。ウボソットとヴィハンの区別は簡単で，ウボソットは内部に仏像を持ち，周囲にセマsema石が8つ置かれ，聖なる場所であることが示される。モンドップはマンダパであるが，内部空間を持ち，しばしば巨大な仏像が安置される。金堂にあたる。

小さな寺院の場合，前面にヴィハンが置かれ，後部にチェディが配される。そして，周囲に垣が廻らされる。シンプルな伽藍の基本構成である。スコータイ，シー・サッチャナライの両ワット・チャン・ロムのように，規模が大きくなってもヴィハン＋チェディという構成は一般的にみられる。基本的に仏像は東面し，信者は西に向かって礼拝を行う。

複合的な構成になると，以上の基本構成が同一軸線状に繰り返されることが多い。また，モンドップ，ウボソットも軸線状に配置される。周囲にチェディが置かれることによって，さらに複雑な形態が生み出される。

3　中国仏教十大寺

『三国志』に笮融が徐州に浮屠祠を建てた（188〜193年）とあるように，中国における仏教建築の記録は後漢代末からみられる。北魏末，洛陽の内外に1000余の寺院があり，なかでも9層の方形大塔を中央にした永寧寺が壮麗さを誇った。北魏時代，519年に竣工，工匠は郭安興と知られる。伽藍配置は不明であるが，この頃，一塔を回廊で囲む形式，双塔形式 … など日本の四天王寺式，法隆寺式，… につながるいくつかの形式が成立したと考えられる。

北魏から南北朝にかけて，雲岡石窟，龍門石窟，敦煌石窟など石窟寺院が数多く開鑿されている。インドの石窟寺院の影響が考えられるが，いくつか大きな違いを指摘できる。まず，石窟を住居として用いるヴィハーラ窟がきわめて少ない。また，チャイティヤの形が異なる。チャイティヤ窟の中心に置かれるのは塔柱あるいは方塔である。塔柱，方塔は北魏時代の石窟の特徴で，木造建築を模したものが多い。楼閣式木造

Ⅱ　仏教建築の世界史　99

図2-58 雲岡石窟第20窟，山西大同

図2-59 下華厳寺，山西大同

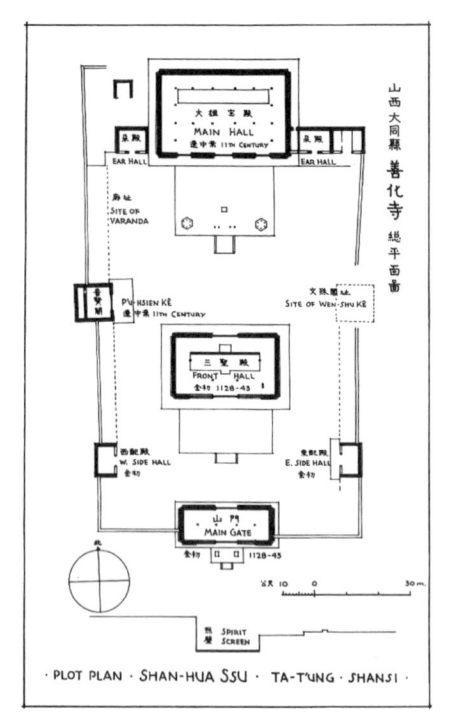

図2-60 善化寺（配置図），山西大同

建築をもとにし，斗栱は人字形蟇股を用いている。中国の石窟には，インドでは見られない，仏像を中心にする尊像窟がある。

いくつか代表的伽藍を見よう。五台山（山西省）は唐代から仏教の中心地であり，山内には数多くの仏寺があったが，現存最古の木造建築とされるのが南禅寺大殿（山西五台，782年）である。また，代表的な仏寺が仏光寺大殿（山西五台，857年）である。山の斜面を背に，梁間7間，奥行き4間の大殿は西面し，前方左右に配殿を持つ。また，間口7間3層の弥勒大閣，後側には無垢浄光塔と呼ばれた八角の磚塔があった。南禅寺大殿の方が古いが三間四方と規模は小さく，架構形式も単純である。仏光寺大殿は，柱間に中備軒組（二手先組物）を載せており，いわゆる詰組形式の前段階とされる。中国建築の基本的形式は，宋代に『営造方式』としてまとめられるが，仏光寺の部材はかなり大きい。詰組系の技術は唐末から五代にかけて五台山一帯で発展したと考えられている。それに対して南禅寺大殿のように柱頭にのみ組物を持つ形式を疎組という。時代は少し下って福建省福州の華林寺大殿（964年）は疎組形式であり，皿斗付斗，挿肘木を持ち，日本の大仏様につながると考えられている。

遼，金の時代には，大同の善化寺，大華厳寺がある。大華厳寺は，明代に上華厳寺，下華厳寺に分かれた。また，独楽寺（天津市，984年），奉国寺（遼寧義県，1020年）が知られる。

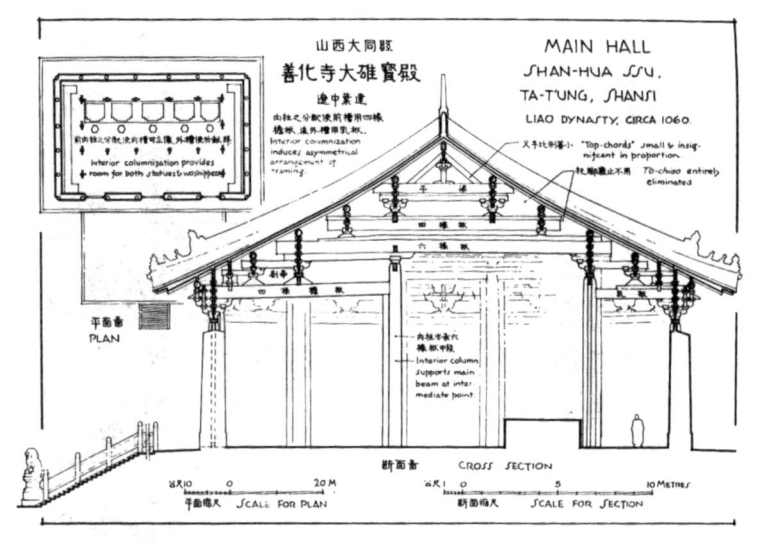

図2-61 善化寺 大雄宝殿（断面図）

　宋代には禅宗寺院がひとり興隆し，「伽藍七堂」の制が流行する。禅宗寺院の七堂とは，仏殿，法道，僧堂，庫院，山門，東司，浴室である。大規模になると，講堂，経堂，禅堂，塔，鐘，鼓楼が加わる。代表的なものとして隆興寺（河北省正定，1052年），保国寺（浙江省余姚，1013年）などがある。
　広勝寺（山西洪洞，1309年）が元代の仏教建築として知られるが，元代の遺構は少ない。元代にはチベット仏教が広まった。また，民衆仏教として，白蓮教や白雲宗が興る。明代には，仏教はさらに一般民衆に浸透していくが，道教と混淆していくことになる。清代には，とくにチベット仏教が庇護され多くの寺院が建てられた。
　中国仏教の歴史を通じて十大寺とされるのは以下の寺院である。
① 廬山東林寺 ─ 江西省北部の名山，廬山にあり，北は長江，東は広大な鄱陽湖に面している。中国浄土教の源流。慧遠（334〜416年）が開基。太元11（386）年創建。
② 天台山国清寺 ─ 浙江省天台県。天台宗の淵源。智顗（538〜597年）。太建7（575）年創建。
③ 太白山天童寺 ─ 浙江省寧波市。日本曹洞宗の淵流。義興。晋（300年）。
④ 摂山棲霞寺 ─ 江蘇省南京市の玄武湖の南岸にある九華山にある。三論宗の中心。吉蔵が開基。唐大中5（851）年創建。
⑤ 揚州大明寺 ─ 揚州の西北にある。日本の律宗の祖，鑑真が学んだ。457〜464年創建。
⑥ 慈恩寺（大雁塔）─ 陝西省の西安市。法相宗の発祥寺院（玄奘三蔵）。慈恩（632〜682年）。唐貞観22（648）年創建。
⑦ 終南山華厳寺 ─ 西安市東南。華厳

Ⅱ 仏教建築の世界史 ─── 101

宗の聖地。杜順（557～640年）。唐貞観14（640）年創建。
⑧ 石壁山玄中寺 ― 山西省交城県。浄土教の聖地。道綽（562～645年）。北魏延興2（472）年創建。
⑨ 洛陽白馬寺 ― 洛陽市東郊。中国で初めて建てられた寺といわれる。東漢永平11（68）年創建。
⑩ 香積寺 ― 西安の南西，長安県香積村にある。浄土宗の第3祖善導の墓塔がある。

そして，もうひとつ日本との縁であげるとすれば，青竜寺がある。長安城の東南郊に位置し，真言宗の開祖，空海が学んだ寺である。隋代開皇2（582）年創建。また，青竜寺は，隋の文帝（陽堅）が生まれた場所でもある。

4　朝鮮半島

朝鮮半島に仏教が伝わるのは4世紀後半，三国時代である。372年，秦の王苻堅が僧順道を高句麗に派遣，375年に伊弗蘭寺を創建したとされる。また，374年に僧阿道が訪れ肖門寺を開いている。広開土王3年（394）には，平壌周辺に9つの寺院が建設されていたという。5世紀建立の定稜寺，清岩寺（金剛寺）という遺構を見ると八角形の塔を3つの金堂で囲む一塔三金堂式（飛鳥寺式）である。

百済には，384年に摩羅難陀というインドの僧が訪れ，首都漢山に仏寺を開き，聖王（523～554年）の時代，本格的に仏教が行われ，仏寺が建設された。百済最後の都，扶余（泗沘）周辺に定林寺，金剛寺，弥勒寺の遺構がある。定林寺，金剛寺は中門，塔，金堂，講堂が一直線上に並ぶ一塔式（四天王寺式）伽藍配置で，弥勒寺は一塔式伽藍の東西・中院が3列に並ぶ構成である。塔は定林寺と弥勒寺の東西院は石塔（5層石塔）である。

（古）新羅における仏教承認は，法興王（514～540年）の頃で，百済を通じて梁に使者を派遣している。興輪寺，皇竜寺が知られる。興輪寺は一塔式と推定されているが，新羅最大の皇竜寺は，百済の工匠阿非知を招いて645年に完成したとされる9層の巨大な塔の後ろに3つの金堂が並ぶ形式である。

朝鮮仏教が栄えるのは統一新羅（676～918年）においてであり，元暁，義湘などによって法相宗と華厳宗が統合され，実践的な仏教が確立する。正純密教が伝えられ，本格的に行われるようになる。また，阿弥陀信仰と念仏を中心とした浄土教が庶民の間に普及していく。統一新羅の寺院を特徴づけるのは，金堂の前に東西2基の塔を置く双塔式（薬師寺式）伽藍である。塔は木塔（四天王寺，望徳寺）と石塔（感恩寺，仏国寺など）の両方がある。最も著名な仏国寺は，東西に多宝塔と釈迦塔（無影塔）という2基の石塔が配されている。なかでも興味深い多宝塔は木造建築を模した異型石塔である。また，石窟庵は，同じ8世紀中頃の建立とされている。

高麗（918～1392年）時代には，仏教は国教とされおおいに栄える。知訥（1158～1210年）によって禅宗が確立され，朝鮮仏教の主流となる。朝鮮の禅宗は華厳と結びつき，曹渓宗と呼ばれる。現在も，韓国で

図2-62　仏国寺　多宝塔，慶州

図2-63　石窟庵，慶州

は曹渓宗が大きな影響力を持っている。『大蔵経』が作成され（1251年），今日海印寺に伝えられる。高麗『大蔵経』は日本にも多く将来された。

　李氏朝鮮（1392〜1910年）は儒教を国教とする。仏教は弾圧され，衰退を余儀なくされる。

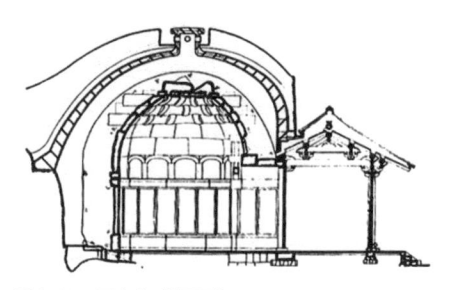

図2-64　石窟庵（断面図）

column4　　　　　　　　　中国仏教の展開

　仏典の漢訳によって仏教は急速に広まる。漢訳は、当初、支婁迦讖、安世高らによってなされるが、『大般若経』『法華経』『阿弥陀経』『大智度論』など多数の主要な経典を漢訳したのが鳩摩羅什（クマーラジーヴァ、350～409年頃）である。また、中国人による理論研究も進められた。初期の教団整備に大きな役割を果たしたのが道安（312～385年）、慧遠（334～416年）の師弟である。以降、さまざまな宗派が成立していく。『法華経』に最高の評価を与える天台宗を開いたのは智顗である。また、『中論』『十二門論』『百論』によって三論宗を開いたのが吉蔵（549～623年）である。後に、天台山で天台宗を学んだのが最澄である。最澄は、ほかに禅林寺で禅を学び、竜興寺で密教を学ぶ。比叡山延暦寺は、円（天台）、密（密教）、禅、戒の総合仏教の本山として大きな勢力を誇ることになる。

　唐の時代になって玄奘（602～664年）が現れる。629年に玉門関を密出国し、中央アジアを経てインドに入り、ナーランダなどで仏典を学んだ後、645年に帰国した、その16年に及ぶ旅は『大唐西域記』で知られる。玄奘は帰国後、『大般若経』『倶舎論』『成唯識論』などの翻訳にとりかかり大成する。サンスクリット原文に忠実なその訳は、従来の翻訳とは一線を画すものであった。

　玄奘による漢訳仏典は中国仏教に大きな影響を与える。とくに唯識系統の仏典が翻訳され、玄奘の弟子の慈恩大師（窺）基（632～682年）によって唯識説を核とする法相宗が成立する。日本には道昭（629～700年）などによって数度にわたって伝えられ南都六宗の一派を形成する。中心寺院となったのは、元興寺、興福寺である。また、法隆寺も1950年に聖徳宗を立てるまでは法相宗の大本山であった。

　玄奘の漢訳に協力した道宣（596～667年）によって、戒律研究が進む。戒とは在家信者の守るべき規範、律とは教団の規則である。道宣は『四分律』の研究によって戒律を整理体系化することによって南山律宗という一派をなす。道宣の孫弟子にあたるのが鑑真である。当時、日本には正式に戒律を伝える資格を持った僧はおらず、来朝を要請されたのが鑑真である。日本への渡来は失敗を重ね、11年目、5回目でようやく実現する。鑑真が開いたのが唐招提寺である。日本の律宗は、鎌倉時代に、唐招提寺、戒壇院、西大寺、泉涌寺に分かれるが、明治の仏教政策によって律宗は真言宗に包括される。現在は、これに抵抗した唐招提寺のみが律宗を名乗る。

　また、法蔵（643～712年）によって『華厳経』を重視する華厳宗が大成される。宇宙全体を包括し、あまねく照らすのが毘盧遮那仏であるとする華厳宗は、日本では東大寺が伝える。東大寺の大仏が毘盧遮那仏である。宗祖は良弁。良弁は法相宗の学者であったが聖武天皇に請われて東大寺の前身である金鐘寺の住職になり、新羅から審祥を招いて講義を受けたとされる。

　初唐に、善導（613～681年）が曇鸞（476～542年頃）によって始められた浄土宗を広める。そ

の『観無量寿経疏』は法然に大きな影響を与える。浄土宗では『無量寿経』『阿弥陀経』を加えた3つを根本聖典とし「浄土三部経」と呼ぶ。浄土宗の総本山は京都の知恩院，大本山は東京の増上寺，京都の金戒光明寺，百万遍知恩寺，清浄華院，久留米の善導寺，鎌倉の光明寺，長野の善光寺などである。法然の没後，弟子の信空，弁長，証空，親鸞などが教えを継承し，浄土宗，浄土宗西山派，浄土真宗として今日にいたっている。

禅宗は，梁の時代に達磨（?～530年頃）によって中国に伝えられる。神秀（606年頃～706年，北宗禅）と慧能（638～713年，南宗禅）によって確立されるが，後者の方が栄え，その系統から臨済宗，曹洞宗が生まれる。

宋代（960～1279年）になるとインドからの新たな経典の流入は途絶える。そうしたなかで禅宗が栄えることになる。元代にはチベット仏教が栄える。また，民衆仏教として，百蓮経や白雲宗が興る。明代には，仏教はさらに一般民衆に浸透し，道教と混淆していく。清代には，チベット仏教が庇護され多くの寺院が建てられた。乾隆帝（1711～99年）は『竜蔵』という大蔵経を刊行し，そのチベット語訳も完成させる。

こうして，中国において仏教は大きな流れをなすのであるが，常に中国社会に受け入れられて来たわけではない。排仏政策をとった皇帝「三武一宗」が有名である。すなわち，北魏の太武帝による排仏（446～453年），北周の武帝による排仏（574，577年），唐の武宗による排仏（845年），五代後周の世宗による排仏（955年）である。排仏の背後には，中華世界からみて「蛮夷の印度の宗教」という仏教観がある。

中華民国（1912～49年）においては仏教復興の動きもみられるのであるが，中華人民共和国の成立によって中国仏教界は大きな打撃を受ける。とくに文化大革命時（1966～76年）には多くの寺院が破壊された。

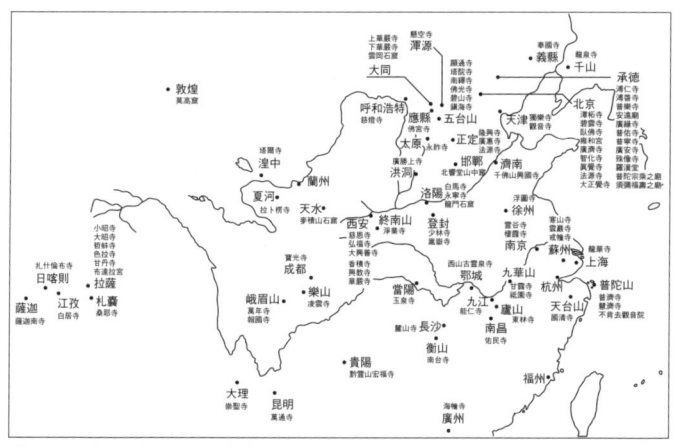

図2-65　中国の主要な仏教寺院の分布図

Ⅱ　仏教建築の世界史

07 仏教の宇宙観 ― 神々のパンテオン

1 曼荼羅

サンスクリットのマンダラ mandala という語は本来「本質を得る」ことを意味する。そして，その悟りの境地は，完全な形である円，輪，球で表わされる。チベット語ではキルコル（中心［キル］をまわるもの［コル］）と訳された。そして，神々が現れる場と神々をあわせてマンダラと呼ぶようになる。マンダラはひとつの器であり，そのなかに神々がそれぞれの職能にしたがって位置を占める。

マンダラはまず儀礼のための装置としての役割を持っている。もともとはインドで，土壇を築いて神々を招く祭祀があり，その土壇の儀礼を仏教が取り入れたものとされる。インド仏教の伝統を引き継ぐチベット仏教では，今日でも，土壇を築き，白い粉で線を引き，護摩を焚く儀礼が生きている。そうした祭祀における，神々のパンテオンの布置がマンダラである。

紀元1～3世紀に成立した『阿弥陀経』『華厳経』など初期大乗仏教経典にはおびただしい仏や菩薩が登場する。7世紀頃には仏教のパンテオンは完成したとされる。そして，マンダラは世界の構造を示すものと考えられる。日本では「浄土曼荼羅」あるいは「浄土変相図」「智光曼荼羅」「清海曼荼羅」「当麻曼荼羅」が知られる。「浄土曼荼羅」は浄土のイメージを表現したものである。「智光曼荼羅」は，奈良時代末の僧，智光による。

9世紀初頭，空海によって，金剛界曼荼羅と胎蔵界曼荼羅が一対となる両部（界）曼荼羅がもたらされる。胎蔵界曼荼羅（大悲胎蔵生曼荼羅）は，『大日経』に基づき，中心の大日如来の周囲に四仏，四菩薩の位置する八葉の蓮弁が取り囲む配置形式をとる。それに対して，『金剛頂経』に基づく金剛界曼荼羅は，$3 \times 3 = 9$の正方形（ナインスクエア）を中心に置く配置形式をとる。中央の正方形に位置するのは，大日如来とそれを取り囲む37尊である。この2つの曼荼羅を一対とする思想はインドにはなく，中国独自のものとされる。

曼荼羅には，城壁，門，王宮などが描かれることから，古代インドの都城がモデルとなっていると考えられる。『アルタシャーストラ』の都城の記述との比較は興味深いところである。また，曼荼羅は，大宇宙，小宇宙の構造，すなわち世界の配置を示している。

世界の構造について積極的に体系化を行ったのは大乗仏教以前のアビダルマ仏教である。そして，紀元4世紀頃，世親の著した『倶舎論』において最も整備された形をとる。

『俱舎論』によると，世界の中心に須弥山が聳え，その周囲を正方形の七重の山脈と海が交互しつつ取り囲み，その四方に四大陸（四大洲）と八島（八小洲）があり，最も外側には金輪と呼ばれる枠がある。われわれの住むのは須弥山の南方のジャムブ・ドヴィーパ瞻部洲（閻浮提）である。

2 仏，菩薩，明王，天

仏教の曼荼羅には，ジャイナ教やヒンドゥ教のような人体宇宙図はなく，すべて神々の配置によって表現されるところに特徴がある。

仏教は元来神の存在を認めなかったが，密教においてはさまざまな仏や菩薩が誕生する。仏教の神々は，日本では，①仏（如来），②菩薩，③明王，④天の4つに分類される。

① 仏（如来）は仏陀である。目覚めたもの，悟りを開いたものを意味する。第1に釈迦を意味したが，時代とともに多くの仏陀が誕生する。仏陀は一時代に一人しかいないという一時代一仏思想があり，ガウタマ仏陀は7番目の仏陀だとされる。第8番目の仏陀として，弥勒が56億7000万年後に出現することになっている。また，西方浄土に住む阿弥陀仏（如来），東方瑠璃光世界に住む薬師仏（如来）などがある。

東西南北と中央に5体の仏がいる。大日如来（中央），宝生如来（東），開敷華王如来（南），無量寿如来（西），天鼓雷音如来（阿弥陀如来，西）を胎蔵界の五智如来という。

如来，仏のモデルは悟りを開いた釈尊，仏陀である。したがって，32相80種好が

特徴として表現される。髪は螺髪，頭に肉髻，額に白毫，耳に耳朶環（穴）。衲衣（糞掃衣）のみを身につけている。座禅の形の座り型を結跏趺座といい，右足外を降魔座，左足外を吉祥座という。如来の区別は，指や手の形，印相によって示される。

② 菩薩はボディ・サットヴァの音写の省略形と考えられる。なお悟り（ボディ）を開くにはいたっていないが，悟りへの勇気（サットヴァ）を有する者を意味する。観音（観自在）菩薩，文殊菩薩などがいる。

③ 明王は仏法を守護する神格（護法神）である。「明」（ヴィディアー）の「王」（ラージャ）を意味する。不動明王などがいる。

④ 天は天（デーヴァ）である。まさに神々である。インド古来のヴェーダの神々やヒンドゥ教の神々が仏教の神々に取り入れられている。インドラは帝釈天，ブラーフマンは梵天である。仏法の都あるいは須弥山の四門は四天王に守られている。持国天（東），広目天（西），増長天（南），多聞天（北）である。

京都の東寺講堂には21体の尊像が南面して安置されている。中央に大日如来を中心とする5人の仏（五智如来）が，向かって右（東）に五大菩薩，左（西）に五大明王が，そして3つのグループの周りに四天王，して東端に梵天，西端に帝釈天が立っている。仏，菩薩，明王が同心円状に配されないのが特徴である。

3 タントラ

タントラtantraとは，「知識」を意味するサンスクリット語のtatriあるいはtantri

を語源とする。もともと「縦糸」という意味である。タンtanは広げるという意味で知識を広げること、という解釈もある。タントラは、したがって、宗教ではない。人生体験であり、人間が持って生まれた精神的な力を引き出す方法であり、体系である。具体的にはヨーガ（瑜伽）の行法はタントラの儀礼のひとつである。タントラは究極的には、聖なる悟りから聖なる悟りへいたる直感の学問であり、精神の行法である。

タントラの教えは、古代インドの非アーリヤ系先住民族に知られ、また、ヴェーダの行法とも密接に関わりを持つ。さらに、仏教、ヒンドゥ教、ジャイナ教にもタントリズムは影響を及ぼす。

タントラによれば、この世はすべてプルシャpurusaという男性原理とシャクティsaktiという女性原理からなっている。シヴァ信仰とシャクティ信仰とは古くから結びついており、男女の交合は、シヴァ神とシャクティとの創造的結合に昂られるというのがタントラの基本思想である。タントラの聖典（スートラ）は一般に64種類あるとされる。

仏教の聖典にタントラという言葉が現れるのは7世紀後半であり、バラモン教の伝統へ回帰するという流れが生まれるなかで、仏教以前の神々が仏教のパンテオンに取り込まれ、仏教の諸仏、菩薩、明王、諸天として生まれ変わったと考えられている。

さまざまな所作や作法、さらに内面的な瞑想法を重要視するのが行タントラで、その代表が『大日経』である。また、ヨーガの瞑想法を中心に仏・菩薩の一体化を図ろうとするのが瑜伽タントラでその代表が『金剛頂経』である。タントラの思想は、瞑想によって心に写るものをさまざまな図形として表すが、ヒンドゥ教のタントラでは、それをヤントラといい、仏教のタントラでは、それを曼荼羅というのである。

図2-66　東寺の金剛界曼荼羅

図2-67　東寺の胎蔵界曼荼羅

III

中華の建築世界

panorama 　　　中国建築の世界

　中国文化の起源は，普通，黄河中下流域（中原と呼ばれる）と揚子江流域に求められる。また有史以来，中国で中核的な位置を占めた王朝が都を構えたのも，中原（長安・洛陽・開封など），あるいは北部沿海地域（北京など）や揚子江下流域（杭州・南京など）であった。

　古文献に，四囲の未開民族を指す「東夷・西戎・南蛮・北狄」という表現がある。これらに対し，中原の都市文明圏を指したのが「中国」である。その担い手としての「漢民族」とは，多分に文化的な概念であって，実態としては四囲の諸民族が融合して形成されたものである。同じように，中国建築も，中原その他の地域を核としつつ，南北をはじめ諸地方の建築文化が交渉と融合を繰り返すことによって形成されてきたと考えられる。戦争・交易・民族移動などが，その原動力となっただろう。また，漢，唐などの長期的な統一王朝の時代には，首都における建築の技術的・形式的な集約化とともに，地方への普及も進んだものと思われる。さらに，元，清などの異民族王朝がこうしたプロセスに果たした役割もきわめて大きい。

　一方，インドや西域との建築的交渉は，ヒマラヤ山脈（南西）と砂漠地帯（西北）に遮られて，ごく部分的なものにとどまった。むしろ地理的に開かれた朝鮮半島や日本（東），あるいはベトナム（南）などに対しては，中国の建築文化は規範的な影響力をもって伸張した。

　こうして，中国建築は大きくみれば太い幹をなすように発展してきたといえる。たとえば，「四合院」と呼ばれる住宅に典型的にみられる中庭型の空間構成は，宮殿や寺院などの建築種別にかかわらず中国で広く頻用されているが，その淵源は3000年あるいはさらに遠く遡りうるともみられている。

　本章ではまず，宮城および礼制の諸建築など，王権にかかわる諸建築の伝統を概観する。これにより中国建築において普遍的ともいえる基本的・規範的な空間構成とその淵源の深さを確認したい。

　つづいて東アジア建築文化の形成に大きく寄与した木造架構の技術・形式に注目し，先秦時代から唐代にいたる確立期の様相と，宋・元代以降の展開をたどることは，日本の木造建築の歴史を考える上でも重要である。

　中国建築には住宅や宮殿，礼制建築，仏殿などの他にも，多くの種別がある。ここでは，文廟などの儒教関係の建築ならびに道教の建築いわゆる道観をまず紹介したい。また，中国の建築文化と深いかかわりをもつ，とくに清代にみられたチベット建築やモンゴル建築との交渉をとりあげる。そして，建築とともに中国の環境造形文化の両輪となってきた庭園について取上げたい。

01　紫禁城 ― 王権の空間

　1900年8月，義和団の乱の鎮圧という名目で，ドイツ，フランス，日本など8カ国の連合軍が北京を占領した。連合軍はまもなく撤退したが，1912年の宣統帝の退位によって，紫禁城は，悠久の中国史における最後の宮城となる。

　連合軍の占領下，日本軍が管理を担当した紫禁城に，東京帝国大学から学術調査隊が派遣された。日本の建築史学の開拓者である伊東忠太もこれに加わり，本格的な中国建築史研究の幕が開けることになる。

　伊東は中国建築の特質の筆頭に「宮室本位」をあげている。宗教建築が建築史の主要な位置を占めるヨーロッパやインドなどとは違って，中国では宮室建築が中心だというのである。実際，紫禁城の空間構成をみることによって，他の建築類型にも共通する中国建築の一般的な性格の多くを知ることができる。

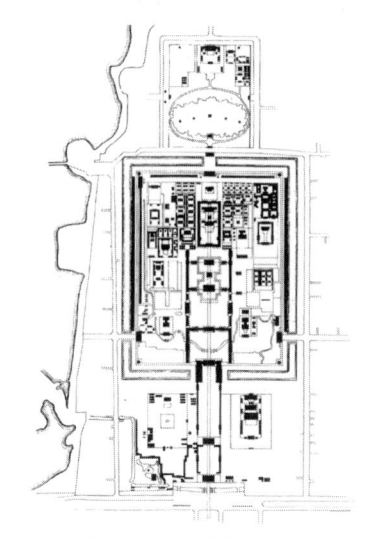

図3-1　紫禁城（平面図），北京

1　紫禁城の構成

　紫禁城の名は，天帝の星を紫微垣（北斗七星の北に位置する星座）と呼んだのに由来する「紫宮」と，皇帝の住居「禁城」の2つの語を結びつけたものであり，この名称そのものが宮城のもつ宇宙論的な意味を物語っている。中国では，皇帝とは天帝の命を受けて世界秩序の維持にあたるべき「天

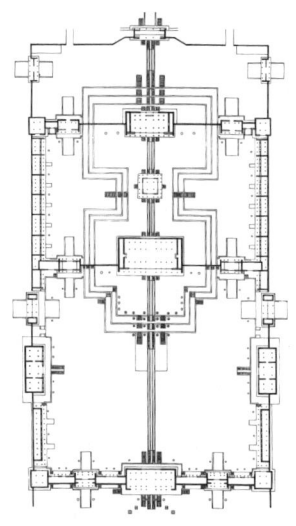

図3-2　紫禁城（中心部平面図）太和殿・中和殿・保和殿

Ⅲ　中華の建築世界　111

図3-3　景山よりみた紫禁城

図3-4　紫禁城　太和殿

(の)子」であると考えられてきたからである。

紫禁城すなわち明清宮殿は，明朝第3代成祖永楽帝の命により建設され，1420年に竣工した。その後500年の間に何度も焼失し，再建や修復を重ねているが，現存建築は清朝中後期のものであり，全体的な配置構成は当初のかたちを伝える。

紫禁城は城壁で取り囲まれ，南北960メートル，東西760メートルの規模をもつ。この宮城を，皇城，内城，外城が順に入れ子状にとり囲み，都城（北京城）の都市空間を構成している。宮城の建築群は，天安門と景山とを結ぶ中軸線上に厳格な左右相称性をもって展開するが，この軸線は都市全体の軸でもある。紫禁城は，王都北京の空間構成のまぎれもない中心なのである。

紫禁城は，その機能から，外朝（南側）と内廷（北側）の2ブロックに分けられる。公的，儀礼的な場としての朝廷を前面に，そして私的な生活空間としての内廷を背後に置く，いわゆる「前朝後寝」の伝統的な原則である。

外朝は3殿からなり，いずれも3層の高大な基壇の上に木造建築を建てる。最も前方にあるのが，皇帝の玉座が置かれた太和殿であり，皇帝の即位，祝日の式典，詔書の公布などの国家儀式が行われた。中央の中和殿は皇帝の国家儀式準備の建物，後方の保和殿は饗宴や科挙における殿試の試験場として用いられた。

一方の内廷は皇帝の居所であるが，外朝と同様に3棟の大建築を中軸線上に連ねて構成されている。その両脇には女官たちの住居が配列され，北側には御花園が設けられた。

太和殿の前面には中庭が広がり，その東・西・南に付属建物や門楼が置かれ，これらがたがいに回廊で結ばれてひとつの区画を閉じている。紫禁城は，同様の構成をもつおびただしい数の大小の区画を，「前朝後寝」といった宮城の伝統的な原則に照らしながら，整然と配列したものだといえる。隋・唐の長安や洛陽の宮城でも同様の構成をもっていたことが知られている。

2　闕

午門（ごもん）と呼ばれる紫禁城の正門は，しかし，他とは異なる独特の形式をもっている。凹

字型平面の高大な城壁を築き，中央に二重の寄棟造の門楼を置く。そこから城壁に沿って歩廊を延ばし，左右の屈曲部と先端部に，つごう4棟の二重宝形造の亭をならべる。このため午門は俗に「五鳳楼」とも呼ばれたが，この名称は唐代以来宮城の門に用いられたものである。このように，宮殿や廟，陵墓などで，中央の門と左右の楼閣とで凹字型平面をつくり，中央を広い通路とする形式を，「闕」という。その起源は古く，周代以前に遡るともいわれる。

闕の例としては，唐（618〜907年）の長安城大明宮（陝西西安，唐・634年）の含元殿が広く知られる。これは宮城の正門に相当するが，むしろ正殿として国家儀式の舞台に用いられた。なお，この含元殿の正面中央に龍尾道と称する壮大な斜路が存在したか否か，今のところ結論は出ていない。

中国以外では，古代日本の平安宮応天門が闕の形式を採用した宮門として知られ，各楼閣の名称なども含元殿と一致する。また，紫禁城を模倣してつくられたフエ紫禁城の午門（ベトナム，1833年）の例もある。

3　モデュールとヒエラルキー

紫禁城内の建物は，モデュールや柱間数から，屋根形態，装飾，色彩にいたるまで，太和殿を頂点として厳格に序列化されている。清代の官撰技術書『工程做法』（1734年）に，これに対応する制度を見出すことができる。『工程做法』では，官式建築を小式・大式・殿式の3種に分け，各種の形式を示している。また一方で等級化された「斗口」（栱＝肘木の幅）をモデュールとし，

図3-5　紫禁城　午門

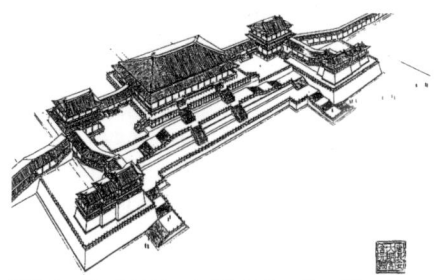

図3-6　唐・長安城　大明宮含元殿（復原図），陝西西安

これによって各部の寸法や架構を決めており，用材や工数なども合理的に積算できるようになっていた。

たとえば，太和殿は11間×5間（約64メートル×37メートル），高さ30メートルという規模，二重寄棟造という形式，細部の装飾や色彩などすべてにわたって最高の格式をもつ。その他の建物も，その重要度によって規模や意匠が定められた。

清代には宮殿や各地方の支配機構にかかわる大規模な建築を大量に造営しなければならなかった。皇帝を頂点とする儒教的なヒエラルキーを維持しながら，膨大な事業を運営するためには，モデュールと比例によって建築を統括することが必要だったのである。このような制度と技術は，すでに，宋代の『営造法式』（1100年）に網羅的，総合的なかたちでまとめられている。

column1　　　　　　　皇帝の日常生活

　外朝は，皇帝が各種儀礼を行い，政務を処理する公的空間である。それに対して，皇帝の私的な空間が内廷である。皇帝は后妃と日常生活を内廷で営んだ。その後宮の世話をしたのが宦官である。時代によって異なるが，皇帝に謁見できるのは大臣クラスであり，一般の官僚は紫禁城内に入ることはできなかった。そして，大臣ですら内廷に入ることを禁じていたのが明代である。清代には大臣や官僚も比較的自由に内廷に出入りできるようになったというが，明代にはしばしば日常皇帝と起居をともにする宦官が力を振るうことになった。内廷に籠もって，政治をすべて宦官に任せた皇帝も存在する。

　清朝になって第3代の順治帝の頃から日常の政務は太和殿を離れて内廷の乾清宮で行われるようになった。64年の長きにわたって皇帝，太上皇の位にあった第6代乾隆帝（1711～1799年）は，雍正帝の第4子として雍和宮（ラマ教寺院）で生まれるが，6歳になると祖父にあたる康熙帝によって紫禁城内に移され，西六宮の北にある重華宮を与えられる。以来，内廷が乾隆帝の生活空間となる。康熙帝は夏になると熱河の避暑山荘に出かけたが，常に孫乾隆を伴ったという。

　乾隆年間に清の領土は中国史上最大の規模に達する。しかし，乾隆帝自身は1度も出陣していない。莫大な経費がかかったからという。乾隆帝は，しかし，紫禁城に籠もりっぱなしであったわけではない。毎年4月から9月にかけて熱河に出かけるのを常にした他，「南巡」と呼ばれた南方への巡幸を行っている。また，山東曲阜の孔子廟などに参詣している。

　乾隆帝の日常生活は，雍正帝以来の養心殿で営まれた。養心殿は乾清宮の南西に位置する。前殿と後殿に分かれ，前殿中央に執政，引見の場としての玉座，東西に東暖閣，西暖閣がある。暖閣とは座炕（オンドル）完備の部屋のことである。西暖閣の西に，墨宝を納めた三希堂，北に小仏堂がある。後殿の5部屋は皇帝の寝室である。

　乾隆帝の通常の1日は以下のようであった。4時頃起床し，まず仏陀を拝し，父祖の治績や教戒を記した『実録』『宝訓』を読む。7時頃朝食。その後，養心殿あるいは乾清宮に出御し政務を執る。午後3時頃暖閣に引きあげて夕食をとる。当時の食事は，正餐が2回，間食が2回，計4回であった。その後自由時間を楽しみ，午後9時過ぎ就寝する。

　乾隆年間には紫禁城は整備され面目を一新する。暢音閣という大舞台が内廷東北部に建設され，宮中で演劇が行われるようにもなった。

　乾隆帝の時代には後宮の制度も整備される。皇后以下，皇貴妃1人，貴妃2人，妃2人，嬪6人と定員が定められ，東6宮，西6宮に分居する。定員はないが，下に貴人，常在，答応，さらに宮女，秀女が続き，彼らは坤寧門の両翼の板房に住んだ。

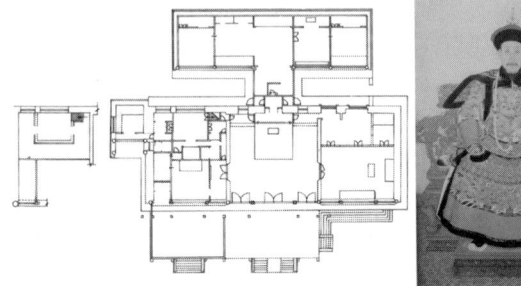

図3-7　養心殿（平面図）　　　図3-8　乾隆帝

02　四合院

　紫禁城の大小の区画にみられた中庭を囲む空間構成は，宮殿のみならず，建築の種別を問わずに用いられる中国建築の基本的な平面類型である。なかでも四合院(スーホーユアン)と呼ばれる漢民族の住宅は，その典型的な例といえる。

1　四合院住宅

　四合院とは，東西南北に4棟を配して中央の院子(ユアンツ)（中庭）を取り囲む形式をいい，北京城内および山西・山東・河北・河南など北方の諸省に広く分布するものが典型とされる。北京では，院子の北側にあって南面する主屋を「正房(チョンファン)」，東西に向き合う棟を「廂房(ジアンファン)」，南側に置かれる棟を「倒座(ダオツオ)」と呼ぶ。いずれも長方形の平屋で，院子に面して開き，他の三面を閉じる。また各棟の院子に面する側には走廊(ツオウラン)が廻り，4棟を連絡する。こうして院子と四方の堂屋群(タンウ)とが一体となって，左右対称の閉鎖的なまとまりをつくる。これが四合院住宅の基本単位である。

　四合院の大きな特質は，この基本単位を，後方や左右に繰り返して自在に全体を構成する点にある。とくに中軸線上の展開は明快であり，中庭を囲む単位が後方へ繰り返される数を「進」で数え，「一進」「両進」「三進」のようにいう。

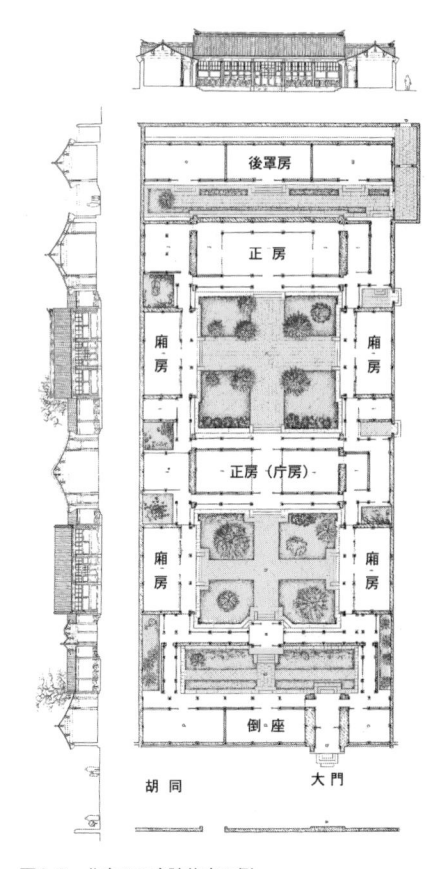

図3-9　北京の四合院住宅の例

　都市空間を構成する実際の四合院住宅は，もう少し複合的である。北京では，南北の大通りから入った胡同(フートン)と呼ばれる東西の小路に，原則的には北を奥として南面する屋敷地が並ぶ。胡同には住宅を守る高く堅固

Ⅲ　中華の建築世界　——　115

な壁がつづき，各住宅の大門(タアメン)が一段高く構えられる。大門は敷地の南辺に立つ倒座の東隅に開くのが一般的であるが，これは風水上の配慮であり，また院子を中心とする生活空間が直接に見通されるのを防ぐためでもある。

　大門を入ると，行く手をふさぐ「影壁(インピー)(照壁)」があり，左へ折れると中軸線上に立つ「垂花門(ツイホアメン)」がみえる。中規模以上の四合院では，このように，正房，東西廂房，倒座で囲まれる区画が，この垂花門によって内・外院に分けられるのが一般的である。外院は，倒座を挟んで胡同に平行する奥行きの浅い庭で，外部空間の延長としての公的な意味を持つ。影壁には磚彫が施され，垂花門は文様彫刻で彩られた垂花柱と呼ばれる吊束をもつなど，住宅の中でもひときわ華麗に飾られる。倒座は，使用人の居室，物置，門番室，応接室などに用いられた。

　垂花門をくぐると，正方形に近いプロポーションをもつ内院がひろがり，ここから私的な住宅空間がはじまる。正面にみえる正房は主人，すなわち家長の空間であり，とくに「庁房(ティンファン)」とも呼ばれる。東西の廂房は家族や使用人の居室にあてられる。各堂屋はたいてい3室からなり，入り口のある中央を堂，左右を臥室(ウオシー)(寝室)とする「一明両暗」の構成をもつ。庁房の堂は家長の座であり，祖先を祀り，また冠婚葬祭の儀礼の場となる。

　この前院は住宅のなかでも儀礼的な意味をもつが，庁堂の奥にある後院より奥は，女性や子供を含む家族の日常的な生活空間である。この関係は，宮殿の「前朝後寝」に対応する。さらに後方には，東西に長い

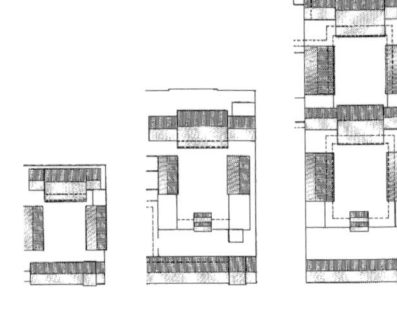

図3-10　四合院の平面構成の例

棟が置かれ，使用人の居室や倉庫として用いられる。胡同から次の胡同までの奥行きを持つ規模の大きな住宅では，北の胡同に背を接する棟を「後罩房(ホーツァオファン)」と呼ぶ。古くから中国の上層階級では大人数で住むことが知られるが，各院・各棟の使い方は，儒教的な長幼尊卑の序列関係によって割り当てられた。

2　中国建築の平面構成

　紫禁城と四合院住宅とが，空間構成の基本的な原理を共有していることは，すでに明らかであろう。伊東忠太は，住宅，宮殿のみならず，官衙，陵墓，仏寺，武廟，道観，文廟及び書院，さらには清真寺(モスク)の平面を比較して，中国建築の平面構成が，その種別を問わずほとんど一律の原則を持つことを分かりやすく示している。

　中国建築では一般に，主要な堂屋の南側に中庭をとり，他の堂屋や廻廊を連結して左右対称の区画をつくる。各棟は中庭に面しては開放的で，四方の背面は堅固な壁で

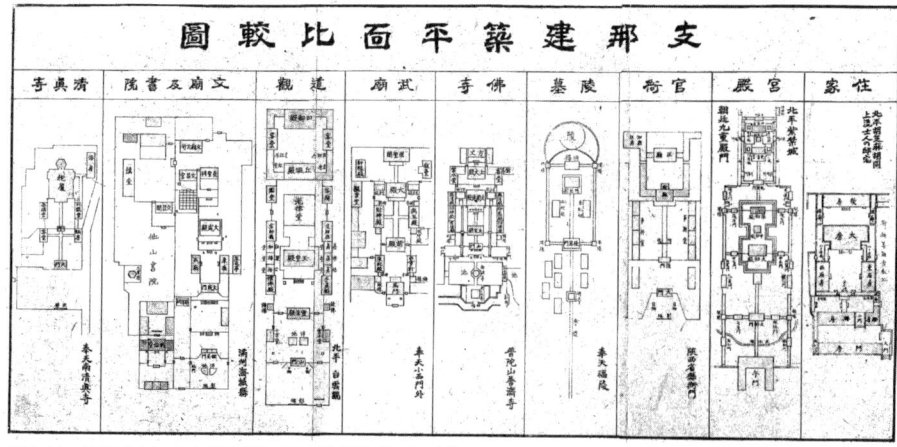

図3-11 伊東忠太による中国建築の平面比較図（1930年）

閉じる。各堂屋は3室，5室など奇数室に分かたれ，中央を入り口とする左右対称形で，一定の独立性がある。そして全体規模の拡大や機能の複合化の要求に対しては，こうした中庭を囲む基本単位を増加させることでこたえる。したがってまた中国建築は，一般には単一の建築としてよりも，複合した建築群として変化に富む景観をつくり出すのである。閉鎖的な中庭群が展開するこうした空間構成を指して，「封閉院落式（いんらく）」という語を用いることがある。

天子は天帝の座す北極星を背にして堂屋前の基壇に立ち，広場に参集する臣下に勅を下す，という中国の故事がある。いかなる建築種別においても，その主人にあたるものが主たる堂屋を占めて南面し，その前方に，外部環境から截然と区画された庭を開くのが原則である。一方，その後方のユニットが私的な生活空間としての意味を持つのも，多くの建築種別に共通する。四合院形式による平面構成は，こうした儒教的な秩序とも結びついて定型化され，長く維持されてきたものと考えられる。

3 四合院の淵源

四合院形式の住宅は，地方により多彩なヴァリエーションはあるが，ほとんど漢民族の居住範囲に重なるほど広範囲に分布し，しかもその空間構成の形式は建築種別をこえた中国建築の基本原理となっている。では，この形式の歴史的な起源はいつ頃に求められるのだろうか。

新石器時代に属する住居の発掘遺構では，BC3000年頃の地上住居に連室型，分室型などがあり，一室（すなわち機能未分化）の段階から脱皮する様子がみてとれる。しかし，先史時代に四合院形式の住宅が存在したことを示唆する資料はない。古文献の記すところでは，周代（しゅう）（BC1100年頃〜BC256年）の官僚知識層の住宅は，中軸線をもつ中庭型であったとされるが，これは堂の周囲を垣で囲み，南に門房をあけるもので，基本的には主たる1棟を平面の中心に置

Ⅲ 中華の建築世界 —— 117

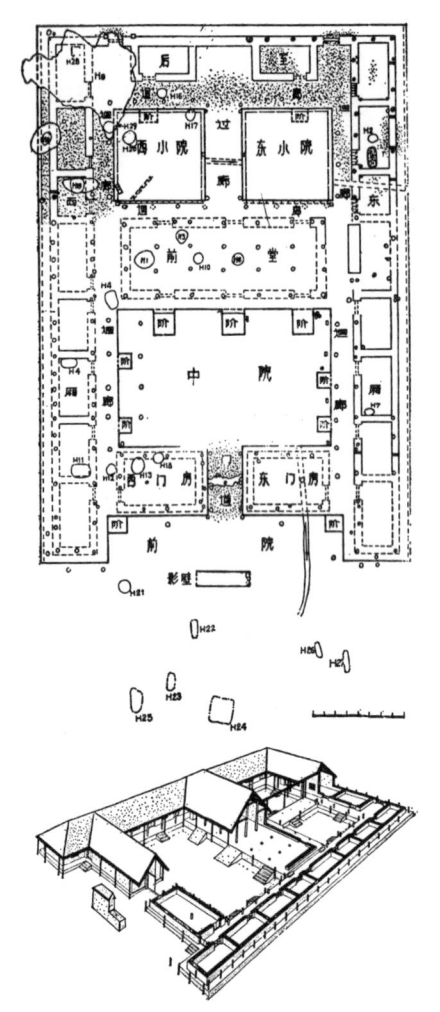

図3-12 鳳雛甲組建築遺址（平面図および復原図），陝西岐山鳳雛，BC1100年頃

く形式である。しかし，漢代（前漢：BC202年～BC8年，後漢：25年～200年）の明器（陵墓に副葬される器物）や絵画資料には，北側の主殿の前に中庭をとり，東・西・南の3面を廻廊，あるいは建物によってとり囲む住宅が多くみられるようになる。富裕な官僚地主や商人などの中型以上の住宅は，この頃すでに四合院に類する整然とした平面をもっていたと考えてよいが，それがいつ頃まで遡るかは分からない。

しかしながら，宮室建築の発掘遺構にまで視野を拡げると，四合院形式の起源ははるかに遠く遡る。なかでも，1976年からの発掘で明らかとなった周原建築遺址のうち，鳳雛甲組建築遺址（陝西岐山鳳雛，BC1100年頃）は，完全な四合院の形式を示すものとして重要である。周代の宗廟と考えられる建物で，東西32.5メートル，南北45.2メートルの規模を持つ。南側に門屋，北側に3間に仕切られた後室，そして中央に前堂を置き，これら3棟を南北に長い建物で両側から挟み込んだようなかたちである。建物はすべて基壇上にあり，全棟の屋根が切れずに組みあわせられていたものと考えられる。全体としては両進の四合院といってよい。

また，1984年に発掘された殷代の宮殿とみられる尸郷溝D4号宮殿遺址（河南偃師，BC1700年頃）は，正殿の左右にとりついた廂房が前面の中庭を取り囲むかたちで，四合院に近い。なお，今日知られるかぎり平面構成の明らかな最古の建築群遺址として，1987～88年に発掘された二里頭2号宮殿遺址（河南偃師，BC1800年頃）がある。正殿の周囲を廻廊と土壁がとり巻くかたちだが，正殿は北に寄り中庭を南に広くとっている。

四合院形式の空間構成は，驚嘆すべき悠久の伝統に根ざすものとみなさなければならないのである。

03　「明堂」と礼制の建築

　中国皇帝は古来，儒家の思想にもとづく礼の制度（礼制）に則って，諸種の儀礼をとりおこなった。その舞台となる施設としては，朝廷のほか，廟や壇，あるいは陵墓に付設される陵寝などがあげられる。

　漢王朝は，その強大な専制的中央集権体制を築き上げる際に，礼制建築の確立に腐心した。その際に正統的な規範とされたのは周代の礼制である。とりわけ天子が諸侯を朝見し，政と教を明らかにしたと伝えられる明堂は，宮室において最も重要な礼制建築とされた。後世になって，明堂から朝廷・宗廟・社稷などが分化独立していったと考えられている。明堂の建築形態については諸説あるが，共通に想定されてきたのは，中心に高い構築物を立てて四面対称とする，求心的な構成である。四合院のような形式とは異なる，もうひとつの伝統といってもよい。

1　明堂

　『周礼』「考工記」の匠人営国条は，よく知られる都城の制についての記述につづけて，「夏后氏世室」「殷人重屋」「周人明堂」という3代の宮室建築について記しており，先秦時代の宮室建築について記した唯一のまとまった史料とされる。最初の2つは，それぞれ夏の宗廟，殷の王宮正殿を

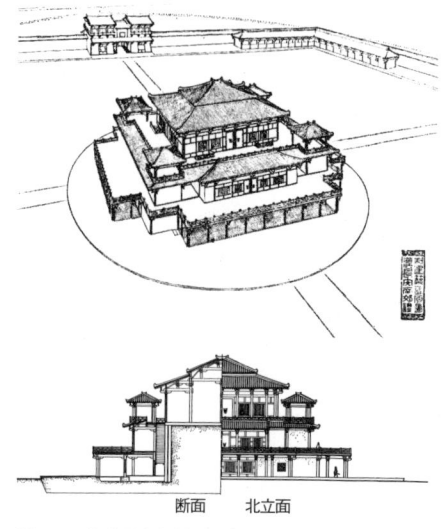

図3-13　前漢長安南郊礼制建築遺址（復原鳥瞰図および立面・断面図），陝西西安大土村，AD4年

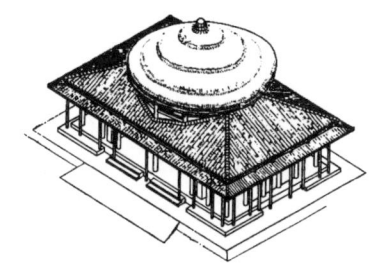

図3-14　西周原召陳F3号建築遺址（復原図），陝西扶風召陳，BC980年頃

指すというが，具体的な記述に乏しい。これらに比べて「明堂」には比較的整った記述があり，全体寸法や室寸法の他，高い「台」をもつこと，室数が5つであることなどがわかる。しかしなお，具体的な形態

Ⅲ　中華の建築世界　119

図3-15 秦咸陽宮1号遺址（復原図），陝西咸陽

を定めるには遠く，歴代の考証学者によって注釈が重ねられ，復原をめぐる論争がたたかわされた。儒家的な思想のなかで理念的な形態を強く求めるのも，中国建築の指向性のひとつといえよう。

漢長安城の南郊に，前漢代の礼制建築群と考えられる建築遺址が10数基発見されている（陝西西安大土村，AD4年）。このうちの1基は十字型平面をもち，2層の台の四面と上部に木造架構を配するかたちに復原されている。周壁の長さは一辺235メートルでその外側を直径368メートルの円形水濠がめぐるという，徹底的に求心的な構成であり，前漢に実際に建築された明堂と考えられている。

また，周原建築遺址のうち，召陳F3号建築遺址（BC980年頃）は，柱の配列が建物中央で同一円周上にのることから，寄棟屋根の上部に円形屋根を突出させるかたちに復原されている。多くの文献は明堂を「天円地方」という儒家的な宇宙観をあらわす形態であるとしており，周代の宮城にこのような形態の建築物があったことは，明堂との関係からも注目される。

2 台榭と宮室建築

前漢の礼制建築のように，高い台を築いてその上に木造建築を建てる形式を「台榭（だいしゃ）」と呼ぶが，多くの場合，台下にも，台に差し掛けた回廊状の木造建築がつくられ，立体的な木造建築の観を呈する。台は土を層状に突き固めて築かれるが，これを「夯土（こうど）」（日本でいう版築（はんちく））と呼ぶ。

春秋時代（BC770～BC403年）や戦国時代（BC403～BC221年）に，各地で台榭式の建築がつくられたことは，文献や銅器の画像文によって知られている。降って秦代（BC221～BC207年）には，秦咸陽宮（しんかんようきゅう）1号遺址（BC221年）があり，これは戦国を統一した始皇帝が造営したという咸陽宮の一部とみられている。東西6キロ，南北2キロの範囲にひろがる宮殿中心区の一部で，発掘により長方形曲尺型の平面をもち，外観を3層にみせる「台榭」形式の建物であった。このように，台榭の形式は，木造の楼閣を組み上げていく技術が漢代に発達するまで，建築を多層化する有効な方法として，とりわけ宮室建築を中心に頻用されたようである。

明堂の「堂」は，先秦時代には高大な方

形基壇状のものを指した。『周礼』にいう明堂も台上に1室，その四周下段に4室の木造部分を配す，全体として十字型平面の台榭建築であったと考えられる。

3 廟と壇

廟は祖霊を，壇は自然を祀る施設である。歴代皇帝の霊を祀る宗廟と，土地・穀物の神を祀る社稷壇を，宮城の左右に設けるのは，中国都城の長い伝統である。

周代の宗廟と考えられている発掘遺構として，先にとりあげた西周原鳳雛宗廟遺址がある。一般に廟では，宮城における「前朝後寝」と同様に，前方に位牌を安置する「廟」を，後方に衣冠や生活用具を並べる「寝」を配す，「前廟後寝」の形式がとられる。また，同じ遺址の後半部の区画をみると，前堂と後室のあいだを一段高くなった廊で結び，「工」字型の平面をつくっている。これも古代の文献が示す建築類型のうち，「廟」にあたるものの特徴である。時代が降っても，たとえば明代の遺構である山東曲阜の孔子廟など，廟建築一般において正殿と寝殿を廊で結ぶ平面の例は少なくなく，古制が長く踏襲されてきたことがうかがえる。

これに対して，前漢の長安南郊礼制建築遺址には，求心的な台榭建築による廟がみられる。同規模・同形式の12基の建築遺址が整然と3列に並んだもので，いずれも四面対称型の台榭建築であった。

一方，壇として今日最も広く知られるのは，北京の天壇（明・1420年創建）であろう。王都の南郊に圜丘を築いて天を，また北郊

図3-16 天壇，北京

に方沢を設けて地を祀るのが古代以来の制であるが，とりわけ祭天の儀式は，天の命を受ける者としての皇帝の権利であり義務であった。

天壇は，北京城の南に280ヘクタールの広大な境域をもつ。この全体プランの南辺を方形とし，北辺は角をとって丸くすることで，「天円地方」の宇宙観をあらわす。この他にも，天を示す円形と陰陽の「陽」をあらわす奇数が各所に用いられている。中心となるのは圜丘で，正方形の壁で囲まれた敷地内に，さらに円形の塀をめぐらせた3層の壇であるが，皇帝はここで毎年冬至に天を祀る儀式を執り行う。中軸線に沿ってその北には天の位牌を安置する皇穹宇，さらに新春に豊穣祈願をするための祈年殿が配され，西には皇帝が潔斎する斎宮がある。個々の壇や建築は中央を高くした求心的・立体的な構成をもっている。

04 陵寝の建築

亡き王や皇帝を埋葬する陵に対し，これに付属する建築的施設を「寝」といい，墓主の生活空間その他の意味をもつ。皇帝陵に寝を付設して諸種の祭儀を執り行う制は，戦国中期から前漢にかけてはじまり，後漢に確立したとみられ，唐，宋ならびに明，清をつうじて発展した。

1 陵寝の確立

前漢までは，「陵側起寝」(陵のそば，あるいは頂上に寝をおこす)ならびに「陵傍立廟」(陵のかたわらに廟をたてる)の制が行われたとされる。

戦国時代の発掘遺構としては，中山王陵(河北平山，BC310年頃)が著名である。東西90メートル，南北110メートル，高さ15メートルの3層の段状ピラミッドの方形墓丘で，遺構から，四周に木造瓦葺きの回廊をめぐらした台榭建築であったと推定される。求心的な建築の系列に属すといえよう。この陵からはさらに，銅板に金銀を象眼して描いた「兆域図」，つまり墓地図が出土しており，現存する最古の建築設計図とされている。この図は，むかって左から夫人堂・哀后堂・王堂・王后堂・□堂（□は文字不明）の計5棟が周壁のなかに並列する全体像を示しており，発掘遺構はそのうち王堂に相当することがわかる。この台墓上の

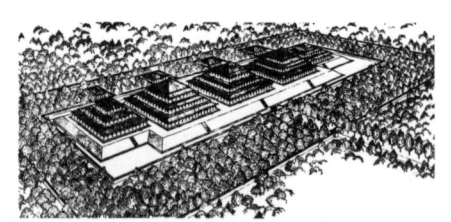

図3-17 中山王陵（復原鳥瞰図），河北平山，戦国時代・BC310年頃

建築，すなわち「堂」を，祭祀のための「廟」(享堂)とみるか，墓主の生活空間としての「寝」(陵寝)とみるかは，論議がつきていない。兵馬俑坑の発見で広く知られる秦始皇帝陵も，この中山王陵に類似する構成であった。

後漢には，皇帝が陵墓に赴いて朝拝・祭祀を行う，いわゆる「上陵の礼」がはじめられた。これにより陵寝は，朝拝・祭祀のための「寝殿」，神霊が日常生活を送るための「寝宮」，墓主の霊魂が遊楽するための「便殿」で構成されるようになった。唐・宋代にはこれらがそれぞれ「献殿（祭殿，上宮）」，「寝宮（外宮）」，「神遊殿」と呼ばれ，それぞれ墓室の前，山の下，陵門付近に配された。

2 明代の改革

元代は陵寝制度を採用せず，モンゴル族の習慣に従ったが，明代には復興され，諸種の改革が行われた。第1に陵墓は方形か

図3-18 明の十三陵（全体配置），北京，明・1435年〜

ら円形にあらためた。第2に寝宮（外宮）の造営をやめ祭殿（上宮）を拡張した。第3に陵園を奥行き深い長方形とし，それを3つの院（中庭のある区画）に区分して，手前からそれぞれ陵門，祭殿（享殿），方城明楼（方形台基の上に楼閣をすえ，墓碑を立てる）を配置した。陵の前方へ長い墓園をのばし，祭殿を中心とする中庭群の構成に整備したのである。

明の十三陵（北京）は第3代永楽帝の長陵（1474年），およびこれにつづく歴代皇帝陵が集まったものである。各陵寝の規模に大差はない。長陵では，東西150メートル，南北340メートルの紅牆で囲まれた区画を三院に分割して，奥行き方向に建築群を展開する。祭殿に相当するのは稜恩殿で，間口9間，二重入母屋造とする。明楼下部の方城から磚造の周壁がのびて円形の墳丘を囲っており，墳丘の下に墓室がある。清の陵寝もこうした明の規格に則って営まれた。

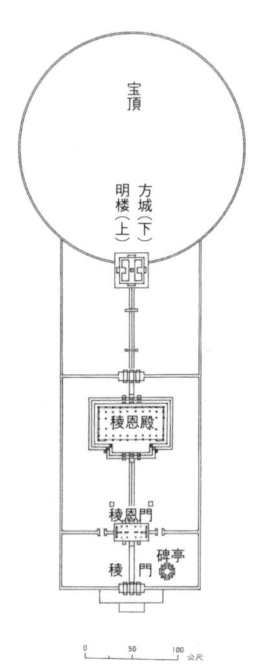

図3-19 長陵（平面図），北京，明・1474年

図3-20 長陵　方城明楼

Ⅲ　中華の建築世界　123

05　木造建築の発達

　中国建築の主構造には，大きく分けて，石や磚のブロックを積み上げる系統と木の線材を組み立てる系統がある。

　基壇の上に柱を整然と立て並べ，複雑な木造架構によって大きな瓦葺きの屋根を支える，といった木造建築独自の技術的・形式的な体系は漢代に発展し，唐代に様式的な確立をみた，と考えるのが一般的なようである。

　しかしながら，中国で木造建築の現存遺構があらわれるのは，やっと唐代も半ばを過ぎてからで，しかもその遺構は3棟を数えるにすぎない。それゆえ，先秦時代から唐代にいたる木造建築確立期の様相は，発掘遺跡の他，壁画などの図像資料，あるいは日本の飛鳥・奈良時代の現存遺構をたよりにたどることになる。

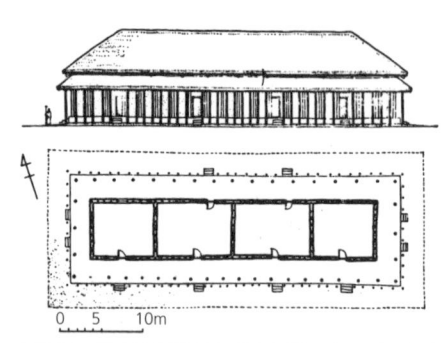

図3-21　盤竜城宮殿遺址（復原平面・立面図），湖北黄陂盤竜城，BC1300年頃

図3-22　河姆渡遺跡出土の建築部材，浙江余姚河姆渡，BC5000年頃

1　先秦時代

　殷代中期の盤竜城宮殿遺址（湖北黄陂盤竜城，BC1300年頃）をみると，夯土の壁を築いて室をつくっているが，その周囲に並ぶ柱は筋が通っていない。つまり主構造は壁であり，周囲の柱からこの壁に簡単な屋根架構をわたしたものと考えられる。この時点ではまだ整然としたグリッド状の柱梁構造は整備されていないのである。

　しかし，先にふれた西周時代の宗廟遺址（BC1100年頃）などになると，グリッド状の柱配置が整い，逆に壁に対する構造上の期待はなくなる。後代につながる中国建築の基本的な木構造システムのはじまりを示す，ひとつの画期であろう。

　つづく春秋・戦国時代に，夯土の台を高く大きく築くことによって木造建築を多層化し立体化する台榭の形式がさかんに用いられたことはすでに述べたとおりだが，これは一種の混構造であり，木造の多層建

の発達は漢代以降と考えられる。

　一方，長江流域および以南には，以上のような黄河流域を中心とする北方の展開とは異なる，掘立柱による木造高床式建築の古い伝統がある。よく知られる浙江省の河姆渡遺跡（BC5000年頃）は，江南の初期稲作文化を代表する新石器時代の遺跡で，杭状・板状などおびただしい数の木製建築部材が出土している。推定される建物のひとつは，奥行き約6.4メートルの身舎に約1.3メートルの庇を付加し，間口は23メートル以上という大規模な家屋である。このように，基壇をつくらず，掘立柱を立ち上げ，継手・仕口をつくって木材を組み上げる，純木造の高床建築を「干闌式建築」と呼ぶ。

　ところで，湖北省圻春県では周代の干闌式建築の遺構（BC1000年）が発掘されており，柱筋の揃った整然たる構造が想定できる。上述の殷代宮殿の遺址も，同じ湖北省で出土していることからみて，中原の基壇・壁構造の系統と，南方の高床・柱梁構造の系統とが，この地域で出会い，共存していたと考えられる。両者の文化的・技術的な接触が次の時代の木構造を生み出す契機になったのではないかとも考えられる。

2　漢・南北朝時代

　漢から南北朝にかけての時期の木造建築の具体的な様相を示す資料としては，まず立体資料として石闕（陵墓の門）や家形明器があり，木造建築を石や銅・陶で表現している。画像資料では，墓葬画（墓主の生前の活動を再現した壁画）などがある。

図3-23　雲岡石窟第12窟，山西大同

　こうした資料によれば，漢代の木造建築は，屋根は鴟尾をのせた寄棟や切妻が主で，西周にはじまるとされる瓦葺きであり，各重に高欄をめぐらした多層の楼閣建築も発達していた。斗栱については，戦国時代以降漢代までは全般に双斗が正統的手法であったらしく，後漢になって一部に三斗があらわれる。

　南北朝時代には仏教が興隆し，北朝はさかんに石窟寺院を開削した。山西大同・雲岡石窟（北魏，主要石窟は460～494年），山西太原・天龍山石窟第16窟（北斉・560年）などに写された木造建築の姿は，柱上の大斗に桁をのせ，この上に，三斗（柱上）と人字形割束（柱間）を繰り返す小壁の帯をつくるのが顕著な特徴である。漢まで主流であった双斗は姿を消しており，また雲岡では斗に皿斗形のつくものが多い。卍崩しの組子を入れた高欄も特徴的である。朝鮮では高句麗の壁画墓（5～6世紀）に，やはり三斗や人字形割束がみられる。

　日本の法隆寺東院の建築（奈良，670年以

Ⅲ　中華の建築世界　125

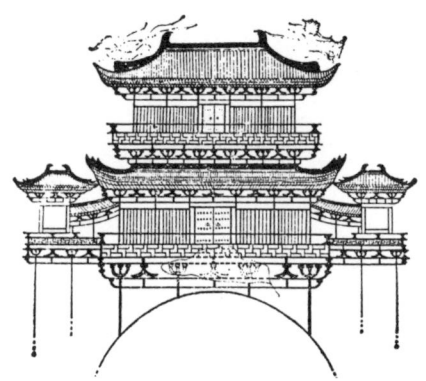

図3-24 李寿墓壁画（模写），陝西三原

図3-25 慈恩寺大雁塔石刻仏殿図，陝西西安

降)には，漢から南北朝にかけての様式的特徴が混在している。細部での最大の特徴である雲斗雲肘木（くもますくもひじき）は，漢代までの主流であった双斗系の装飾的ヴァリエーションとみられる。上層縁まわりにみられる，三斗と人字形割束を並べた帯は雲岡石窟などにみられる北斉以来の形式である。高欄の卍崩しの組子は北魏からあらわれる。一方，埋没したままの状態で出土した山田寺（奈良，7世紀半頃）には，またいくらか異なる特徴が見いだされた。このように飛鳥時代の仏教建築には，同時代の隋・唐よりも古式の，さまざまな時代の様式技法が混在しており，これは様式伝播に朝鮮を介在したためと考えられている。

3 唐代

初唐になると比較的詳細な建築図をともなう壁画墓が多くみられるようになる。軸組では，柱を貫通する飛貫（ひぬき）と頭貫（かしらぬき）を近接させ，その間に束をたてて軸組をかためる，いわゆる「両層闌額（りょうそうらんがく）」の手法が一定の類型をなしている（闌額は頭貫の意）。三斗と人字形割束の並ぶ帯は，一見したところ上述の石窟のそれに似るが，木造軸組を緊結する基礎的手法としての貫（ぬき）は初唐にはじめてあらわれるものである。逆に，南北朝時代の柱上大斗の上に桁をのせる手法は，西域の石造建築の系統の残滓とも考えられる。格の高い建物では尾垂木を含む三手先の斗栱がみられ，軒は平行垂木（へいこうだるき）で，地垂木（じだるき）・飛檐垂木（ひえんだるき）を重ねて二軒（ふたのき）とする表現がはっきり読みとれる。李寿墓（りじゅぼ）（陝西三原，唐・630年）の建築図などは，高い吹き放ち柱列の上に腰組を組んでおり，発達した楼閣建築の存在がうかがわれる。

晩唐になってようやく，南禅寺大殿（山西五台，唐・782年），広仁王廟正殿（山西芮城，唐・831年），仏光寺大殿（山西五台，唐・857年）の3棟の現存遺構があらわれる。このうち仏光寺大殿は，四手先の斗栱を組む本格的建築である。身舎では，入側柱から肘木を4段持ち送って虹梁（こうりょう）を支え，その上に蟇股（かえるまた）をおいて折上格天井（おりあげごうてんじょう）とし，扠首（さす）を組む屋根架構を隠している。内部空間をヴ

図3-26 南禅寺大殿（断面図），山西五台，唐・782年

図3-27 仏光寺大殿，山西五台

図3-28 仏光寺大殿（断面透視図）

ォールト状に造形する擬似的架構が組まれているのである。こうした晩唐の様式に対応する日本の代表的遺構は唐招提寺金堂（奈良，770年代）である。内部空間も虹梁と蟇股で折上格天井をつくる同様の正統的な形式だが，手先は少なく，仏光寺大殿より一段簡略化されたかたちといえる。

4 『営造法式』と中国建築の技法

北宋（960～1126年）の1100年，国家の営造を司る将作監の職にあった李誡（李明仲）は，宮廷・官署建築などのための基準書『営造法式』を徽宗皇帝に奏上した。全34巻のうち，巻1～2は建築の名称と述語の考証，労働日数の算出法，巻3～15は建築の各部分の施工技法，巻16～28は各工事の積算規定を示し，巻29～34には付図を掲載している。

『営造法式』では，栱（肘木）の断面寸法

Ⅲ 中華の建築世界 —— 127

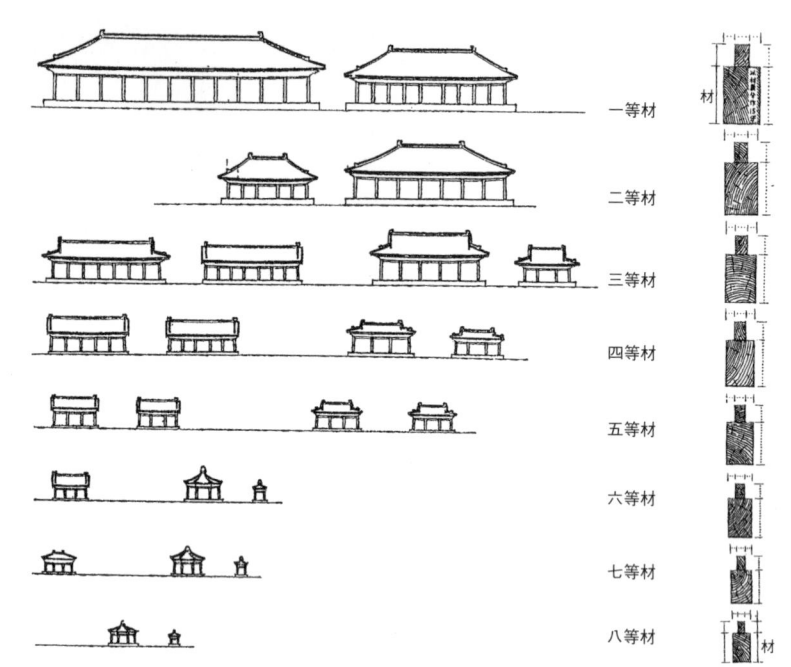

図3-29 『営造法式』(宋・1100年) における「材」と建築形式

を基準とした8等級の「材」を定め、これをモデュールとした建築の架構を示し、積算方法や労働時間などを詳細に規定している。儒家的なヒエラルキーを維持しながら、建設事業を効率化しようとしたもので、国家の財政改革の一環であったと考えられている。また一方で、『営造法式』には建築技術の詳細が記述されており、当時の設計方法や施工技術を具体的に知りうる希有の文献史料となっている。

『営造法式』の記述の一例として、建築の主要な架構を扱う「大木作」のなかの「椽(えん)」の項を紹介してみよう。椽とは日本でいう垂木のことで、この項には、「架(か)」（母屋桁間の水平距離）を6尺以内とし、垂木の長さは傾斜に沿って求めることなどが記され、続けて垂木間隔や、垂木を扇状に配する場合の手法などが示される。中国建築では垂木は母屋桁ごとに折り継いでいき、軒桁(のきげた)上のみ打ち越して軒を出すのだが、こうして屋根のカーブを決定していくことを「挙折(きょせつ)」といい、これにも1項が割かれている。このように、中国建築では母屋桁の配置が架構の基準になるのである。

『営造法式』は、多岐にわたる項目ごとに、こうした詳細な記述をつくしたうえで、さまざまな形式、規模を示す22葉の「側様図」（梁行断面図）も載録している。これら側様図には、たとえば「十架椽前後三椽栿用四柱」といった説明が付される。この場合、母屋桁スパン数が10、前後の庇には虹梁を三重にわたし、梁行方向に柱を4

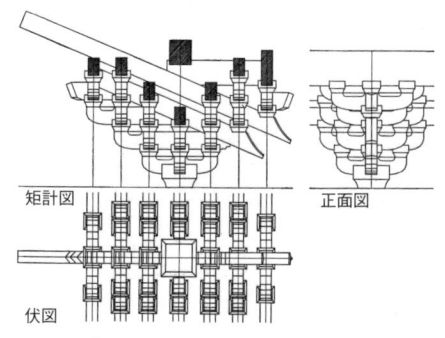

図3-30 『営造法式』における鋪作（斗栱）の例

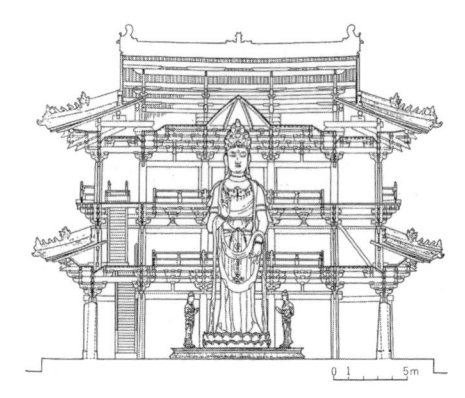

矩計図　正面図　伏図

図3-32 独楽寺観音閣，天津市薊県

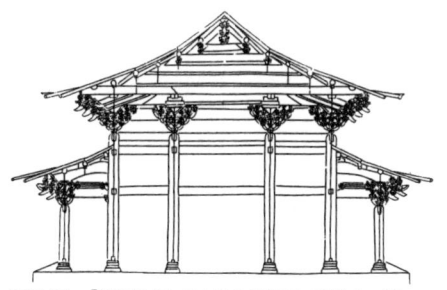

図3-31 『営造法式』における側様図，殿堂の一例

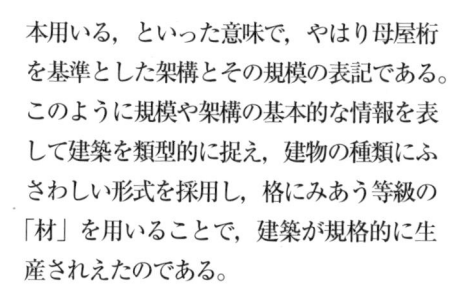

図3-33 奉国寺大雄殿，遼寧義県

本用いる，といった意味で，やはり母屋桁を基準とした架構とその規模の表記である。このように規模や架構の基本的な情報を表して建築を類型的に捉え，建物の種類にふさわしい形式を採用し，格にみあう等級の「材」を用いることで，建築が規格的に生産されえたのである。

5　木造架構の改革

唐代に一定の確立をみたと考えられる中国の木造建築は，宋代あるいは遼・金・元代などをつうじて，構造上の発達をみせ，それにあわせて意匠上の変容や整備も進んだ。

まず注目すべきなのは，柱上だけではなく，補間（柱と柱の間）にも斗栱が置かれるようになったことである（補間鋪作）。日本でいう詰組の成立であるが，その萌芽はすでに晩唐にみられる。先にみた仏光寺大殿がその例で，柱頭では四手先だが，補間にも二手先と，簡略ながら前方に持ち出す斗栱を置いている。これは，補間にも軒を支える構造上の支点を設けようとする工夫である。独楽寺観音閣（天津市薊県，遼・984年）も同様の段階を示す。

やがて，普柏枋（日本の台輪）と呼ばれる長い台座を柱上に置き，斗栱をのせる高さを揃え，柱頭にも補間にもまったく同一の斗栱を並べていくかたちができ，詰組は形

Ⅲ　中華の建築世界　　129

図3-34 下華厳寺薄伽教蔵殿内天宮楼閣, 山西大同

図3-35 善化寺大殿, 山西大同

式的にも完成する。日本では中世に中国の技法を導入することによって突然出現する詰組は,中国ではこうした過渡的段階を踏み,少なからぬ時間を費やして獲得されたものであった。

完成された詰組は,『営造法式』にも確認できる。現存遺構では,玄妙観三清殿 (福建莆田, 北宋・1016年), 奉国寺大雄殿 (遼寧義県, 遼・1020年), 善化寺大殿 (山西大同, 遼・11世紀) などが早い例であるが, 12世紀になっても過渡的なかたちが併存した。

詰組にくわえて重要なのは,軸組や屋根架構の緊結強化である。唐代までは,柱を水平方向につなぐ手法としては頭貫,飛貫や虹梁がみられる程度であり,また上部架構の基本的な発想は,柱上に斗や肘木,尾垂木,桁などを順に上へのせて組み上げ,天秤のようにバランスをとるところにあった。しかし,『営造法式』では様相は違っている。中小規模の建築類型では,ほとんど母屋桁まで立ち上げられた柱が,貫や虹梁を多用することで水平方向に緊結され,これを露出して化粧小屋組としている。他方,格式の高い「殿堂」では,手先の多い斗栱を用い,天井をはるが,屋根架構は大型の梁を積み重ねて一体的に固めている。

このようにして木造架構の考え方が次第に新しい段階にいたってくると,それ以後は明・清代まで,こうした構造を前提とした形式上の整備や変容が進んでいく。たとえば,本来は天秤効果を期待したはずの尾垂木はその意味を失い,かわりに肘木や梁の先端部を尾垂木状のかたちにつくり出した「仮昂」(昂は尾垂木の意) が一般化していった。また,詰組により斗栱は小型化し,数を増して,仮昂とともに軒下を整える装飾的意味を強めていった。

6 朝鮮の多包式建築と日本の禅宗様

唐代までの中国建築を基盤として発展していた朝鮮や日本の木造建築にとって,以上のような中国の新しい段階の木造架構の導入は,大きなインパクトとなった。この点を一瞥しておこう。

朝鮮では,高麗時代を待ってはじめて木造建築の現存遺構があらわれる。そして,これ以降の木造建築は,一般に,柱頭にの

図3-36 心源寺普光殿、朝鮮・黄海北道

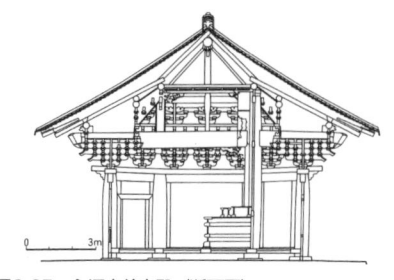

図3-37 心源寺普光殿（断面図）

図3-38 円覚寺舎利殿 内部架構、鎌倉

み組物を置く「柱心包式」と、詰組とする「多包式」とに分類される。高麗は、1270年に元の支配下に入り、以後、互いの首都である大都（元）と開城（高麗）の間に政治的、文化的交流の太いパイプができた。多包式建築は、こうした関係を背景として華北の先端的な建築技法を導入したものといえ、これを基本として、李朝時代の建築も発展していく。それに対して中心包式は唐代の影響を基本としてすでに成立していたかたちで、これも多包式の影響を受けながら小型建築を中心に用いられつづける。

華北の建築では、一般に梁などの水平材の木割（部材をつくり出す寸法）が大きくなっていく傾向にあり、この梁の先端を外部へ突出させて装飾とする「梁頭」が一般化した。これが上述のなかば装飾化した斗栱や仮昂とともに軒を飾るのである。心源寺普光殿（朝鮮・黄海北道燕灘、高麗・1374年）などの高麗以降の多包式建築も、こうした特徴をもっている。

他方、中世の日本が禅宗を通して吸収したのは、金に追われて都を江南に移した南宋（1127〜1279年）の建築であった。南宋五山をまねて定められた鎌倉五山（のちに京都五山が加わる）の制度を背景に、定型化された様式が全国に流布した。これが禅宗様である。様式的な確立は13世紀末から14世紀前半とみられている。その基礎になったのは、入宋僧の持ち帰った南宋五山建築の図面その他の情報であると考えられる。

江南地方では、斗栱の小型化にあわせて梁も幅を小さくし、かわりに背を高くする傾向にあった。南宋の五山建築は現存遺構がないが、日本の禅宗様では、完成された詰組やその他の技法が導入され、その内部架構は、薄く高い梁が縦横に架け渡されたところへ、寸法の小さな斗、肘木、尾垂木が交錯することによって、繊細ながら厳格な印象を与える。円覚寺舎利殿（日本・鎌倉、室町時代）などが代表的な遺構である。

III 中華の建築世界 131

column2　　　　　　大仏様の特異性

　飛鳥・奈良時代の建築は，いうまでもなく漢から唐にいたる中国建築の影響の上に成立した。日本への第2のインパクトは宋代の建築であり，それは平安時代までの日本建築に構造的な革新をもたらす。そこに，禅宗様と大仏様という2つの中世新様式が生み出されたと普通は考えられている。しかし，大仏様はその構造的な明快さに比べて，歴史的な位置づけという点ではむしろつかみどころがない。先行するモデルが明らかでなく，しかも後代への様式的影響力があまりに弱いからである。

　1180年の焼失後，東大寺の再興は国家的課題とされたが，従来の平安様式では対処できないという技術的難題を抱えていた。造東大寺大勧進職に抜擢された俊乗房重源は，入宋経験を生かし，新しい技術を駆使して大仏殿・南大門などの巨大建築の造営にあたった。重源の造営事績は，このほか各地における東大寺の別所など，記録に残るだけでも60数棟を数えるが，遺構としては年代順に，播磨別所である兵庫・浄土寺浄土堂（1194年）と奈良・東大寺南大門（1199年），東大寺開山堂（1200年）の3棟があるのみである。

　では，重源が参考にした北宋の建築とはどのようなものだったのだろうか。この問いから出発して，田中淡は大仏様という様式ならぬ様式の特異な性格を明らかにしている。以下，概略を紹介してみたい。

　まず，東大寺南大門のような建築は規模も形式も特殊に過ぎ，中国に類例を求められない。他方，浄土寺浄土堂の特徴や年代に近い遺構は，大陸南部の福建省に集中しており，その源流は北宋末期の同地方とみられるという。

　浄土寺浄土堂は，方三間の一重宝形造と形式的にはコンパクトだが，1間20尺とモデュールが破格であり，内部には，垂直に伸び上がる柱，四天柱から側廻柱へ架けた太く丸い三重の虹梁などが明快で力強い架構をみせる。貫・挿肘木による軸組緊結，柱と柱の間に置かれた遊離尾垂木，露出した架構をそのまま意匠として成立させる意図などは，いずれも平安時代まではみられなかったものといえる。

　この浄土寺浄土堂の特徴を共有する中国の例としては，華林寺大殿（福建福州，北宋・964年）をはじめ，元妙観三清殿（福建莆田，北宋・1016年），陳太尉宮（福建羅源，南宋か）などがあげられる。ただ，これらでは貫，隅の扇垂木，三重虹梁など，大仏様（とりわけ浄土寺浄土堂）との共通点がみられるものの，それら共通点がいずれの建物にもまとまってあらわれるわけではない。

　中国では，華北・中原の官式架構法である「擡梁式」に対し，江西・浙江以南から福建・広東・広西にかけて一般的な貫を多用する架構法を「穿闘式」（「穿」は南方中国で貫を指す語）と呼ぶ。『営造法式』の大木作制度図様には，浄土寺浄土堂に類似する三重虹梁の架構を示すものがあるが，これも特殊な地方様式であると注記されている。ところが，浄土寺浄土堂に先行する華林寺大殿，元妙観三清殿でも，軒下を支えるのに挿肘木を用いておらず，福建地方でもすでに中原の正統的手法を導入していることが知れる。要するに，貫・挿肘木を多用する大仏様は，同時代の中国では地方的であり，しかも時代遅れだったのである。あるいは，重源が参照しうる様式的なまとまりをもった原型は，実は福建地方にすらなかったのではないかとも考えられてくる。

一方で大仏様には日本的な誤解や変形とみられる特徴もある。浄土寺浄土堂では，母屋桁ごとに垂木を折り継ぐ，中国の木造建築の基本的技法である「挙折（きょせつ）」を正当にも採用しながら，側桁の位置にまでこれを施してしまって天秤の働きを失っている。また，本来なら打ち付ければよいはずの鼻隠板（はなかくしいた）（これ自体は福建直系）の裏面にあらかじめ枘穴（ほぞあな）を精巧に工作して垂木をとりつけるという手の込みようも，本来の意味からすれば不合理きわまりない。

　平安末期には日宋通商がさかんになり人的往来もひんぱんであった。鋳造技術者であった陳和卿（ちんなけい）も商用で何度も来日しており，船の難破で鎮西博多にとどまっているところを重源に見いだされ，東大寺再建工事の技術面での総指揮者として活躍した。こうした宋人工匠たちが北宋末福建の様式技法を直接に伝えたと考えられるが，一方で日本人工匠の相当の参加を想定しなければ，上述のような大仏様の特徴は説明できない。禅宗様が一定の図面に基づいて定型的に普及したのとは異なって，大仏様ははじめから日宋技術者が持てる技術の取捨と変形のうえにつくりあげた不安定な複合様式であったと考えられるのである。大仏様が，重源の死後にまとまった影響を残さなかったことは，こうした様式としての不安定さを裏面から説明しているようにも思われる。

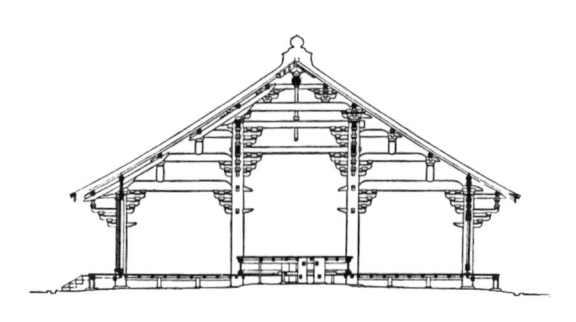

図3-39　浄土寺浄土堂，兵庫

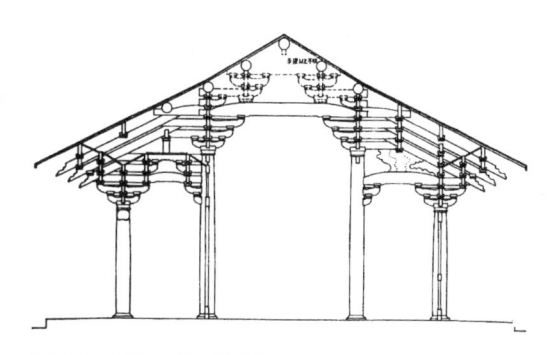

図3-40　華林寺大殿，福建福州

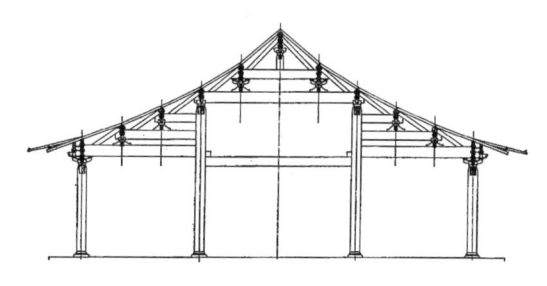

図3-41　『営造法式』における側様図，庁堂の一例

06 文廟と道観

中国には，イスラーム教やチベット仏教(チベットで発達した大乗仏教の一派)を含め多様な宗教が行われてきたが，とりわけ儒教，道教，仏教が大きな役割を果たしてきた。仏堂などのおもな建築遺構は既にみたが，ここでは儒教と道教の建築をみたい。

1 文廟と書院

春秋時代，魯国の昌平郷陬邑（現在の山東曲阜）に生まれた孔子（BC551～BC479年）は，古来の思想を大成して儒教の祖となった。仁を理想の道徳とし，孝悌と忠恕をもってこの理想を大成する根底としたのがその教えである。儒教は治国の道として，とくに後漢以降の歴代王朝によって尊重され，礼制建築など，王権にかかわる建築物の設計思想にはとくに強く浸透した。

孔子の霊を祀る廟を孔廟（孔子廟）ないし文廟という。首都には最高学府たる太学とともに孔廟が置かれ，また県城以上の都市にも学校を付設した孔廟があって，官僚知識層の形成を支えた。孔廟は，元来は孔子の旧居を廟としたことから発展したとされるが，後漢末にはじめて国家による建設が行われて以来，各王朝が祀ってきた。

山東省の曲阜は，県城全体が中国に現存する最大・最古の孔廟（明・1504年，清・1724～1730年）を中心に構成されている。廟は東西の幅140～150メートルに対し，南北630メートルと奥行き方向に長く，全体の面積は10ヘクタールにおよぶ。敷地の中軸線に沿って，南端の櫺星門から北へと奎文閣・大成門・大成殿・寝殿・聖迹殿といった主要建築が並び，全体として中庭の単位が奥行き方向に8つ展開する。大成殿は，中央に孔子像を祀り，その両側に顔回・曽参ら四大亜聖および十二哲を配す。黄金色の瑠璃瓦で葺かれた二重入母屋造の屋根は皇帝の宮殿につぐ規模と格式を示す。建物は清の1730年に再建が成ったもので，石積みの二重基壇の前面にある月台は祭祀の際の舞楽に用いる。

中国各地の文廟はこれによく似た配置形式をとるが，中国文化の影響を強く受けたベトナムには，曲阜孔廟を模したといわれるハノイの文廟（15世紀）がある。朝鮮や日本でも，律令体制下の大学寮に付設された文廟などで孔子が祀られたし，朝鮮ではとりわけ李朝時代に儒教教育が奨励され，公的機関としての郷校と，民間の書院がさかんに設置された。郷校は，ソウルの成均館を頂点として各府・牧・郡・県に1校ずつ設置された。各校は講堂である明倫堂と文廟とで構成されたから，朝鮮でも各地方に必ず文廟が建設されたことになる。一方の書院は，儒教の先賢を祀る祠と儒教を講じる斎とで構成された。典型的な事例とし

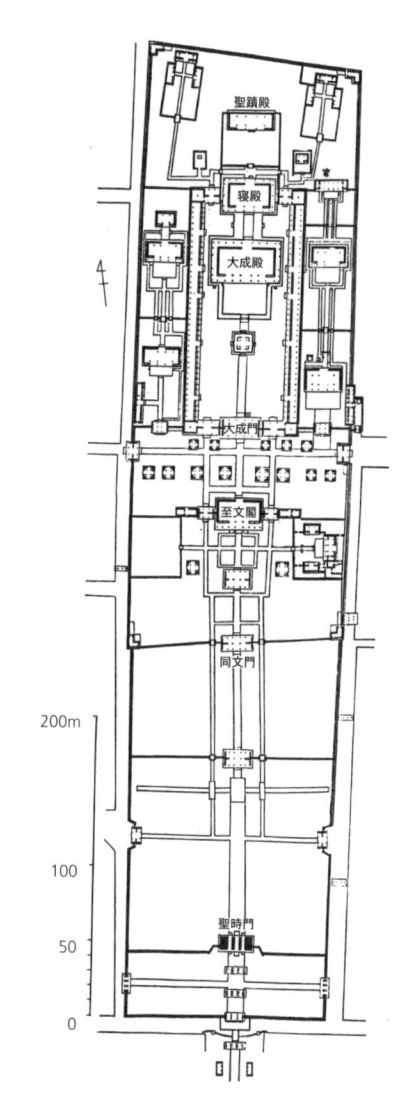

図3-42 孔廟（平面図）

図3-43 孔廟，山東曲阜

2 道観

　道教は，黄帝と老子を始祖と仰ぐ多神的宗教で，儒教・仏教とならぶ中国の主要な宗教のひとつである。無為自然を説く老荘思想の流れを汲み，これに陰陽五行説や神仙思想を加味し，不老長寿の術を求め，符呪・祈祷などを行う。後漢末の張道陵(ちょうどうりょう)以降，仏教の教理などを取り入れて次第に宗教のかたちを整え，現在にいたるまで中国の民間習俗に長く影響を及ぼしている。仏教の寺院は仏寺，仏閣と呼ばれるが，道教の寺院は道観という。道教は，北魏の寇謙之(こうけんし)（363〜448年）によって教団組織を整え，国教となるにいたって，道観も各地に建設された。
　春秋時代の晋国の始祖，唐叔虞(とうしゅくぐ)を祀る山西太原の晋祠の建築群のなかで，宋代の侍女の塑像を安置する聖母殿（北宋・1102年）

ては陶山書院（慶尚北道安東，李朝・1574年）がある。日本では，江戸の湯島聖堂（現存）が名高い。

III 中華の建築世界 ───── 135

図3-44　晋祠聖母殿, 山西太原

図3-46　白雲観　山門, 北京

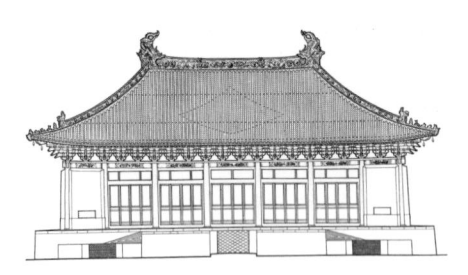

図3-45　永楽宮三清殿（立面図）, 山西芮城

は, 宋代の建築様式をよく伝える比較的古い道教建築である。間口7間, 奥行6間, 二重入母屋造である。李誡『営造法式』との対応関係の知れる遺構としても代表的な事例のひとつである。建築類型としては同書の「殿堂」の好例であり, また, 周囲にめぐらされる吹き放ちの裳階は同書で「副階周匝」と呼ばれる。内部では減柱法を用いて柱を置かない。

玄妙観三清殿（江蘇蘇州, 南宋・1179年）は三清像を祀る。間口9間, 奥行6間の二重入母屋造だが, 同時代の他の建物と異なり, 減柱法を用いない点では, 明・清代の殿閣にみる趨勢の先駆とみなされる。

このほか, 永楽宮（山西芮城, 元・1262年）は, 元代に隆盛した新興三大道教の一派, 全真教の拠点として著名である。配置は中軸線上に手前から無極門, 三清殿, 純陽殿, 重陽殿を並べ, これらを牆壁（しょうへき）で取り囲む。構造では, 仮昂を用い, 詰組の斗栱もほとんど構造的な意味を失って, 明・清代の形骸化のきざしをみせている。全真教の本山は北京の西軍門外にある白雲観で, 50余堂からなる中国最大の道観である。

また中国だけでなく東南アジア都市の華人地区に存在する関帝廟（かんてい）・娘々廟・城隍廟（じょうこう）なども道観の一種である。

07　チベット建築・モンゴル建築との交渉

　中国の南西に隣接するチベットは，その独特の地形や気候風土のみならず，中国やインド，西アジアなどとの位置関係のなかで，独自の建築文化を蓄積してきた。一方，モンゴルをはじめ，北方に広がる遊牧地帯は，その生活様式に適合した移動・組立式建築の文化を育んできた。これらの建築文化は，とくに元代や清代に中国建築と接触・複合した。ここではその代表的な事例をみよう。

1　チベット建築

　チベット建築の代表的事例として著名なのは，ダライ・ラマの宮殿であるポタラ宮（ラサ，1645年～，1682～94年）である。政教合一の原則の下，ラマ教の寺院は同時に国家の支配機構でもあったが，ポタラ宮はその頂点に位置づけられる。現在の建築は17世紀の再建にかかり，ダライ・ラマⅤ世ロサン・ギャムツォが白宮を，その子の大摂政サンギュ・ギャムツォが紅宮をそれぞれ造営した。白宮はダライ・ラマの寝宮，読経堂，僧官学校などであり，紅宮は大経堂とダライ・ラマⅤ世の廟である。

　両宮はマルポリ（紅山）の山上にそびえ立ち，全面積は41ヘクタール，総高は117メートルを誇る。花崗岩を用いた陸屋根高層建築は，チベット族の建築技術・形式を示すものであるが，視野を広げればインド北西部や西アジアなどの乾燥地帯に通ずる特徴ともみられよう。また一方では，紅宮の陸屋根上に入母屋造の楼閣建築をのせ，細部には清代の特徴を示す斗栱がみられるなど，中国建築の形式や技法をも取り込んでいる。

2　チベット建築の導入

　ラマ教寺院は，元代に中国各地に進出し，さらに清朝の保護下でめざましい発展をとげた。北京をはじめ各地にラマ塔が建てられ，モンゴル族のためのラマ寺院建設も精力的に行われた。清朝第五代雍正帝にいたっては自らの王府（即位前の邸宅）をラマ教寺院に改造して雍和宮と称した。

　この雍和宮とともに，チベット族・モンゴル族の懐柔策として建設されたのが，「熱河遺跡」として知られる承徳の外八廟，すなわち八大ラマ寺院（河北承徳，清・1713～80年）である。これは避暑山荘と呼ばれる皇帝の行宮に付属して建てられた11のラマ教寺院のうちの8寺を指す。いずれも山を背にした斜面上に，左右対称を保って奥行き深く建築群を展開している。また，ラマ教のマンダラを具象化した施設配置や色彩構成が随所にみられる。

　このうち普陀宗乗（ポタラ）廟は前述の

Ⅲ　中華の建築世界　　137

図3-47 ポタラ宮, ラサ, チベット

ポタラ宮を模倣した建物で, ダライ・ラマの行宮(あんぐう)にあてられた。また, 須弥福寿(すみふくじゅ)(タルシンポ)廟はシガツェのタシルンポ寺を模して建てられ, パンチェン・ラマの行宮に用いられた。チベット式の陸屋根高層建築に, 中国式の宝形や入母屋造りの木造楼閣をのせるのが大きな特徴であるが, 各部の意匠にはチベット族, 漢族, 満洲族の3様式が混交している。

3　モンゴルのゲル形式建築

　ラマ教は, モンゴルにも13世紀に公式に伝えられ, 明・清代をつうじて隆盛したから, チベット建築が大々的に導入された。また中国建築の技術や意匠もモンゴル建築に大きな影響を与えた。たとえば17世紀モンゴルの寺院建築や宮殿建築には, 中国建築とチベット建築が複合しており, その現れ方の強弱もさまざまである。しかし, 古くは遊牧民のゲル(パオ)を木造架構によって巨大化したゲル形式の寺院が営まれ, これを継承・発展させた建築もひとつの類型をなしている。

　ウランバートル西部の丘陵上にあるガンダン・テグチンリン寺院は, 教育機関を併

図3-48 普陀宗乗廟, 河北承徳

図3-49 ガンダン・テグチンリン寺院, ウランバートル, モンゴル

設したラマ教寺院として建設され(1838年), 現存する寺院として代表的なもののひとつである。伽藍のなかで最もモンゴル的な建築として目立つのはチョクチン・ドガン(廟)である。1辺21メートルの正方形平面をもつ2層の木造建築で, 中央正面奥の祭壇を中心に僧侶の祈祷席が並び, 信者は周回して礼拝する。初層の屋根はモンゴルのテント型ゲルから発展した形式であり, 四角錘台形で, フェルト張りの天窓を開ける。上層には楼台が立ち上がり, 欄干のついたテラスが廻る。このような全体の形式を, ゲル楼台形式と呼んでいる。

08 中国庭園の世界

　中国では,宮城や離宮,陵墓,あるいは私邸,仏教寺院や道観,文廟などあらゆる建築に庭園が伴い,独自の環境文化を発展させてきた。

　古くは,神仙思想に傾倒した秦始皇帝や漢武帝が営んだ,海浜風景をモチーフとし蓬莱山と称する中之島を置く神仙式庭園が流行した。平等院鳳凰堂（日本・京都,1053年）など,日本の浄土庭園もその影響を受けている。こうした写意庭園に対し,南北朝頃から士大夫らの隠遁思想を反映して自然のままの風趣を重視する林泉式庭園が,また隋唐代には池や運河を開削した舟遊式庭園が営まれたが,宋代になると文人らが禅宗思想の影響の下で詩画芸術を造園に組み込んだ,いわゆる文人庭園が盛行し,現在みる中国庭園の原型がかたちづくられる。

1 宮廷庭園

　まず宮廷庭園の例として頤和園（北京,清・1750～64年,1888～94年再建）をあげる。元代より風光明媚の地として知られていた,北京城の西郊外にある明代の好山園を改修して,清の康熙・雍正・乾隆帝が避暑のための大規模な行宮庭園群を造営した。

図3-50　頤和園,北京

Ⅲ　中華の建築世界　139

図3-51　留園，江蘇蘇州

それが暢春園(ちょうしゅんえん)(1690年)，円明園(えんめいえん)(1744年)，香山静宜園(せいぎえん)(1751年)，玉泉山静明園(せいめいえん)(1753年)および万寿山清漪園(せいいえん)(現在の頤和園)の三山五園である。

頤和園は総面積3.4平方キロと広大な規模を誇る。江南地方の風景に対する乾隆帝の思慕から，周囲の山並み・田園を借景として利用し杭州の西湖，無錫の黄埠墩(むしゃく)の景観になぞらえ，また万寿山と昆明湖という「北山南湖」の地形を基本構成としている。万寿山には中央に大報恩延寿寺(現在は仏光閣の一部)を置き，前湖とあわせて「梵天楽土」をあらわす。また昆明湖中には，蓬莱(ほう)・瀛州(らい)・方丈(えいしゅう)(ほうじょう)という東海の三神山をかたどった島を置くが，これは先述の秦・漢代以来の神仙式庭園の伝統を受け継ぐものである。また園内の諸諏園(かいしゅえん)は，無錫の寄暢園(きちょうえん)(明・1506～21年)を模したもので，江南の風景を写している。

2　江南地方の庭園

江南の庭園では，蘇州四大名園のひとつとされる留園(りゅうえん)(明・1522～66年，清・1798年，1876年)をあげたい。江南庭園は一般に貴族・官僚・豪商らの住宅に付設されたものが多いが，ここでも涵碧山房の北側に展開する苑池がかつての官僚の住宅の背後に位置し，留園の中心となる。池の南・東に建築物を集中させ，北・西は築山が主となっているが，こうした配置は「南庁北山」といい，江南庭園では一般的にみられるものである。また江南庭園では太湖石をさまざまなかたちで用いることにより山などの地形をあらわすが，留園では林泉耆碩之館の裏に巨石峰「冠雲峰」がある。江南庭園では，この他，四合院形式の瀟洒な住宅に苑池を巧みに関連づけた網師園(もうしえん)(蘇州，清・18世紀半)などが，洗練された事例として知られる。

column3　風水説

　中国で，地相学，宅相学，墓相学として古来伝承されてきたのが風水説である。堪輿，地理，青烏ともいう。その基本は，山脈，丘陵，水流などの地勢を観察して，陰陽五行説や易学なども取り入れて，都城，住居，墳墓などの建設のために最も吉相となる場所を選定する手法に関わる。生者の住居を陽宅，死者の住居である墓地を陰宅という。風水説が体系立てられたのは管輅（209～256年）と郭璞（276～324年）によってであるとされる。

　風水説はきわめて広範に流布し，これを専門にして顧客のために吉相の地を鑑定する職業，地師，堪輿家，風水先生などと称したいわゆる風水師を生んだ。9世紀には楊筠松を中心とする地勢判断を重視する形勢学派，11世紀には王伋を中心とする天地の運行原理を重視する原理学派を生んだ。

　近代科学は，風水を疑似科学としてあるいは無用の迷信として退けてきたが，朝鮮半島，台湾，沖縄などでは根強く用いられてきた。また，中国においても近年エコロジカルな観点から見直されつつある。

　風水説では，大地に宿る「気」を受けて人間は生命を得るとされる。この「気」の集まるところを「穴」といい，この「穴」に居を構えると人々は「気」を体内に取り込み栄えるのである。「穴」に「気」をとどめておくためには「四神砂」（玄武，朱雀，白虎，青龍）が必要とされる。風は「気」を運んでくるものであり運び去るものであるから，風を貯えることができる「蔵風」の地形がいい。流れ込んだ水は一旦「穴」に貯まって流れ出る「得水」の形がいい。風水説は地形の吉凶をさまざまに体系化しているのである。

　朝鮮では，三国時代に普及し始め，都邑の選地の論拠として重視された。新羅末から高麗初めにかけて道詵によって体系化され，高麗においては仏寺建立と結びついて王室から重んじられた。王朝の繁栄のためには，風水のいい地が求められ，しばしば遷都論の論拠となった。

　高麗の首都，開城（ケソン）の選地にあたっては白頭山から各地をめぐって最も風水にかなった地を選んだという伝説がある。朝鮮半島では，「気」は白頭山に発する山脈に沿って地中を流れているとされる。開城は四方が山に囲まれていて，そこに達した「気」が他に漏れない「蔵風」の地形とされる。李朝を開くにあたって開城から漢城（ソウル）への遷都も風水説に拠ったとされる。北に三角山と白岳の2山があり，白岳が漢城の鎮山となる。南に南山があり，北東から漢江が流れているのが風水上吉相であるとされた。風水は韓国社会に深く根ざしており，植民地時代には日本による朝鮮総督府建設が朝鮮半島の気脈を断絶するためであったという説（日帝断脈説）が立てられた。

　中国に発した風水は，朝鮮半島，日本のみならず，ラオス，ベトナム，フィリピン，タイなどにも広がりを見せている。興味深いのがインドネシアのジャワに見られるプリンボンとの比較である。

　西欧人の著書としては，デ・ホロートの "The Religious System of China" (6vols, 1892-1910：『中国の風水思想』第一書房，1987年）がある。日本人の著書としては，村山智順の『朝鮮の風水』（朝鮮総督府，国書刊行会復刻，1972年）がある。また，中国に大著『風水与建築』（中国工業出版社，2000年）がある。

IV

ヒンドゥの建築世界
— 神々の宇宙 —

panorama　　　　　　　　　インド世界

　インド世界とは，空間的にはインド亜大陸，1947年までの英領インドの領土をいう。今日一般的に南アジアと呼ばれ，インド，パキスタン，ネパール，ブータン，バングラデシュ，スリランカ，モルディブの7カ国がある。北をカラコルム山脈，ヒマラヤ山脈，東をアラカン山脈，西をトバカカール山脈によって画され，南はインド洋に逆三角形状に突き出している。古来，相対的に独立性の高い地域である。

　インド — サンスクリット語でシンド Sindhu（インダス川），ペルシア語でヒンドゥ Hindhu，ギリシア語でインドス Indos，漢訳されて，身毒，賢豆，天竺 — がひとつの世界として認識されるのは紀元前3世紀頃だという。古くはリグ・ヴェーダに見える最も有力な部族，バーラタ族 Bharata の領土＝バーラタヴァルシャ Bharatavarsa と呼ばれた。仏教では，ジャンブ・ドヴィーパ（贍部洲，閻浮提）あるいは転輪聖王（チャクラヴァルティン）の国土である。

　インド建築史の先駆であるジェームス・ファーガソンの「印度及東洋建築史」は，第1巻が，Ⅰ：仏教建築，Ⅱ：ヒマラヤの建築，Ⅲ：ドラヴィダ様式，Ⅳ：チャールキヤ様式，続いて第2巻が，Ⅴ：ジャイナ建築，Ⅵ：北方／インド・アーリヤ様式，Ⅶ：インド・サラセン様式，そして東洋建築史として，Ⅷ：後方インド，Ⅸ：中国と日本という構成である。ドラヴィダ様式で南アジアの，チャールキヤ様式でデカン高原のヒンドゥ建築を扱っている。

　伊東忠太の「印度建築史」は，緒言，第1章：総論に続いて，第2章：仏教建築，第3章：闍伊那教建築，第4章：印度教建築という構成である。第4章ではファーガソンに倣って「インド・アーリヤ式」「チャールキヤ式」「ドラヴィダ式」の3つを立てている。村田治郎は，序説（1）に続いて，先史時代と原始時代（2）を扱い，古代（3），中世（4），近世（5）という時代区分に従い，インド系建築（6）として，ネパール，セイロン，インドネシア，カンボジア，ビルマ，アフガニスタンを扱っている。仏教建築，ジャイナ教建築，ヒンドゥ建築そしてイスラーム建築という宗教建築別の区分，北部と南部（あるいは中部）という地域区分，インダス文明の時代以降，ヒンドゥ時代，イスラーム時代，英領時代，独立以降という便宜的な時代区分は前提とされている。

　本章で焦点を当てるのはヒンドゥ建築である。ジャイナ教の建築もインド世界独自のものとしてここで触れたい。仏教建築，イスラーム建築，あるいは植民地建築の展開，そしてインドの都城については他章に譲ろう。ただ，「インド化」された東南アジアにはここで眼を向けよう。

144

01 ヒンドゥ教の神々

1 ヒンドゥ教の成立

インドに最も早く住みついたのはオーストロアジア語族系の民族とされる。そして，BC3500年頃に西方からドラヴィダ語族系の民族が到来し居住域を広げていった。BC2300年頃，インダス川流域を中心とする地域に一大青銅器文明であるインダス都市文明（ハラッパ，モヘンジョダロ等）が生まれる。しかしインダス文明文字が未解読のため，文献で知られるのはBC1500年頃からのアーリヤ人の侵入以降である。

侵入以後，もとは牧畜民であったアーリヤ人は急速に農耕民化する。

農耕社会の進展とともにバラモン（司祭）が台頭し，BC1200年頃には『リグ・ヴェーダ』が成立し，BC500年頃にはその他の諸聖典も生まれ，バラモン教は全盛期を迎える。このころにはカースト制度の原初形態としてヴァルナ制も成立する。BC600年頃になると政治経済文化の中心は東方のガンジス川流域に移る。諸都市国家が覇を競うなかで台頭したのがマガダ国である。BC4世紀半ばにはガンガ全流域を支配下に治めるが，この間，バラモン教に対抗する新宗教としてジャイナ教，仏教が成立する。

このような社会変動のなかで，BC2～3世紀にバラモン教は土着の非アーリヤ的要素を吸収して現代にまで及ぶヒンドゥ教へと変貌していく。

インダス川流域はアケメネス朝ペルシアの属州となり，また，アレクサンドロス大王の征服を受ける（BC326～325年）。このギリシア人勢力を一掃し，インド史上初めて統一帝国を成立させたのがマガダ国に起こったマウリヤ朝である。そのアショーカ王はダルマに基づく統治を行い，仏教を広めた。BC1世紀頃から再び西北方から諸民族が侵入する。イラン系とみられるクシャーン族が建てたのがクシャーン朝である。そのカニシカ王は仏典結集を行い，仏教を手厚く保護した。

一方，紀元前後にかけて，ヒンドゥ教の核となる長編叙事詩『ラーマーヤナ』『マハーバーラタ』，また『マヌ法典』が成立する。2大叙事詩はBC数世紀に原型ができ，3～4世紀には成立したとされる。マヌ法典はBC200年からAD200年にかけて成立したとされる。

4世紀初頭に，チャンドラグプタⅠ世（在位319～335年）が出て，息子のサムドラグプタ（在位335～376年）とともにマウリヤ朝以来の強力な統一政権となるグプタ朝を打ち立てる。そのグプタ朝のもとで今日にいたるヒンドゥ教的秩序が確立することになる。

2　ヒンドゥ教

　ヒンドゥ教は特定の教祖によって創始されたものではない。『リグ・ヴェーダ (Rg-Veda)』、『ヤジュル・ヴェーダ (Yajur-Veda)』、『サーマ・ヴェーダ (Sama-Veda)』、『アタルヴァ・ヴェーダ (Atharva-Veda)』といったヴェーダの聖典を基礎に発達したバラモン教が土着の民間宗教を吸収して大きく変貌をとげたのがヒンドゥ教である。広義にはバラモン教を含む。

　聖典として、ヴェーダの他、2大叙事詩、その一部である『バガヴァッド・ギーター』、プラーナ（古譚）、そして『マヌ法典』など膨大な数のサンスクリット文献がある。

　ヒンドゥ教は多神教であり、太陽神スーリヤ、水神ヴァルナ、火神アグニ、風神ヴァーユ、暴風雨神ルドラ、河の女神ガンガー、英雄神インドラなど、実に多彩である。すべての自然景観の要素（樹木、丘陵、山腹、洞窟、湧泉、湖沼 …）に神が宿ると考えられている。

　最もポピュラーなのはシヴァ神とヴィシュヌ神である。また、ブラーフマンを加えて三神が一体（トリムールティ）と考えられる。ブラーフマンは宇宙の創造を、ヴィシュヌはその維持を、シヴァはその破壊と再生を任務としている。

　ヴィシュヌはラクシュミ（吉祥天）を妃とし、10の化身（アヴァターラ）で知られる。マツヤ（魚）、クールマ（亀）、ヴァラーハ（猪）、ヌリシンハ（人獅子）、ヴァーマナ（小人）、パラシュラーマ、ラーマ、クリシュナ、ブッダ、カルキに化身する。

　ヒンドゥ教では数多くの女神が崇拝される。女神崇拝は古来行われるが、AD7世紀以降とくにさかんになる。シヴァの最初の妃は貞女神サティー、第2の妃がパールヴァティで、水牛の魔神を殺すドゥルガー、血を好むカーリー女神はパールヴァティの別名であり、シヴァやヴィシュヌの力（シャクティ）を生み出すのが大母神マハーデーヴィーとされる。他にヴィシュヌの妃ラクシュミー、ブラーフマン神の妃で叡智の女神サラスヴァティ（弁財天）など多彩である。

　また、方位に関わる守護神として、インドラ（帝釈天：東）、ヤマ（閻魔天：南）、ヴァルナ（水天：西）、クヴェーラ（財宝神：北）、アグニ（火神：東南）などがある。さらにヤクシャ（薬叉）、ガンダルバ（乾闥婆）などの半神半人、ナンディ（牛）、ハヌマーン（猿）などの動物、シェーシャ（蛇王）… など枚挙に暇がない。

　ヒンドゥ教はヴィシュヌ派とシヴァ派に大別されるが、他に重要な宗派としてシヴァ神の妃ドゥルガーあるいはカーリーを崇拝するシャクティ（性力）派あるいはタントラ派がある。イスラーム神秘主義（スーフィズム）の影響を受けヒンドゥ教とイスラームの融合を図ろうとして16世紀に成立したのがシク教である。

　ヒンドゥ教徒の社会生活を規定する法（ダルマ）はカースト制を基礎にしている。カーストはポルトガル語のカスタ（家柄、血統）に由来するが、インドでは内婚制にもとづく同一血統の集団をジャーティ（生まれ）といい、バラモン（司祭）、クシャトリヤ（王侯・貴族）、ヴァイシャ（庶民・農牧商）、シュードラ（奴隷）の4姓をヴァルナという。ヴァルナは本来「色」を意味する。4

図4-1　スーリヤ

図4-3　シヴァとパールヴァティ

図4-5　カーリー

図4-2　ヴィシュヌ

図4-4　シヴァの家族

図4-6　サラスヴァティ

ヴァルナの枠外におかれるのが不可触民（指定カースト）である。このジャーティ・ヴァルナ制のもとでは，結婚，共食儀礼，職業などにさまざまな制限，ルールが設けられている。

また，ヒンドゥ教徒の生活は実に多くの儀礼によって律せられている。一生に40を超える通過儀礼がある。また，毎朝，川や池で沐浴し神像を礼拝してから食事をとり，掃き清めた出入り口にヤントラ図形を

Ⅳ　ヒンドゥの建築世界 ―― 147

図4-7 踊るシヴァ

図4-8 リンガ

図4-9 ガネーシャ

描くなど，日々の生活も種々の儀礼行為から成り立っている。そうした儀礼行為の場としてヒンドゥ教の寺院をはじめとする空間はつくられる。

3　神々の図像

　ヒンドゥ教の建築，そして空間を味わうためには，その神々の世界を思い描く必要がある。ヒンドゥ教の神々は仏教のなかにも入り込んでおり，日本人には親しいものが少なくないし，動物など図像はわかりやすい。まず，ヒンドゥの神々を見分ける特徴を知ることが大切である。

　手がかりとなるのは，神像の持ち物，着物，乗り物である。また，神々の関係（家族，化身）である。神像は普通4本の手を持ち，それぞれ固有の持ち物を持っている。また，独特の着衣，髪飾り，首飾りをしている。そして，神々は固有の乗り物（ヴァーハナ）として特定の動物と関連づけられ

ている。以下に主だったものをみよう。

　シヴァは裸体に虎の衣を纏い，首に数珠と蛇を巻きつけた姿で描かれる。額に第3の眼を持つのが特徴である。そして，手に三つ又の槍（三叉戟）と小さな太鼓，小壺を持つ。最大のシンボルは男根の形をしたリンガである。そして，乗り物はナンディ（ン）（牛）である。三叉戟，ナンディ，リンガがあればシヴァである。また，シヴァはしばしば妃パールヴァティ，また息子のガネーシャ（象面神），スカンダ（韋駄天）を加えてシヴァ・ファミリーとして描かれることが多い。富と繁栄，知恵と学問の神ガネーシャは象顔でわかりやすい。ガネーシャの乗り物はネズミ，戦争の神スカンダの乗り物は雄鶏である。シヴァは踊りの王ともされ，「踊るシヴァ」像が人気がある。

　ヴィシュヌは5ないし7つの頭をもつナーガ（蛇）の傘を頭上にし，アナンタ（永遠という意）竜王の上に通常半跏の形で腰掛ける。4本の腕は，円輪チャクラ，棍棒，法

148

図4-10 ヒンドゥの神々の図　（上段左から）ヴィシュヌの化身マツヤとクールマ，ヴァラーハ／ヴィシュヌの化身ヌリシンハ（人獅子）／ヴィシュヌの化身ラーマとクリシュナ，（中段左から）インドラ／アグニ，（下段左から）ブラフマー／ハヌマーン／ブラフマー

螺貝，蓮華を持つ。乗り物はガルダ（金翅鳥）である。前述したように，魚，亀，猪，人獅子はヴィシュヌの化身である。ヴィシュヌの妃ラクシュミー（吉祥天）は富と幸運の女神であるが，水に浮かぶ蓮華の上に立ち手には蓮の花を持つ。富の象徴としてコインや紙幣，宝石類が描かれることが多い。乗り物は象である。

ブラーフマン（梵天）は4ヴェーダを表す4つの顔で描かれる。4本の腕には，数珠，聖典ヴェーダ，小壺，杓を持つ。乗り物はハンサ（鵞鳥，白鳥）である。ブラーフマンの妃サラスヴァティ（弁才天）は，学問と技芸の神であり，一対の腕に数珠とヴェーダ（椰子文書）を持ち，一対の腕でヴィーナ（琵琶）を弾く。乗り物は孔雀である。

水の神であり背後に川が描かれることが多い。

シヴァの妃パールヴァティはさまざまな異名を持ち性格を変えるが，武器をとって戦う女神となるのがドゥルガーとカーリーである。ドゥルガー女神は10本の腕にさまざまな武器を持ち，殺戮を行う場面が図像化される。乗り物は虎もしくは獅子である。カーリー女神は，さらに恐ろしく，生首などを持つ姿として描かれることが多い。

その他わかりやすいのは孫悟空のモデルになったともされる猿の神ハヌマーンである。神々の乗り物であるさまざまな動物へ着目することが，『ラーマーヤナ』『マハーバーラタ』の世界とともにヒンドゥの建築世界にいたる近道である。

Ⅳ　ヒンドゥの建築世界　149

02 ヒンドゥ建築

1 ヒンドゥ寺院

　ヒンドゥ社会の中心にあるのがヒンドゥ寺院である。寺院は，神への礼拝の場としてさまざまな儀礼が行われる場であり，教育の場であり，芸術活動（舞踊，彫刻）の場であり，ヒンドゥ教徒にとってすべての場である。実際，寺院での活動を核として村の経済もなりたってきた。ヒンドゥのコスモロジーと都城についてはV章で扱うが，宇宙そして都市の中心に置かれるのがヒンドゥ寺院である。

　まず，ヒンドゥ寺院は，神の座あるいは壇（プラサーダ），神の家（デヴァ・グリハム）である。神の像とその象徴がそのなかに納められる。神々は神像に一時的に宿ることによって顕在化すると考えられる。そして，人々にとってヒンドゥ寺院は礼拝という行為をつうじて神との合一を体験する場である。すなわち，寺院は礼拝の場であり，神との交流のための祭祀の場である。祭祀を司るのがバラモンである。バラモンは地域社会の代表として，神と人間世界とを媒介する役割を担う。日々の祭祀を行うとともに，集団礼拝も司る。毎年定期の祭祀として，山車（ラタ）を用いる巡行の祭りもある。祭祀の場合，右肩回り（時計回り）で神像や寺院の周りを回繞（プラダクシナー）する。寺院の立地する場所，そして寺院の形式はこうした祭祀の形式に大きく関わっている。

　ヒンドゥ寺院は，「神の家」として宇宙と同一の形をしたものと考えられる。ヒンドゥ世界の中心，その宇宙の中心に位置するのはメール山である。また，シヴァ神の天上の住まいはチベット西部のカイラーサ山の山頂であるとされる。ヒンドゥ寺院はしばしばそうした至高の山（ギリ）にたとえられる。その形態は山の峰，山頂（シカラ）を象徴する。また一方，ヒンドゥ寺院は聖なる洞窟にたとえられる。洞窟は胎内であり，神が宿る場所である。そうした空間としてヒンドゥ寺院はつくられてきた。

2 マーナサーラの世界

　インドには古来建築技術に関するマニュアルがある。『シルパ・シャーストラ Śilpa Śāstra』と呼ばれ，「諸技芸の書」という意味で，都市計画・建築・彫刻・絵画などを扱ったサンスクリット語の文書群をいう。最も完全なものは『マーナサーラ Mānasāra』であり，他に『マヤマタ Mayamata』『カーシャパ Kāśyapa』などがある。『マヤマタ』の著者はマヤで，天文学書『スーリヤシッダーンタ Suryasiddhant』の編者であると考えられている。内容は『マーナサーラ』と大差がない。

「マーナ māna」は「寸法」また「サーラ sāra」は「基準」を意味し，「マーナサーラ」とは「寸法の基準」という意味である。マーナサーラは作者の名前であるという説もある。また，「シルパ」とは「技芸」，「シャーストラ」とは「科学」を意味する。「ヴァーストゥ Vāstu」は「建築」であり，「ヴァーストゥ・シャーストラ」は「建築の科学」の意である。したがって，本来的には『マーナサーラ・ヴァーストゥ・シャーストラ』と呼ばれる。

『マーナサーラ』はサンスクリット語で書かれているが，その内容はP・K・アチャルヤ Acharya の英訳と図化（1934年）によって広く知られる。

全体は70章からなる。まず1章で世界創造主ブラーフマンに対する祈りとともに全体の内容が簡単に触れられ，建築家の資格と寸法体系（2章），建築の分類（3章），敷地の選定（4章），土壌検査（5章），方位棒の建立（6章），敷地計画（7章），供犠供物（8章）と続く。9章は村，10章は都市と城塞，11章から17章は建築各部，18章から30章までは1階建てから12階建ての建築が順次扱われる。31章は宮廷，以下建築類型別の記述が42章まで続く。43章は車，さらに家具，神像の寸法にまで記述は及んでいる。きわめて総合的，体系的である。成立年代は諸説あるが，アチャルヤによると6世紀から7世紀にかけて南インドで書かれたものとされる。興味深いのはBC1世紀のローマ時代のウィトルウィウスの『建築十書』の構成にきわめてよく似ていることである。

3　ヒンドゥ建築の技法

まず寸法体系を見よう。第2章は，建築家の資格，階層（建築家，設計製図師，画家，大工指物師）を述べた上で，寸法の体系を記述する。8進法が用いられ，知覚可能な最小の単位はパラマーヌ paramāṇu（原子），その8倍がラタドゥーリ rathadhūli（車塵，分子），その8倍がヴァーラーグラ vālāgra（髪の毛），さらにリクシャー likshā（シラミの卵），ユーカ yuka（シラミ），ヤバ yava（大麦の粒）となって，アングラ angula（指の幅）となる。このアングラには大中小があり，8ヤバ，7ヤバ，6ヤバの3種がある。

建築にはこのアングラが単位として用いられるが，その12倍をヴィタスティ（スパン：親指と小指の間）とする。さらにその2倍をキシュク，それに1アングラを足したものをパラージャーパチャとして肘尺（キュービット）として用いる。すなわち，24アングラもしくは25アングラが肘尺とされるが，26，27アングラのものもあって複雑である。26アングラをダーヌール・ムシュティというが，その4倍がダンダで，さらにその8倍がラジュとなる。キシュクは広く一般に用いられるが主として車，パラージャーパチャは住居，ダーヌール・ムシュティは寺院などの大建造物に用いられる。距離に用いられるのがダンダである。

配置計画は，9章（村），10章（都市・城塞），32章（寺院伽藍），36章（住宅），40章（王宮）に記述されるが，マンダラの配置を用いるのが共通である。そのマンダラのパターンを説くのが7章である。正方形を順次分割していくパターンが，そこで区別さ

Ⅳ　ヒンドゥの建築世界 ─── 151

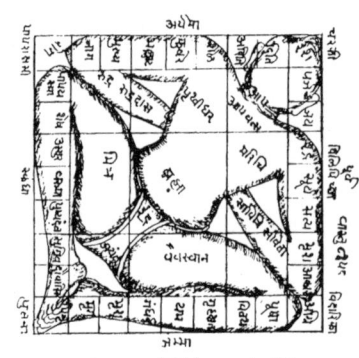

図4-11　プルシャ（原人）・マンダラ

形式を決定し，それをもとに細部の比例関係を決定する方法が述べられる。一般の建築物については1階建てから12階建てまで，それぞれ大，中，小，全部で36の類型が分けられている。そして，幅に対して高さをどうするかに関しては，1:1, 1:1.25, 1:1.5, 1:1.75, 1:2 という5種類のプロポーションが用意されている。

4 ヒンドゥ寺院の類型

れ名づけられている。すなわちサカラ（1×1＝1），ペチャカ（2×2＝4分割），……チャンラカーンタ（32×32＝1024分割）の32種類である。円，正三角形の分割も同様である。

そして，この分割パターンにミクロコスモスとしての人体，そして神々の布置としての宇宙が重ね合わせられる。その身体から宇宙と四姓（人間）が生成した原人プルシャを当てはめたものをヴァーストゥ・プルシャ・マンダラという。最も一般的に用いられるのはパラマシャーイン（9×9＝81分割）もしくはマンドゥーカ（8×8＝64分割）である。

村落計画，都市計画についてはそれぞれ8つのタイプが区別される。村落についてあげると，ダンダーカ Daṇḍaka, サルヴァトバードラ Sarvatobhadra, ナンディヤバルタ Nandyāvarta, パドマカ Padmaka, シュヴァスティカ Svastika, プラスタラ Prastara, カールムカ Kārmuka, チャトルムカ Chaturmukha の8種である。

建築の設計については，まず全体の規模

以上のように，ヒンドゥ建築の様式には建築種別ごとに，また規模ごとにいくつかの類型がある。また，マーナサーラには，建築様式についてナーガラ Nāgara 式，ドラヴィダ Drāvida 式，ヴェサラ Vesara 式という3つの区分がよく出てくる。ナーガラとは都市を意味し，ドラヴィダは民族名，ヴェサラとは動物のラバ（雄ロバと雌馬との間の雑種）のことである。P・K・アチャルヤの翻訳・解説によると，8階建々物の頂部（26章），山車（43章），リンガ（52章）の形について，ナーガラは四角形，ドラヴィダは八角形もしくは六角形，ヴェサラは円形をいう。しかしまた，ナーガラは北方，ドラヴィダは南方，ヴェサラは東方という記述もある（52章）。すなわち，地域類型としても説明される。

ファーガソンはヒンドゥの建築様式を大きく地域区分し，北方をインド・アーリヤ様式，南方をドラヴィダ様式，その中間を王朝名に因んでチャールキヤ様式と呼んで区別した。そして，E・B・ハヴェル Havell は，その地域区分をマーナサーラのいう三区分に当てはめ，それぞれナーガ

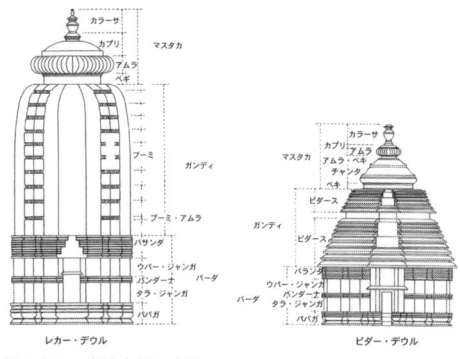

図4-12 寺院内部の名称

ラ式（北インド様式），ドラヴィダ式（南インド様式），ヴェサラ式（混成様式）と呼んだ。用語については多少混乱があるが，いずれにせよ，北部（ヒマラヤの麓からデカン北端），中部（デカン高原），南部（タミル・ナードゥ州，カルナータカ州）という地域類型は一般的に認められている。また，西のグジャラート，東のオリッサなどにさらに地域的変化型が見られる。

　北方型と南方型のわかりやすい区別は上部構造の違いである。北方型を特徴づけるのはシカラ sikhara と呼ばれる砲弾（とうもろこし）形の頂部である。南方型の場合，基壇の上に柱梁が組まれたその上に頂部が載る。上に行くほど縮小していくテラスが重なった多層の屋根形態になる。多くのシルパ・シャーストラでは，前者をプラサーダ，後者をヴィマーナ vimāna と呼んで区別している。シカラは北方では上部構造全体を指すが，南方では頂部のみを指す。南部では高塔全体をヴィマーナということから，シカラ式，ヴィマーナ式という分け方もなされる。

　北方型と南方型の違いは，さらに平面や装飾，聖像群の配列にもみられる。北方式の寺院は，ガルバ・グリハ garbha-griha（字義的には「子宮室」。寺院の内陣）と呼ばれる聖所とその前に置かれるマンダパ mandapa（ホール，柱で支えられた前殿）と呼ばれる礼拝堂からなる。前者には砲弾形，後者にはピラミッド（四角錐）形の屋根が架けられるのが一般的である。南方型を特徴づけるのはゴープラ gopura と呼ばれる楼門である。祠堂より遥かに高く，断面が台形，四角錐台に幌形（ワゴン・ヴォールト）の屋根がそびえ立つ。また，南方型の寺院は二重，三重の牆壁をめぐらす大伽藍配置をとるのが特徴である。そして，寺院を取り囲む牆壁の東西南北の中央に方形状にゴープラが建つ。この門があれば，インド以外の地でも，南インドからヒンドゥ教が伝わったと考えていい。

　ヴェサラは以上の中間形ということであるが，細かくは地域によって，各王朝によって，異なる。地域的様式は各王朝の様式とほぼ一致することから，グプタ朝様式，チャールキヤ様式，チャンデーラ様式，パッラヴァ様式，チョーラ様式など王朝名による様式区分も見られる。以下に具体的にみよう。

Ⅳ　ヒンドゥの建築世界

column1　　　　ヴァーラーナシーのガート

　ガート Ghat とは，階段状の形態の総称で東西両ガーツ山脈の名もこれに由来する。
　インドの主要な川や池，湖の岸辺には，その一部あるいは全域にわたって，必ずといってよいほどガートが建設されている。機能的に言ってしまえば，ガートは護岸と親水の施設である。もとより水辺はインドに限らず生活に欠かせない場所であり，階段は水位にかかわらず水面へのアプローチを可能とするための形態である。しかしインドほど水辺を建築化することへ執着する地域は世界的にみても他に例がない。その形態は岸にそった単一階段から，複数の階段やテラス，門，寺院，宮殿を伴う複雑大規模なコンプレックスまで多様であり，日本で近年用いられる浅薄な「親水」概念ではこれを説明しがたい。ガートが建設される背景には，水辺がヒンドゥ教においてきわめて重要な宗教的意味を持つという事情がある。

　ヒンドゥ教では聖地のことをティルタ tīrtha と呼ぶが，この語は本来サンスクリット語で「水辺」あるいは「渡し場」を意味する。このことが端的に示すようにヒンドゥ教は水にまつわる場所（とくに川）を神聖視する。なぜか。第1に水そのものが聖なる力を有するという観念がある。すなわち水は物理的な汚れのみならず罪や穢れをも浄化するという力である。その直接的な利用法である沐浴や水によるみそぎはヒンドゥ教で最も重要な浄め儀礼のひとつである。第2にヒンドゥ教においてとくに重要なのは，水辺が「死」と深いかかわりを持つという点である。南アジアで最も広く行われている葬制は火葬であるが，これは残った遺灰を川に流すという水葬儀礼を伴う。その遺灰は川を流れ下り，やがてはシヴァの住むヒマラヤの懐に至ると考えられている。つまり水辺／川辺は死者の他界への出発点であり，その意味で神聖な場所なのである。したがってガートとは，神聖な水辺に接する場として最も原初的な形態を示すものであり，いわば水を神体とする拝殿というべき宗教建築である。

図4-13　ガート遠景　　　　　　　　　図4-14　ガートの人々

現在，建築的にもまた活用状況においても最も魅力的かつ壮麗なガート群が見られるのは，ヒンドゥの聖都ヴァーラーナシー Vārānasī である。市街はインドで最も厚く信仰されるガンジス川の西岸に広がり，川岸は6キロにわたって無数のガートにより埋め尽くされている。インド各地のマハーラージャが建設した宮殿を背景とし，大小の寺院や祠に彩られたガートは，毎朝聖なる方位である東から昇る旭日を拝しながら，沐浴を行う人々で賑わい，その総体はさながら聖なるガンジス川を鑑賞する巨大な円形劇場であり，対岸から昇る太陽に祈りを捧げる太陽崇拝の寺院である。またヴァーラーナシーにはインド有数の火葬ガートであるマニカルニカー・ガート Manikarnikā-Ghat があり，インド各地から運ばれてくる遺体を火葬する煙が終日絶えることがない。ここで荼毘に付し遺灰をガンジス川に流せば，必ず輪廻転生から解放されて解脱する，と信じられているからだ。ガート周辺には生前からここで死すことを望む人々の滞在する「死を待つ人の家」が複数あり，一帯には火葬用の薪が山積みされ，濃密な「死」の空間が形成されている。ヴァーラーナシーでは，ガートの並ぶ西岸は生者の空間，東岸は死者の空間とされ，東岸にはガートはない。

　だがガートの重要さは宗教的側面ばかりではない。ガートは炊事，洗濯，水浴，休息など人々の生活の舞台でもある。これは火葬ガートにおいてさえ例外ではない。日常生活と他界との接触が渾然とひとつの場で行われうるというヒンドゥの空間的特質を，ガートの光景は何よりも明らかに示している。

図4-15　寺院とガート

Ⅳ　ヒンドゥの建築世界　　　155

03 最初期のヒンドゥ寺院
── 北方型寺院の成立

1 グプタ朝

さまざまなレリーフに描かれた建造物は木造であり、後の石窟寺院や石彫寺院が木造を模していることから、ヒンドゥ建築もまた、もともと木造建築であったことがわかる。しかし、それゆえ古例は残っていない。石造寺院は4世紀のグプタ朝に成立したと考えられている。

クシャーン朝の滅亡後、北インドは分裂状態にあったが、やがてマガダ地方の支配者であったチャンドラグプタⅠ世が勢力を得てガンジス川中流域の覇権を握る。彼はマウリヤ朝と同じくパータリプトラ（現パトナー）に都を置き、320年にグプタ朝を開いた。その子サムドラグプタ（在位335〜376年）からチャンドラグプタⅡ世（在位376〜414年）の治世下に、グプタ朝は最盛期を迎え、東はベンガル湾から西はアラビア海にいたるまでの北インド一帯を支配する広大な帝国となる。その繁栄の下にヒンドゥ教が栄え、とくにヴィシュヌとシヴァの2神への崇拝がさかんとなった。グプタ朝の王の多くはヴィシュヌ神の信奉者で、『ヴィシュヌ・プラーナ』や『バガヴァッド・ギーター』などヴィシュヌ信仰を支える聖典や叙事詩が編纂され、王朝の紋章にはヴィシュヌ神の乗り物であるガルダ（金翅鳥）が用いられた。ヒンドゥの神々の聖像彫刻は、クシャーン朝後期から現れるが、この時代に本格的に造像される。

2 ティゴーワ, デオーガル, ウダイプル

5世紀初期のマディヤ・プラデーシュ州ティゴーワ Tigowa のカンカーリー・デヴィー Kankali Devi 寺院は初期ヒンドゥ寺院の原型をよく伝えている。切石積みの綺麗な外観で、平らな屋根をもつ方形の聖所ガルバ・グリハと列柱に支えられたポーチが簡素な数段の基壇の上に建てられ、連続した軒まわりの刳形（くりがた）によって一体化されている。この形式はサンチーの第17仏堂とよく似ていて、この寺院形式が宗教の違いを超えて用いられていたことがわかる。サンチーの柱が明らかにマウリヤ朝の様式であるのに対し、ティゴーワでは壺葉飾りの柱頭が採用されている。401年の刻文が彫られた最古のヒンドゥ遺構である中インドのウダヤギリの石窟寺院群でも柱頭の意匠は壺葉飾りであり、これらは新たな様式の出現を示している。

5世紀後半になるとインドの寺院建築における基本的な特性がはっきりと現れる。その特性とは、①壁面の分節、壁面中央部の張り出しと飾り扉、②聖像を埋め込んだ刳形による礎石部分の装飾化、丸い台座の上に円環形の刳形が載り、その上を蛇腹が

回る上端部，③上部構造（シカラ）の建立，④巡回する繞道(にょうどう)の明示である。

ウダイプル Udayapur の初期の祠堂では，壁面が縦に三分割され，中央の区画が張り出し，菱形模様が彫刻された刳形による帯が壁面を水平に二分割している。壁の下には装飾的な基部があり，上部には張り出した軒蛇腹が回り，その上にもう一段屋根板が加えられている。上部構造発展の端緒を示唆する。

図4-16 ダシャーヴァターラ寺院，デオーガル

6世紀初期のデオーガル Deogarh のダシャーヴァターラ Dashavatara 寺院は，この時期の最も発展した段階のものである。広い基壇の上に建ち，後のヒンドゥ建築に一般的となる五堂形式（パンチャ・ヤタナ）を採る。上部構造はかなり損傷しているが，壁面の中央の区画に対応した張出し部のあるピラミッド型の屋根が載っている。

デオーガルの広い基壇は繞道を持つが，聖所を回る屋根付きの繞道形式の発達が知られる最も早い例は，ブマラのシヴァ寺院やナーチュナー Nachna のパールヴァティ寺院である。ナーチュナーでは，シヴァ神の住処カイラーサ山を表現したと思われるルスティカ風石積みの基壇の上に正方形の聖所が建っている。

図4-17 ヴィシュヌ寺院，ビータルガオン

聖所空間の上部の高層化の流れは，シカラの建設を促進した。5世紀のビータルガオンのヴィシュヌ寺院は，この時代の現存する唯一の煉瓦造建築物である。高い基壇の上に建ち3つの部分に区画された聖所は付け柱によって分節され，ヴィシュヌ神やシヴァ神の神像がかたどられたテラコッタのパネルが主要な区画にはめ込まれている。シカラは上方ほど先細りする形で，半円形の装飾の列や刳形による層状の構成をしている。デオーガルの寺院と同様，中央区画の張出しが頂部まで連続することによって垂直性が強く強調されている。聖所と入口ホールがともに持ち送り式ヴォールトであるのに対し，それらをつなぐ通路部分は，ヒンドゥ建築としてはきわめて例外的にアーチが用いられている。

04 石窟寺院と石彫寺院

1 石窟寺院

インドの石窟寺院は，BC3世紀にマウリヤ朝のアショーカ王がアージーヴィカ教（仏教では邪と呼ぶ）に寄進したビハール州ガヤー北方のバラーバル丘の石窟群に始まる。BC2世紀末からはインド西部を中心に仏教石窟の開窟がさかんとなり，アジャンター，バージャー，カールラー，ナーシクなどの前期仏教窟が開かれた。5世紀になると後期仏教窟の開窟に影響をうけて，ヒンドゥ石窟が開かれるようになる。ウダヤギリに最初のヒンドゥ窟が開かれ，6世紀中期から後期にはデカン地方北西部のジョゲーシュワリやバーダーミ，エレファンタ島などで開窟が行われ，エローラではヒンドゥ窟に続いて仏教窟やジャイナ窟も展開する。またインド南東部，とくにマハーバリプラムでも新たな石窟が開かれた。

ヒンドゥ窟は仏教のヴィハーラ窟から発展したと考えられる。しかし，ヒンドゥ教徒が修道的生活の必要がないことを自覚すると，僧坊が広間を囲む集中的形式は変化する。6世紀半ばに始まる前期チャールキヤ朝の都が置かれたバーダーミの第1～3窟は，内部ホールとその前面の柱廊型のベランダから構成され，奥の岩壁にシヴァまたヴィシュヌ神像が祀られる繞道のない聖所が掘られている。仏教窟ではホールの両側面に設けられていた僧坊がなくなって，浮彫りの彫像パネルに置きかわり，壁面は付け柱や半柱で区画された。天井に彫られた梁形の方向は，第1窟ではベランダと平行，第2窟ではベランダに直角，第3窟ではホールを囲むような同心状，とそれぞれ異なり，さらに第3窟ではベランダの前面に矩形の前庭も設けられるなど，ヒンドゥ窟独自の空間構成への試みが窺える。

前期チャールキヤ朝，6世紀後半から開窟が始まったエローラでは，入口に相対して配置される聖所のまわりを巡ることを可能にするよう，繞道をそなえた聖所とホールとの間に洗練された関係がみられるようになった。初期のラーメーシュヴァラ窟（第21窟）では，ナンディ（聖牛）像や小祠堂のある前庭が設けられ，石窟内部は横長の柱廊状のホールと，繞道を備えた大きな聖所からなる。これはヒンドゥ寺院の基本であるマンダパ（前殿）と聖所からなる構成であるが，ホールの両端には副祠堂が設けられ，それらを結ぶ軸線と，ナンディ像と聖所を結ぶ軸線という2つの直交する軸線が両立する，より動的な空間構成となっている。こうした構成は，同じくエローラのドゥマル・レーナ窟（第29窟／6世紀後半）やエレファンタ島のシヴァ寺院（第1窟／6世紀頃）で最も発展した形を見せる。両者ともほぼ正方形の列柱ホールの奥寄りに，

図4-18　エローラ第29窟

図4-20　カイラーサ寺院（エローラ第16窟）

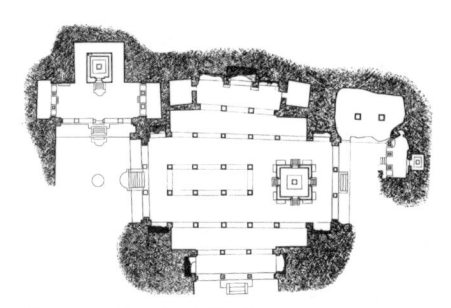

図4-19　シヴァ寺院（平面図），エレファンタ島

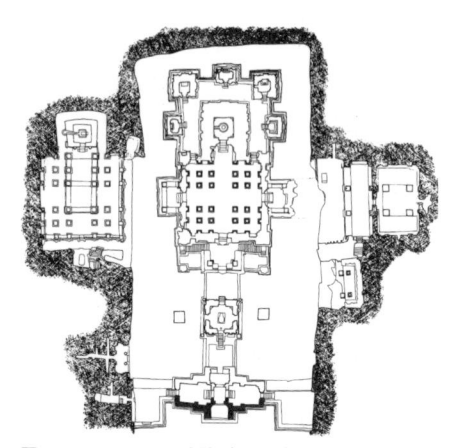

図4-21　カイラーサ寺院（平面図）

壁で囲まれ四方に入口を持つ聖所が置かれている。入口と聖所とを結ぶ東西方向の主軸線は，天井に彫られた梁形によっても強調されるが，同時に聖所の前で直交する南北方向の軸線が導入され，全体として十字形の平面構成をとる。ドゥマル・レーナ窟では聖所の奥は岩で閉ざされ主軸線の始まりと終わりをはっきりさせ，南北軸の両端は外部に開かれ入口が設けられる。一方，エレファンタ島では東西の主軸線の両端に外部に開いた中庭が設けられ，そのひとつは別の石窟の入口にも通じている。

2 石彫寺院

8世紀になると，石窟をさらに発展させ，寺院全体を岩塊から彫り出す石彫寺院が現れる。ラーシュトラクータ朝（753～973年）のクリシュナⅠ世（在位757～775年）によって造営されたエローラのカイラーサ寺院（第16窟）は，幅45メートル，奥行85メートルにわたって岩山から彫り出されたもので，その規模の壮大さにおいて他に例を見ない。その構成は，前期チャールキヤ朝の3番目の都であったパッタダカルのヴィルーパークシャ寺院を模したとされる。ゴープラ（楼門）を備え，前庭にはナンディ堂が置かれ，その両側に記念柱が立つ。さらにポーチとバルコニー，玄関がついたホ

Ⅳ　ヒンドゥの建築世界　　　159

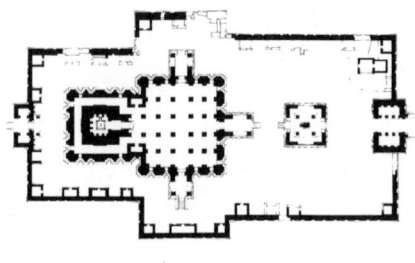

図4-22　ヴィルーパークシャ寺院，パッタダカル

やパーンディア朝および周辺諸国において石窟が造営された。なかでもパッラヴァ朝の石窟は南方型寺院の諸要素が現れる最初期の事例として重要である。その基本的形式は，マヘーンドラ・ヴァルマンⅠ世（在位600～630年）の治世下で発展し，ダラヴァヌールのシャトルマッラ窟やティルチラパッリのラリタニクラ窟などがある。古来の木造建築の様式を取り入れたもので，東か西に面した正面に列柱が並び，内部の柱によって分節されるホールの奥や側面にいくつかの聖所が掘られた。正方形あるいは八角形断面で初歩的な持ち送りの柱頭を持った柱に支えられ，簡素な基壇の刳形や付け柱，守門神を持つ聖所以外は，概して平滑な空間である。

彼の後継者，ナラシンハ・ヴァルマンⅠ世（在位630～668年）が建設したのが，チェンナイ南方のマハーバリプラムの寺院群である。それらは，前期パッラヴァ朝（マーマッラ期）の遺跡で，「ラタ（山車）」と呼ばれる花崗岩塊から掘り出した石彫寺院のほか石窟寺院もある。3つの聖所があるマヒシャマルディニー窟と聖所がひとつのヴァラーハ窟が，マハーバリプラムにおけるナラシンハ王の初期と後期を代表する石窟である。

ールから聖所へと導かれる。聖所の上部には4層のヴィマーナ（本殿）がそびえ，外側には屋根のない繞道が巡り，さらに5つの副祠堂群がそれを取り囲む。こうした石彫寺院が登場するにいたって，石窟寺院の発展は終わりを迎えることになる。

3　南インドの初期寺院

南インドでは7世紀頃からパッラヴァ朝

05　5つのラタ―南方型寺院の原型

1　マハーバリプラム

　南インドに残る最も古い建築遺構は，マハーバリプラムのいわゆる「5つのラタ Pancha ratha」(荷車，馬車，戦車，山車，そしてさらに寺院を意味する)である。パッラヴァ朝のナラシンハ・ヴァルマンⅠ世の時代に彫り出されたこの「5つのラタ」は，まるで5つの建築形式の雛形である。興味深いのは，梁，垂木，斗栱，柱など木構造を忠実に模していることだ。北から南にダルマラージャ Dharmaraja・ラタ(No.1)，ビーマ・ラタ(No.2)，アルジュナ Arjuna・ラタ(No.3)，ドラウパディー Draupadi・ラタ(No.4)，列を離れて西にナクラ・サハーデーヴァ・ラタ(No.5)がある。各ラタの名称は，『マハーバーラタ』の英雄にちなむ。

　No.1は方形平面にピラミッド状に段々の屋根が層状につくられ，最頂部には低い八角形のシカラが載っている。各層の庇には細かく馬蹄形の繰形(クードゥ，チャイテ

図4-23　「5つのラタ」，マハーバリプラム

図4-24　ダルマラージャ・ラタ (No.1)

図4-25　ビーマ・ラタ (No.2)

図4-26　アルジュナ・ラタ (No.3)

Ⅳ　ヒンドゥの建築世界　　　161

図4-27 ドラウパディー・ラタ（No.4）

図4-29 海岸寺院，マハーバリプラム

図4-28 ナクラ・サハーデーヴァ・ラタ（No.5）

ィア窓）が設けられている。No.3はほとんどダルマラージャを小さくしたコピーである。No.2は長方形平面で幌（ワゴン・ヴォールト）形（シャーラーカーラ）の屋根，正面の2本の柱がライオンに支えられている。No.4はむくりのついた寄棟屋根で素朴な民家風である。No.5は，No.1とNo.2の様式を併せ持つ。正面に2本の獅子柱を持

ち妻入りである。しかし，最頂部の後部は円形になっている。これをエレファント・バック屋根と呼んだりする。平面も前方後円形である。まるでデザインを検討しているかのようである。伽藍としてつくられたわけではなく，No.1は未完のままである。No.1，No.3の屋根形態がいわゆるドラヴィダ様式，南方型の典型である。そしてNo.2はゴープラム（楼門）の屋根形態として一般的になる。

この石彫寺院は，ナラシンハ・ヴァルマンⅡ世ラージャシンハ Rajasimha（在位690～728年）のもとで組石造に取って代わられる。その典型が海岸寺院である。

海岸寺院は向きを異にする大小2つのシヴァ神殿からなる。海（東）を向く大祠堂にはシヴァ・リンガ，陸（西）を向く小祠堂にはシヴァとパールヴァティとその息子スカンダが祀られている。ヴィシュヌの寝

図4-30 カイラーサナータ寺院，カーンチープラム

図4-32 バイクンタ・ペルマール寺院，カーンチープラム

図4-31 ナンディ像，カーンチープラム

臥像を祀る細長い祠堂が2つの祠堂を繋ぐ。2つの祠堂とも単純に浅いポーチを持つ正方形の聖所のみの構成だが、大小を巧みにずらす見事な設計である。「5つのラタ」のモデルに比べると遙かに急勾配の屋根となっているのは、石彫寺院から構築寺院への大きな変化である。

2　カーンチープラム

　同じくラージャシンハの時代に建造された、カーンチープラムのカイラーサナータ Kailasanatha 寺院は、東西に並ぶ主祠堂と前室、礼拝室を小祠堂がびっしりと並ぶ周壁が囲み、東に突出する形で入口が設けられている。入口の外にもまず小祠堂が並び、30メートルほど離れてナンディ像が対峙している。主祠堂のヴィマーナは4層のピラミッド形で、入口のシヴァ祠堂には幌形の屋根が載っている。伽藍配置は僧坊が中庭を囲む形式に似ている。花崗岩が基礎と主要な構造材に用いられ、その他彫刻にレンガが使われているのを除くと砂岩が用いられている。全体は化粧漆喰で覆われ、彩色されていた。

　さらに重要なのがバイクンタ・ペルマール Vaikuntha-perumal 寺院である。主神殿と礼拝室を獅子柱が並ぶ回廊が囲み（内陣）、さらに前室が突出する（外陣）構成がはっきりとしている。主神殿は4層からなるがすべての層に聖所がある。下3段にはヴィシュヌ像が納められ、いたる所さまざまな聖像や王家のレリーフが壁を飾っている。

Ⅳ　ヒンドゥの建築世界　163

06　チャールキヤの実験

　プラケーシンⅠ世によって6世紀半ばに興された前期チャールキヤ朝は，バーダーミ Badami を都としてデカン一帯を治め，ラーシュトラクータ朝に滅ぼされる8世紀半ばまで存続した。この前期チャールキヤ朝の下でアイホーレ，バッタダカル，マハークータなどに多数の寺院が建設された。この前期チャールキヤ朝の建築様式は，ファーガソンがチャールキヤ様式というカテゴリーを立てたように，北方型，南方型の両方の要素を併せ持って多様である。

1　アイホーレの試行

　アイホーレ Aihole の初期の寺院は，グプタ朝のナーチュナーのパールヴァティ寺院のような北方型の流れに位置づけられる。

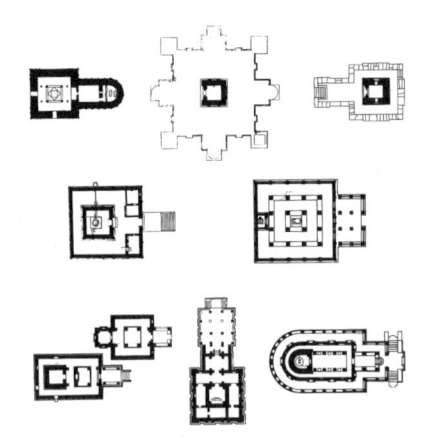

図4-33　前期チャールキヤ朝寺院の諸例（平面図）

　ラード・カーン Lad Khan（7世紀末）の入口には，12本（4×3）の柱の並ぶ前室（ポーチ）が設けられる。ナイン・スクエア（3×3）の平面が拡張された聖所（4×4）は，同心の柱列による二重の回廊からなり，中央にナンディ像が置かれている。
　コンティグディ Kontigudi（gudi は寺の意）群の寺院はより素朴な形式である。長方形のマンダパ（前殿）が太い柱列によって縦に分割されている。これら初期の寺院の柱は，石の量塊そのままでそれほど装飾

図4-34　タラッパグディ寺院，アイホーレ

図4-35　フッチマッラグディ寺院，アイホーレ

図4-36　ドゥルガー寺院，アイホーレ

図4-37　メグティ寺院，アイホーレ

もされていないが，木造架構の主要素を再現している。柱は単岩で正方形断面をし，柱礎はないが柱頭には簡単な持ち送りが載る。ラード・カーンの内部の柱のいくつかは八角形で持ち送りには波状の剔形が彫られている。

チャールキヤ朝の寺院は，聖所が中央になく続道がさえぎられるというラード・カーン寺院の難点を克服するために，以降，最外周の回廊をなくし，中央の高い身廊部と両脇の低い側廊部に分割する構成をとる。ひとつはナイン・スクエア型のホールの後部に聖所のための3間の続道のないマンダパが付加される。もうひとつは側廊部が延ばされ，聖所を巡る続道となる。前者ではホールと聖所の間に前室的な空間が付加され，後者では聖所とホール内部の柱間を仕切ることによって前室的な空間が形成される。タラッパグディ Tarappagudi 寺院とナラヤナ Narayana 寺院は前者，フッチマッラグディ Huchchimallagudi 寺院は後者の例である。

後者の形式の変形例はドゥルガー寺院であり，仏教のチャイティア堂の馬蹄型形式を踏襲している。アプス型（前方後円）のマンダパは主ホールと続道が巡る聖所を包含し，その外側に列柱回廊が周り，もうひとつの巡回路を形成する。

プラケーシンⅡ世を讃えた634/5年の刻文があるジャイナ教のメグティ Meguti 寺院はアイホーレで唯一紀年が記された寺院で，インドにおいて正確な年号の記された最も古い構築式の寺院である。丘の上に建つこの寺院は，前述の2つの型と異なる独自の形式を持つ。マンダパと聖所はそれぞれひとつの区画をなし，玄関部分は2つの区画の間に配置されている。

2　パッタダカルの競演

メグティ寺院は，繰形のある基部や付け柱による壁面分割など南方型の要素を持つが，バーダーミの2つのシヴァラーヤ寺院はさらに南方型の要素が強い。上シヴァラーヤ（7世紀初頭）は，前室は失われているが聖所を続道が取り囲む構成である。マーレーギッティ・シヴァーラヤ（7世紀）は，続道を持たず，正室，前室，4本柱のポーチというシンプルな構成である。

さらにマハークータにも7世紀に遡る寺院群がある。マハークーテシュバラ寺院は，続道に囲まれた聖所，4本柱の前室（ポーチ），

Ⅳ　ヒンドゥの建築世界　　165

図4-38　シヴァラーヤ寺院，パッタダカル

図4-40　マッリカルジュナ寺院，パッタダカル

図4-39　マハークーテシュバラ寺院，パッタダカル

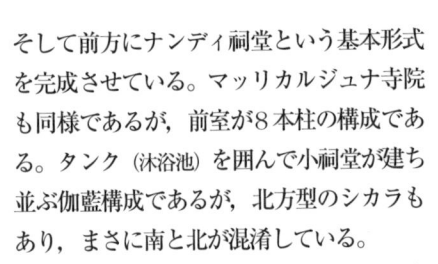

図4-41　サンガーメーシュヴァラ寺院，パッタダカル

そして前方にナンディ祠堂という基本形式を完成させている。マッリカルジュナ寺院も同様であるが，前室が8本柱の構成である。タンク（沐浴池）を囲んで小祠堂が建ち並ぶ伽藍構成であるが，北方型のシカラもあり，まさに南と北が混淆している。

以上の初期の形式を経てより大規模な寺院群が建立されたのはパッタダカルである。ヴィルーパークシャ寺院とマッリカルジュナ寺院は，第8代ヴィクラマーディティヤⅡ世がパッラヴァ朝を破った記念に745年頃建てられたもので，カンチープラムの建築家グンダによるとされる。同地のカイラーサナータ寺の影響を強く受けているとされるが，マンダパの3方向に入口をつけるのが特徴的である。さらにサンガーメーシュヴァラ寺院も加えてこの3大寺院はパッラヴァ朝の影響をうけた南方型であるが，パーパナータ，ガラガナータ，カーシーヴィシュワナータ，ジャンブリンガなどは北方型のシカラを戴いている。

07 華開くシカラ ── 北方型寺院の発展

1 プラティーハーラ朝

 8世紀以降,北インド中央を支配したのはカナウジを都とするプラティーハーラ Pratiharas 王朝である。この王朝において北方型寺院は成熟への展開を見せる。そして10世紀中葉にとって代わったチャンデーラ朝は,カジュラーホーを中心としてヒンドゥ建築の妖艶な華を咲かせることになる。

 また,オリッサのブバネーシュワルを中心として栄えたカリンガ朝,東ガンガ朝が数多くのヒンドゥ寺院を残している。その最初期のものがパラシュラーメーシュヴァラ寺院 (7世紀) で,聖所とマンダパからなる基本形式をとる。続く古例としてヴァイタール・デウル寺院 (8世紀) があるが,シカラの形がヴォールト形で珍しい。民家の屋根に由来し,カーカラというが,他に例はない。

図4-42 パラシュラーメーシュヴァラ寺院,ブバネーシュワル

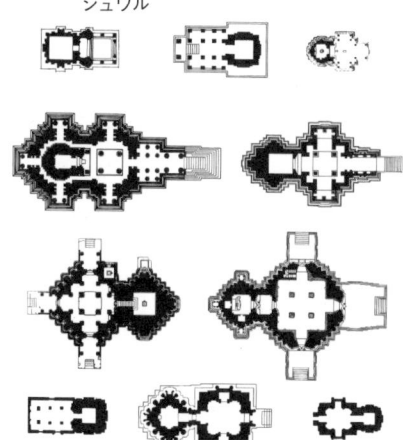

図4-43 北方型寺院の諸例 (平面図)

図4-44 ブラフメーシュワラ寺院

Ⅳ ヒンドゥの建築世界 ──── 167

図4-45 ラージャラーニー寺院，ブバネーシュワル

図4-46 リンガラージャ寺院，ブバネーシュワル

図4-47 スーリヤ寺院，コナーラク

オリッサ地方では聖所をデウル，マンダパをジャガモーハンと呼ぶ。そして，砲弾形のシカラが載る聖所をレカー・デウル，ピラミッド状の屋根が載るマンダパをピダー・デウルと呼ぶ。その2つからなる典型にムクテーシュヴァル寺院（10世紀後半）がある。また，ブラフメーシュワラ寺院 Brahmeshwara（1060年）が伽藍の四隅に小祠堂を建てる五堂形式（パンチャ・ヤタナ）を完成させている。他にラージャラーニー寺院（11世紀初）も典型的オリッサの形式である。最も代表的なものは最大の規模を誇るリンガラージャ寺院（11世紀後半）である。デウル＋ジャガモーハンの前にナト・マンディル（舞堂）とボーグ・マンダパ（供物殿）を置いている。そしてオリッサのヒンドゥ建築として頂点に立つのがコナーラクのスーリヤ寺院（13世紀前半）である。

レカー・デウルは失われているが，天空を行く太陽神スーリヤの巨大な7頭立ての馬車に見立てたピター・デウルは巨大であり，壁面の彫刻の豊かさは群を抜いている。

プラティーハーラ朝（8～9世紀末）の寺院は東西に聖所とマンダパが並び東面する構成が基本で，五堂形式はまだ見られない。しかし，その平面構成は次第に複雑化する。初期のものとしてはオシアーンのハリハラ・グループの寺院がある。また，異形ではあるが，グワーリオールのテリ・カ Telika 寺院がプラティーハーラ朝の遺構と知

図4-48 カンダリヤー・マハーデーヴァ寺院 男女交合の彫像, カジュラーホー

図4-50 ヴィシュヴァナータ寺院, カジュラーホー

図4-49 ラクシュマナ寺院, カジュラーホー

られる。さらに, バロリのガーテシュヴァラ Ghateshvara 寺院, ギャラスプルのマラ・デーヴィー Mala Devi 寺院がある。

2 カジュラーホー

図4-51 ヴィシュヴァナータ寺院 壁面の彫刻群

　10世紀に入るとヨーガの行法などによって直接身体をつうじて解脱を得るタントリズムが大きな影響を持ち始める。女性の力シャクティを崇拝し, 男性原理と女性原理の結合によって至福を得ようとするこの運動は, ヒンドゥ教にも, 仏教にも, そしてジャイナ教にも広がりをみせる。カジュラーホーの寺院群に鏤められたきわめて開放的な男女交合の彫像 (ミトゥナ) はそのおおらかな世界を示している。

　ダンガ王 (c.950〜1002年) のもとで中原を制したチャンデーラ朝は数多くの遺構を残している。首都カジュラーホーの遺跡群は西, 東, 南の3つに分けられる。最古

IV ヒンドゥの建築世界 ── 169

図4-52 カンダリヤー・マハーデーヴァ寺院（左）と
ジャガダンバ寺院（右）

図4-53 パールシュヴァナータ寺院, カジュラーホー

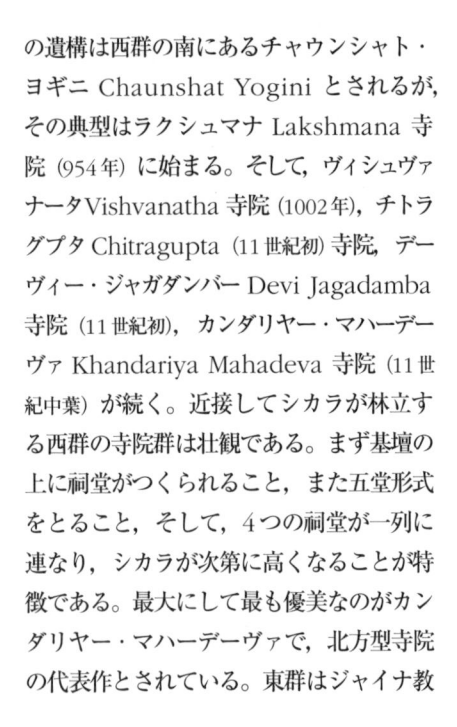

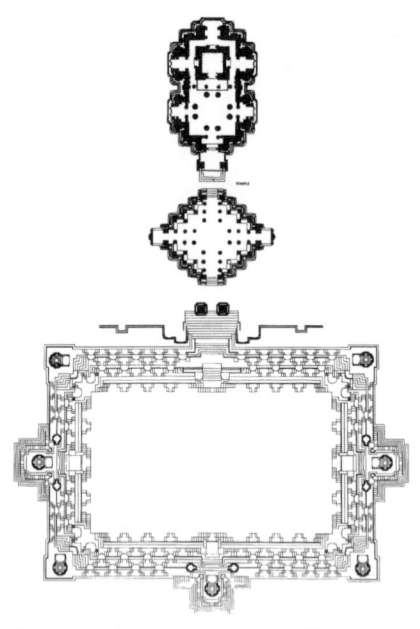

図4-54 スーリヤ寺院（平面図）, モデラー

の遺構は西群の南にあるチャウンシャト・ヨギニ Chaunshat Yogini とされるが, その典型はラクシュマナ Lakshmana 寺院 (954年) に始まる。そして, ヴィシュヴァナータVishvanatha 寺院 (1002年), チトラグプタ Chitragupta (11世紀初) 寺院, デーヴィー・ジャガダンバー Devi Jagadamba 寺院 (11世紀初), カンダリヤー・マハーデーヴァ Khandariya Mahadeva 寺院 (11世紀中葉) が続く。近接してシカラが林立する西群の寺院群は壮観である。まず基壇の上に祠堂がつくられること, また五堂形式をとること, そして, 4つの祠堂が一列に連なり, シカラが次第に高くなることが特徴である。最大にして最も優美なのがカンダリヤー・マハーデーヴァで, 北方型寺院の代表作とされている。東群はジャイナ教の寺院群で, 中心はパールシュヴァナータ Parshvanatha 寺院である。

オリッサ, カジュラーホーとは別に, 西インドで北方型ヒンドゥ寺院の展開が見られる。グジャラートのマイトラカ朝 (5世紀末〜8世紀) とそれを引き継いだソーランキー朝 (10〜13世紀), ラージャスターンのオシアーンの建築群である。

ソーランキー朝を代表するのが首都モデラーのスーリヤ寺院 (11世紀) である。寺院は東西軸状に並ぶ2つの建物, つまりホールと繞道の廻る聖所とマンダパ, そして階段沐浴池からなる。緻密で豊満な彫刻がソーランキー様式を特徴づける。また, ソーランキー朝はグジャラートのギルナール山などに多くのジャイナ教建築を残している。

08 聳え立つゴープラ ── 南方型寺院の発展

1 チョーラ朝の建築

　南方型ヒンドゥ建築をその頂点に導いたのはチョーラ Chola 朝（9世紀中期〜13世紀）である。まずパッラヴァ朝からチョーラ朝への過渡期の寺院としてナールッターマライ Narttamalai のヴィジャヤーラヤ・チョーリーシュヴァラ Vijayalaya cholishvara 寺院（9世紀中期）がある。周囲に8つの小祠堂を従え円形の聖所を持つのが特徴である。そして，初期のものとしてコドゥンバルール Kodumbalur のムーヴァルコーヴィル Muvarkovil 寺院（c.880年）がある。マンダパが失われ，聖所も3つのうち2つしか残っていないが，16の小祠堂を持つ伽藍が現存している。

　パラーンタカI世（907〜955年）の治世の初期につくられたナーゲーシュバラシュヴァラ Nagashvarashvara 寺院とブラフマ・プリーシュヴァラ Brahmapurishvara

図4-55　ヴィジャヤーラヤ・チョーリーシュヴァラ寺院，ナールッターマライ

図4-56　ムーヴァルコーヴィル寺院，コドゥンバルール

図4-57　ナーゲーシュバラシュヴァラ寺院，クンバーコナム

IV　ヒンドゥの建築世界　　171

図4-58　ブラフマ・プリーシュヴァラ寺院，タンジャーヴール

図4-59　ティヤガラージャ・シュヴァミー寺院，ティルヴァールール

図4-60　ブリハディーシュヴァラ寺院，ガンガイコーンダチョーラプラム

寺院などにおいて重要な展開が見られるようになる。すなわち，ゴープラが主祠堂より高く聳え立つ伽藍形式が現れ出す。また，三祠堂形式となり，壁がんに彫像が置かれるようになる。

その後，ウッタマ・チョーラ Uttama Chola 王（在位969〜985年）そしてラージャラージャ Rajaraja I世（在位985〜1016年）の治世下に，ティルヴァールールのアチャレシュヴァラ Achaleshvara 祠堂のような精密に装飾化された見事な建築ができあがる。これを引き継いだティヤガラージャ・シュヴァミー Thyagarajasshvami 寺院（13〜17世紀）は典型的な南方型寺院として知られる。

ラージャラージャI世の最後の10年に，帝都タンジャーヴール Tanjavur に巨大なブリハディーシュヴァラ Brihadishvara 寺院が建造される（1010年）。全体は約75メートル×150メートルの回廊で囲まれ，60メートルを超えるヴィマーナが聳える。東西軸状にゴープラ，ナンディ祠堂，2つのマンダパ，前室，聖所が一直線に置かれる。前室に南北にも出入り口が設けられるのがチョーラ朝のヒンドゥ寺院の基本形式となる。ゴープラは未だ低く横長だが，規模において，またその見事な構成において，南方型寺院の頂点に立つのがこの寺院である。

そして，それに匹敵するとされるのがラージェーンドラI世（1012〜1044年）による，新首都ガンガイコーンダチョーラプラム Gangaikondacholapuram（ガンガを征服したチョーラの都）のブリハディーシュヴァラ Brihadishvara 寺院である。ヴィマーナは，タンジャーヴールのが直線的，

ここのが丸みを帯びていてやや低いことから「男性的」「女性的」と評されるところである。

この2つのブリハディーシュヴァラ寺院の延長として，チョーラ朝を締めくくるのがダーラースラムのアイラーヴァテーシュヴァラAiravateshvara寺院（12世紀半）とトリブヴァナムのカンパハレーシュヴァラKampahareshvara寺院（13世紀初頭）である。

2　後期チャールキヤ朝とホイサラ朝の建築

後期チャールキヤ朝（9世紀末〜12世紀末）はチョーラ朝に抗しながら南インドに影響を及ぼす。その主要な建築は，ラックンディのカーシーヴィシュヴァナータ寺院，イッタギのマハーデーヴァ寺院，クッカヌールのカレーシュヴァラ寺院，ハーヴェリのシッデーシュヴァラ寺院，ニラルギのシダラメシュヴァラ寺院などである。

繞道を持たず，聖所（聖堂）＋アンタラーラ（前室）＋マンダパ（礼拝堂）が直線的に並ぶというのが基本構成であるが，平面形，規模はそれぞれ異なる。共通する特徴は，ヴィマーナを中心にきわめて緻密な装飾が施されることである。とくに，轆轤を用いて削り出される柱は寺院ごとに独自のデザインがなされている。

西ガンガ朝のあとを受けてマイソール地方で栄えたホイサラ朝の建築は，首都ハレービード，そしてベルール，ソームナートプルを中心に見ることができる。

ホイサラ朝の寺院建築では，ヴィマーナ

図4-61　アイラーヴァテーシュヴァラ寺院，ダーラースラム

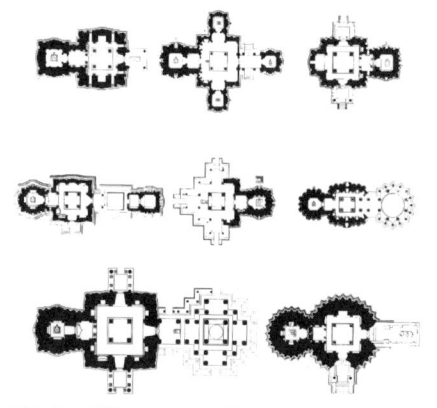

図4-62　後期チャールキヤ朝寺院の諸例（平面図）

図4-63　カーシーヴィシュヴァナータ寺院，ラックンディ

Ⅳ　ヒンドゥの建築世界 ———— 173

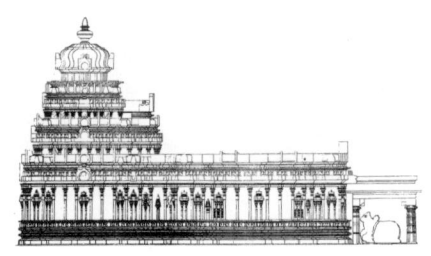

図4-64　カレーシュヴァラ寺院（立面図），クッカヌール

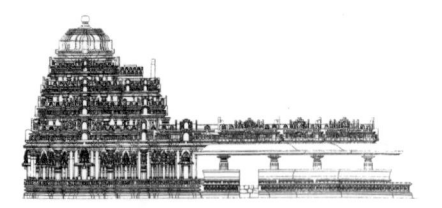

図4-65　シッデーシュヴァラ寺院（立面図），ハーヴェリ

図4-66　ケーシャヴァ寺院，ソームナートプル

図4-67　ミーナクシー寺院，マドゥライ

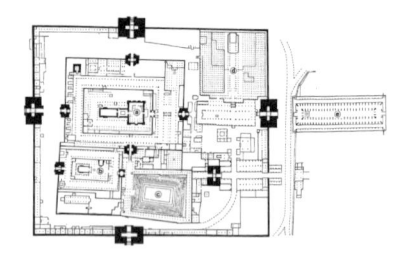

図4-68　ミーナクシー寺院（平面図）

が細かく分節され聖所の平面がほとんど円形に近づくのが特徴である。それぞれ異なる姿態のヴィシュヌ神に献じられるヴィマーナを3つ持つ特異な平面形であるが、ソームナートプルのケーシャヴァ寺院（1268年）がその完成型とみられる。

3　ヴィジャヤナガルとナーヤカ朝の建築

　南インドは、12世紀以降、パーンディア朝、ヴィジャヤナガル王国、そしてナーヤカ朝によって順次支配される。そして、南インド型の寺院は大いに発展を遂げる。とくに15〜16世紀のヴィジャヤナガル王国において、寺院は巨大化し、その伽藍は都市的規模を持つにいたる。

　聖所の周りに幾重にも囲壁が巡らされ、いくつもの門を潜って内陣にいたる構成が一般的となるのである。そして、巨大な楼門ゴープラが建てられるのである。寺院が都市生活と積極的に関わり、寺院が拡大するにつれて、さまざまな施設を取り込むようになる。実際、シュリーランガムのように、寺院が町自体を形成するようになった例もある。また、ヒンドゥの聖地マドゥライのミーナクシー寺院は境内に列柱ホールや人造池などを取り込んでいる。

column2

白亜の宇宙
― ジャイナ教寺院の発達 ―

ジャイナ教 Jaina

東インドのビハールに生まれたヴァルダマーナ Vardhamana・マハーヴィーラ（BC549～477年あるいはBC444～372年）によって興されたジャイナ教は，非殺生，非暴力（アヒンサー）を教義とし，苦行・禁欲を根本とした。そして，集権的な教団をつくらず，布教にも熱心ではなかったから，仏教ほど大きな影響力を持たず，インド世界から外へ出ることもなかった。しかし，13世紀にはインドから消えてしまう仏教に対して，ジャイナ教は西インドを中心として現在にまで生き続け，多くのすぐれた建築を残している。

ジャイナとはジナ Jina（勝利者）の教えのことである。マハーヴィーラは30歳で出家して12年の苦行の末ジナになった。その時すでに23人のジナ祖師（ティールタンカラ Tirthankara，ティールタは川の渡しをつくる人，救済者の意）がおり，24人目の祖師がマハーヴィーラである。

ジャイナ教はバラモンの供犠や祭祀を批判し，ヴェーダ聖典の権威を否定して成立したのであって，本来無神論である。断定をさけ，常に「ある点からすると（スヤート syat）」という限定を付す相対主義をとる。

マハーヴィーラの死後，その教え，教団は弟子に引き継がれ，マウリヤ朝にはチャンドラグプタ王の庇護を受け隆盛を誇る。その後，教団は白衣派 Svetambara と裸行派 Digambara の2派に分裂する。前者が僧尼の着衣を認めるのに対し，後者は無所有の教えから裸行の遵守を説き，女性の解脱を認めない。現在，白衣派の多くはグジャラート，ラージャスターン州など，裸行派は南インドに多く居住する。

ジャイナ窟

ジャイナ教も早くから石窟を開いた。オリッサ州のカンダギリ Khandagiri，ウダヤギリ Udayagiri の諸窟（BC2～1世紀）が古例である。2つの丘が向かい合いそれぞれ15窟，18窟残るが，最大のものがラーニー・グンパーで，柱列の奥に僧室が並びコの字型に前面広場を囲んでいる。他に虎口を模した，ガマ蛙のように見えるバーグ・グンパー，象の彫像が置かれる

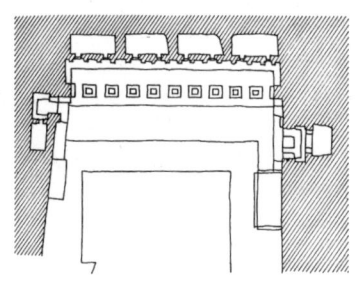

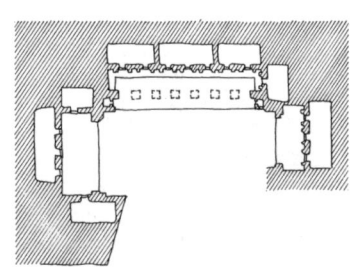

図4-69　ウダヤギリ石窟（平面図）

図4-70　ラーニー・グンパー，ウダヤギリ

図4-71　エローラ第32窟　四面堂，インドラ・サバー

図4-72　ジャイナ教寺院，カジュラーホー　ヒンドゥ寺院，モスクが合体した珍しい例

ガネシャ・グンパーなどがある。

マディヤ・プラデーシュ州のウダヤギリに自然窟に近いジャイナ窟（5世紀），バーダーミにはティールタンカラ像がいたる所に刻まれたジャイナ窟（6～7世紀），カルナータカ州のアイホーレにはマンダパを三方から祠堂が囲む形式のジャイナ窟（6～8世紀），そしてエローラには5つのジャイナ窟（第30～34窟，9世紀）が残るが，いずれもヒンドゥ窟と併存している。エローラの第32窟が最も大規模で，二層からなり，堂はジャイナ教特有のチャトルムカ（四面堂）形式をとっている。

ジャイナ教寺院

ジャイナ教徒にとっての最大の巡礼地は，最初の祖師アーディナータがたびたび訪れたというグシャラートのシャトルンジャヤ山である。10世紀頃から多くの寺院が建立され，一大山岳寺院都市を構成する。寺院の様式はシカラを戴く北方型で統一されている。

シャトルンジャヤ山に次ぐ山岳寺院都市が，22代祖師ネーミナータの涅槃の地とされる聖山ギルナール山である。11世紀初めにソーランキー朝が建設したのが起源である。各寺院は，ここでもシカラを戴くが，マンダパに白を基調とするモザイクタイルのドーム屋根が載っているのが目立つ。タイルはもちろん近年のものである。

マウリヤ王朝の創始者チャンドラグプタ王はジャイナ教に改宗して，南インドのカルナータカ地方に移住し，シュラヴァナ・ベルゴーラで苦行したとされる。南インド最大のジャイナ教聖地がここである。チャンドラギリ丘に10寺院が建ち並んでいる。ここでは南方型ヒンドゥ寺院を踏襲しているのが興味深い。

09 ヒンドゥ・ヴァナキュラー
― 土着化するヒンドゥ建築

　北方型，南方型，そしてその中間（中部）型という大きな区分はおよそ以上のようであるが，それぞれの王朝の核心域以外の周辺部においてはさまざまな変化型が生み出されてきた。気候風土の違いによって，利用可能な建築資材が異なり，必要とされる建築技術も少しずつ異なるからである。グプタ朝時代において周辺地域であったカシュミールやベンガル，南インドでもケーララなどにはヒンドゥ寺院の異なった形態を見ることができる。

1　ベンガル

　ベンガル地方は石材に恵まれず，古来，煉瓦，土，竹が主な建築材料であり，古代の建築遺構はほとんど残っていない。もともと仏教の影響が強く，12世紀に勢力をもったセーナ朝が13世紀にはイスラームに取り込まれたことも，ヒンドゥ建築の遺構の少ない理由である。そうしたなかでヴィシュヌプル Vishnupur に独特のヒンドゥ寺院の一群が残されている。ケシュタ・ラーヤ（1655年），シャーマ・ラーヤ（1643年）など，17世紀から18世紀にかけての建造であるが，何よりも目を引くのがバンガルダールと呼ばれる棟が湾曲した独特の屋根である。明らかにこの形態はベンガル地域の農家バングラの形態を模している。煉瓦の他ラテライトも用いられ，テラコッタのパネルで装飾される。平面は正方形で，求心性が高い。また，バンシュベリアのハンセーシュヴァリ寺院（1814年）などイスラームとヒンドゥの混淆様式も興味深いところである。

2　ヒマラヤ

　カシュミールなど北インドのヒンドゥ建築も地域性豊かである。きわめて雨の多いことから，急勾配の切り妻，寄せ棟，方形の屋根が用いられるのである。上部構造は失われているが，マールタンドのスーリヤ寺院（750年頃），アヴァンティープルのアヴァンティスワーミン寺院（9世紀），ブニヤールのヴィシュヌ寺院（900年頃）などが古例である。また，ヒマラヤ杉など木材が豊富な地域には，ナガル，スングラ，サラハンなど各地に木造のヒンドゥ寺院も見られる。山々に覆われたヒマーチャル・プラデーシュ州には，チャンバのラクシュミー・ナーラーヤナ寺院群（14世紀）のようにシカラの上部を編み笠で蓋をするような木造屋根が見られる。

3　ケーララ

　ヒマラヤ地域と同じようにインド亜大陸

Ⅳ　ヒンドゥの建築世界　177

の最南端ケーララ地域も多雨地域であり，木造建築の伝統が生きている。トリヴァンドラムのマハーデーヴァ寺院（14世紀）は，壁体はラテライトであるが，屋根は木造である。ケーララ州を代表するのがトリチュールのヴァダックンナータ寺院（12世紀）で円形の祠堂が独特である。

図4-75　宮殿，ウダイプル

図4-76　メヘランガル城，ジョードプル

図4-73　ハワ・マハル（風の宮殿），ジャイプル

図4-77　ジャイサルメルの鳥瞰写真

図4-74　ジャンタル・マンタル（天文台），ジャイプル

図4-78　ジャイサルメル（配置図）

178

4　ラージャスターン

　ラージャスターンとは王の国という意味であるが，古来，ラージプートの国（ラージプターナ）と言われ，インドでも独特の地域として知られる。古代からのクシャトリヤの子孫であると称し，イスラーム王権のムガル帝国の支配下においてもヒンドゥ的要素を維持し続けた。

　18世紀初頭，ジャイシンII世によって，ヒンドゥの都市原理をもとに建設されたジャイプルがいい例である。ジャイプルにはハワ・マハル（風の宮殿），ジャンタル・マンタル（天文台）など独特の建築を見ることができる。また，ウダイプル，ジョードプル，ジャイサルメルなどラージプート族の築いた珠玉のような都市がある。アンベール城，アジュメール城，ジュナガル城など城郭宮殿に見るべきものが多い。チトルガルは，8世紀から15世紀末までメーワール国の首都であり，チトル城のほか，「名誉の塔」，「勝利の塔」と呼ばれる他にない高塔が残っている。

図4-79　名誉の塔，チトルガル

5　ネパール

　カトマンズ盆地には，カトマンズ，パタン，バクタプル（パドガウン）という3つの古都があり，リッチャヴィ朝時代（5〜9世紀）から存続する30以上の小都市や集落がある。仏教とヒンドゥ教は，土着の慣習や信仰に加えて古くからネワール族に受け継がれてきた。ヒンドゥ寺院と仏教僧院や仏塔はごく近くに一緒に建てられ，ヒンドゥ寺院と仏塔がひとつの伽藍を構成する例

図4-80　ダルバール広場，パタン

図4-81　カシタ・マンダパ，カトマンズ

IV　ヒンドゥの建築世界　179

図4-82 シヴァ寺院, バクタプル

図4-83 パシュパティナート寺院, カトマンズ

図4-84 チャング・ナラヤン寺院, カトマンズ

も多い。カトマンズ盆地の都市の街路や広場には都市コミュニティの日常生活のために，仏教僧院，ヒンドゥの神々を祀る寺院や祠，水場，休息所などが建てられ，独特の景観を形造っている。とくに3都市の王宮とダルバール（王宮前）広場は建築の宝庫である。

都市施設として，まずダラムサラーと総称される巡礼者用の宿泊施設，地区の集会施設がある。規模によってサッタル，パティ，マンダパ，チャパトなどの種類がある。カトマンズのカシタ・マンダパが最大のダラムサラーである。ダラムサラーにはバハ，バヒ，そしてバハ・バヒと呼ばれる3種がある。バヒは独身者用，バハは妻帯者用として成立し，地区の中心的会堂となったものをバハ・バヒという。いずれも中庭を囲む集合形式をとり，街区を秩序づけている。

ネパールの建築は木造を基本とし，煉瓦造が併用されるのが特徴である。とくに，木造の塔が独特である。斗栱ではなく方杖（斜材）で軒先を支える点，煉瓦を併用する点など，日本の塔とはずいぶん趣が異なる。

ヒンドゥ教寺院の中心はシヴァ派の総本山パシュパティ（獣主）ナート寺院である。また，リッチャヴィ期に遡るとされるのがチャング・ナラヤン寺院である。

10 海を渡った神々
── 東南アジアのヒンドゥ建築

　東南アジア地域の「インド化」が始まるのはおよそ紀元前後のこととされる。「インド化」とは，インド世界を成り立たせてきた原理あるいはその文化が生んだ諸要素，具体的には，ヒンドゥ教，仏教，デーヴァラージャ（神王）思想，サンスクリット語，農業技術 … などが伝播し受容されることをいう。

　インド化以前の東南アジアには，水田稲作，牛・水牛の飼育，ドンソン青銅器文化，鉄の使用，精霊崇拝，祖先信仰 … など，ある共通の基層文化の存在が想定されている。セデスは先アーリヤ文化と呼ぶが，その段階でもインド亜大陸と東南アジアとのひんぱんな交流はあり，たとえば水牛はインド東部で家畜化されて，伝来した可能性が高い。インド文化要素の伝来にあたって，インド亜大陸の先住民であるオーストロアジア語族系集団がアーリヤ人の侵入とともに移動し，その文化を東南アジアにもたらしたという説もある。カースト制はなぜ東南アジアには伝えられなかったか，など「インド化」をめぐる議論は興味深いが，ここではヒンドゥ建築の展開を中心にみよう。

　東南アジアに現存する7世紀以前に遡るヒンドゥ建築の遺構はほとんどない。大きく地域区分をして，主要な王朝を軸にしてみたい。

1　クメール ── アンコール

　東南アジアで最も古いインド化国家はフナン（扶南）で，メコン・デルタを支配域とし，最盛期は4世紀とされる。オケオ遺跡が知られ，南方上座部仏教も行われたが，ヒンドゥ教が卓越していたと考えられている。

図4-85　象のテラス，アンコール

図4-86　乳海攪拌の像，アンコール

Ⅳ　ヒンドゥの建築世界 ─── 181

図4-87 観世音菩薩面，バイヨン，アンコール

図4-88 バコン，アンコール

図4-89 ピミアナカス，アンコール

図4-90 バプーオン，アンコール

　6世紀末頃にメコン川中流域に興り，7世紀中期にフナンを征圧したのがクメール（真臘）であり，イーシャナプラ（伊奢那城，現サンボール・プレイ・クック）に都を置いた。その周辺にはヒンドゥ教の焼成レンガ造の祠堂の遺構が残されているが，基壇の上に直方体の身舎を置き，その上に屋蓋を載せる形態には，大きく段台ピラミッドを多層に重ねるものと，高搭状のものと2種類ある。

　802年にジャヤヴァルマンⅡ世（在位802～834年）がアンコール朝を創始した。この時をもって前アンコール時代とアンコール時代とを区分する。アンコールとはサンスクリット語のナーガラ（都市）を語源とする。この時以降，遷都は頻繁ではあったが，クメール族の首都はアンコール地域内に固定する。ジャヤヴァルマンⅢ世を経

表4-1　アンコールの主な王朝と建築様式

ハリハラーラヤ	インドラヴァルマン I 世（877～889年）

ロリュオス遺構群：プラ・コー様式
　プラ・コー　879年　　バコン　881年　　ロレイ祠堂　893年

アンコール第1次（ヤショーダラプラ）	ヤショヴァルマン I 世　（890～910年） ハルシャヴァルマン I 世　（910～922年） イーシャーナヴァルマン II 世（922～928年）

バケン様式
　プノン・バケン　　ヤショーダラタターカ　　プノム・クロム
　プラーサート・クラヴァン　921年

コーケー	ジャヤヴァルマン IV 世（928～942年）

コーケー様式

アンコール（第2次）	ラージェンドラヴァルマン　（944～968年） ジャヤヴァルマン V 世　（968～1001年） スールヤヴァルマン I 世　（1011～1049年）

東メボン　952年　　プレー・ルプ　961年
バンテアイ・スレイ　967年……バンテアイ・スレイ様式
タ・ケォ　　ピミアナカス　　クレアン……クレアン様式

アンコール（第3次）	ウダヤディティヤヴァルマン II 世（1049～1066年） ハルシャヴァルマン III 世　（1066～1080年） ジャヤヴァルマン VI 世　（1080～1107年）

バプーオン様式
　バプーオン　　西バライ　　ムアン・タム

	スールヤヴァルマン II 世（1113～1150年）

アンコール・ワット様式
　アンコール・ワット　　ピマイ　　トマノン

アンコール（第4次）	ジャヤヴァルマン VII 世（1181～1220年）

バイヨン様式
　バイヨン　　アンコール・トム　　タ・プローム　　バンテアイ・クディ　　プラー・カン
　ニャック・ポアン　　タ・ソム

　てインドラヴァルマン I 世（在位877～889年）が登位してロリュオスに首都ハリハラーラヤを建設する。アンコール・ワット（12世紀前半），バイヨン（12世紀末）の建設の時にアンコール朝は最盛期を迎える。

　クメールの諸王はシヴァ派を信奉し，リンガ崇拝がさかんであったが，ヴィシュヌ信仰，そしてハリハラ信仰も行われた。また，大乗仏教も混淆し，アンコール・トムのバイヨン（中心山寺）の建設者ジャヤヴァルマン VII 世（在位1181～1220年）は観世音菩薩を重視したことが知られる。

　アンコール期の王都名，王名，主要な建築などを列挙すると別表のようになる【表4-1】。様式は装飾文様や浮彫によって区別されている。アンコールでは5つの頭や7つの頭をもつナーガの像がいたる所に見られる。また，乳海攪拌のモチーフが特徴的である。さらに，観世音菩薩の顔面塔を鏤めたバイヨンなど他に類例がない。

　クメールにはストゥーパの遺構はなく，寺院を構成するのは祠堂である。祠堂は基

IV　ヒンドゥの建築世界 ───── 183

図4-91　ピマイ（立面図），アンコール

図4-94　タ・プローム，アンコール

図4-92　タ・ケォ，アンコール

図4-95　バンテアイ・スレイ，アンコール

図4-93　バイヨン，アンコール

図4-96　プラ・コーの彫刻，アンコール

壇，身舎，屋蓋の3つの部分からなり，インド的宇宙観としての三界観念 — ヒンドゥ教にいうスヴァルローカ Svarloka（天界），ブヴァルローカ Bhuvarloka（空界），ブールローカ Bhurloka（地表界・他界），また大乗仏教にいうアールーパダーツ Ārūpadhātu（無色界），ルーパダーツ Rūpadhātu（色界），カーマダーツ Kāmadhātu（欲界），さらに南方上座部仏教にいうカーマローカ，ルーパローカ，アールーパローカ — 中国仏教ではローカを「世」，ダーツを「界」と訳す — を具象化したものと考えられる。

　寺院の形式はきわめて幾何学的であり，わかりやすい。平面形式としては，中心祠

184

図4-97　ロレイ，アンコール

図4-98　東メボン　スラ・スラン，アンコール

図4-99　ニャック・ポアン，アンコール

図4-100　北クレアンの連子窓，アンコール

堂が1基のもの（①），3基形式（②），中心の1基を4基の副祠堂で囲む5基形式（③金剛宝座），6基形式（④）などがある。また立面形式としては，全体が平面状に展開するもの（平地形式），丘上に立つもの（丘上形式），段台ピラミッドの上に展開するもの（堂山形式），山の斜面に段台テラス状に展開するもの（山腹形式），の4つの形式がある。

①にはバコン，ピミアナカス，バプーオン，西メボン，トマノン，ピマイなどがある。大きく内陣が1室のものと平面分化が進んだ十字形平面を持つものとの2つに分かれる。②には，プノム・バケン，東メボン，プレー・ルプ，タ・ケォなどがある。タ・ケォは十字形平面をしており，段台ピラミッドの上に5基の祠堂が建つ。アンコール・ワットやバイヨン，タ・プローム，バンテアイ・クディなどもこの五基形式が複雑化したものと考えられる。③にはプノム・クロム，バンテアイ・スレイ，ワット・シー・サワイ（スコータイ）などがあり，④はプラ・コーが知られる。

　伽藍配置はきわめて求心的なマンダラ形式をとるが，本殿→拝殿→楼門を一直線上に配するものも少なくない。南インドある

Ⅳ　ヒンドゥの建築世界　　　185

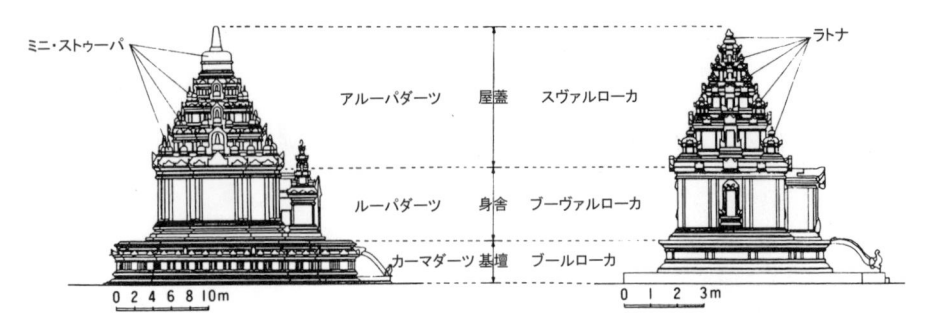

ミニ・ストゥーパ / アルーパダーツ / 屋蓋 / スヴァルローカ / ラトナ
ルーパダーツ / 身舎 / ブーヴァルローカ
カーマダーツ / 基壇 / ブールローカ

図4-101　仏教のチャンディ（左）とヒンドゥ教のチャンディ（右）

図4-102　ロロ・ジョングラン、プランバナン

いは東北インドとの類似性が指摘される。基本的に墓廟であるアンコール・ワットが西向きであるほか、ほとんどすべての主祠堂は最聖の方位である東を向いている。

2　ジャワ

アンコール期のクメールに先立ってヒンドゥ・仏教建築の華を開かせたのはジャワである。これまでに出土したサンスクリット碑文から、5世紀にはジャワにインド文明が及んでいたとされるが、その起源については不明である。

チャンディ・アルジュナ、チャンディ・ビマなど最古の建築遺構は中部ジャワのディエン高原にあり、7世紀のものという。

以降、シャイレンドラ朝（750〜832年）によるものを中心に、7世紀末から10世紀初頭にかけて建てられた数多くの建築が中部ジャワには残っている。

ヒンドゥ教であれ、大乗仏教であれ、ジャワでは寺院を一般的にチャンディ candi という。チェディと同様サンスクリット語のチャイティヤから来ていると考えられるが、内部空間を持たないストゥーパと考えられるチャンディ・ボロブドゥールとヴィハーラもしくは経蔵とみなされる多層のチャンディ・サリとチャンディ・プラオサンを除くと、すべて神仏像やリンガを収める祠堂である。

最も著名なのはチャンディ・ボロブドゥールとチャンディ・ロロ・ジョングラン（別名プランバナン）である。前者はシャイレンドラ朝による大乗仏教の遺構であり、1814年に「発見」された。6層の方形段台ピラミッドの上に3層の円形段台が重ねられ、中心ストゥーパをとりまいて3層円形段台上に各32、24、16の計72基の小ストゥーパが円形に並べられている。各層の壁面は仏伝にまつわる浮き彫りのパネルによって飾られている。ボロブドゥールが

図4-103　チャンディ・セウ，プランバナン

図4-105　グヌン・カウィ，バリ

図4-104　ゴア・ガジャ，バリ

図4-106　バリ建築のエントランスに用いられるチャンディ・ブンタール（割れ門），バリ

いったい何を意味するかをめぐっては、さまざまな解釈がなされている。東方1.8キロと3キロの所にあるチャンディ・パオンとチャンディ・ムンドゥットが同一軸上に並んでいることで1グループと考えられている。

チャンディ・ロロ・ジョングランはシヴァ神を主神とするヒンドゥ寺院で、856年の創建とされる。大小240のチャンディ群からなり、大きく外苑、中苑、内苑の3つの境内に分かれる。内苑には中心祠堂と両側の脇祠堂、それらにそれぞれ対峙する小祠堂を合わせて6つのチャンディが建っている。

他にチャンディ・コンプレックスとして、チャンディ・セウ、チャンディ・ルンブン、チャンディ・プラオサンなどがあり、いずれもきわめて幾何学的な構成をしている。

10世紀中葉になるとヒンドゥ・ジャワ文化の中心は東部ジャワに移る。シャイレンドラ王のヒンドゥ教への改宗、シュリーヴィジャヤ王国の脅威、ムラピ山の爆発など諸説あるが、ヒンドゥ王国の中心は、順にクディリ（c.930〜1222年）、シンガサリ（1222〜1292年）、マジャパヒト（1293〜c.1520年）に移る。いずれもブランタス川の上流に位置し、スラバヤがその外港である。

東ジャワ期になるとヒンドゥ教と大乗仏

IV　ヒンドゥの建築世界

図4-107　チャンディ・スク，ジャワ

図4-108　チャンディ・チョト，ジャワ

教の混淆はいっそう進み，密教化する。ストゥーパ，ヴィハーラはなく神像を収めた祠堂チャンディが各地に残されているが，中部ジャワ期と比べると，一般的に幅が短く高さが高い。また，カーラ・マカラ装飾のうち上部のカーラのみとなる。カーラは陸の，マカラは海の，いずれも想像上の動物で開口部の上下に用いられる装飾である。多くの遺構があるが，バリ島のゴア・ガジャ，グヌン・カウィはクディリ朝のものである。チャンディ・キダル，チャンディ・ジャゴ，チャンディ・パナタランがシンガサリ朝の代表的チャンディである。また，トロウラン周辺にチャンディ・ジャウィ，チャンディ・ティクスなどマジャパヒト王国の遺構が残っている。

マジャパヒト王国は，16世紀初頭にはイスラーム勢力に追われてバリ島に拠点を移すことになる。このヒンドゥ教の衰退期におけるユニークな遺構が中部ジャワのラウー山のチャンディ・スクと，プナクンガン山に残るチャンディ・チョトである。

3　パガン

クメール，ジャワと並んで，東南アジアにおけるヒンドゥ・仏教建築の3大中心とされるのは，ミャンマーのエーヤーワディ川中流域のパガンである。

エーヤーワディ川流域には，古来ピュー族の文化が展開していたとされる。古くからインドの影響が及んでいるが，たとえば，ベイタノー遺跡には南インドのアーンドラ朝（c.BC1世紀〜AD3世紀中期）の影響があるとされる。また，シュリークシェートラ遺跡にはインド東海岸中部のアマラーヴァティー地方，あるいはベンガル，オリッサ地方の影響がうかがえるパゴダが残されている。

このエーヤーワディ川流域に北方から南

下してきたビルマ族が打ち立てたのがパガン王朝である。パガン朝の創始は2世紀初頭とする伝承もあるが、最盛期を迎えたのはエーヤーワディ川流域を統一したアノーヤター王（在位1044～1077年）以降の250年間である。パガン朝の歴代の王らが造営した堂塔の数は5000にも及び、今日なお2000を超える遺構が残っている。南方上座部仏教がパガン朝の中心であるが、8世紀以前には大乗仏教の影響が強く、さらにピュー族以来のヒンドゥ教の影響も色濃い。

パガン朝の建築は、一般的に、北インド式の、すなわちシカラ風の高塔を頂く。塔すなわちパゴダおよび祠堂ツェディの塔部についてはⅡ章で触れたが、12世紀になるとモン文化に代わってビルマ文化が成立し、11世紀中葉にいわゆるビルマ型のパゴダが成立している。ヴィハーラの遺構としてはソーミンディ、タマニ、アマナなどがあるが、中庭を囲む方形平面の基本型がある。

4　チャンパ

東南アジア大陸部の南シナ海沿岸部は古来中国の影響が強い。とくに北部は紀元前111年に漢の武帝に征服され、その支配下に置かれている。中国支配から脱して2世紀末に建国したのが、チャム族のチャンパである。同国は、この時期に南シナ海沿岸部に興ったインド化国家の1つである。その歴史は、林邑期（192～758年）、環王期（758～860年）、占城期（860～1471年）に分けられるが、2世紀末から15世紀末まで存続する。ヒンドゥ教を主、仏教を従と

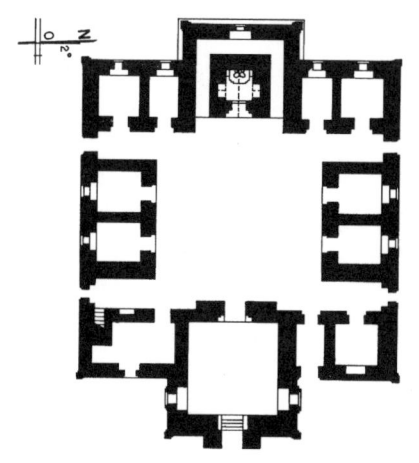

図4-109　ソーミンディ寺院（平面図）、パガン

した。林邑期の中核域は、ベトナム中部のチャーキュウ、ミーソン、ドンズオンの一帯でアマラーヴァティーとサンスクリット語名で呼ばれている地域である。現在残る遺構はほとんどがヒンドゥ教の祠堂でカランと呼ばれる。

環王期になると中核域は南のクヮンホア、ファンラン（パーンドランガ）周辺に移る。ホアライには802年頃王位についたハリヴァルマンⅠ世が建立したというカラン群が残っている。

占城期になると中核域は再び北に移動し、クヮンナム周辺となる。代表的遺跡として残るのはミーソンの南のドンズオンである。9世紀のインドラヴァルマンⅡ世が大乗仏教を奉じたとされ、この時期にチャンパでは唯一仏教の興隆をみている。

チャンパの建築様式については、隣接するクメールやグプタ朝インドとの関係が深い。また、ジャワとの交流も古くからうかがえる。さらに、中国の影響も見ることができる。

V

アジアの都城とコスモロジー

panorama　都城とは城郭都市のことか

　都城について、たとえば『広辞苑』は「(周囲に)城郭をかまえた都市」、また『世界考古学事典』で関野雄は「周囲に城壁をめぐらした都市の遺跡。従来の慣例から中国、朝鮮、日本に限定するのがふつう」としている。この2つの説明は、都城を「城郭あるいは城壁で囲まれた都市」とする点で共通する。

　しかし広くユーラシアを見わたすと、囲壁は都市のみならず大村落にもみられる普通の施設である。その存在を強調しても、それは、ユーラシア都市の普通の特徴を述べるだけで、都城という特別な都市の説明にはならない。「都城とは何か」について再考する必要がある。

　都城とは、「都の城」である。前近代では「都の城」は、王権の所在地として他の都市からは超越した至高の存在であった。「都」とは、帝王が国家の名のもとに政事と祭事を執りおこなう場を意味し、王宮・官衙などの政事施設、また神殿・寺院などの祭事施設によって表象される。この2つは一体化して、祭政一致の「都」の核心を構成することが多かった。一方、「城」とは都城のもつ軍事的側面を意味し、市壁・濠などによって表象される。都城を「市壁で囲まれた都市」とする前述の定義は、「都の城」の「城」だけに注目しているにすぎない。もちろん市壁は軍事施設というだけでなく、中国では文明の表象であり、また西アジアやインド世界では都市の格式を示す指標でもあった。

　日本の都城は「都の城」のうちの「都」のみを採用して、「城」を受容しなかった。にもかかわらず日本では、おかしなことに「城」を強調して都城が定義づけられるのである。

　政事・祭事・軍事の3つは、王権の権威と権力を基盤として展開される。王権の権威の源泉は、聖典や神話を通じて伝承されるコスモロジーにあった。このことは、古代中国の「天帝の地上における子としての天子」という王権思想、また「サンスクリット聖典の独占者バラモンによってクシャトリヤの中から認証された帝王」という古代インドの王権思想などを思い起こせば明らかである。そのゆえに王権によって建設された都城は、王権を媒介としてコスモロジーと結びつく。都城は、「地上に実現されたコスモロジーの縮図」である。こうした至高性をもつ都城は、当然、王権所在地である王都に限られる。

　しかし当初は神話や聖典に従属していた王権が、権力拡大をもとに自己伸長を遂げる。その結果コスモロジーから逸脱して、王権による都城の世俗的再編つまりバロック化が始まる。たとえば王宮に立つ帝王のヴィスタを顕示する軸線道路の出現が、その好例である。こうして都城の形態展開を考えていくための基本概念として、コスモロジー、王権、バロック化の3つを設定できる。

01　都城とコスモロジー——2つのアジア

1　都城思想とアジア——A・B両地帯

　都城を王権の所産とすると，当然，その形成は帝国の成立地に限られる。しかしアジアの帝国成立地帯が，すべて都城を建設したとはいえない。アジアは，「コスモロジー－王権－都城」連関にもとづく都城思想をもつA地帯と，それをもたないB地帯とに二分される。A地帯に属するのは南アジア・東南アジア・東アジアであり，B地帯はその外方に広がる西アジア・北方アジアである。両者の境界は，西方では湿潤と乾燥，北方では温暖と寒冷という生態条件の相違とほぼ対応する。

　A地帯は都城思想を共有する点では共通性をもつが，その内部は，都城思想を自ら生み出した核心域とそれを受容した周辺域という「中心－周辺」構造を示す。その核心域は，2つ存在する。古代インド(A1)と古代中国(A2)である。両核心域のまわりには，それらから都城思想を受容した周辺域が存在する。A1の古代インド都城思想の受容地帯が，ベトナムをのぞく東南アジアである。A2の古代中国都城思想を受容したのが，朝鮮半島・日本・ベトナムなどである。

　この関係を示したのが，図5-1である。本章の対象は，このうちのA地帯にある。しかしそこに議論を集中する前に，B地帯

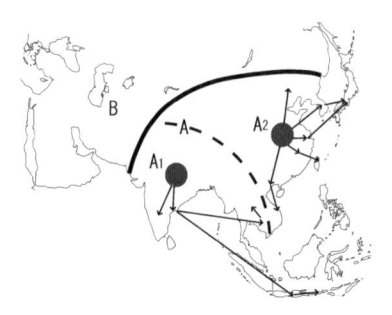

図5-1　「コスモロジー －王権 － 都城」連関からみたアジア（応地による）

のイスラーム諸帝国が建設した王都がなぜ都城とはいえないのか，という問題について簡単に触れておく必要がある。アッバース朝のバグダードを例として，この問題について考えることにする。

2　都城思想とイスラーム ——バグダートを例に

　史上最初のイスラーム帝国は，661年成立のウマイヤ王朝であった。同王朝は，現在のダマスクス（ディマシュク）に王都を定めた【図5-2】。しかしダマスクスは先行するローマ帝国およびビザンツ帝国の重要都市であり，両帝国が建設した街路形態や主要施設の位置などを踏襲して，イスラーム帝国最初の王都がここに建設された。その意味では，ダマスクスはイスラーム最初の王都ではあっても，都市としての特質は非イ

V　アジアの都城とコスモロジー　193

スラーム的要素を帯びていた。ここでダマスクスではなくバグダードをとりあげるのは、バグダードが独自の構想にもとづくイスラーム世界最初の王都だったからである。

アッバース王朝第Ⅱ代カリフ、アル・マンスールは、周到な選地の末バグダードの建設に着手する。毎日10万人を動員して、4年をかけて766年に新都を完成させた。その正式名称はマディーナ・アッサラーム(『平安京』)。ほぼ同時期の日本の都城と同じ意味の名称をもつ新都で、環濠と3重の市壁に囲まれた円形都市であった【図6-13】。

その総面積をラスナーにしたがって500万平方メートルとすると、半径は約1260メートル、円周は約7920メートルとなる。内部は同心円で2分され、外円部は最も内側の市壁より外周の部分で、放射状の大路と小路で規則正しく分割されていた。そこは廷臣や将軍たちの住宅地であり、一般市民の居住は許されなかった。内円部の中心には正方形の大モスクがあり、その北東辺に接して付属するかのように王宮(黄金門宮)があった。この2つを都市核として、そのまわりに王族の邸宅・諸官庁・警察・親衛隊駐屯所などが建設された。

円は、特定方向への偏りをもたない等方的な形態である。内円部と外円部からなるバグダードも、等方性にしたがった同心円編成である。しかし図6-13は、この等方性原理だけではバグダードの都市形態は説明できないという印象をあたえる。その理由は、中心を占めるモスクの存在にある。モスクは正方形という非等方的な形態にくわえて、キブラというメッカへの方位を最優先とする方向的なバイアスをもつ。それを端的に示すのが、キブラによって方向を規定された4本の大路である。それらによって円形都市が4等分される結果、バグダードでは円形のもつ等方性は背後にしりぞく。円形でありながら、メッカへの方向的バイアスを刻印されたイスラーム都市という性格を、そこに読みとりうる。

ではバグダードを、イスラームのコスモロジーを体現する都城として理解できるだろうか。小杉泰によると、イスラームにもコスモロジーは存在するが、個々の都市がコスモロジーを体現するという思想はない。あるのは、諸都市を群として相互に関連づける思想である。つまり都市の最重要施設であるモスクが、すべてメッカに向けて建つということである。その結果、イスラーム世界のすべてのモスクさらには都市が、メッカのカーバ(カアバ)神殿という磁極にむけて求心する。この壮大なモスクと都市の星座的編成が、イスラームのコスモロジーなのである。これは、「個々の都城が王権を介してコスモロジーと結合する」A地帯とは、異なった原理である。歴史をつうじてイスラーム世界が帝国と王都を建設してきた点ではA地帯と同じではあっても、同世界を都城思想をもたないB地帯とする理由が、ここにある。

円形と正方形、放射状また直交状街路といったバグダードの幾何学的編成は、いかにもイスラーム的にみえる。しかし円形の採用をイスラームに帰することはできない。イスラーム化直前のメソポタミアは、ササン朝ペルシアの版図であった。ペルシアは、長い歴史のなかで円形都市を多く建設してきた。古くは、紀元前8～6世紀のメディ

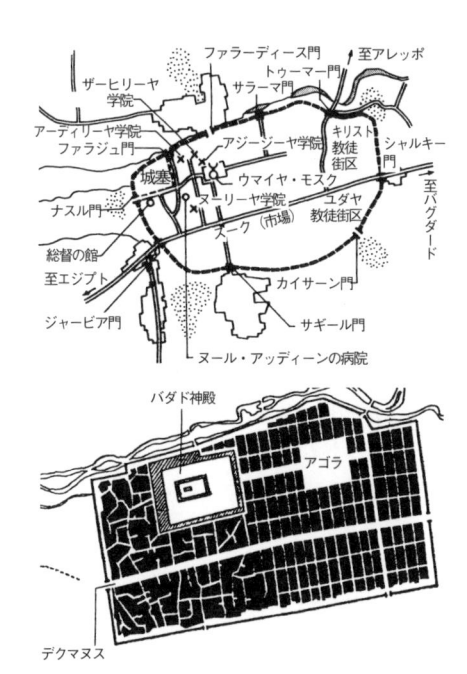

図5-2　ダマスクスのイスラーム化（山中由里子）
　　　　上：13世紀　下：ローマ時代

図5-3　ハトラ遺跡図（深井晋司）

ア王国の首都エクバタナ（現在のイラン北西部のハマダーン）に関するヘロドトスの記述がある。

　彼は，当時のメディア王デイオケスについて述べたのち，「デイオケスは壮大強固な城郭を築いたが，これが今日エクバタナの名で呼ばれる城で，同心円を描いて城壁が幾重にも重なり合っている。この城郭は，ひとつひとつの壁の輪が，胸壁の高さだけ高くなっていくように設計されている。城がこのような形状を呈しているのには，地形が丘陵を成していることも，いくらか手伝ってはいようが，むしろそのように設計されたのである。環状の城壁は全部で七重になっており，一番奥の城壁のなかに，王宮と宝蔵がある。城壁のうち最大のものは，アテナイの町の円周とほぼ同じ長さである。第一の城壁の輪の胸壁は白，第二は黒，第三は深紅色，第四は紺青，第五は橙赤色というふうに，どの城壁も，その胸壁が色染めされている。そして最後の2つの城壁は，その胸壁に一方は銀，他方は金の板をかぶせてある。… 人民たちには城壁の外廻りに住むように命じた」（松平千秋訳）と語る。

　この記述のうち7重の城壁を3重に，また「王宮と宝蔵」を「王宮とモスク」に変えると，彼の記す内容はアル・マンスールのバグダードに妥当する。

　イラン高原とメソポタミアに残るイスラーム期以前の円形都市遺跡は，ほかにクテシフォン（3〜7世紀），ハトラ（BC1〜AD3世紀）【図5-3】，ニーシャプール（3〜10世紀）など相当数にのぼる。円形都市というバグダードの特異な幾何学的形態はイスラーム的な印象をあたえるが，バグダードは先行するササン朝ペルシアの都市を範型として建設されたのである。

Ⅴ　アジアの都城とコスモロジー ―― 195

02　古代インドの都城思想 — A1地帯

1　『アルタシャーストラ』の都城論

　古代インドの都城についてのくわしい記載は，BC2～AD2世紀の成立とされる『アルタシャーストラ（実利論）』第2巻の第3章「城砦の建設」と第4章「城砦都市の建設」にある。その内容を，上村勝彦の訳になる岩波文庫本（初版）によって要約すると，つぎのようになる。

① 選地 — 建築学者が推奨する地に建設され，河川の合流点や水を湛えた湖や池の岸辺にあって，陸路と水路をそなえている。

② 形態 — 地形に応じて，円形か長方形ないし正方形。

③ 環濠 — 周囲は3重の濠で囲まれ，その幅員はおのおの約25，22，18メートルである。

④ 市壁 — （最も内側の）濠から7メートル離れたところに，濠の建設時に掘りあげた土で堅固に築かれる。その高さは約11メートル，底面の幅員はその2倍である。

⑤ 街路 — 西から東に向けて走る3本の王道，また南から北に向けて走る3本の王道で市街地は区画され，市壁には計12の市門がある。王道の幅員は約14メートル，一般の街路幅はその半分である。

⑥ 王宮 — 四姓がともに住む最良の住宅地にある。その位置は住宅地（市街）の中心から北方の第9区画にあり，東向きあるいは北向きに造られる（ただし，上村訳再版本では第9区画は都城全面積の9分の1に修正されている。この部分のサンスクリット語原文は，どちらの意味にも解釈しうる。ここでは初版本に従う）。

⑦ 諸施設と居住地の配置 — 王宮からの方向に応じて，つぎのように配置される（なお下線は，同書が別の章で述べる長官が管轄する公的施設を指す）。

・北微東：学匠・宮廷祭僧・顧問官の住宅，祭式の場所，<u>貯水場</u>。

・南微東：<u>厨房</u>，<u>象舎</u>，<u>糧食庫</u>。

・その彼方に，香・花環・飲料の商人，化粧品の職人，およびクシャトリヤが，東の方角に住む。

・東微南：<u>商品庫</u>，<u>記録会計所</u>，および職人居住区。

・西微南：<u>林産物庫</u>，<u>武器庫</u>。

・その彼方に，<u>工場監督官</u>，<u>軍隊長官</u>，穀物・調理食・酒・肉の商人，<u>遊女</u>，舞踏家，およびヴァイシャが，南の方角に住む。

・南微西：<u>ロバ</u>・<u>ラクダ</u>の小屋，作業場。

・北微西：乗物・<u>戦車</u>の車庫。

・その彼方に，羊毛・糸・竹・皮・甲

胄・武器・盾の職人，およびシュードラが，西の方角に住む。
- 西微北：商品・医薬の貯蔵庫。
- 東微北：宝庫，生馬舎。
- その彼方に，都市・王の守護神，金属と宝石の職人，およびバラモンが，北の方角に住む。

⑧ 神殿（寺院）── 都市の中央にアパラージタなどの諸神殿がある。

2 古代インド都城の形態復原

　この記載から，いかに古代インド都城の形態を復原できるだろうか。古代インドにおいては，都城は，ヒンドゥ的コスモロジーにもとづく「地上に実現された宇宙（世界）の縮図」であった。それが，復原への出発点である。

　定方晟は，ヒンドゥ教のコスモロジーを鳥瞰図の形に整理している【図5-4】。人間が居住する円形大陸（ジャンブ州）の中央には，世界の中心軸メール山がそびえる。その平頂面には，宇宙創造神ブラーフマン（梵天）の円形領域を中心として，東にインドラ神（帝釈天），東南にアグニ神（火天）・南にヤマ神（焔魔天）以下，世界の8方位を護る八大守護神の円形領域が並ぶ。これを表現したものが，各種のマンダラである。

　マンダラのなかで，建築や都市計画の考察によく引かれるのは，正方形を8×8＝64ブロックに分割したうえで，45の神々の領域を定めたマンドゥーカ・マンダラである【図5-5】。前記の要約⑤は，王道以外に一般の街路が都城内に存在するとしているので，8×8のマンダラの採用はそれに抵触しない。

　同マンダラをベースマップとして，『ア

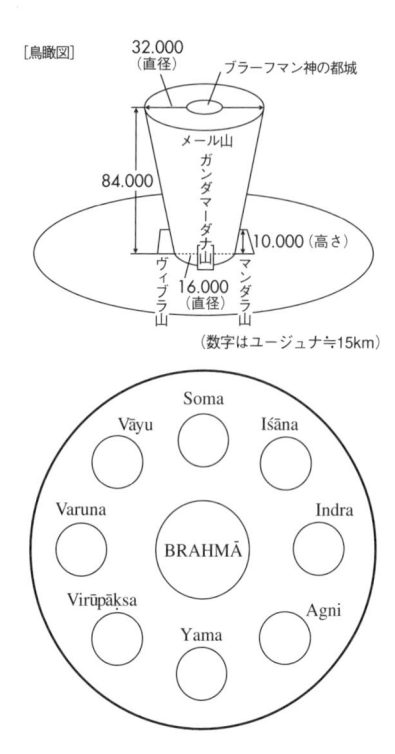

図5-4　上図：ヒンドゥ教の世界観（定方晟）
　　　　下図：メール山頂での神々の領域配置

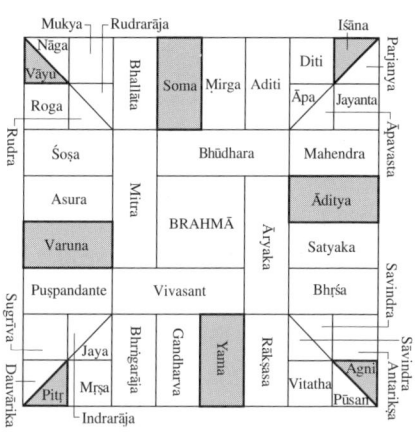

図5-5　マンドゥーカ・マンダラ
　　　（アミかけは八大守護神の領域）

V　アジアの都城とコスモロジー　197

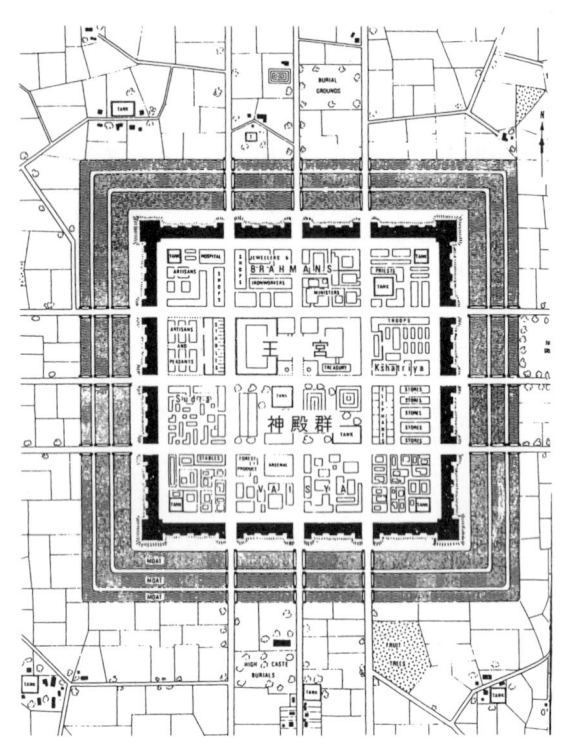

図5-6 『アルタシャーストラ』にもとづく都城復原（W・カーク）

ルタシャーストラ』の都城記載を読解する。要約③の濠や要約④の市壁は自明である。要約⑤で、市街地は各3本の東西と南北の王道で16等分される。同マンダラの街路は8×8なので、王道間に一般街路が走るとすればよい。王道と市壁との交点に市門があるとすれば、各辺3門で計12市門となる。

困難なのは、16等分という中心を定めがたい市街地のどこに、要約⑥の「住宅地（市街）の中心」を想定できるか、またそこから「北方の第9区画」をいかに算定して王宮の位置を確定できるかという問題である。先行の諸研究で、これらに関して納得できる解答を示したものはない。たとえば

図5-6のカーク案でも王宮は市街地の中心に位置し、要約⑥に反する。

東西・南北各3本の王道をマンドゥーカ・マンダラに記入すると、図5-7のようになる。中央の王道の交点をとりまく4ブロックは、同マンダラではブラーフマン神の領域にあたる最も聖なる中心である【図5-5】。ここに、要約⑧の「都市の中央」にある神殿（寺院）群を想定しうる。

問題は、「中心から北方の第9区画」である。第1区画は、当然、この神殿（寺院）群である。ヒンドゥ寺院は、正門を最尊の方位である東に向ける。したがって第2区画は、東の正門前のブロックとなる。ヒンドゥ教では行道すなわちマントラを唱えつ

つ寺堂を廻る時や巡礼の際の回路は，右繞（うにょう）つまり時計まわりである。第2区画から時計まわりに区画を数えたのが，図5-7の小文字の数字である。問題の第9区画は，神殿群北東方の大文字数字2のブロックとなる。そこは「住宅地（市街）の中心から北方」にあり，また王道で東と北が画されていて「東向きあるいは北向きに」王宮を造るという要約⑥を満足する。その結果，要約⑥の王宮を含む「最良の住宅地」は，大文字数字3の囲帯となる。

残るのは要約⑦で，王宮からみた各方位にある諸施設と4ヴァルナ（四姓）の居住区の位置確定である。その記載は体系的である。王宮の東方をとると，「北微東」＝北東方には学匠の住宅などが，「南微東」＝南東方には厨房などが，そして「その彼方」つまり「北微東」と「南微東」とをあわせた部分の彼方には，香の商人やクシャトリヤの居住区が所在すると記載されている。これを整理したのが図5-7の大文字数字で，「北微東」が4，「南微東」が5，「その彼方」が6の各ゾーンとなる。残りの各方位についても，記載は一貫している。こうして確定できる要約⑦の計12ゾーンの配置を，図5-7の下に併記した。

マンドゥーカ・マンダラをベースマップとして，『アルタシャーストラ』の記載を読解していくと，同マンダラの45の神々の全領域が，過不足なく同書の述べる諸施設で充填されることが明らかとなった。あたかも『アルタシャーストラ』の著者が，マンドゥーカ・マンダラを横に置いて，この部分を記述したかのようである。

こうして復原された古代インドの都城形

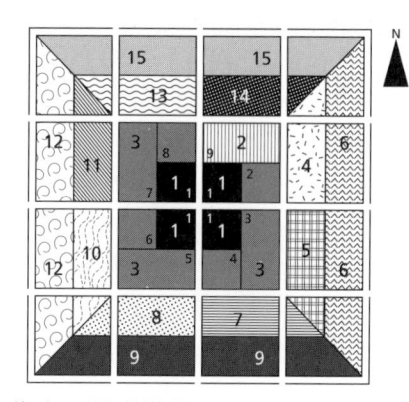

核　心　1 神殿（寺院）群
内囲帯　2 王宮　　2・3 最良の住宅地
中囲帯　4 北微東　5 南微東　7 東微南　8 西微南
　　　　10 南微西　11 北微西　13 西微北　14 東微北
外囲帯　6 北微東と南微東の彼方　9 東微南と西微南の彼方
　　　　12 南微西と北微西の彼方　15 西微北と東微北の彼方
（4以下に所在の諸施設については，本文の引用⑥を参照）

図5-7　『アルタシャーストラ』にもとづく都城復原（応地利明）

態を全体としてみると，さらに興味ある体系的な構造が浮かびあがってくる。図5-7に記入した大文字数字と対応させて示すと，まず中央の核心［1］に神殿（寺院）群があり，都城の中枢をなす。それをとりまく内囲帯［2・3］には，［2］に王宮が，［3］に最良の住宅地が所在する。その外側の中囲帯［4・5・7・8・10・11・13・14］には，主として長官が管轄する官庁や官庫などの官衙群が集中している。最外縁の外囲帯［6・9・12・15］には，性格を異にする2つの機能が集積する。ひとつは，各種の職人や商人の職住一致空間いいかえればバーザールである。他は，各四姓の住宅地である。このように復原すると，古代インドの都城は神殿（寺院）を核心として，それをとりまく内→中→外の各囲帯が，異なった機能を担いつつ配列するという見事な構成を示している。

Ⅴ　アジアの都城とコスモロジー　　199

03 古代中国の都城思想 — A2地帯

1 天地相応のコスモロジー

　古代中国も，コスモロジーにもとづく都城思想を生み出した。中国では，世界を「天円地方」つまり「天は円形，地は方形」という言葉で要約する。天円の中心は天極とよばれ，具体的には北極星で示される。天極から天と地を結ぶ宇宙軸が走り，これを伝って天の霊力（エネルギー）が地上に達する。その霊力を，地上で受けとめるのが「天帝の子」としての天子で，天子の立つところが地の中心である。そこに，都城（王都）が位置する。天子の身体から，天の霊力は方形をなす地上の四方へと拡散していく。

　地上の中心である都城は，当然，方形の市壁をもつ。中国で四角形の市壁が正統とされるのは，そのためである。天子から発する霊力は周辺に向かうにつれて減衰し，ついにはゼロとなる。その地点で中華すなわち文明世界が尽き，その外は夷狄が居住する野蛮の世界となる【図5-8】。

2 『周礼』の都城理念

　中国都城の理念は，紀元前3世紀頃の『周礼』冬官，「考工記」，「匠人営国」の条に代表される。「匠人営国，方九里，旁三門。国中九経九緯，経涂九軌。左祖右社，

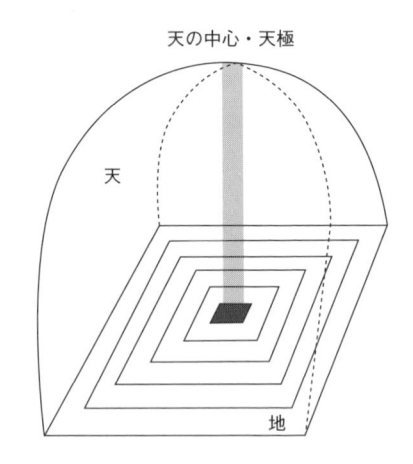

図5-8　中国のコスモロジーと王都の位置（妹尾達彦）

面朝後市，市朝一夫」。当時，「国」は王の首都つまり都城を意味する。文意は，都城の建設にあたって「（正方形の市壁の）1辺の長さは9里，各辺に門は3つ。都城の内部には経（南北）と緯（東西）に各9本の街路が走り，その幅は9軌（9両の馬車が並走できる幅）。左に祖先を祀る祖廟そして右に土地の神を祀る社稷。また前方に朝廷（官衙）そして後方に市場があり，その朝廷と市場の面積はともに一夫（100歩四方）である」と述べている。

　文中で「九」という数字が頻出する。それは9がめでたい瑞数である奇数のなかの最大数であって，天子を象徴する数字だからである。市壁の各辺に3門であるから，9本の街路のうち市門を結ぶ街路が3本で，

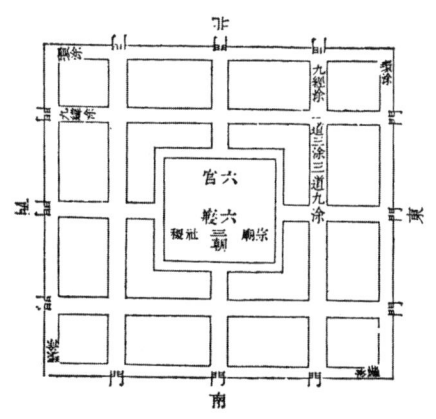

図5-9 『周礼』「考工記」による都城復原（戴震）

図5-10 『欽定礼記義疏』の朝市廛里図

それ以外に6本の街路があることになる。この街路構成は，古代インド都城の場合と同じである。また文中の左右また前後とは，南面する天子からみた左右と前後である。図5-9は，清代の戴震（たいしん）による『周礼』にもとづく都城復原である。

古代中国の都城を論じるときに『周礼』とともによく利用される文献に，清代の注釈書『欽定礼記義疏（らいきぎそ）』付録「礼器図」の「朝市廛（てん）里」の条がある。「古人，国都を立てるに，また井田の法を用いる。画して九区と為す。中間の一区は王宮と為す。前の一区は朝と為し，而して宗廟を左にし，社稷を右にしてここに在り。後の一区は市と為し，而して商賈（か）万物ここに聚（あつま）る。左右の各三区は皆，民の居所にして，民廛と為す…」。「井田の法」とは，ナイン・スクェアつまり「井」の字のように3×3＝9区に分割する方法である。その中央の区に王宮を置き，両端の南北に連なる3区を民の住宅地とする。『欽定礼記義疏』における

古代中国の都城復原を示したものが，図5-10である。

この2つの文献をもとにして，那波利貞は，中国都城の理念をつぎの四字成句にまとめた。

① 中央宮闕（きゅうけつ） ― 宮闕とは，もとは天子の居所である宮城の正門を意味したが，後には宮城を指す言葉となった。その宮城が中央にある。

② 前朝後市 ― 南面する天子の前方（南）に朝廷（皇城），後方（北）に市場が所在する。

③ 左祖右社 ― 南面する天子の左方（東）に祖廟，右方（西）に社稷がある。

④ 左右民廛 ― 民廛とは庶民の住居をいう。宮闕の前後には民家の存在を許さず，民の居住は宮闕外の左方と右方のみに限る。

これらの4つの四字成句は，いまでは中国の都城思想を語る際には常に言及される成句として定着するにいたっている。

04　古代インドと古代中国の都城思想比較

『アルタシャーストラ』の記載から復原した古代インド都城の理念的形態を図5-11に示す。

また『周礼』のいう「九経九緯」つまり8×8＝64ブロックという街路形態を踏まえて、中国都城の理念を忠実に図化すると図5-12のようになる。

2つの図を一見すると、両者の類似性に驚かされる。それは、『アルタシャーストラ』も『周礼』もともに市門を各辺3門とし、3本の大路を基本街路構成として、「九経九緯」で都城を16分割していることによる。しかし共通性はあるにしても、古代インドと古代中国の都城思想は大きく異なる。中国都城の理念を要約する四字成句に対応させて、インドの都城理念を成句化したのが、表5-1である。両都城思想にみられる主な相違点を4つに限って述べると、つぎのようになる。

1　コスモロジーが決定するもの ── 位置と内部編成

古代インドでは、都城の内部編成がコスモロジーによって規定されたが、都城の位置についてはコスモロジーは何も語っていない。『アルタシャーストラ』は、都城の建設場所として、要約①での「建築学者の推奨する地」、具体的には川や湖などの水辺という局地的な自然条件を強調する。この背後には、ヒンドゥ教では、水がすべての穢れからの浄めの源泉であることがある。古代インドの都城の位置決定では、コスモロジーとの対応性ではなく、水辺という局地的な聖性が強調されるのである。

他方、古代中国では、都城の位置は、「天の中心－天極－地の中心」というコスモロジーの天地相応によって決定される。しかしコスモロジーは都城の内部編成については何も語らない。この点で、古代インドの都城思想とはまったく相違する。

2　都城核心施設

中国都城の「中央宮闕」に対して、古代インドの都城思想では中央に神殿（寺院）すなわち宗教施設が所在し、「中央神域」と成句できる。両者は、核心施設をまったく異にするのである。この相違は、両者の王権思想の違いを反映する。インドでの王権の担い手は、第1ランクのバラモンではなく、第2ランクのクシャトリヤであった。原理的には、王権はバラモンのもつ教権に従属する存在であった。たとえば『アルタシャーストラ』も、「弟子が師匠に、従者が主君に従属するように、王は宮廷祭僧に従うべきである」（上村勝彦訳）とする。インド都城の「中央神域」理念は、王権と教

| | 核心 | 神殿（中央神域） |

| | 内囲帯 | 王宮・最良の住宅地 |

| | 中囲帯 | 官衙・官庫 |

| | 外囲帯 | 市場（商人・職人）ヴァルナ別住宅地 |

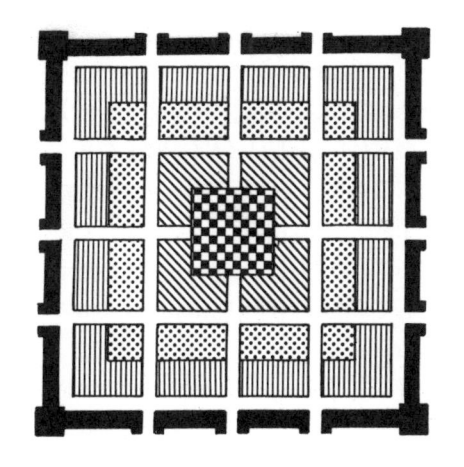

図5-11　古代インド都城の理念形態（応地利明）

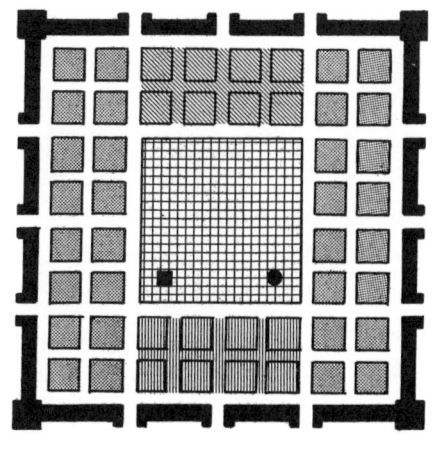

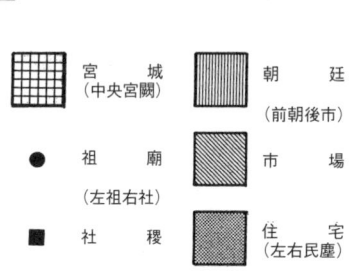

| | 宮城（中央宮闕） | | 朝廷（前朝後市） |

| ● | 祖廟（左祖右社） | | 市場 |

| ■ | 社稷 | | 住宅（左右民廛） |

図5-12　古代中国都城の理念形態（応地利明）

権の分離，そして王権の教権への従属という王権思想を反映する。一方，天命思想にもとづく中国の王権は超越的な存在であり，神聖王権であった。「中央宮闕」は，それにふさわしい都城編成である。

3　基本構想

インド都城は，「中央神域」から3つの周辺囲帯へと等方的に遷移する構成，つまり「同心囲帯」を基本とする。そこには，特定の方向だけを重視するという方向的な偏りはない。これに対して中国都城は，南北に長い3本の縞状構成つまり「南北縞帯」

表5-1　古代インドと古代中国の都城思想の比較 ―理念と形態（応地利明）

	古代インド	古代中国
基本構想	同心囲帯	南北縞帯
	等方性	非等方性
基本形態	方　形	方　形
	旁三門	旁三門
	十六街区	十六街区
核心施設	中央神域	中央宮闕
宗教施設	（中央神域に包摂）	左祖右社
官衙・市	中朝外市	前朝後市
民間住宅	外囲民廛	左右民廛

（注）『アルタシャーストラ』，『周礼』「考工記」および『欽定礼記義疏』より作成。

を基本とし，「中央宮闕」からの方向的な偏りをもつ都城編成である。この非等方性

という中国都城編成の特質は，都城理念を語る「前朝後市」「左祖右社」「左右民廛」の各成句に共通する。これらは，すべて「中央宮闕」に南面して立つ天子の前後・左右という身体方位で語られている。中国都城の内部編成を規定するものはコスモロジーそのものではなく，それを体現する天子の身体方位なのである。天子の身体というマイクロ・コスモロジーに対応した内部編成が，中国都城の特質である。

これは古代インドの都城思想とは決定的に異なる点であり，天子の身体方位を基本とする非等方的な中国都城の編成は，神聖王としての中国王権思想の所産である。これに対してインド都城の等方的な「同心囲帯」編成では，王権も囲帯の一部をなす存在でしかない。王権中心の都城編成は，教権に従属する王権ではありえないのである。

4　内部編成

表5-1を一覧すると，中国とインド両都城の内部編成の相違が明らかである。

インド都城は，「中央神域」を内・中・外の3つの同心囲帯がとりまく構成であった。これらの3囲帯はともに明瞭な機能を担っていて，インド都城は囲帯間での内部編成の明瞭な分化を特色とする【図5-7】【図5-11】。中国都城も，左・中・右の3南北縞帯が異なった機能をもつ点ではインド都城とおなじである。しかし中国都城では，王権と直接的にかかわる中央縞帯を別にすると，左右の両縞帯は「左右民廛」であって，ともに庶民の居所として一括されている。天子と直接的に関係するもの以外への関心が小さいのを特徴とする。これも，神聖王としての中国王権の性格に由来するものであろう。

インド都城では，内囲帯に王宮と「四姓がともに住む最良の住宅地」が位置する。これは，王もふくめて「中央神域」に奉仕する四姓が内囲帯に住む状況を指していよう。その外側の中囲帯には官庁・官庫が集中し，中国都城でいえば朝廷にあたる空間である。最外縁の外囲帯は，商人や職人たちが同業者ごとに集まる市場（バーザール）と四姓別の住宅地からなる市民の空間である。

このようにインド都城では，中囲帯に朝廷，外囲帯に市場が立地する。これを中国都城の「前朝後市」と対照させていえば，「中朝外市」である。また市民たちの住宅地は外囲帯にあり，中国都城の「左右民廛」にならっていえば「外囲民廛」である。こうした対照的な相違が，両都城思想の間でみられる。残る中国都城の理念は，「左祖右社」であった。インド都城では，当然，宗教施設は「中央神域」に包摂されている。

05 インド世界と中国世界における都市の原初形態

　インド・中国両世界での出現期の都市について簡単にふれておきたい。両者の間には、意外な共通性がみられる。

　インド世界における都市形成は、インダス文明にはじまる。その特質として、擬似的なグリッド・パターンの街路形態をもつ点が指摘される。もうひとつの特質は城砦と市街地が連接する2重構造を示し、高所を占める城砦が西に、低所の市街地が東に位置する例が多いことである。これを指して、西高東低の都市構成とよぶ。BC1700年頃に栄えたインド共和国北西部のカーリーバンガンをとると【図5-13】、ともに市壁をめぐらせた城砦兼王宮と市街地が西高東低の形で並んでいる。市街地内の南北街路は市門の非対称的な配置を反映して斜走しているが、市門を結んでほぼ等間隔を保ちつつ貫走している。これに対して東西街路は南北街路を直線で部分的に結んで、T字路をなしつつ市街地を走るものが多い。逃げ城も兼ねた城砦を西にもつカーリーバンガンでは、東西街路のT字路化は城砦防御

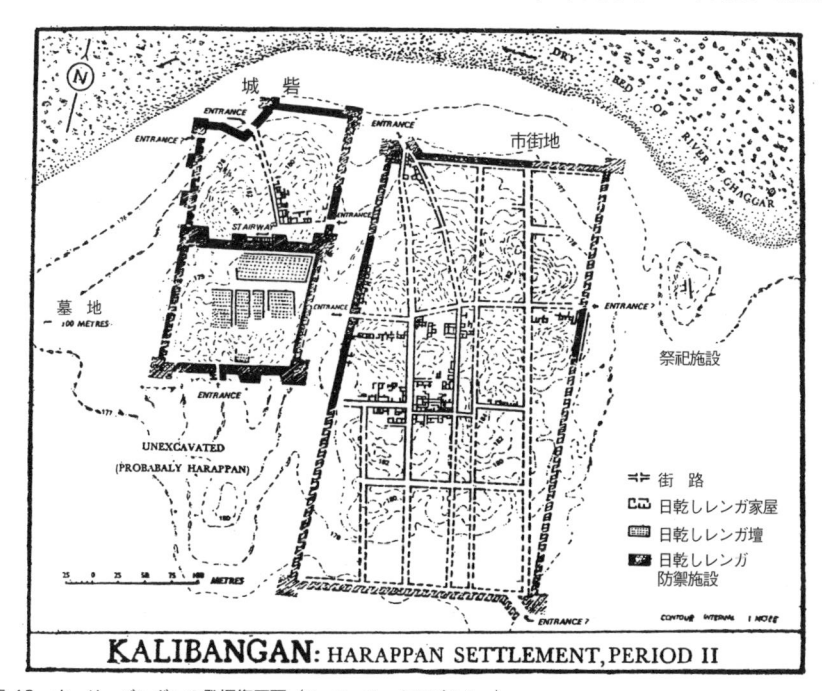

図5-13　カーリーバンガンの発掘復原図（D・K・チャクラバルティ）

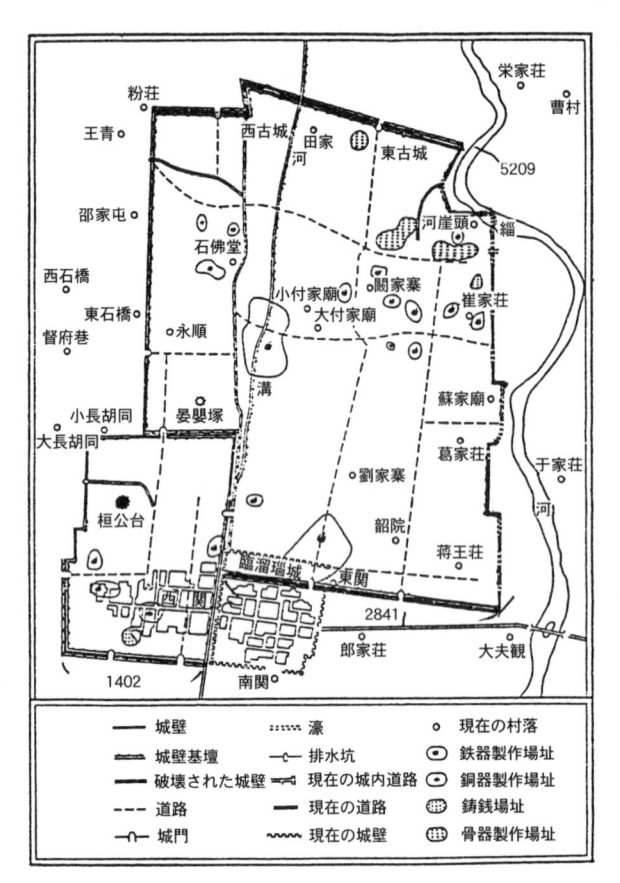

図5-14 臨淄の発掘復原図（楊寛）

のために好適な街路形態であったであろう。その街路編成は明瞭なグリッド・パターンとはいえないが、世界の初期文明が生み出した諸都市のなかでは最もそれに近い。

楊寛は、中国における都市形成を3期に分ける。第1期はBC11〜3世紀の西周から東周（春秋戦国）時代で、この時期に、城のなかに王宮と市民たちの居住地が併存していた段階から、郭が新たに形成されて小城と大郭とが連結する構造へと変化する。その変化は周公旦による東都成周（BC10世紀）に始まる。BC9世紀の斉の国都である臨淄をあげると【図5-14】、西南の小城（城砦）と東北の大郭（市街地）が連接し、インダス文明都市と同様の西高東低の構成を示している。王宮は、小城の西端の桓公台にあった。この配置を、楊寛は『論衡』「四諱篇」の「西南隅、これを隩（アウ）という。尊長の処なればなり」という記載と結びつけて解釈する。西南の尊者の場に王が座して臣下の礼を受ける姿勢、つまり「座西朝東」の都城構成の出現とする。

06 インド都城のバロック的展開

　インダス文明の崩壊以後，13世紀のムスリム王権成立までの時期は，インド世界で都市の形態展開をたどることができない。そこで，東南アジアに目を転じることにしたい。というのは6～13世紀の東南アジアは，ヒンドゥ文明によって席巻される。セデスは，これを東南アジアのインド化とよんだ（第Ⅳ章10節参照）。その考えは広く支持されていて，少なくとも都市の形成と展開を考えるに際しては，当時の東南アジアをインド世界に含めて考えることは許される。この時期には，東南アジア大陸部の平原を舞台に諸王朝が興亡した。その代表的な3王朝の建設都城をとりあげて，形態解読を試みる。

1　アンコール・トム

　アンコール・トムはアンコール・ワット北方に位置する都城で，12世紀末にジャヤヴァルマンⅦ世により建設された。正方形の京域が十字路で4等分される都城である【図5-15】【図5-16】。この原型を，古代インドで理想的な集落形態の基本型とされるダンダーカにもとめる指摘が多い。それは妥当ではあるが，インド古代の建築書『マ

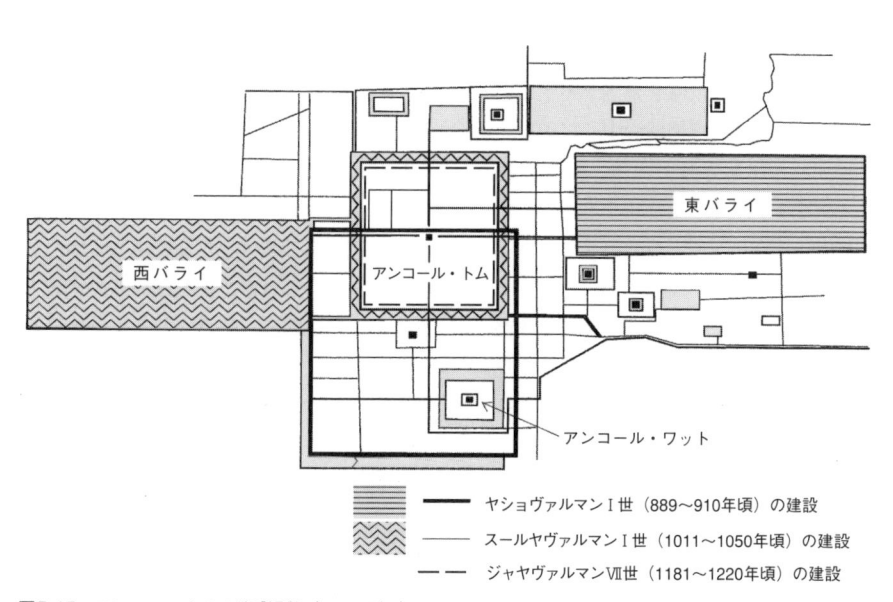

図5-15　アンコール・トムの建設過程（G・セデス）

凡例:
- ヤショヴァルマンⅠ世（889～910年頃）の建設
- スールヤヴァルマンⅠ世（1011～1050年頃）の建設
- ジャヤヴァルマンⅦ世（1181～1220年頃）の建設

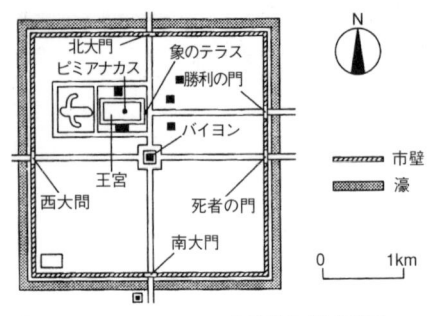

図5-16 アンコール・トムの都城構成（応地利明）

ーナサーラ』によると，ダンダーカ型の集落のなかで最も理想とされるのは，集落の南西に沐浴と給水のための貯水池を備える場合である。アンコール・トムは，スールヤヴァルマンⅠ世が建設した南西の広大なバライを組み込むことによって，理想的なダンダーカ型を実現しているのである【図5-15】。同バライの存在が，11世紀のスールヤヴァルマンⅠ世の旧王都をほぼ踏襲して，ジャヤヴァルマンⅦ世がここに遷都した最大の理由であろう。

1辺が約3キロの京域を分割する十字路の交点，いいかえれば都城の中心にそびえるのが，バイヨン寺院である。同寺院は，サンスクリット語で山を意味するギリの名でもよばれる。ヒンドゥ教のコスモロジーでは世界の中心にメール山がそびえる【図5-4】。アンコール・トムはメール山を象徴するバイヨン寺院を中心に置いて，「中央神域」のインド都城理念を実現しているのである。さらにヒンドゥ教のコスモロジーでは，メール山を囲んで正方形状に山脈が走る。それを象徴するのが，正方形の京域を囲む高さ8メートルの頑丈なラテライト市壁である。その外方に，東西2つのバライが大きく広がる。それは，世界を囲む大洋を象徴する。

このようにアンコール・トムの構成は，ヒンドゥ教のコスモロジーまた古代インドの理想的集落と結びつけて理解できる。王宮は，バイヨン寺院の北西方に建設されている。「中央神域」の北方に王宮が位置するのは，『アルタシャーストラ』と同じ考えにたつ。アンコール・トムでは，王宮は「中央神域」のバイヨン寺院に従属する存在なのである。

2 スコータイ

スコータイはタイ中央平原北部にあり，タイ族が最初に建設した13世紀の都城である。遺跡は市壁と3本の環濠で囲まれた東西2.6キロ，南北2.0キロほどの長方形で，各辺に市門が開いている【図5-17】。遺跡内を道路が自在に走り，現況から都城構成の統一原理を観察することは困難である。

しかし当然，それは存在していた。その復原への第1の手がかりは，市門と大路との関係にある。保存状況が最もよい南門で計測すると，図5-18に示したように，大路が南門から都城内を真北に走っていたと推定できる。これが，都城建設時の南北大路の走向であろう。東西大路も正東西に走っていたとすれば，両大路によって復原できるスコータイ都城は，図5-19のようになる。同図では，京域の中央部に大路によって囲まれた郭域が出現する。それは，アンコール・トムと同じくダンダーカ型の都城構成を基本としつつも，その十字路部分が中心郭へと拡大していることを示す。中

心郭のなかには，東には王宮，西には仏舎利寺院（ワット・マハータート）とよばれる最も格式の高い寺院が所在する。つまり両者が都城の中心郭に並立して，王権と教権が対等の関係で都城の核心域を構成する。これは，教権を表徴するバイヨン寺院が「中央神域」としてそびえ，それに王宮が従属していたアンコール・トムとは異なった中心核構成である。その背後には，王権の伸長があった。しかし王権は，なお教権を越えるにはいたっていない「中央神域・宮闕」であり，王権による都城のバロック化の過渡的段階を示す。

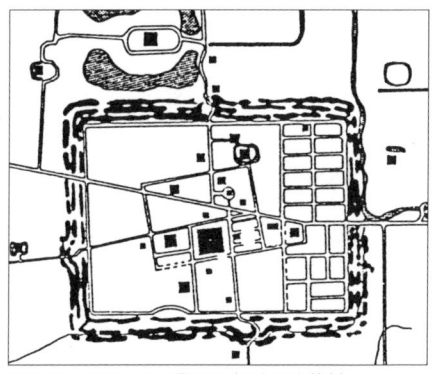

図5-17　スコータイ現況図（日本建築学会）

この復原の妥当性を検証するために，東と北の市門からの両大路の交会点に注目したい。そこには，「国礎」を意味するラック・ムアン（Lak Muang）祠堂が位置する。「国礎」は，国や都市の建設にさきだって定礎される石柱や石碑をいう。それはヒンドゥ・コスモロジーの世界中心メール山をシンボル化したもので，アンコール・トムのバイヨン寺院とおなじ意味をもつ。スコータイのラック・ムアンは，聖なる方向である東からの大路が南北大路と交わる重要地点に東面して立つ。この事実は，上述の都城復原の妥当性を示していよう。

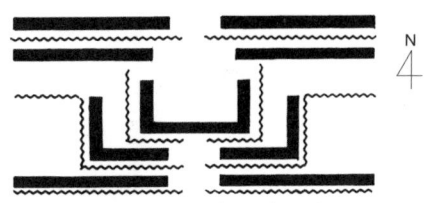

図5-18　スコータイ南門（ナモ門）の略測図（応地利明）

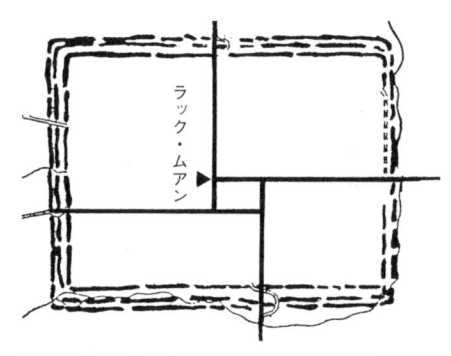

図5-19　スコータイ中心部の復原（応地利明）

3　アユタヤ

スコータイの崩壊後，海上交易の発展に対応すべく，タイ族の首都は一挙に海岸部に南遷する。タイ語史料は，1351年3月4日の午前9時54分にアユタヤのラック・ムアンが定礎されたと述べる。しかしその場所は不明である。

王宮と寺院の関係のみに問題をしぼって，アユタヤの都城形成を考えたい【図5-21】。建都とともに，王宮と仏舎利寺院が建設された。当時の王宮は，現在は宮廷寺院であるプラシーサンペット寺院の地に位置していた。仏舎利寺院にあたるマハータート寺院は，王宮東方の現在地に建立された。こ

V　アジアの都城とコスモロジー　209

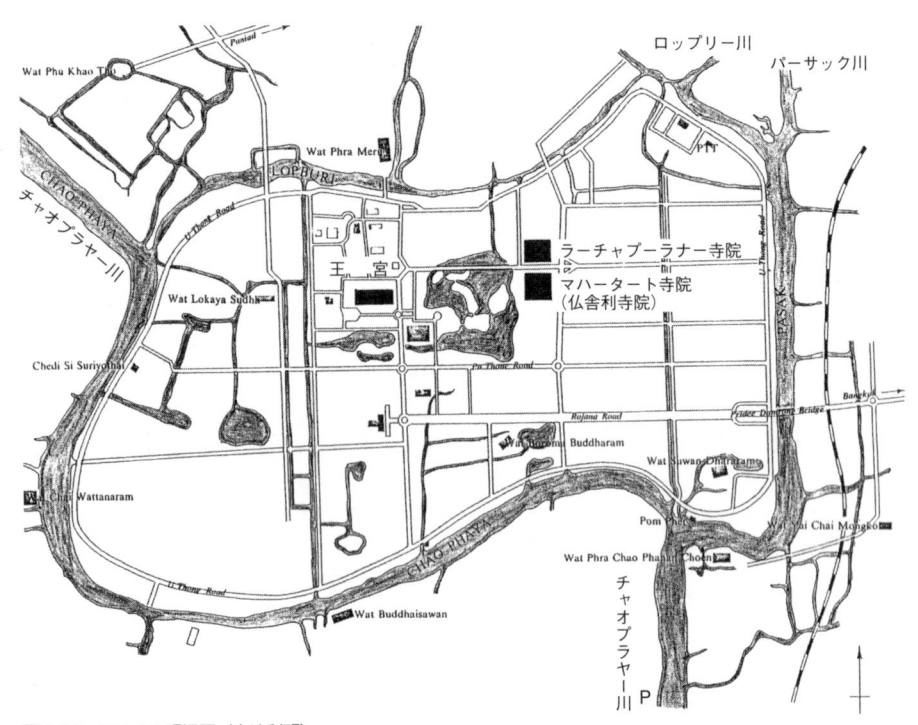

図5-20 アユタヤ現況図（応地利明）

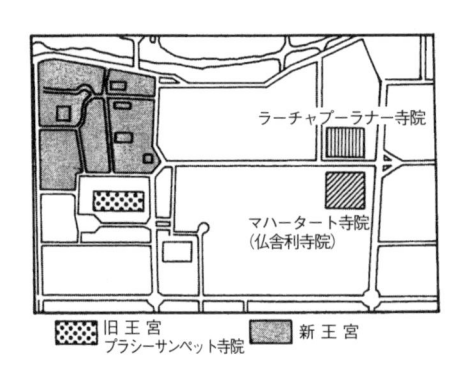

図5-21 アユタヤ中心部の建設過程（応地利明）

の状況が、約100年間つづく。1424年には、仏舎利寺院の北にラーチャプーラナー寺院が建立される。この頃には、両寺院の間を通る東西大路も完成していたであろう。1448年になると、旧王宮北方の広大な地に新王宮が建設され、狭い旧王宮地は宮廷寺院に転用される。こうして現在みられるアユタヤ都城の中心部が完成する。図5-20は、新王宮から2大寺院の間を通って東の市壁まで貫走する直線街路を描く。それは、王宮から聖なる方向である東を望んで立つ王の視線を顕現した軸線道路である。最も格式の高い仏舎利寺院も、王宮と王のヴィスタを荘厳するための軸線道路上での前座的な存在でしかない。ここでは王権が教権を凌駕して、コスモロジーから逸脱したバロック空間を創出している。アユタヤは、アンコール・トムまたスコータイとも異なったバロック化した都城なのである。

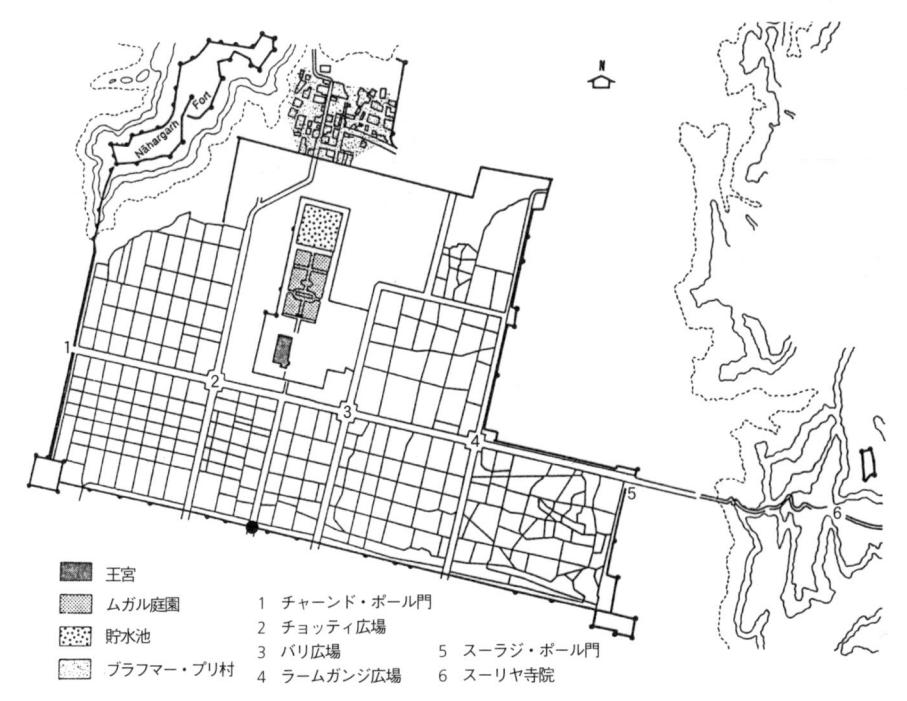

王宮	1 チャーンド・ポール門	
ムガル庭園	2 チョッティ広場	
貯水池	3 バリ広場	5 スーラジ・ポール門
ブラフマー・プリ村	4 ラームガンジ広場	6 スーリヤ寺院

図5-22 ジャイプル旧市の現況図（応地利明）

4 ジャイプル

　インド世界についてみると、13世紀のデリー・サルタナート王朝の成立以降、北インドではムスリム王権による王都の建設がつづけられた。そのなかにあってバロック化したヒンドゥ都城の例として、ラージャスターン州の州都ジャイプルをあげたい。

　ジャイプル（「ジャイの都市」の意）は、1728年にヒンドゥ土着王権のジャイシンⅡ世が建設に着手した都城で、その基本計画、道路・給水計画などの策定に3人のバラモンが関与していた。

　旧市は、ほぼ800×800メートルの正方形ブロックを「井」字型つまりナインスクェアーに配したグリッド・パターンを基本とする都市であるが、南東の1ブロックがはみ出ていて、ナインスクェアー構成を歪めている【図5-22】。中央北辺のブロックを王宮に当てるのは、『アルタシャーストラ』やアンコール・トムなどのヒンドゥ都城の場合と同じである。王宮南辺を東西走する大路はラージャ・パータ（『王道』）とよばれ、東の市門スーラジ・ポール（『太陽門』）と西の市門チャーンド・ポール（『月門』）とを結んで都城内を貫走する。これと直交して、王宮南辺中央の門から南の市門に向けてチョウラ・ラスタ（『広大路』）が走る。同道路は当初の基本計画にはなく、建設過程で付加された。「広大路」を北に延伸すると、王宮内の宮廷寺院、ムガル庭園、さらにその北にある貯水池の中央を通る。つま

V　アジアの都城とコスモロジー　211

図5-23　ジャイプル　鳥瞰写真　手前はスーラジ・ポール門

図5-24　ニューゲイト，ジャイプル　図5-22の●位置に建つ。

り3×3のナインスクェアーを南北走する中央軸線をなす。その延長は，都城北辺を越えた集落内でも観察される。ここは，ブラーフマン・プリ（『梵天村』）とよばれるバラモン集落である。その位置は，『アルタシャーストラ』が北の外囲帯をバラモンの住宅地に当てていたことを想い出させる。「広大路」は，アユタヤとおなじく，王のヴィスタの軸線道路化，つまり都城のバロック化を表象するものである。

なぜ南東の1ブロックがはみ出しているのだろうか。従来の説明は，3×3のブロック編成を構想したが，北西方に山地があるため北西ブロックを都城内に建設することができなかったので，その代替として南東方へ1ブロックをはみ出させてナインスクェアーを数字のうえで維持したとするものである。しかし北西山地が障害であるならば，都城域全体を南に1ブロック分ずらせば済むことである。問題は，なぜそれができなかったかということにある。

それを解くための鍵は，「王道」にある。「王道」は，東の「太陽門」と西の「月門」とを結ぶシンボリックな意味，つまり太陽が東から西へと通過しつつ都城を浄めてい

く「太陽の道」を意味する。「王道」を「太陽門」からさらに東方へと延伸させると，東の山岳鞍部にいたる【図5-22】。そこには，都城建設者ジャイシンの氏族（カッチャワハ氏族）の尊崇が篤かった「スーリヤ（太陽）寺院」が所在している。つまり〈「太陽寺院」－「太陽門」－「王道」－「月門」〉が，この線上に並ぶのである。ここをずらしては太陽の道である「王道」を建設できなかったのであり，それが，都城を南に移動させることを不可能とした理由であろう。説明は省略するが，ジャイプルの南北大路は東15度の偏角をもつ。「王道」は，この南北大路に直交するよう方向づけられている。

「王道」と南北大路に面して店舗つきの中層建築が立ち並ぶ。大路に面した壁面は，1853年の大英帝国ビクトリア女王の夫君アルバート公の訪問に際し，ピンク色で統一された。そのため現在もジャイプルはピンク・シティーとよばれるが，ピンクは地元では「歓迎」を意味する色である。市壁内の大路に面したヒンドゥ的建築デザインと壁色の統一性を維持するために，景観と建築の規制が現在かけられている。

column1 　　　　　　　港市アユタヤ

　1616年頃の刊行になる中国文献『東西洋考』は，アユタヤについて「(チャオプラヤー川の)河口から約3日で第三関に，また3日ほどで第二関に，そしてまた3日ほどで仏郎日本関にいたる」と述べる。「関」とは，要塞化された軍事検問施設である。この文章からは，ヨーロッパ勢力のアジア進出によって拡大した交易機会に参画しつつも，河口よりやや内陸に位置を定めて，海からの外敵および海賊への防備を固めるアユタヤの様子がよくわかる。

　最後の「仏郎日本関」とは都城の南郊に位置する最も重要な「関」で，仏郎とはポルトガルを指す。この頃にはポルトガルは植民地経営の中心をブラジルに移し，アジアのポルトガル人はいわば棄民状態に置かれていた。そのため彼らの多くは，現地国家や他のヨーロッパ諸国の傭兵と化していた。また日本人にも商人以外に傭兵として働くものも多く，山田長政はその代表的な人物である。彼は，この記載と同時期にアユタヤ王朝に仕えていた。

　アユタヤは，3つの川が合流する地点を選んで建設された。まず都城の北西方には，チャオプラヤー川が流れこむ。これによって中央タイの諸物産が運ばれた。また都城の北東端で2つの川が合流する。東から合流するのがパーサック川，また西から合流するのがロップリー川である。おのおの東北タイ，北タイからの物産の移入路であった。

　都城をとりまく舟運路また環濠としてこれらの川を機能させるために，都城の北東端を人工的に掘削して周回水路とした。

　この周回水路が都城の南東端で再び合流して，そこからチャオプラヤー川本流となって南流していく。仏郎日本関は，その少し南方にあった【図5-20】のP地点)。その対岸には日本人町もあったと推定されている。しかしその位置はあくまでも推定であり，ここに日本の政府資金で1980年代に旧アユタヤ日本人町を記念する公園が建設されたとき，地元から反対運動が起こった。

　アユタヤの交易拠点は，仏郎日本関北方の周回水路がチャオプラヤー川となって南流していく地点の一帯にあった。そこに居を構え，交易商人の中心となっていたのが中国人である。今もそこは中国人町であり，1325年造像の大仏を安置する中国寺パナンチュン(三宝仏)寺が所在している。中国人町の対岸，つまりチャオプラヤー川の西岸一帯が，ムスリムたちの居住地であった。そこにはアラブ系の人々もいたが，多いのはブギス，マカッサル，マレー，モン，チャム人などの東南アジア海域からの交易集団であった。

　とくにそこから北西に向けて延びる運河にそって，彼らの居住地が内陸に広がっていた。ヨーロッパ人たちの居住区は，都城南西方の周回水路の対岸部であった。今も，そこにカトリック教会が残っている。1661年以降は，フランス人が対岸の都城内の縁辺部に居住することが許される。

　フランス人の都城内居住が認められていなかった17世紀中期以前の時期をとると，タイ族以外

図5-25 プラシーサンペット寺院（旧王宮跡），アユタヤ

図5-26 アユタヤ河港（旧仏郎日本関付近）

の集団は城外居住が原則であった。そのなかでの例外が，中国人とペルシア人である。中国人の居住区は都城南東端の市場周辺に限られていて，中心部に居住することは許されなかった。しかしペルシア人は，都城の中心部つまり王宮南方に居住区を与えられていた。後には，彼らは仏教徒化していたといわれる。アユタヤ王朝の外交公用語はもちろんタイ語であったが，準公用語の地位を占めていたのはペルシア語であった。ペルシア人が重用され，ペルシア語が重視された理由はいくつか考えられるが，そのなかで重要なのは，彼らが東南アジアの港市の運営において果たしてきた役割であろう。

　交易活動は，各地から港市に集まる言語も習慣も異なった商人間の取引である。それを円滑に進めるには，単に通訳だけではなく，商取引さらには港市の管理と運営についても権限をもつ自治的な調整者を必要とする。そのような制度と機構を，東南アジアの海域世界は古くから生みだしてきた。その調整の任にあたる管理者をシャー・バンダルとよんでいる。シャー・バンダルとは，ペルシア語で「港の王」を意味する。イスラームの伝来以前から，ペルシア人はインドのグジャラート人とともに，西方からの東南アジアへの重要な航海商人であった。彼らが，シャー・バンダル制の発展と定着に大きな役割を果たしてきたのである。それが，アユタヤ王朝下においても，彼らに城内中心部での居住が許された理由と考えられる。

　シャー・バンダルの権限と責任は時代によって変化していくが，植民地化される以前の東南アジアをとると，つぎのようなものであった。
① 交易をもとめて来港した船長・航海商人と接見し，積荷・目的・来歴などを確認したうえで身元保証をして，政治支配者に紹介する。
② 交易取引の監督責任をもつとともに，取引商品への課税額を決定し徴収する。
③ 港市での通運制度と通運組織の運営責任をもつ。
④ 港湾倉庫の管理責任者で，そこでの商品の保管責任を負う。
⑤ 度量衡および通貨の交換比率の監督と統制にあたる。

　来航商人と現地支配者とのインターフェイスとして港市が機能していくうえで，重要な役割を果たしたのがシャー・バンダルであった。

07　中国都城のバロック的展開

　かつての中国また日本では，「修身，斉家，治国，平天下」という人生観が語られた。この言葉の出典は，前漢代初めには成立していた儒教教典『大学』にある。治国とは都市国家を治めることで，「平天下」は都市国家群を平定して天下を平らげ，領域国家を建設することである。中国最初の領域国家は，秦の始皇帝によって実現される。しかし彼の建設都城は，王朝の短命さもあって不明な点が多い。

1　前漢長安
　　　― 家産制領域国家の都城

　前漢の長安については，発掘をもとに都城復原がなされている【図5-27】。市壁の全長は25.1キロに及ぶ。その不定形の市壁を四辺形とみなすと，各辺は3つの市門を

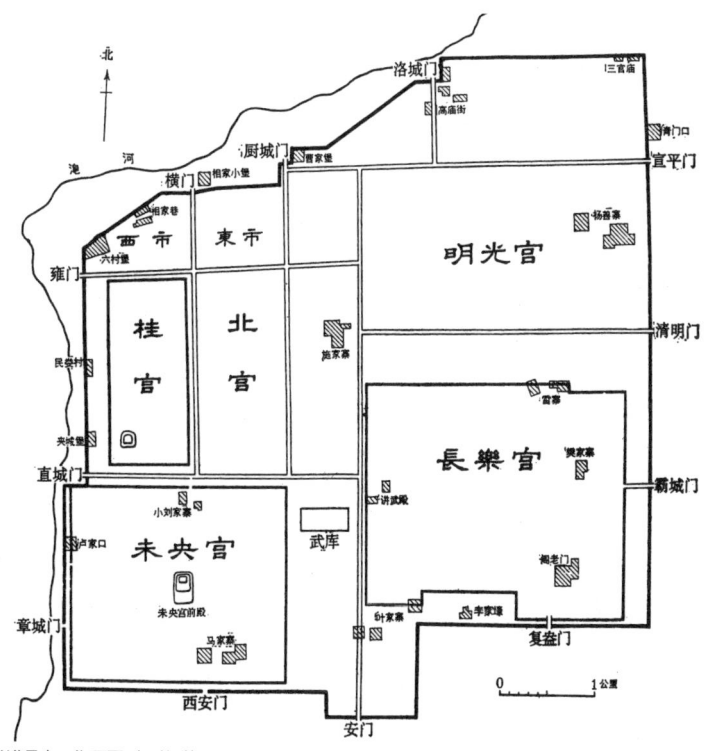

図5-27　前漢長安の復原図（王仲珠）

もつ。これは『周礼』の理念と一致する。しかし市門の位置は食い違っていて、市門を相互に結ぶ直線街路はない。都城の内部は、ほぼ中央を南北に走る街路を境にして東と西に分かたれる。西方には、北から市（西市・東市）、後宮（桂宮・北宮）、未央宮と並ぶ。東方には、北に明光宮、南に長楽宮があり、そのまわりに市民の住宅地があったとされる。宮殿群は、初代の高祖（在位BC206〜195年）からⅦ代の武帝（在位BC141〜87年）までの約100年間に断続的に造営された。前漢長安は、広大な天子の居処＝「城」に、市を含む市民の空間＝「郭」が付随する都市であった。市門を結ぶ街路の欠如にもみられるように、前漢長安は「城」と「郭」の二重構造を特色とする都市国家段階の都城を面積的に拡大したもので、領域国家にふさわしい新たな都城の創出にはいたっていないのである。

宮殿の配置も、それを示している。最も重要な宮殿は、都城の南西隅つまり「尊長の処」を占める未央宮であった。天子はここで「座西朝東」の姿勢で臣下に臨んだ。前述の臨淄と同じである【図5-14】。都城の正門も市壁北辺の宣平門であった。前漢代は領域国家の成立直後で、なお家産制国家の特質を留めていた。前漢長安は、その段階にふさわしい都城といえる。

都城中央の南北直線街路の走向が、長安北方の天斎祠、清河の曲流部、はるか南方の秦嶺山地中の子午谷を結ぶ正南北の直線と一致するとの指摘がある。同街路の走向は単に都城内の計画にもとづく決定ではなく、都城を含む壮大な軸線と関連するとの指摘である。コスモロジーと都城思想との関係において、コスモロジーが規定するものが、古代インドでは都城の内部構成であったのに対して、中国では都城の位置であるという違いをすでに指摘した。前漢長安の中心街路の位置と走向の決定においても、この中国的特質が妥当する。

2　漢魏洛陽
― バロック化への端緒

領域国家にふさわしい新たな都城は、後漢代になって実現する。それは、前漢代の「座西朝東」から「座北朝南」つまり「天子南面」への変化である。天子は都城の北部に座して南面の姿勢で臣下の拝を受け、さらに南を臨む自らの視線を顕現させて都城構成の軸線とする、という新たな都城思想の登場である。それは、『周礼』の天子の宮処についての理念、つまり「中央宮闕」からの逸脱である。後漢初代の光武帝（在位AD25〜57年）は、拡大した皇帝権力を背景に郊祀（都城南郊での祭天儀礼）を新たな国家儀礼として制度化していく。ここから南面する天子の居所である北方の宮城と南郊の祭天施設とを結ぶ線が、都城の南北軸線として登場する。それは、皇帝権力による都城のバロック的編成の端緒であった。

後漢洛陽は後漢末に破壊された後、北魏の孝文帝（在位471〜499年）によって5世紀に再建される。そのため2つを合わせて漢魏洛陽とよばれる。同都城は、中央北方の「城」にあたる内城と「郭」にあたる外城の2つから構成されている【図5-28】。内城の東西両辺の門を相互に結ぶ直線街路の出現も、前漢長安とは異なる。内城北方に

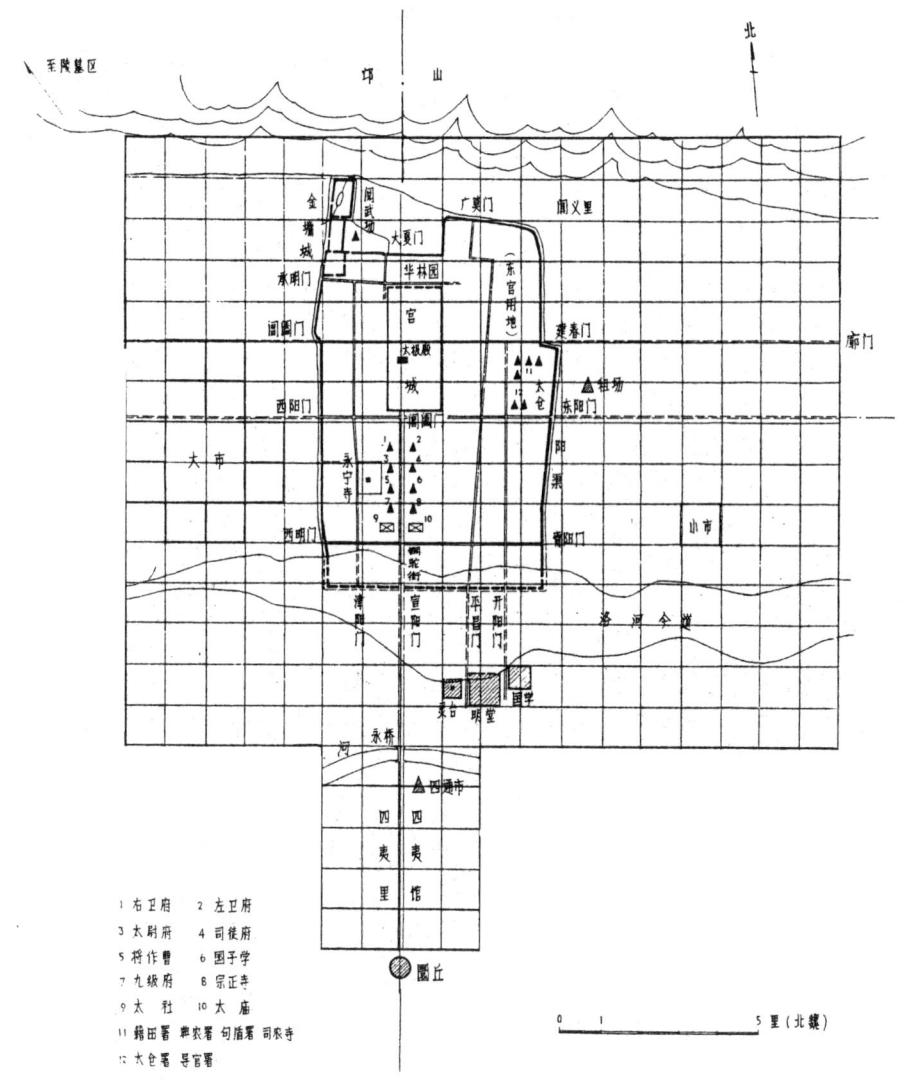

図5-28 漢魏洛陽の復原図（賀業鉅）

宮城が配され，宮城中央の東西街路を境に北は王宮，南は太極殿を含む儀礼空間に2分された。太極殿から南北直線街路が外城の南辺まで貫走し，さらに南郊の祭天施設である円丘にまで達していた。南北軸線街路は内城内では銅駝街とよばれ，その両側に諸官庁が並び立っていた。その南端近くには，「左祖右社」にしたがって，東に太廟，西に太社が所在した。漢魏洛陽では，宮城と官庁との南北分離，北に立つ天子の南面ヴィスタの軸線化とそれを基軸とする都城編成が明確にみられる。

V アジアの都城とコスモロジー —— 217

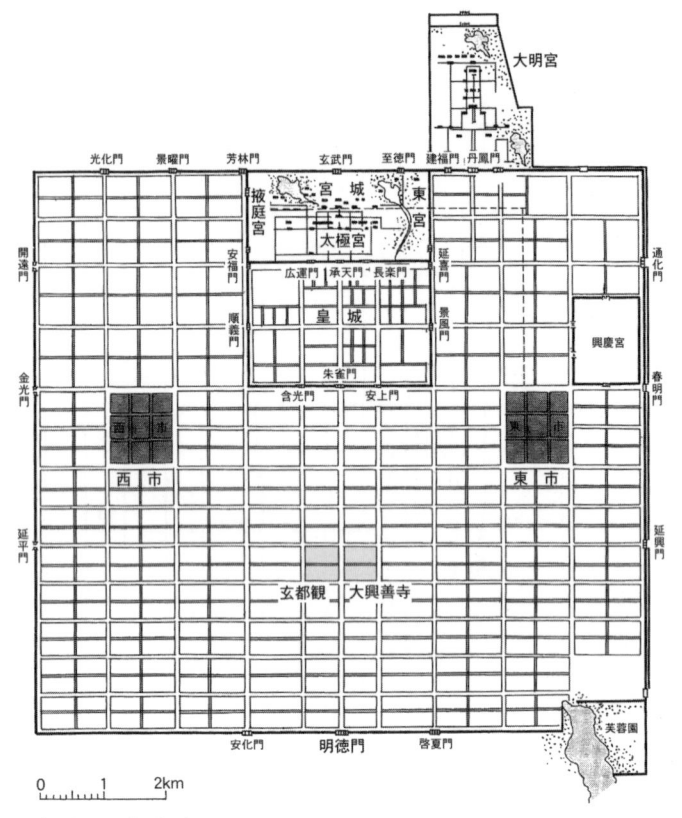

図5-29 隋唐長安の復原図（張在元）

3 隋唐長安 ─ バロック化の完成

　このような都城のバロック化の完成を示すのが，6世紀末に隋の文帝（在位581～604年）により建設された大興城に起源をもつ隋唐長安である【図5-29】。市壁は南北8651メートル，東西9721メートルに達し，市壁内の面積は約84平方キロという壮大な都城である。しかし最盛期においても，京域の南3分の1は人家も少なかったとされる。京域の中央北辺に，宮闕が位置している。その南には天子が親政する官衙群からなる皇城がある。皇城が独立して出現したのは，隋唐長安がはじめてである。それは，天子への権力集中，その結果としての中央集権的体制の確立に対応するため，官庁を一所に集中させる必要があったからである。官庁の集中地区という皇城は，現在の北京にもひきつがれている。また東京の宮城に接する霞ヶ関一帯への中央官庁の集中立地も，その思想が現代の日本でも生きていることを物語る。

　宮城を最北端に建設することにより，隋唐長安は「座北朝南」と「天子南面」を極限にまで徹底させる。漢魏洛陽では南北軸線は，宮闕の中央よりも西寄りを走ってい

たが，隋唐長安では宮闕のみでなく都城全域の東西中心を南走し，都城の左右対称基軸を構成する。宮城正門の承天門から皇城正門の朱雀門までの皇城内では承天門街，同門から都城正門の明徳門までの京城内では朱雀街と名を変えて南走し，さらに南郊の祭天施設である天壇まで延びる。朱雀街は150〜155メートルの幅員をもつ壮大な軸線街路で，それを境界として東西に各54坊が左右対称に配され，行政的には東が万年県，西が長安県に分割されていた。

長安の市街地の特徴は，宮闕南辺に接して南へと延びる中央ゾーン，その左右に位置する東西両ゾーンの3縞帯に分かれることである。すでに中国都城とインド都城との相違として，中国都城の内部編成が「南北縞帯」と要約できることを指摘した。左右対称的に配された「南北縞帯」編成が，隋唐長安において典型的に実現されているのである。

さらに重要なことは，皇城南方の中央縞帯は南北9坊からなっているが，その中央にあたる朱雀街の左右5坊目が，宗教施設に当てられていることである。左（東）の靖善坊には全域を占めて仏教寺院である大興善寺が，また右（西）の崇業坊には相当部分を占めて道教寺院の玄都観が立つ。この2大国立寺院は民の空間の中央位置を占めると同時に，天子のヴィスタである南北軸線上にあって宮闕を荘厳化するための前座的な施設と化している。既述のアユタヤにおける王宮と寺院との位置関係とまったく同じ構成である。

それは，都城のバロック化の完成を意味する。隋唐長安においては，15世紀のアユタヤよりもはるかに早い7世紀に，それが実現する。その早発的な実現は，中国の神聖王としての王権観念からくる必然的な帰結である。ちなみにヨーロッパで，このような都市のバロック的展開が出現するのは，はるかに遅れて16世紀になってからである。

4　隋唐長安は異端の中国都城か

『周礼』の「中央宮闕」理念からの逸脱を指して，隋唐長安は「異端あるいは異例の都城」ともいわれる。その「北辺宮闕」つまり「北闕」は，王権の伸長による都城のバロック的展開がもつ必然的な変容であった。しかし「座北朝南」と「天子南面」が要求する「北辺宮闕」を別にすると，隋唐長安は『周礼』の諸理念からはなれた「異端の都城」であろうか。

『周礼』の第1理念は，都城の形態が方形ということである。これは，隋唐長安に妥当する。第2理念は，「旁三門」すなわち各辺3門である。隋唐長安では宮闕の北方には王家の庭園が広がり，そこへは多くの私門が通じていた。これをのぞくと，残る3辺はすべて3門である。注目されるのは，市壁の東辺と西辺にはほぼ等間隔で市門が配されているが，南辺の3門は前述の宮闕南方の中央縞帯部分に集中し，その左右の東西両縞帯には市門がないことである。これは，朱雀街を含めすべての南北大路が宮闕の南辺から南走して市門にいたっていること，つまり宮闕からの天子の南面ヴィスタを顕現できる南北街路のみが市門に通じていることを意味する。都城のバロック

図5-30　大雁塔から北を望む、西安

化の徹底的な追求である。また市門を結ぶ3本の東西大路も，そのうちの2本は宮城と皇城の各南辺大路を東西に延長したものである。東西大路も宮闕との関係で，その走向位置が決定されているのである。

　第3理念は「左右民廛」である。たしかに民の住居は中央縞帯の坊（街区）にも存在し，これは隋唐長安には妥当しないようである。隋唐長安の坊は規模と形態から5種類に分類できる。その多くは東西と南北の小街路（巷（こう））が中央で交差する十字巷形式である。3つの南北縞帯のなかで左右2帯の坊は，すべて十字巷をもつ。しかし宮闕南方の中央縞帯の坊には十字巷はなく，東西に走る東西巷のみである。そこでの南北巷の欠落について，礪波護は，天子に対して背を向けさせない，という形を変えた「左右民廛」理念が顧慮された結果だとする。とすれば「左右民廛」も，部分的に実現されているのである。

　第4理念は「前朝後市」である。天子の前方に朝廷という「前朝」は，隋唐長安で実現されている。天子の後方に市という「後市」に関しては，そうではない。隋唐長安には東市と西市の2つの市があり，ともに宮闕より前方の左右縞帯に所在していた。しかし「前朝後市」という理念は，朝廷と市の空間的な配置だけを意味するものではない。「午後」を「午后」とも表記するように，後は后に通じる。ここから「前朝后市」は，別の2つの意味をもつ。第1は「午前に朝廷が，午后は市が開かれる」ということで，これは隋唐長安に妥当する。第2は「天子が朝廷を，后（皇后）が市を所管する」ということである。この点に関しても，礪波護は興味ぶかい事実を指摘している。隋唐長安の宮城は天子の御座所である太極宮を中央にして，その左（東）には皇太子の御所である東宮，右（西）には皇后の御所である掖庭宮（えきてい）が配されていた。掖庭宮内には，太倉とよばれる王室用の穀倉が後部に設置されていた。倉庫は，物流つまり市の基本的な機能に必須の施設である。それが，皇后御所内に所在していた。つまり「前朝後（后）倉」である。これは，やはり形を変えた「前朝後市」原則の貫徹といえる。

　第5理念は「左祖右社」である。隋唐長安では，理念どおりに左の皇城南東部には太廟（祖廟），右の同南西部には大社（社稷）が存在した。

　このように考えると，隋唐長安は決して「異端の都城」ではない。天子への権力集中にふさわしい都城のバロック化を実現しつつも，『周礼』の理念にも忠実であろうとする建設思想を，そこに観察できるのである。

column2　　　　　　　中国の王都

　顧炎武（1613～1682年）は『歴代宅京記』で，中国史上の代表的王都として約20をあげている。そのなかで中国人が特別視してきたのは6王都で，これを「六大故都」とよんできた。それは，十一朝古都とよばれる長安（鎬京、咸陽、大興），九朝都会とよばれる洛陽，北宋の都であった開封，六都首都の建康（南京），南宋の仮の都であった杭州，そして元代以降の北京（大都）の6つである。これに殷の都であり中国史上最初の王都鄴（安陽）をくわえて，七大古都とよぶことを譚其驤が提案している。安陽の西方20キロには，殷王朝後期の王都が置かれた殷墟がある。また，4～6世紀に華北東部の諸王朝（後趙，冉魏，前燕，東魏，北斉）の都は鄴に置かれた。杭州には五代十国時代の呉越（907～978年）と南宋（1127～1279年）の都臨安が置かれた。いずれも統一王朝の首都が置かれたわけではないが，都市としての繁栄や歴史的，政治的重要性から重視されているのである。

　長安すなわち今日の西安周辺には，西周，秦，前漢，新，[前趙，前秦，後秦，西魏，北周]，隋，唐の都が置かれた（[　]内は中国の一部のみ支配。以下同様）。洛陽には，東周，後漢，[魏]，晋，五胡十六国，[北魏]，隋—東都，唐—東都，[後梁，後唐]の都が置かれた。開封は，[後梁，後晋，後漢，後周]の後，北宋の都となった。建康には明初，そして中華民国（南京国民政府）の都が置かれるが，[東晋，宋，斉，梁，陳，南唐]の都でもあった。こうして，地図の上で王都の位置を時代順に追いかけると中国史の変遷がよくわかる。

　各王朝の支配域をまず頭に入れよう。妹尾達彦の概念図が便利である。

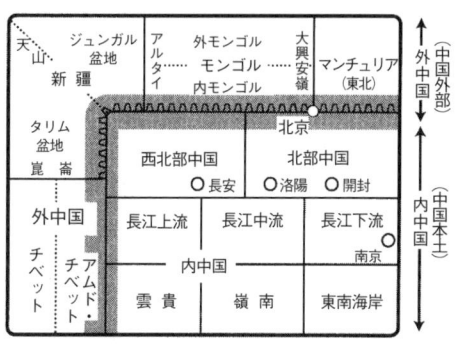

図5-31　中国の空間構成（妹尾達彦）

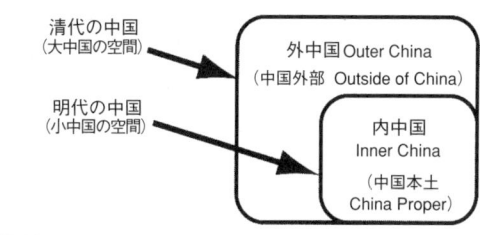

図5-32　内中国と外中国（妹尾達彦）

V　アジアの都城とコスモロジー　221

中国の空間は大きく外中国と内中国に分けられる。内中国 Inner China と外中国 Outer China を分ける基準は，行政区画，自然地形，民族，言語などであるが，この区分は歴史的に形成されたものでもある。明朝（1368～1644年）が統治した空間がほぼ内中国であり，清朝（1616～1912年）が統治した空間が両方を含む。清朝の支配域から外モンゴル（モンゴル人民共和国）を除いたのが現在の中華人民共和国の領土である。妹尾にしたがって，内中国のみの空間を小中国，内外を含む空間を大中国とよぼう。

　中国最初の統一王朝とされるのは秦であるが，中国という空間の基本的構成ができあがるのは7世紀以降である。唐以降の王朝の変遷をみると，中国の統治空間は大中国→小中国→大中国→小中国→大中国という収縮拡大を繰り返している。すなわち，大中国を支配域としたのが，唐（618～907年），元（1271～1368年），清であり，小中国となったのが宋（960～1279年），明である。この王朝の交替には，漢族と非漢族の攻防が大きく関わっている。東洋史を「素朴民族」と「文明社会」との相互関係において捉えた宮崎市定の「東洋における素朴主義の民族と文明主義の社会」がすでに大きな見取り図を与えてくれているが，漢族vs非漢族という構図もわかりやすい。大中国を統治したのは，漢化していたとはいえトルコ民族に属する鮮卑系の唐，モンゴル族の元，満州族の清などの非漢族出身の王朝である。

　大中国を統治する征服王朝の場合，支配の正統性を主張するために漢族と非漢族を包含するイデオロギーが必要とされる。漢族の統治者が儒教や道教を重視するのに対し，非漢族の統治者が世界宗教としての仏教（元，清の場合はチベット仏教）を重視したのは，より普遍的な原理が求められたからである。『周礼』考工記に理念化される都市の理念型が実現されようとするのも，多くが非漢族の王朝であり，その正統性の主張のためだと見なしうる。

　王都の立地は，当然，大中国と小中国の伸縮に対応している。大中国の場合，王都は長安ないし北京に置かれた。小中国の場合，王都は洛陽ないし南京である。北京も長安も，内中国と外中国の境界に位置して軍事および政治首都としての機能を担った。それに対して，内中国の経済，文化の中心であり続けたのが洛陽であり，南京である。宋以前には，長安―洛陽の東西両京の制が採られ，元以降，北京―南京の南北両京の制が採られる。長安から北京への移動は，穀倉地帯が華北から華中へ移動したこと，軍事的重要性が東北に移ったこと，南からの海上交易の重要性が増したことなどによる。

08 元の大都

1 大元ウルスの新都

　現在の北京を含む一帯は，燕京地方とよばれる。大都はここに建設され，現在の北京の母胎となった。元（モンゴル）に先行して，北方異民族の征服王朝として遼（契丹）と金が10世紀初めから華北を支配してきた。両王朝も，同地方に国都を置いた。元王朝の第Ｖ代皇帝クビライ（在位1260～1294年）は，1267年から約20年をかけて，金の国都であった中都の北東郊に，新都を建設した【図5-34】。新都は，当初は突厥語で「王の城市」を意味する「汗八里（ハン・バリク）」とよばれたが，クビライは1272年に首都をここに定め，大都と改称した。

　燕京地方は，長城を介して，北のモンゴル族の故地である草原地帯と南の漢族の本拠地である農耕地帯とが接触する交界帯にあたり，両地帯支配のための戦略的・交通的要地であった。それが，同地方への遷都の理由とされてきた。しかし杉山正明は，長安を含む西方の京兆地方も同様の条件をもっていて，これだけでは説明不十分としたうえで，燕京地方がクビライ政権確立にあたって中心的な役割を果たした諸軍団勢力の根拠地であったことを指摘する。

　クビライは，モンゴルと中国本部（漢地）の両者を統括する大統一帝国（大元ウルス）

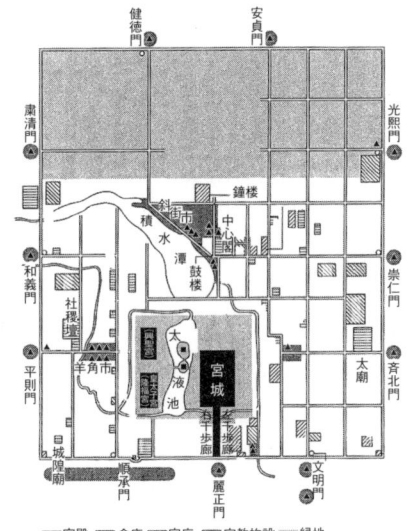

図5-33　元大都の復原図（杉山正明）

の樹立を目指した。『易経』にある「乾元」を典拠とした「元」という漢族風の国号採用も，その表われであった。新都も，漢族が規範としてきた都城思想をふまえたものでなくてはならなかった。その命を受けた劉秉忠(りゅうへいちゅう)は，基本構想を『周礼』考工記にもとめて大都を構想する【図5-33】。

　京域を囲む市壁と市門は，「周囲60里11門」と称せられた。60里は約33キロで，実測によると市壁はほぼ南北7.6キロ，東西6.7キロ，合計28.6キロとなる。その外周を濠にあたる護城河が囲んでいた。市門は北辺に2門，他の3辺に各3門の計

Ｖ　アジアの都城とコスモロジー　223

11門であった【図5-33】。『周礼』の「旁三門」の理念とは異なる。陳高華は「11門」の理由を，元代から指摘されてきた毘沙門天の子である哪吒(なた)太子の「三頭六臂(び)両足」という図像と結びつけて説明する。市門の数はそれをかたどって，南辺が三頭，東西両辺が計六臂，北辺が両足だとするのである。しかし北辺を1門減じているのは，都城背面からの攻撃に対する防御のためもあろう。大都の選地に際して，北方の草原を根拠地とする貴族の反対があったからである。いずれにしても『周礼』のいう「旁三門」に忠実であろうとしている。

京域の中心点には中心閣，そのすぐ西には鼓楼があった。鼓楼の北方には鐘楼が並び立っていた。鼓楼と鐘楼は時刻の通報施設で，それらを都市の中心部に建設したのは大都が最初であった。後の中国都市は，これを踏襲していく。午後8時の三点鐘を合図に，翌朝4時の鐘まで夜間の外出は禁止された。陳高華は，これを民衆の生活への時間的な秩序と統制の付与を目指す権力的支配の表われとする。

中心閣で街路数を数えると東西・南北ともに9本となり，『周礼』の「九経九緯」と対応する。街路幅は約36メートルと18メートルの二種で，グリッド・パターンに京域を分割していた。1274年に大都を訪れたマルコ・ポーロは，「町の一方の門から他方の門が町全体を通して見渡せるように作られているので，通りはまっすぐで，端から端まで見渡すことができる。…町の中央には巨大な宮殿があり，そこに大きな鐘楼があって，夜になると鐘が鳴らされる。それが3度鳴らされた後には，誰も外出できない」(月村・久保田訳)と述べている。京域内部は50坊に分割されていた。坊はモンゴル語でホトンとよばれ，現在の北京で路地を意味する胡同(フートン)の語源をなす。

太廟と社稷壇が，ともに「左祖右社」の関係で京域の南東部と南西部に配されていた。また宮城にあたる大内の南方には中書省などの官衙が，皇城の北方には各種商品の市場が位置していた。これも「前朝後市」に即している。ただ官衙および太廟と社稷が皇城外に設けられている点は，それまでの都城とは異なる。京域内の市は2ヵ所にあった。ひとつは前述の皇城北方の市で，運河と結ばれた港湾的機能をもつ積水潭(せきすいたん)に面していた。そこは南方の農耕地帯との遠隔地交易のための卸売機能と地元住民むけの小売機能とを兼備した市場で，また繁華な盛り場でもあった。他は西方の社稷壇周辺で，西方の草原地帯からの各種家畜市が集中していた。この2つの市の存在また両者の機能分化は，長安の東・西両市と類似している。さらに言えば，長安の東市を「前朝後市」に対応させて北方に移動させ，もうひとつの市を西方に残したかのようである。各市門の外には農村的な草市や菜市などが存在していた。これらの多彩な市の存在は，農と牧の交界帯に位置する交易都市・大都の姿を伝えている。

2　核としての「水辺の牧地」

このように大都の基本構想は，『周礼』の諸理念に忠実である。しかし最大の相違は，「中央宮闕」ではなくて積水潭が京域中央部を占めること，いいかえれば宮城

(大内)を含む皇城が南部に偏在していることである。これまで指摘されていないが，市門の配置が哪吒太子の図像をかたどるとすれば，宮闕の南部偏在もこれから説明できる。北辺が両足，南辺が頭であるとすると，哪吒太子は北に足を据えて京域に覆いかぶさるようにして大都を守護していることになる。まさにその頭の位置に，宮闕が位置しているのである。またヘソの位置を占めているのが，中心閣である。

しかしこの図像的な説明だけでは，「中央宮闕」からの逸脱をすべて説明できない。積水潭は，もとは皇城内の太液池と一体をなす広大な湖水であり，その周辺には草地が広がっていた。杉山正明は，この湖水を含む一帯が建都以前のモンゴル軍団の冬営地(キシュラク)であり，それを都城内に囲い込んで大都が建設されたとする。豊かな水辺空間こそが遊牧民族にとっては枢要かつ快適な空間であり，都城の中央にそれを配するのはクビライにとっては妥当な基本構想であったであろう。羽田正も，トルコ系遊牧民出身の東方イスラーム国家の宮殿は，たとえばイランのサファヴィー朝のイスファハンにみられるように，広大な園地空間のなかに建設された東屋的な建築群を特色とすることを指摘する。

園地空間と宮殿との関係は，皇城内部でいっそう明らかである。そこには太液池を抱く広大な園地空間があり，宮城もその他の宮殿もそれに付属するかのようである。大都は，水辺を中心とする草地空間に根幹を置くモンゴル的生活様式を重視・継承しつつ，中国的な『周礼』の都城理念を実現するという2つの異なった思想を合一させ

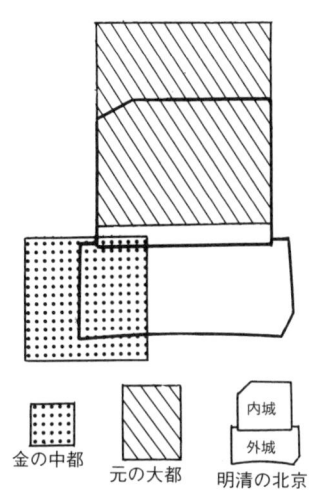

図5-34　中都・大都・北京の京域関係（朱自煊）

た都城なのである。太液池の名も，唐代長安の宮城であった大明宮内の園池にちなんで命名されたものであろう。現在の北京紫禁城内の北海と中海は，その後身である。

長安には存在しなかった施設として，京域の南西隅に位置する城隍廟がある。これは都市とその住民を守護する城隍神を祀る廟で，宋代になって国家公認の宗教施設となり，諸都市に広く建設されるにいたった。大都では，城隍神の称号は「護国保寧王」であった。

最盛期の大都の人口は，40〜50万人と推定されている。しかし京域の北部3分の1ほどは，ほとんど無住の緑地空間であった。明代になると，この部分を放棄して北辺市壁を南に5里ずらし，また南辺市壁を南に2里拡張して内城とし，さらに新市壁の南辺に接して新たに外城が建設された。その結果，宮闕がより中央部に位置する都城へと変容する。それが，明・清代を経て現在の北京へと継承されていく【図5-34】。

09　ベトナムの都城

1　タンロン（昇龍）—ハノイ

　ベトナムは，東南アジアでは唯一の中国都城思想の受容国である。最初の本格的な都城はタンロンで，1009年にリ（李）朝を創始した太祖・リーコンウァン（李公蘊）（在位1009～1028年）によって現在のハノイ北郊に建設された。『大越史記全書』順天元年（1010）春2月の条は，遷都の地を求めて唐代の767年に経略使の張伯儀が建設した大羅城（ダイラタイン）を視察した太祖の言葉として「（この地は）龍がとぐろを巻き，虎がうずくまって跳びかからんとする勢いがあり，…川と山の前後（配置）が宜しく，その地は広くかつ平坦で，宮城の地は高燥である。…かくして勝地をなす。誠に四方から人と物が集散する要(かなめ)をなす」と，中国的な選地理由を述べている。

　タンロンについては不明な点が多いが，ほぼつぎのような都城であったようである【図5-35】。宮城と皇城からなる宮闕を北方にして，その南方と東方に京城（外郭城）が広がっていた。『大越史記全書』は，宮城内の諸殿舎の建設についてはくわしく述べるが，皇城についてはほとんど述べていない。レンガの城壁で囲まれた宮城内のランドマークは，北端に人工的に築造された濃(のう)山(ざん)である。そこには城隍廟が祀られていた。それは都市の守護神であると同時に，ベトナムでは北から来襲するという寒気と野蛮

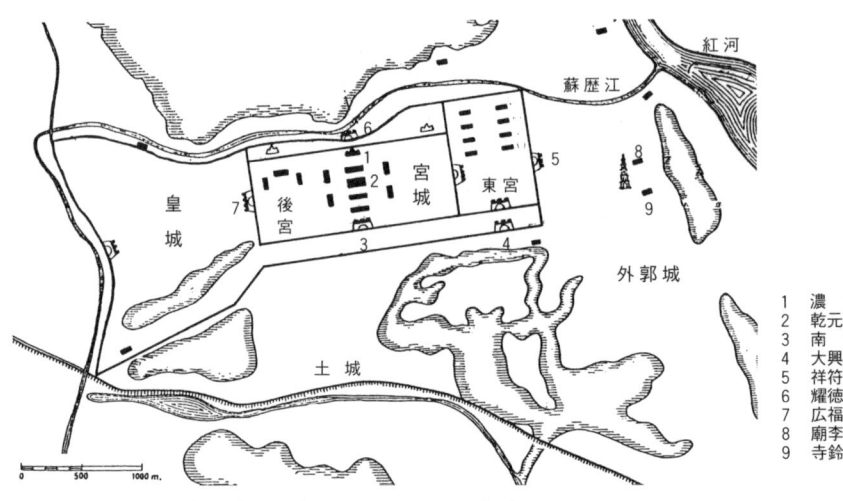

図5-35　タンロン（昇龍）の復原図（Vietnamese Studies を修正）

1　濃山
2　乾元殿
3　南門
4　大興門
5　祥符門
6　耀徳門
7　広福門
8　廟李国
9　寺鈴国

人への守りでもあった。

　宮城内は，濃山を起点とする南北中軸線にそって諸殿舎を配して，皇帝の空間を構成していた。その中心は乾元殿(かんげん)で「視朝之所」とされた。その西方に皇后御所と後宮，東方に皇太子御所の東宮が存在した。宮城の正門は，この軸線にのる城壁南辺中央の南門であった。しかし皇城の正門である大興門は，この南北中軸線からはるかに東方にずれた位置にあった。宮城から京域への門戸として重要なのは東の祥符門(しょうふ)であった。その東方には，北に祖廟である廟李国が，南には社稷である寺鈴国が「左祖右社」理念にしたがって所在していた。しかしその位置は，宮域からの南北中軸線上ではなく，それから東方向にあった。そこは北方を東西に蘇歴江(それい)が流れ，同川は交通動脈の機能を担う朱雀大路的な水路であった，と桜井由躬雄は推定している。京域の交通幹線も長安のように南北中軸線上ではなく，東西に延びていたのである。最も繁華な市は，宮域東門外の同江に近い部分にあったようである。皇城正門（大興門）の東方へのずれも，ここでの市の存在に誘引されての結果であろう。このように宮城内部については中国都城理念に従いつつも，城隍廟の鎮座をはじめ皇城や京域また交通幹線に関しては，中国の都城理念から逸脱した独自の便宜的改変をくわえている。日本の中国都城思想の優等生的な受容とは異なったベトナム的換骨奪胎である。その意味ではタンロンは，すでにベトナム的なバロック化を遂げた都城であるといえる。

　京域について，『大越史記全書』は1014年に「四囲に土城（土の堤防）を築く」と述べ，その全長は約30キロに達したとする。土城は，防御と洪水対策を兼ねていた。京域は，方形ではなく不定形であった。桜井は，蘇歴江によって京域は左右に分かれ，さらに61坊に区分されていたとする。そのうちの1坊は京域の監督官庁である評泊司とすると，左右各30坊であったとしうる。坊の形態は不明であるが，長安とおなじく周囲を土壁ないし生垣で囲まれていた。内部は巷（小路）で分割され，大路からの入口には坊門があった。

2　フエ（順化）
　── ベトナム最後の都城

　フエは，ベトナム中部アンナン地方の古都である。10世紀にはチャンパ（占城）王国の中心となったが，1470年に北の大越国に滅ぼされ，ベトナム人の支配下に入った。現存の都城は，1802年にベトナム統一王朝を樹立したグエン（阮）朝の初代ヤロン（嘉隆）帝（在位1802～1820年）が翌年に首都として建設したものである。図5-36の京師図は，京域全体としては正方形に近く，その内部はグリッド・パターンの街路で区切られていたことを示す。また皇城が中央上方に配されていて，一見したところ中国都城に類似している。しかし図は南が上なので，皇城は京域の南端近くに位置していて正統的な中国都城とは異なる。市壁も，三角稜堡を連ねたフランスのヴォーバンが開発した築城法によって建設されていて，中国都城の直線的な市壁とは異なっている。市壁に沿って濠が掘られ，さらにその外を南のフォンザン川（香江）から

Ｖ　アジアの都城とコスモロジー　　227

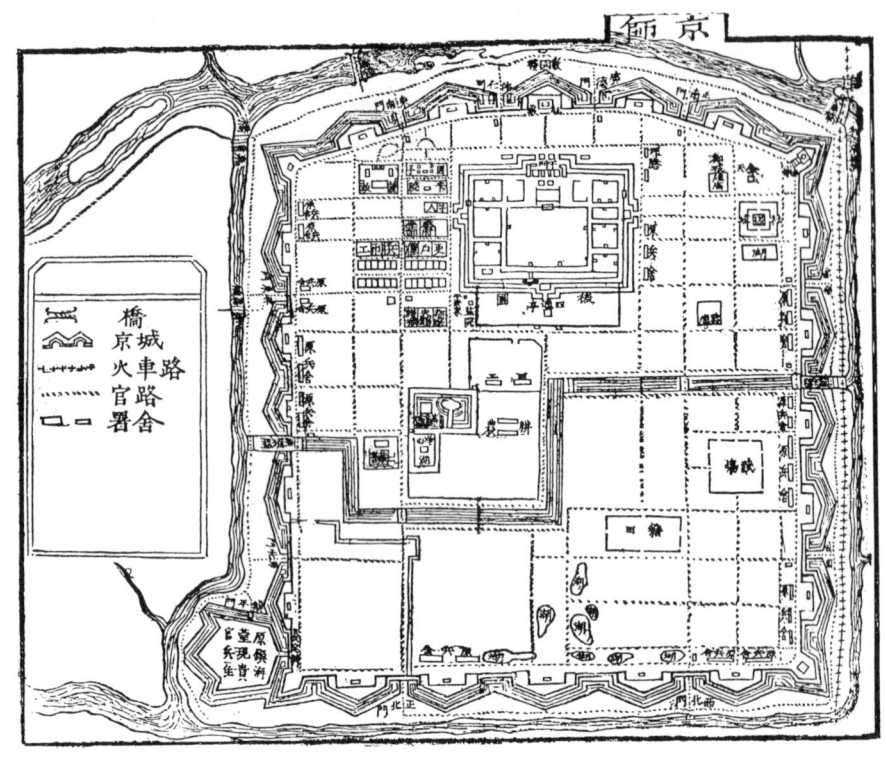

図5-36　フエ（順化）都城図 ―上が南（『大越史記全書』）

引いた環濠兼運河がとりまいていた。二重の濠の間を官路また鉄道（火車路）が走っていた。

　1辺約2.5キロの京域内は，95の坊に区分され，また中央近くを屈曲しつつ東西に流れる濠によって，京域は南北に分割されていた。ベトナムでは北は敵また悪魔を象徴する方位であり，そのゆえか京域北部は都市化の進まない空間であった。都城の中心施設は，京域の南部（図の上部）に集中していた。その中央に位置していたのが，皇城である【図5-37】。皇城は，京域全体としては南に偏在しているが，都城施設が集中する南半分だけをとると中央的位置を占め

ていた。皇城は長方形の城壁と濠で囲まれ，各辺に城門が1門ずつ開いていた。南辺中央の午門が正門であり，それを通る南北軸線上に諸宮殿が並び，天子南面原則が貫徹していた。太和殿は官衙の中心建造物であり，「前に朝廷」という中国都城理念にしたがっていた。その北の大宮門が宮城正門で，同門から左右に延びる街路が北に屈曲してとり囲むほぼ正方形の範囲が宮城であり，紫禁城とよばれた。皇城の南東隅には太廟，南西隅には世廟が左右対称に配されていた。「左祖右社」理念によれば，世廟の位置には社稷が配されるべきであるが，それからは逸脱して世廟が置かれていた。

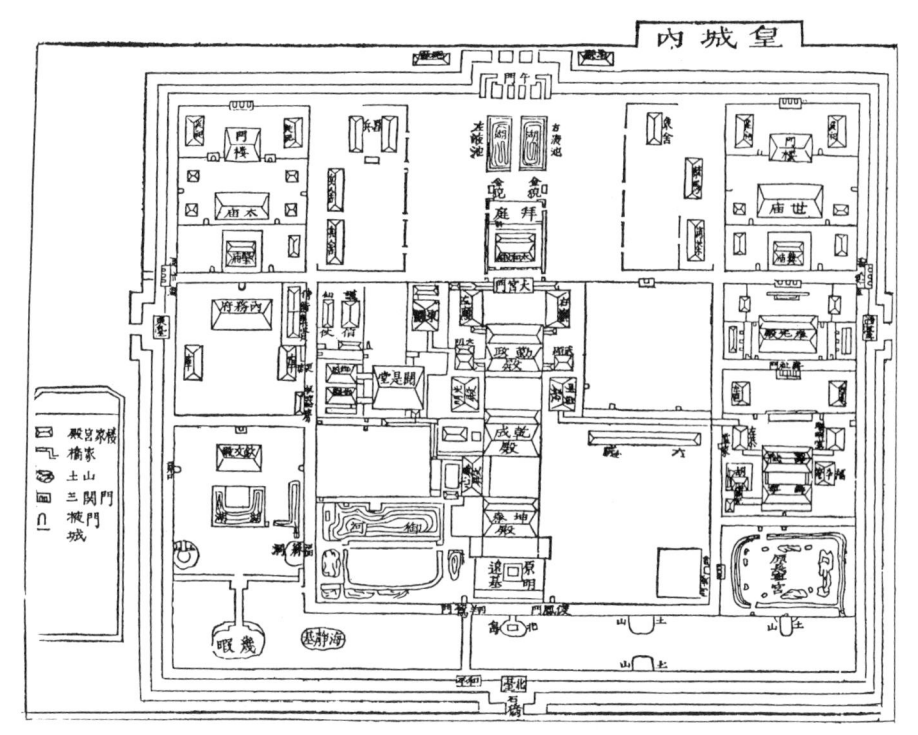

図5-37　フエ（順化）宮域図 ―上が南（『大越史記全書』）

図5-38　都城南東市門（ドン・バ門），フエ

図5-39　王宮正門（ゴモン，午門），フエ

　このようにフエも中国都城理念を踏襲しつつも，それをベトナム的に改変した側面をもつ。その性格は，すでにタンロンでみられたものであった。しかし皇城の各辺1門，午門という正門名，その北の左右の液池配置，太和殿・乾成（清）殿・坤泰（寧）殿などの殿舎名は，清代北京の皇城と共通する。

V　アジアの都城とコスモロジー　　229

10　日本の都城

　巨大集落遺跡の出土をもとに，縄文都市また弥生都市の存在を提唱する議論がある。ここでは，それらについては言及しない。というのは，その存在が仮に確認されたとしても，日本の都市伝統の形成をそこに求めえないからである。現在につづく日本都市は，都城という中国文明要素の積極的な受容を基本戦略とする「未開から文明へ」の展開のなかで生成した。

1　メタ都市としての飛鳥浄御原宮

　飛鳥浄御原宮から，日本における都城の展開を考えることにする。飛鳥浄御原宮とは天武元年（672）の壬申の乱に勝利した大海人皇子が造営を命じ，翌年そこで即位して天武天皇（在位673〜686年）と号した宮処である。伝飛鳥板葺宮跡のⅢ-B期遺構が，同宮に比定されている。林部均は，宮域遺構を内郭，外郭，エビノコ郭の3区からなると復原する【図5-40】。

　内郭は，天皇の私的な空間すなわち内裏である。エビノコ郭の中心には大極殿にあたる「正殿」が建設されている。大極殿的な建造物が宮処に造営されたのは，これが最初である。外郭は，内郭の東方と南方およびエビノコ郭南方の3部分にまたがる。このうち内郭東方は，あまり意味をもたなかった。内郭南方は儀式空間としての「庭」であり，隣接するエビノコ郭が西辺に正門を開くのは，この「庭」の存在と関連している。エビノコ郭南方には，官衙的な建造物（朝堂）が存在していたと推定されている。しかし飛鳥浄御原宮では，天皇の下で政事が朝堂で集権的に執行されたのではなく，皇族や豪族にも分担されていた。彼らの宮殿や居宅も，政事の場であった。林部は宮周辺の建造物遺構を分類し，同宮の近傍に官衙的な機能を兼ねた彼らの宮殿・居

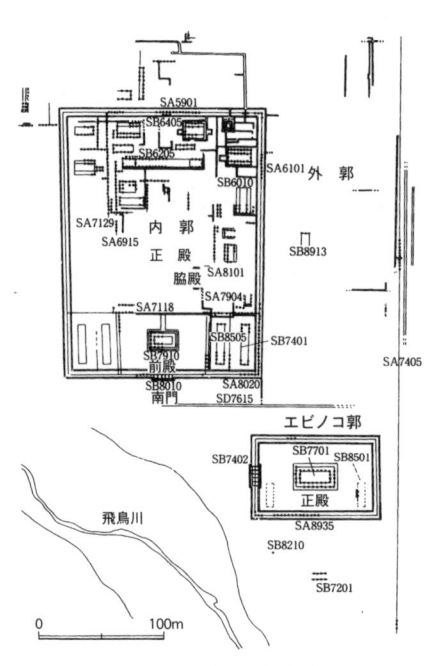

図5-40　飛鳥浄御原宮比定遺構図（林部均）

宅が集積し，小家屋からなる民の集落遺跡は周縁に所在したとする。この指摘は，同宮とその周辺にメタ都市的状況が成立していたことを物語る。

2 藤原京
―エチュードとしての都城

　藤原京は日本最初の都城である。しかしその名称は史料になく，最初に復原を試みた喜田貞吉の命名である。『日本書紀』によれば，藤原京の建設には紆余曲折があった。夫の天武天皇を襲位した持統天皇（在位690〜697年）は，夫の遺志を受けついで藤原宮の建設を推進する。京域の建設については，『日本書紀』は同天皇5年（691）10月27日条で「使者を遣して新益京を鎮め祭らしむ」，また翌6年（692）1月12日条で「天皇，新益京の路を観す」と述べる。「新益京」は，藤原京を指す。後段の記載は，京域を区画する条坊大路を視察したことを指す。最終的に同天皇8年（694）12月6日条に「藤原宮に遷り居します」と『日本書紀』は述べる。この表現は，「新都への遷都」というよりも「宮処の遷居」を意味する。たとえば『日本書紀』天武天皇元年（672）の是歳条には，「是歳，宮室を岡本宮の南に営む。即冬に，遷りて居します。是を飛鳥浄御原宮と謂ふ」と，藤原宮の場合とまったく同じ表現が用いられている。

　もし藤原京が天武天皇11年（682）の着工とすると，遷宮までに12年を要した。その間，律令制施行による天皇権力の強化が図られ，それにふさわしい新都が模索さ

れたであろう。藤原京の本質は，一方では飛鳥浄御原宮とその周辺で形成されていたメタ都市と前期難波宮（652年完成の難波長柄豊崎宮にあたる）を継承しつつ，他方では当時の「近代化」戦略である中国文明の積極的な受容をつうじて，「未開から文明へ」の転換にふさわしい王権の新たな顕示空間を創出すること，つまり「継承と革新」の追求にあった。

藤原宮域の復原

　藤原宮から検討しよう【図5-41】。宮域は，約1060メートルつまり大宝令大尺で3000尺（1大尺＝約0.354メートル）四方で，同大尺1500尺＝1里であるから2里四方となる。その内部は3つの南北縞帯に分かれ，中央縞帯には南北中軸線を基軸として，北に内裏，中央に大極殿，南に朝堂院が配されていた。飛鳥浄御原宮と対応させると，内裏は同宮の内郭に相当する。大極殿は，同宮では別郭のエビノコ郭にあった。それが藤原宮では内裏と一体化して建設された。大極殿の重要性の増大を物語る。朝堂院は同宮ではエビノコ郭の南方の儀礼用殿舎と対応し，藤原宮でも大極殿との位置関係を保って建設された。このように飛鳥浄御原宮では分離していた内裏・大極殿・朝堂を，「北に宮城，南に皇城（朝廷）」という中国都城と同様の配置に整序して，藤原宮の中央縞帯が建設されている。

　重要なのは，つぎの2点である。ひとつは，朝堂院の出現とその内部での南北中軸線を基軸とする建造物群の左右対称配置である。これは前期難波宮からの継承である。他は，内裏と朝堂院を結ぶ中央位置での大

Ｖ　アジアの都城とコスモロジー

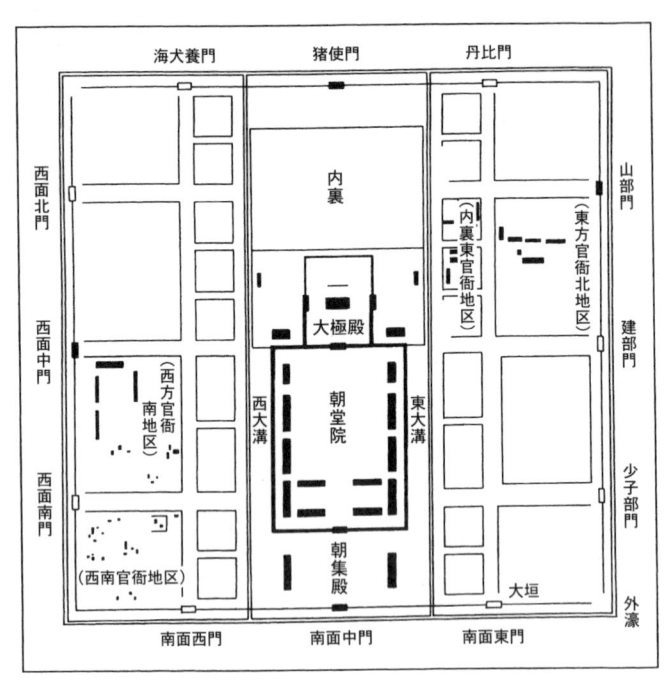

図5-41　藤原宮復原図（寺崎保広）

極殿の建設である。これは、飛鳥浄御原宮からの継承である。藤原宮大極殿は、宮処建造物として最初の瓦葺き礎石建を採用する。藤原宮は先行する諸要素を継承しつつも、それらを整序して統一的な宮処の創出を実現したのである。その整序のなかに、飛鳥浄御原宮また前期難波宮からの「継承と革新」を明瞭に読みとれる。

藤原京域の復原──岸説から大藤原京説へ
　一方、京域の形態復原に関しては、喜田貞吉の提起をさらに発展させた岸俊男説、近年の発掘成果にもとづく大藤原京説の2つを代表とする。
　岸説は、藤原宮域が2里四方と確定した1969年に発表された【図5-42】。岸は、大和盆地を貫通する既存の4本の幹線道路に着目して京域を復原する。中ッ道を東京極大路とし、下ッ道を西京極大路とすると、京域の東西幅は約2120メートル＝約6000大尺＝4里となる。しかもその均分線である2里の線は、藤原宮の南北中軸線と一致する。また横大路を北京極大路とし、そこから「律令の規定にしたがって」6里＝約3180メートルの南北幅をとると、南京極大路はほぼ山田道と一致する。岸は、藤原京をこの4幹線道路で囲まれた京域の都城であるとする。南北幅の確定にあたって「律令の規定にしたがって」と述べたのは、養老令（775年施行）のことで、同令は4坊に坊令1人、京職に坊令12人と規定する。坊とは京域の最小単位で、大路で区切

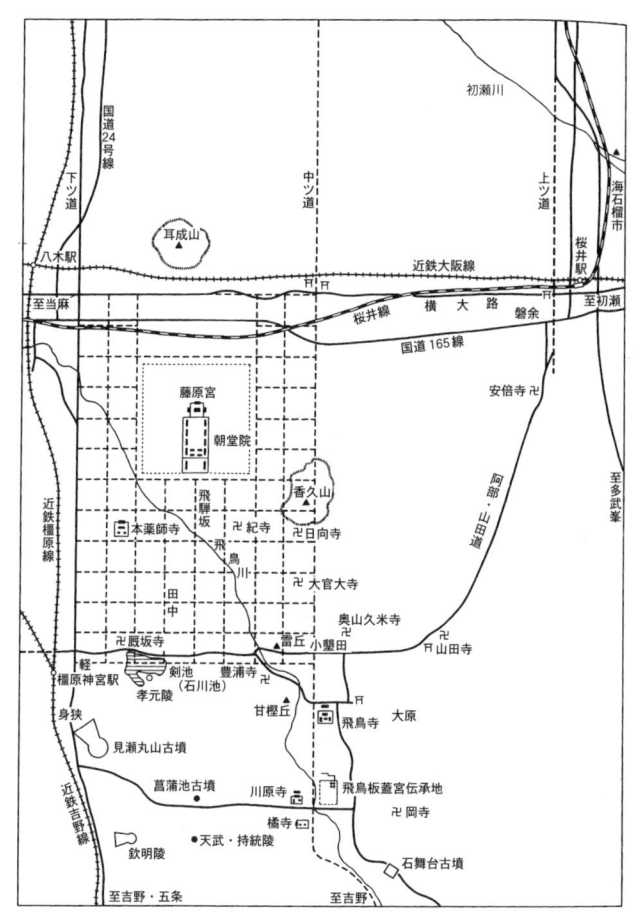

図5-42 岸説藤原京と飛鳥地方（岸俊男）

られた街区をいう。京職は左京と右京に各1人なので坊令の総数は24人。したがって藤原京の坊数は4×12×2＝96。京域の範囲を4×6里とすると、坊は0.5里四方の区画となる。岸は、藤原京を東西8坊×南北12条と復原する。

岸説は、藤原京と平城京との配置関係も整合的に説明できた【図5-43】。藤原京の東京極大路である中ツ道が平城京の東京極大路と一致し、また西京極大路である下ツ道

も平城京の朱雀大路と一致することを指摘する。後の発掘によっても、後者は確認された。さらに岸は、藤原京南北中軸線の南への延長上に、同京の建設を推進した天武・持統両天皇の合葬陵、彼らの後継者である文武天皇陵などが並ぶことを指摘する。岸説は、当時の国家中枢地域における総合的な空間計画の存在をも説明する、緻密かつ壮大な展望をもつものであった。

しかし発掘の進行により岸説の京域外で

V　アジアの都城とコスモロジー —— 233

大路遺構の確認があいつぎ，そこにも条坊制が施行されていたと考えられるにいたった。ここから藤原京は，岸説よりも大きな京域をもつとの大藤原京説が提唱される。これにも諸説があるが，それを整理したのが図5-44である。

大藤原京説には，京域の範囲が未確定という問題があった。これについては1996年に図5-44の2つの★印の位置で，東西両京極大路の存在を推定しうる遺構が判明

した。そこは，東西ともに藤原宮の南北中軸線から約2650メートル＝約5里の所に位置することから，大藤原京の東西幅は，岸説の4里ではなくて10里だと提唱されている。

また岸説では条坊道路の幅員は一定とされたが，発掘の結果，岸説でいう奇数番の条坊道路は偶数番のものよりも狭いことが判明した。阿部義平は，偶数番号が大路で，奇数番号のものは大路の間に介在する条間

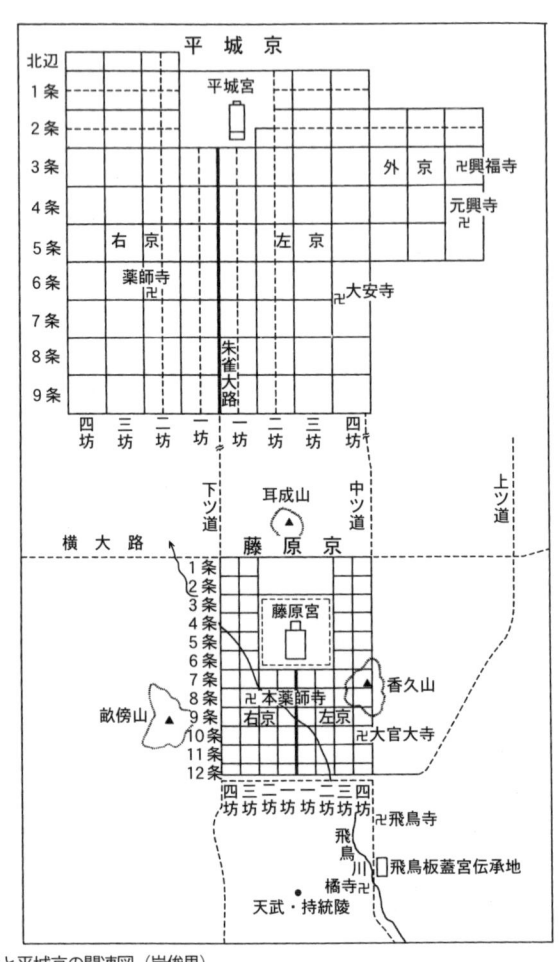

図5-43　岸説藤原京と平城京の関連図（岸俊男）

路とする。それをうけて大藤原京説では，坊の面積は東西・南北ともに岸説の2倍つまり1里四方で，東西幅は10里＝10坊とされる。

大藤原京の北と南の京極大路は未発見であるが，小沢毅は，その南北幅も東西幅とおなじく10里とし，京域は10×10＝100坊であったとする。藤原宮は2里四方であるから，4坊にあたる。坊令という最下級職員は宮処と無縁とすれば100－4＝96となって，計算上では律令の規定とも合致する。この小沢説が，現在，最も有力な藤原京の復原説である。

坊の面積また京域の規模と形態に関しては岸説と大藤原京説は対立するが，藤原宮を京域中央に位置づけて「中央宮闕」とする点では，両者は共通する。また藤原京の構想と建設にあたって，中国に範を求めたとする点でも両者は一致する。しかし藤原京建設時の隋唐長安は「中央宮闕」ではな

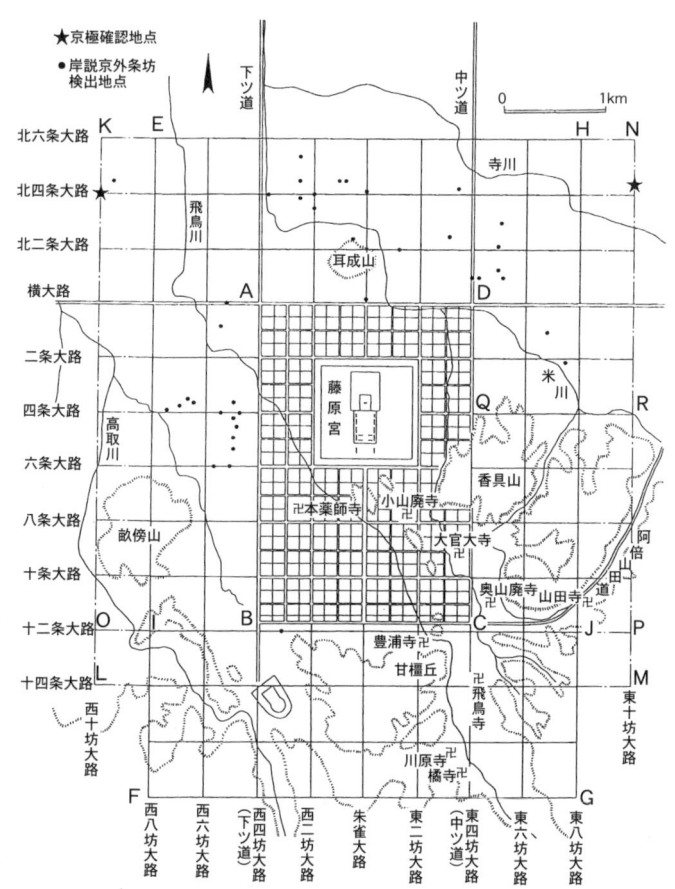

図5-44 藤原京の京域復原諸説——条坊呼称は岸説およびその延長呼称による（小沢毅）
ABCD＝岸俊男説，EFGH＝阿部義平・押部佳周説，EIJH＝秋山日出雄説，KOPN または KOCQRN＝竹田政敬説，KLMN＝小沢毅・中村太一説

V アジアの都城とコスモロジー ——— 235

い。すると藤原京の祖型は何かが、新たな問題となる。岸は、宮域の位置だけでなく、長安の京域が横長の長方形に対して、岸説藤原京は縦長長方形であることにも注目する。そこから縦長型かつ「中央宮闕」的都城として、南北朝時代の北朝に属する北魏洛陽の内城また東魏鄴都の南城を指摘する。しかし両者は藤原京より1世紀以上も前の都城であり、日本からの使節がそれらを訪問したとは考えられないことから、これらが藤原京の祖型とはなりえないとの批判があった。これに対して岸は、日本の都城建設に渡来人の東漢氏が関与していて、彼らをつうじて北朝の古い都城知識が持ち込まれた可能性があること、また日本の律令制度が同時代の唐令だけでなく南北朝の令制を模した例も多いことをあげて、当時の日本が南北朝時代の都城を祖型とした可能性を主張している。

大藤原京説の場合も、小沢毅と中村太一は「中央宮闕」の祖型を『周礼』考工記にもとめる。藤原京の建設期は、遣唐使派遣の中断期であった。そのため同時代の長安についての最新情報がなく、『周礼』を参考にして建設が進められたとするのである。

なぜ『周礼』が祖型なのか

小沢・中村説は、京域の復原だけでなく、祖型を『周礼』とする点でも支持が多い。しかし10×10里の京域は計画当初から構想されたものであったのか、との批判が提出されている。大藤原京の京域はなお未確定であるうえに、それが当初から計画されていたとしうる根拠はない。

以上に関連して、異なった解釈可能性をいくつか提出したい。まず『日本書紀』での京域表現をめぐる問題である。持統天皇5年(691)を境にして、京域表現は新城・京師から新益京へと変化する。これは単なるいいかえではなく、その指示するものの実体変化があったと考えうることである。まず京師は藤原京を指すとされるが、その藤原京とは岸説の京域であり、新益京つまり「新たに益した京域」とは同京域の外に新たに益した大藤原京を指すと考えることも可能なことである。その拡大理由は、岸説藤原京では宅地班給面積の確保が困難であることが予測されることへの対応にあったであろう。そのため同年に新益京として大藤原京の鎮祭を斎行し、持統天皇が翌年に新たに工を起こした新益京の大路を視察するのである。

このように2段階に分けて京域が建設されたと考えると、10×10里の京域は当初からの構想ではないことになる。この考えは、岸説藤原京を「内城」、その外方部分を「外京」とする秋山日出雄の説に近い。同説には考古学的に両者を区別する根拠がないとの批判があるが、岸説藤原京の内と外で街路幅が同じであっても、前述の私見はなんら矛盾しない。また大宝律令の戸令での坊令定員の問題についても、同律令の施行は新益京完成以後のものであって、この所説とは矛盾しない。

小沢・中村の『周礼』祖型説についても、疑問を提出しうる。藤原京はまだ不明な点も多いので、現在の大藤原京説で判明している点だけに限って述べることにしたい。

『周礼』は、都城内の街路を「九経九緯」とする。京域を10×10里、坊を1里四方

とする大藤原京説では，街路は「十一経十一緯」となる。両端の2つの京極大路を除くと「九経九緯」というのが同説の立場である。しかしすでに『周礼』考工記の都城思想で説明したように，また日本語でも「九重」が皇居を意味するように，瑞数である奇数の最大数としての「九」という数字に意味があるのであって，このような推論が妥当かどうかは再検討の必要がある。

また「前朝後市」の「前朝」は，藤原京でも妥当する。しかし「前朝」は藤原宮が最初ではなく，すでに推古天皇の小墾田宮でも観察できる。また出土木簡の記載から，藤原宮の後方つまり北方に市があった可能性もある。しかし市の北方立地は，地形と後背地から説明できる部分も大きい。藤原京は全体として北方にむけて傾斜し，京域外の北方に広大な盆地空間つまり後背地が広がっていた。とすると宮処の北方に市を立地させることは，輸送また後背地との関係を考えると合理的であったであろう。「前朝後市」が藤原京において妥当するとしても，「前朝」も「後市」も，『周礼』と結びつけて理解する必要はない。

「中央宮闕」にしても，先行する諸宮では宮処は宮域の縁辺ではなく，中心よりに配置されることが多かった。大藤原京説が想定する「中央宮闕」も，この日本での宮処建設の伝統継承として捉えうるのであり，『周礼』にのみ根拠が求められるわけではない。遣唐使の中断という中国情報の途絶のなかで，「継承と革新」をつうじて最初の都城を模索し建設したところに藤原京の意味があるのであり，その基本構想を『周礼』に求める必要はないのである。

藤原京の「革新」とはなにか

では藤原京の「革新」は，どこにあったのか。それは，つぎの4点に求めうる。

第1は，宮域の周囲に計画的な条坊京域を配して，両者が合体した都城を建設したことである。しかし宮域の周縁には遮断帯が取り巻いていた。その存在にみられるように，京域と宮域とは有機的融合というよりも物理的併存であり，「宮域の建設が主，京域の建設は従」であった。『日本書紀』が遷都ではなく遷宮と表現するのは，それゆえであろう。

第2は，藤原京は，「豪族から律令官僚へ」という天皇親政体制への変革を，「宮から都城へ」という形で吸収するための空間装置であった。この点では，戦国城下町が参考となる。越前一乗谷に城下町を建設した朝倉孝景が1470年代に制定したとされる「朝倉孝景条々」は，「惣シテ大身ノ輩ヲ悉ク一乗ノ谷ニ引越シメテ，其郷其村ニハ只代官下司ノミ可被居置（おかるべく）候」と述べる。これは，「大身ノ輩」の本貫地から分離と城下集住を命じたものである。位階叙任による官僚化と宅地班給をつうじて豪族層の京域集住を実現し，天皇権力を顕現するための壮大な空間装置として，藤原京が建設されたのである。

第3は，朝堂院の成立である。朝堂院は棟数こそ異なるが，すでに前期難波宮に存在しており，藤原宮はそれを継承した。しかし前期難波宮と藤原宮とでは，そのもつ意味がまったく異なる。豪族権力による職掌分掌，また豪族の家政機関でのその執行が長く行われてきた飛鳥の地で，宮域内に12の朝堂を計画的に建設したことは画期

的な意味をもつ。前期難波宮は摂津国に営まれた宮処であり，豪族たちの本貫地から遠く離れた地に位置していた。そのため彼らの執務場所の新設は，当然のことであった。しかし飛鳥では飛鳥浄御原宮でも，豪族の家政機関がなお職掌執行の場として機能していた。地形的な制約があったとはいえ，同宮では朝堂的な建造物はごく少数であった。それを飛鳥の地で実現したのが藤原京であり，律令体制の成立という「革新」を明示するものであった。

第4は，京域と寺院の一体化である。それは，当時の重要な「近代化」要素である仏教寺院を都市施設として取り込む試みであった。鬼頭清明は，天武・持統朝に鎮護国家を目指す国家仏教が成立したとする。京域内に建立された代表的寺院は，鎮護国家すなわち王権顕示を使命とする大官大寺，おなじ役割とともに皇后の疾病平癒という現世利益祈願を色濃くもつ薬師寺の2つである。ともに条坊と合致する巨大な寺域と伽藍配置をもち，条坊制施行以後に京域と一体のものとして建設された。本郷真紹は，これらの巨大寺院が都城を清浄性に満ちた空間として創出する役割も果たしたとする。この点は中世以降の日本都市での寺院の役割とはまったく相違するが，藤原京は，国家鎮護・王権顕示・清浄空間という多面的な役割を担った寺院を，都市施設として取り込むことを目指したのである。これも，藤原京がもつ重要な「革新」であった。大官大寺も薬師寺も，ともに岸説藤原京の京域内に位置し，当時の「近代化」の尖端的景観でもって「新城」を装飾するものであった。

3　平城京
―― タブローとしての都城

範型・長安―その類似性

和銅3年 (710) 3月10日，平城京への遷都が発表され，藤原京は16年で幕を降ろした。この短命さのなかに，手探りによって「近代化」のシンボルたる都城を建設しなければならなかった「エチュードとしての都城」という藤原京の本質が表われている。すでに『続日本紀』慶雲3年(706) 3月条は「京城の内外に多く穢臭あり」と，公衆衛生の悪化を述べる。その背後には藤原京の選地の問題があった。藤原京は北西方にむけて傾斜し，宮域も下流方向に位置していた。この地形条件が糞尿を含む生活汚水を北方へと流下させ，「穢臭」を「京城の内外」に拡散させる原因となったのであろう。

『続日本紀』和銅元年 (708) 2月15日条は，新京の「平城の地」を「四禽図に叶ひ」，「宜しく都邑を建つべし」との元明天皇の詔勅を載せる。「四禽図に叶ひ」とは，東の青龍，南の朱雀，西の白虎，北の玄武の四禽が，それぞれ河流，池畔，大道，山岳と対応していることをいう。注目されるのは，北方に山岳，南方に池畔という北高南低の地が選地されていることである。これは，藤原京とは逆の地形である。ここに，岸俊男の指摘のとおり，下ツ道に都城基本軸の朱雀大路を定めて平城京が建設された。

平城京は，藤原京の習作経験をふまえつつ，長安をモデルとして建設される。たしかに都城復原図【図5-45】からは，長安との類似性が印象づけられる。まずこの点か

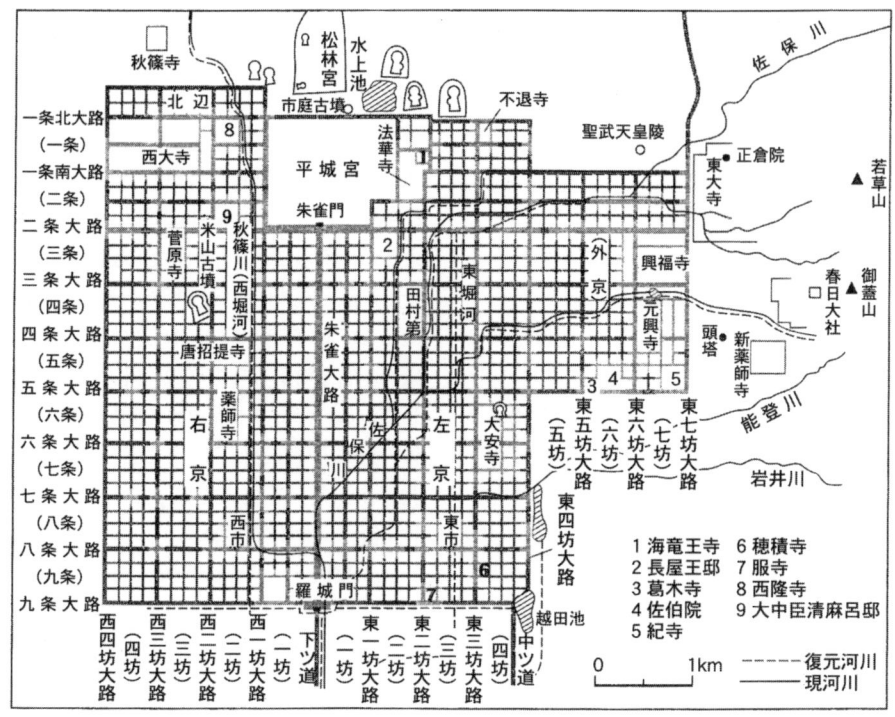

図5-45 平城京復原図（舘野和己）

　らみることにする。

　1）ともに中央北端に宮域を配する「北辺宮闕」つまり「北闕」型の都城であり、また宮域内は北方に宮城（内裏），南方に皇城（官衙）を配する点も類似する。

　2）ともに朱雀大路（長安では朱雀街）によって，京域の街路配置・街区構成が左右対称に2分されていた。行政的にも同大路が京域の左右区分線で，平城京では左京と右京，長安では万年県と長安県に分かれていた。

　3）2つの市を，宮域南方に左右対称的に配していた。『周礼』考工記は「前朝後市」とするが，平城京，長安ともにこの理念からは逸脱していた。「北辺宮闕」型の都城では，「前朝前市」となるのは当然であった。平城京では，市は京域の南端近くに建設された。そこは南に向かって傾斜する微地形とあいまって，京域の南方に広がる大和盆地へのアクセスの便に恵まれた地点であった。後背地である盆地空間と市との関係は，藤原京と機能的にはおなじである。東西両市ともに運河（堀河）で結ばれ，水運が輸送手段として重要であった。

　一方の長安では，市は宮域の南辺を東西走する街路に沿って建設された。同街路は，東の春明門と西の金光門とを結ぶ最も重要な京域貫通道路であるとともに，春明門は中国本土への，金光門は西域への終起点であった。こうした交通位置が，平城・長安

V　アジアの都城とコスモロジー　239

両都城での市の立地場所決定にあたって考慮されたであろう。

長安との相違—京域

以上の類似性は認められるが、仔細にみれば相違する点も多い。まず京域についてそれらを列挙すると、以下の諸点をあげうる。

① 平城京は、「北高南低」の地に造営された。長安の地形は、京域内に六坡(は)(6つの丘陵)を含みつつも、全体として北西に向けて傾斜し、藤原京に似ている。長安の宮域は、易の思想にしたがって六坡のうちの第1および第2の高坡に建設された。しかし天子の宮殿である太極宮が、高坡の間の低湿な凹地に位置する結果となった。それが、北東方の高燥地への第2宮闕つまり大明宮の建設となった。その完成の40年後に大明宮で則天武后と謁見した粟田真人も、この間の経緯を了知していたであろう。藤原京の反省また長安での彼の知見が、平城京の選地にあたって活用されたと思われる。

② 規模と形態の相違である。京域は、長安はおよそ東西幅9.7キロ、南北幅8.2キロで、面積79.5平方キロである。平城京は外京(げきょう)を除いて、おのおの約4.3キロ、4.8キロ、20.6平方キロとなり、面積では長安の約4分の1にすぎない。これらの数字が示すように、長安は横長型、平城京は縦長型の都城であった。

③ 長安の京域は、後の付加である大明宮を除くと長方形であった。しかし平城京には東方に張り出した外京があった。発掘成果によれば、外京も造営開始時から存在していた。外京を含めた多角形の平城京域は、長安をモデルにしたとは言い切れない。竹田政敬は、大藤原京(図5-44のKOCQRN)がモデルとする。大藤原京の南東隅は、山地のために条坊の無施行地帯であった。これを除くと藤原京の輪郭は外京を含む平城京と類似すること、しかもその張り出し部分の位置と規模がほぼ同じであることを根拠としてあげている。しかし平城京では外京は左右4坊からなる京域の外方に張り出しているのであり、藤原京の条坊無施行地帯の京域内存在とは異なること、また外京北辺が1条分を欠いていることの2点は、竹田説では説明できない。

④ 京域は、ともにグリッド・パターンに分割されていた。平城京では街路幅の相違によって坊の面積も変動したが、京域全体がほぼ同規模の正方形街区に区分されていた。街区の形態・規模は、基本的に1種類と考えてよい。しかし長安では大路の幅員は、南北路は同じであったが、東西路は3種類もあったうえに、それらの間隔も異なっていた。その結果、街区は6種類にのぼり、規模の相違にくわえて形態も横長長方形と正方形があった。長安の街区編成は多彩であった。ほぼ正方形の画一的街区編成という平城京の特徴は、長安ではなく藤原京からの継承である。藤原京に関する岸説も大藤原京説も、ともに街区を正方形とする点では一致する。また大藤原京説では街区つまり坊の1辺は1里であって、この点も平城京と一致する。

⑤ 街区編成の相違は、坊の命名法と関連する。画一的な街区を坊とする平城京では、坊名は条坊大路を基準とする数詞呼称

であった。東西の条大路は北から順に1条，2条 … と名づけられ，南北の坊大路は，中央の朱雀大路を基準として左右に向けて1坊，2坊 … とよんだ。おなじ数字の坊大路を区別するために，西方には右京，東方には左京の名を付した。たとえば長屋王邸宅は，左京2条2坊にあった。長安では，坊は固有名詞でよばれた。坊呼称においても，平城京は長安を模倣していない。藤原京では，出土木簡の記載からみて長安と同じく固有名詞の坊名であった公算が大きい。平城京は，正方形の画一的街区編成にふさわしい数詞呼称を採用しているのである。

⑥　坊内部は，さらに小分割された。平城京では坊は，東西と南北に各3本の小路によって4×4＝16坪に区分された。坪も約125メートル四方の正方形区割であり，やはり数詞呼称でよばれた。この坪が，宅地班給の単位であった。長安では，宮闕南方の中央縞帯を除いて，坊は東西と南北に走る巷（小路）で4等分され，その交点を十字巷とよんだ。4等分された小街区は，さらに十字に4等分された。方式は異なるが，長安も平城京も坊の内部を16に細分している点は同じであった。長安では坊内小区画は固有名詞ではなく，一種の方位呼称でよばれた。たとえば東南隅の小区画は，坊名の下に「東南隅」，その北の小区画は十字巷の東門がそこに存在することから「東門之南」とよばれた。

⑦　都城正門の名称を比較すると，長安のそれは明徳門である。明徳とは「聡明な徳」の意で，天子の聡明な徳性の地上での拡散中心たる都城正門にふさわしい名であった。平城京の正門名は羅城門である。長安は，基部の版築厚が9〜12メートルに達する羅城（市壁）で囲まれていたが，平城京は正門の左右に築地塀がわずかに建設されていたにすぎない。ほとんど羅城なき平城京が正門に「羅城」を冠するのは矛盾するが，千田稔のいう「正面性」の強調装置として築地塀を羅城に見立てるためには必要な命名であったのであろう。

⑧　『周礼』の都城理念に「左祖右社」があった。長安では，理念どおりに皇城の東南隅に王室の祖先を祀る祖廟（太廟），西南隅に土地の神（社）と五穀（稷）の神を祀る大社が左右対称に配されていた。しかし平城京またおそらく藤原京も，これを採用しなかった。岸俊男は，「都城制の模倣」にあたって政経的なものには積極的であったが，宗教的なものに対しては消極的であったとする。この指摘は妥当であるが，「左祖右社」の拒否は，天皇家の祖神（天照大神）を祭神とし，また食物神かつ農耕神（豊受大神）を祀る伊勢大神宮との関連があろう。「左祖」と「右社」を兼ねる同神宮が大和の東方の彼方に存在し，「左祖右社」を宮闕内に設ける必要はなかったのである。

⑨　京域内での宗教施設の配置も異なっていた。長安では，諸宗教の寺院が京域内に多数存在していた【図5-46】。大唐帝国の国際性を反映して，シルクロードの終着点であった西市の周辺には，マニ（摩尼）教・ゾロアスター教（祆教）・ネストリウス派キリスト教（景教）などの西方起源の宗教寺院が集まっていた。しかし宗教施設のなかで，重要性またランドマーク性のうえで突出していたのは大興善寺と玄都観で，おのおの仏教と道教の国立寺院であった。

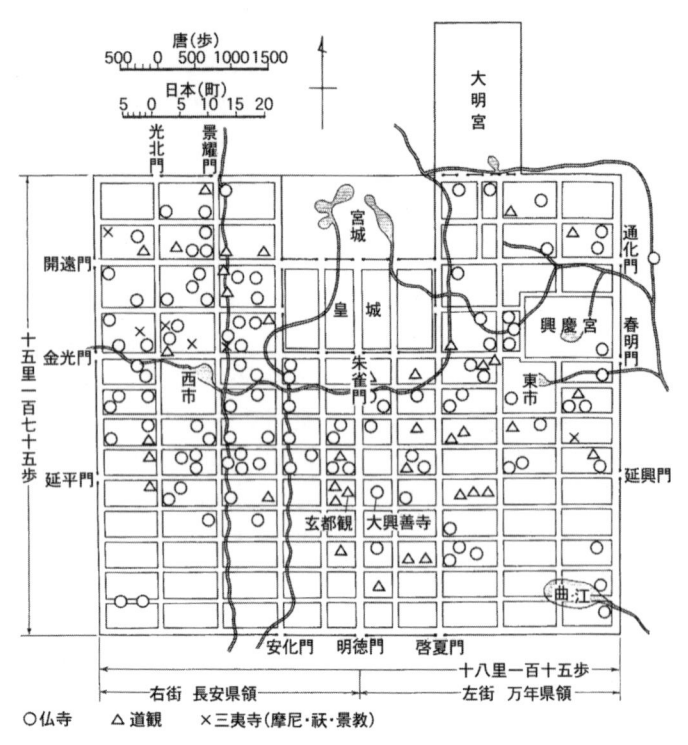

図5-46　隋唐長安における宗教施設の配置（礪波護）

○仏寺　△道観　×三夷寺（摩尼・祆・景教）

　両者は、朱雀門街の両側におのおの一坊と半坊という広大な面積を占めてそびえていた。そこは明徳門からも朱雀門からも5坊目にあたる臣民の空間の中央位置にあたり、都城内を走る六坡（丘）の第5高坡が朱雀門街と交差するところであった。易でいえば同高坡は九五の至上位にあたる。長安の前身である大興城を建設した隋の文帝は、この至高の地に臣民の居住を好まず、そこに巨大な仏寺と道観を建立したといわれる。
　平城京は、国家仏教の栄えた時代の都城である。しかし長安とくらべると、宗教施設の配置に関しても相違する。外京をのぞいた京域では、相違はいっそう明らかである。京域内には、藤原京から移された大安寺と薬師寺のほかに、後に建立された唐招提寺や法華寺などがあった。しかし長安にくらべて寺院の数が少ないだけでなく、その配置も異なっていた。朱雀大路に沿う寺院はなく、宮城南辺から同大路をはさむ東西一坊大路の間には南京極大路にいたるまで寺院はまったくなかった。これは藤原京と同じで、同京からの継承であった。
　平城京は仏教寺院を国家鎮護の施設としつつも、それを重要な都市施設とするのに消極的であった。この点では、仏教寺院をはじめて都市施設化しようとした藤原京からも後退する。都城からの仏教寺院の排除は平安京に始まるのではなく、平城京ですでに観察できる。この姿勢は、国分（尼）

242

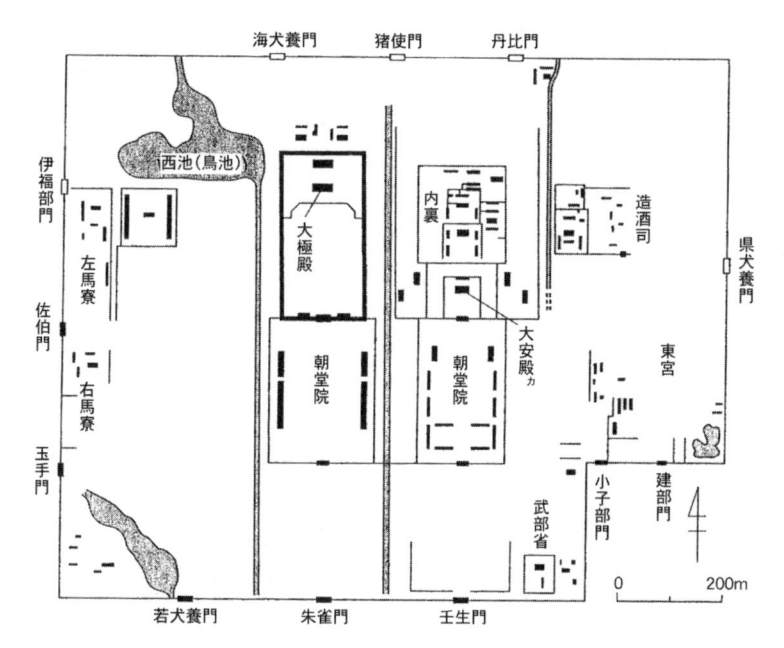

図5-47　前期平城京の宮域復原図（舘野和己）

寺にもみられる。律令国家の地方分身である国府と同じく、国分（尼）寺は国家鎮護のシンボルとして諸国に建立された。鎮護するべき寺院と鎮護されるべき国家機関とが空間的に並びたつとき、国家鎮護さらには国家権力を最も実体的に顕示できるはずである。しかし国府と国分（尼）寺は並立することなく、場所を異にして建設されるのが通常であった。両者が選地の場を異にするということもあったかもしれないが、平城京で観察される仏教寺院の都市施設化忌避と同じ姿勢をそこに読みとりうる。

さらに万葉集は、これと類似の意識の存在を傍証する。若山滋は、万葉集で建築用語を詠った和歌は全部で858首あるという。そのうち大宮などの宮域を主題とする和歌が192首なのに、寺院を詠うものはわずか4首のみだという。瓦葺きの大建造物群からなる寺院は、都城内では最先端の建築であった。しかし寺院を詠うことは、ほとんどなかった。そこには、寺院を歌題とはしないというある種の忌避意識が働いていたとしか思えない。

長安との相違―宮域

また宮域に関しても、以下のような長安との相違点をあげうる【図5-47】。

a）京域に関して平城京での外京の張り出しを、長安との相違としてあげた。この相違は、宮域にも妥当する。長安の宮域も京域も、ともに長方形であった。平城京では、京域とおなじく宮域も東端の南北4坊のうち3坊が1坊分だけ東に張り出していた。

b）長安の宮域は、皇城と宮城からなる。南の皇城は官衙地区（朝廷）で、宮城正門

V　アジアの都城とコスモロジー ───── 243

（承天門）から南走する承天門街を中心軸として左右対称に官衙群が建設されていた。また宮城は3つの南北縞帯からなり，中央に天子の宮殿である太極宮，その左右に東宮（皇太子御所）と掖庭宮（皇后御所）が配されていた。太極宮内の殿舎も南北中軸線上に並び，中央南北基軸を軸線とする左右対称性が宮城・皇城・京域のすべてに貫徹していた。南面する天子の視線を中央軸線街路として顕現させ，天子の身体的な左右対称性を都城全域に徹底的に貫徹させているのである。

平城京も，外京をのぞくと，京域は朱雀大路を基軸とする左右対称編成であった。しかし宮域内は異なった原理に立つ。その構成は8世紀の前半と後半で変化し，それを前期平城宮と後期平城宮とよぶ。前期平城宮に限定すると，東の張り出し部分を除くと同宮は，長安の宮城と同様に3つの南北縞帯からなる。中央縞帯には北から大極殿，朝庭，朝堂院が中央軸線上に並ぶが，長安とは違い天皇の私的空間（内裏）はここにはない。西縞帯は園池などの遺構が発見されているが，不明なところが多い。東縞帯には北から内裏，大極殿的建造物，朝堂院が並び，中央縞帯と同様の宮殿空間であった。平城宮には2つの宮処が隣接し，左右対称性はみられない。長安の宮闕との大きな相違である。しかし長安にも，別に大明宮という第2宮闕があった。政事の場が2つ存在した点は両者に共通する。平城宮では，中央と東の縞帯の双方に朝堂院が置かれていた。中央縞帯の朝堂院は都城の中軸線上に立つ朝堂院にふさわしく，天皇の権威顕示のための重要儀式の場であった。

東縞帯の朝堂院では日常的な儀式が執行された。この役割分担は，長安の太極宮と大明宮のそれに類似していて，平城宮の二宮処併存は長安を範としたとの説もある。しかし既述のように，長安の宮城のなかで最も低湿だったのは太極宮であり，大明宮の建設はそれへの代替であった。同宮建設以後は，太極宮を使用することはほとんどなかったのであり，この説には従いがたい。

以上のように平城京と長安の間には，類似性よりも相違性が多い。平城京が長安を範型としたのは確実であるとしても，それは決して模倣ではなかった。先行する「エチュードとしての藤原京」「範型としての長安」の両者の「継承と革新」のなかで建設されたのが，平城京であった。その意味で，平城京は「タブローとしての都城」であった。

4 長岡京 ― 平安京への助走

桓武天皇（在位781〜806年）による長岡京さらには平安京への遷都には，当時の政治情勢がからんでいる。宝亀元年（770），藤原氏の擁立によって桓武帝の父が皇位（光仁天皇）につく。ここで天武天皇系の皇統は断絶し，天智天皇系が復活する。中国の易姓革命思想にしたがって，桓武帝は，天武系に代わる新王朝の創始者たらんとの自負を抱く。それが，天武系皇統の根拠地である大和国を棄てて，山背（城）国に新都の地を求めた重要な理由である。

即位3年目の延暦3年（784）6月に長岡京の造営に着手し，早くも同年11月には未完成のまま同京に移幸する。それは，平

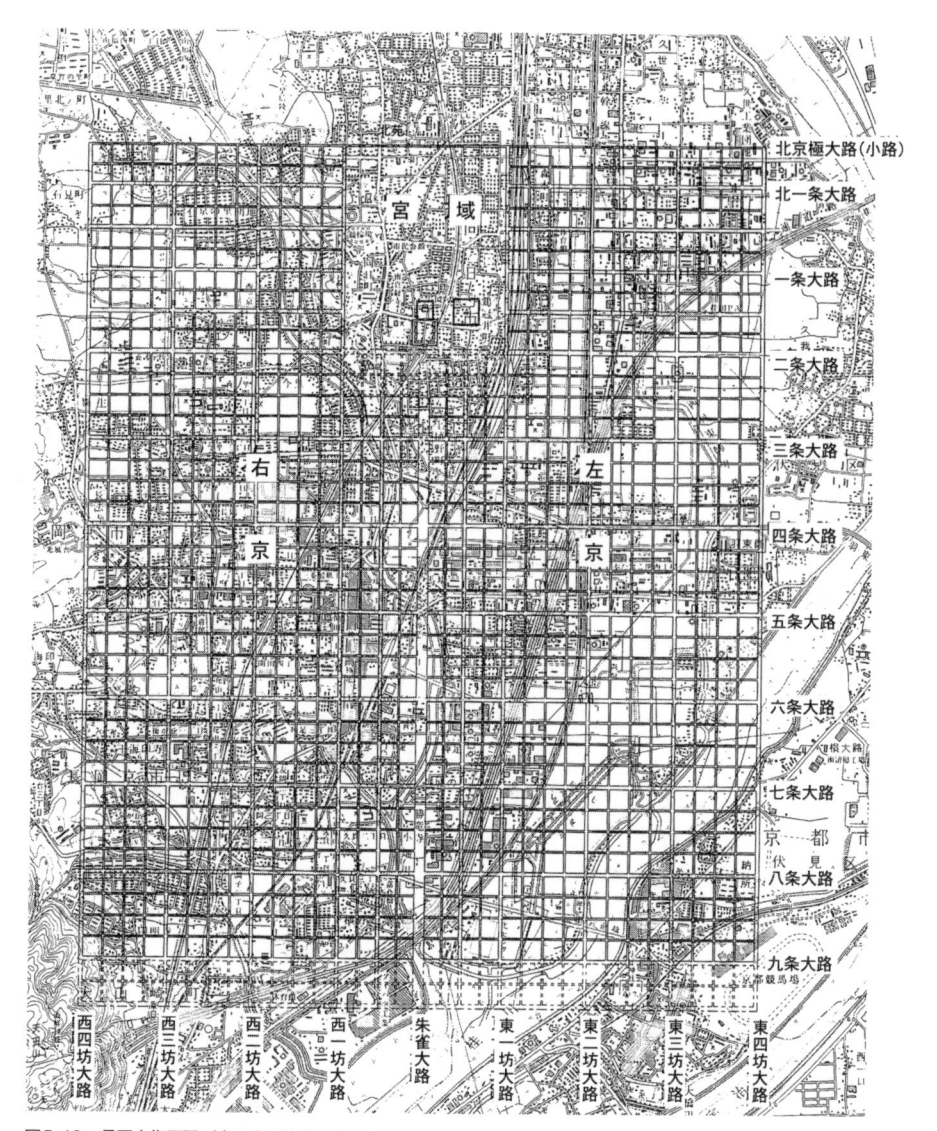

図5-48 長岡京復原図（向日市埋文センター）

城京との決別を急ぐ桓武帝の意志を反映する。『続日本紀』延暦6年(787)10月8日条には「水陸の便を以て，都をこの邑に遷さん」との詔勅を発し，淀川水系と山陰道などの官道の会合地という優れた交通位置を遷都の理由として強調する。しかしここには語られていないが，長岡京への遷都には，同京とその周辺を根拠地とする土師氏や秦氏の渡来人ネットワークの存在が大きかったであろう。桓武帝の母，高野新笠（たかののにいがさ）は百済系の土師氏の出身ともいわれ，遷都の実務的推進者である藤原種継の母も秦氏

V アジアの都城とコスモロジー 245

の出身であった。さらに同京の建設には，秦足長の協力が大きかった。

　長岡京は延暦13年（794）までの10年間の短命な都であった。そのため，平安遷都にいたるまでの一時的な都城とする評価もある。しかし長岡京は，完成度の高い都城であった。乙訓丘陵南端の北高南低の地を選んで，平城京をモデルとして都城が建設された【図5-48】。しかし平城京とは異なって京域・宮域の東への張り出しはなく，縦長長方形の都城であった。京域は南北5.3キロ，東西4.3キロほどで，南北9条，東西8坊の条坊に区分されていた。左京の南部一帯は低湿地で，ここでの水損の頻発が平安京への遷都の理由の1つにあげられている。北限の北京極大路は北一条大路より1条北に想定されてきたが，最近の発掘によると同大路をそれにあてる説が強い。同大路の北方には，皇室の私的園地「北苑」があった。大路で区画された坊は，平城京とおなじく4×4＝16坪に分割されていた。平城京では街路間の心々制によって坊と坪が区画されたので，街路幅の相違につれて坊の面積は変化した。しかし長岡京では坪についても街路幅に無関係の内法制が採用され，京域南方の東西1坊に関しては南北40×東西35丈（1丈＝約3メートル），またその左右の東西2～4坊では南北は変化したが東西に関しては40丈で統一されていた。平安京的条坊制への接近である。

　北一条大路を北京極大路とすると宮域は2坊×2条となってほぼ正方形となり，この点では平城京に近い。宮域内部には都城中軸線を基軸として北から南に内裏，大極殿院，東西各4堂からなる朝堂院，そして宮域正門の朱雀門がならんでいた。朝堂院は，藤原京・平城京（東区）の12堂に対して長岡京は8堂で構成されていて，後期難波京と同じであった。棟数だけでなく建物規模も同京に類似し，瓦も同京からの転用が多い。これは，大極殿も含めて後期難波京の建造物を移築して長岡宮が迅速に造営されたことを物語る。難波京を副都とする複都制の廃止，そこからの資材転用による長岡京建設，平城京からの移幸という一連の過程の急速な進行のなかに，桓武帝の山背国での新王朝樹立への意志を読みとりうる。

5　平安京
　　── バロック化された都城

　平安京の名は，長岡京の棄都理由と関係している。造営開始後2年目の造営使・藤原種継の暗殺に始まり，皇太子早良親王の獄死，また皇母高野新笠など桓武帝近親者の死があいついだ。「平安京」の名は，これらの凶事と祟りからの平安を願っての命名ともいわれる。

　桓武帝は，延暦13年（794）平安京への遷都を宣言する。『日本紀略』の同年7月1日条には「東西の市を新京に遷す」と都市活動に必須の市をまず移転させ，ついで同年10月22日条で「車駕，新京に遷す」と述べて遷都を記す。しかし都城の建設は，むしろそれ以後に本格化する。さらに同年11月8日条は，「此の国は山河襟帯にして自然に城を作せり。この形勝に因りて新号を制むべし。宜しく山背国を改めて山城国と為すべし」との詔勅を載せる。東に鴨川

と東山，南に旧巨椋池（おぐら），西に桂川と西山，北に北山が盆地をとりまいて，山川が襟と帯のように配列する要害の地であると述べる。詔勅で「城」地性を強調する背後には，反対勢力のための長岡京建設の挫折，それへの対抗としての再遷都という政治状況への強い意志が働いていよう。

平安京―バロック化の諸相

　平安京の京城はおよそ南北5.2キロ，東西4.5キロで，長岡京とほぼ同規模である。足利健亮は平安京の基本形態の特質を，左右対称性と四神配置に求めている【図5-49】。北方の船岡山をランドマークとする朱雀大路を対称基軸として，その中心線から左右に各294丈（1丈＝約3メートル）のところに東堀川と西堀川を南北に通し，ともに東市と西市の外縁を流れる運河として機能させた。さらに両堀川から294丈の倍数にあたる588丈を外方に延伸させたところに，東には鴨川，西には御室川の直線河流を配した。両河川の川岸から内側129丈のところに東西の両京極大路を定めて，京城を画したとする。

　四神についても足利は，それらが平安京の建設とともに人工的に設定されたという。東の青龍は鴨川，南の朱雀は朱雀大路を羅城門から南に10里延伸させたところにある「横大路朱雀」という小字，西の白虎は御室川と平行して建設された木嶋大路，北の玄武は船岡山とする。このなかで自然地物は船岡山のみであって，他はすべて平安京の造営とともに人工的に建設されたものである。船岡山は平安京建設の際の基準ランドマークであり，都城計画に組み込まれ

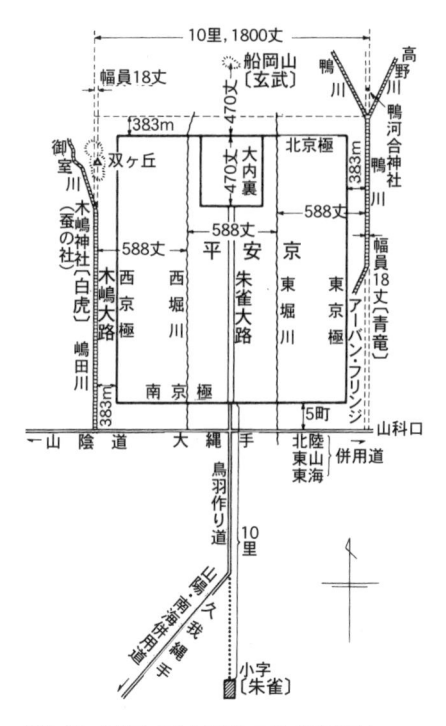

図5-49　平安京の基本構想と四神（足利健亮）

た存在であった。とすると船岡山を含めて，すべての四神の地物は個別化され，計画的に平安京に関連づけられたものばかりとなる。それらは決して周辺の漠然とした遠景としての四神ではなく，点ないし線として平安京と一体化させて計画設定された都城施設なのであった。平城京の場合と違って前述の詔勅で「四神相応の地」を強調していないのは，四神をも計画的に創出するという王権の意志表明である。ここにも，平安京を，新しい王権像の創始をめざす桓武帝によって建設された「バロック化された都城」とする根拠の1つがある。

　平安京は，北辺をのぞいて南北9条，朱雀大路を境にして東西各4坊という条坊制，

Ⅴ　アジアの都城とコスモロジー　247

また条坊によって画された正方形区画をさらに4×4＝16に細等分する点など平城京と類似する【図5-50】。この16分の区画を平城京では坪, 平安京では町とよんだが, それを京域の最小単位とする点も共通する。

しかし京域建設の発想は, まったく異なる。平安京では街路幅には大小があったが, 京域の最小単位の町はすべて40丈四方に統一されていた【図5-51】。すでに長岡京で部分的にみられた40丈を単位とする内法制にもとづく街区編成を徹底的に推し進めて, 統一的な街区を実現している。平城京の場合には, 前述のとおり街路幅の心々制による街区分割のため, 街路幅によって坪の規模も変動した。このことは, 両者が都城計画の基本的発想をまったく異にすることを意味する。平城京では, まず京域と街路が定められ, それにあわせて街区（坊）

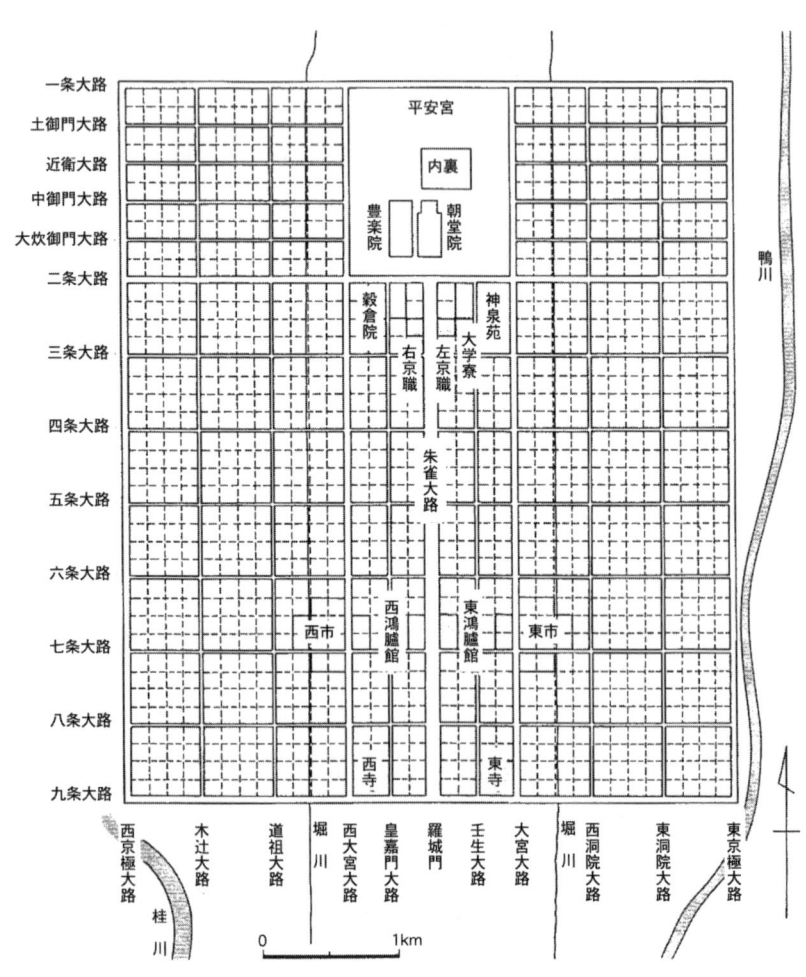

図5-50　平安京復原図（岸俊男）

さらには坪の規模が決定された。平安京では,逆に40丈四方の町が原単位としてまずあって,それに街路幅が積算されていって京域が設定されたといえる。村井康彦は,これを書院造りの部屋割り法での中世と近世の違いと対応させて説明する。中世では柱の柱心と柱心の間の長さがまずあって,それにあわせて畳の大きさが決定されたのに対して,近世ではまず畳の大きさがあっ

て,それによって部屋の大きさが決まっていくという。もちろん前者が平城京,後者が平安京にあたる。

宮域は京域中央北端を占め,南北1.4キロ,東西1.2キロの長方形であった。内裏が都城の中心軸線より東にずれている点は平城宮とおなじであったが,その内部の編成は相違している【図5-52】。平城宮では内部は,東への張り出しをのぞいて,3つの

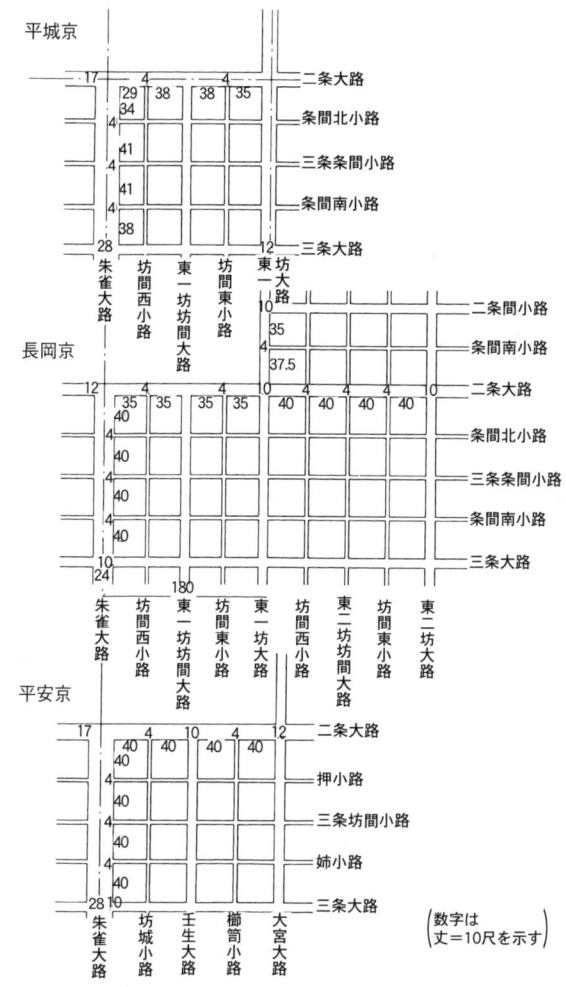

図5-51　日本都城の条坊制の変遷（山中章）

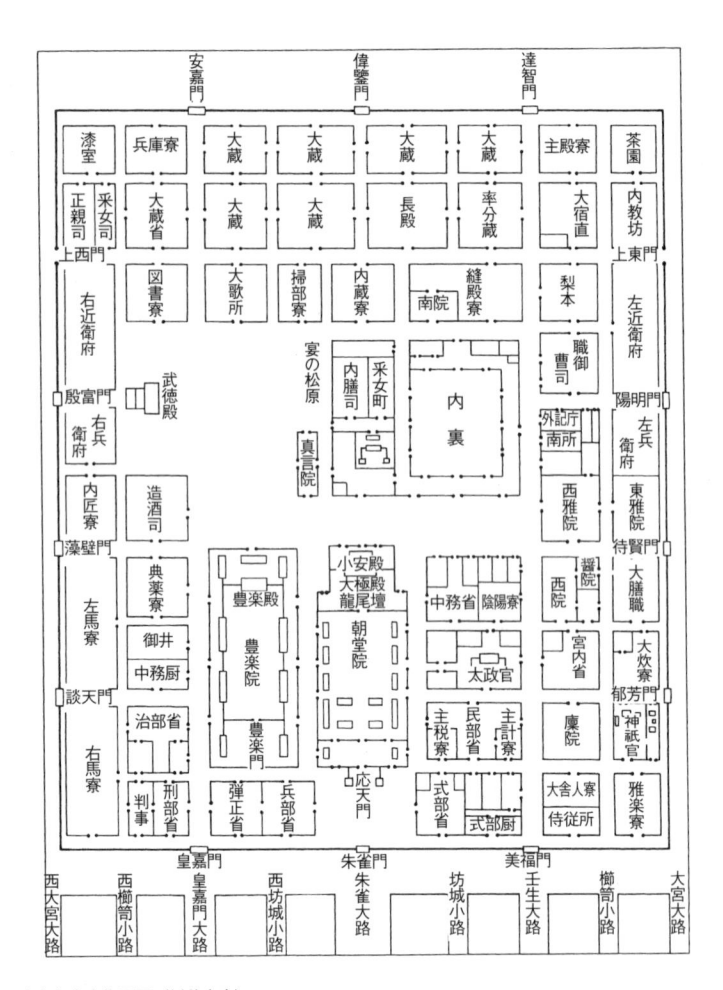

図5-52　平安京大内裏復原図（村井康彦）

南北縞帯に分割され、それぞれが築地塀で画されていた。しかし平安宮ではこうした隔壁はなく、宮域が一体化して大内裏を構成していた。ここでも、「内裏の王権によって総覧される大内裏」へと宮域が変容していく様相を読みとれる。平安宮は、長岡宮とおなじく中心軸線にそって北から大極殿・朝堂院・朱雀門が並んでいた。朝堂院の西に豊楽院が設けられ、前者は儀式の、後者は饗宴の場として役割を分担しあっていた。内裏は大極殿の北東方に位置し、その中心軸に位置するのが紫宸殿であった。時代とともに政事の中心は朝堂院また豊楽院から内裏に移行し、紫宸殿が儀式の場、その西の清涼殿が天皇の日常的な政務の場となっていった。大内裏の内部は、これらの宮殿のほかに多数の官衙建造物が建ち並んでいた。それらの出入りのために宮域の

東西両辺には，当初は各3門であったが，後には各4門が設けられた。結果的には藤原京から平城京へと継承された「宮城十二門」にかわって「宮城十四門」となった。これらは，ともに宮城が大内裏という天皇親政の官衙空間へと変容したことに対応する変化である。これらは，ともに王権の伸長にともなう「バロック化された都城」への変容を示していよう。

「バロック化された都城」という平安京の性格は，寺院の配置において顕著に認められる。京域内に所在する寺院は，羅城門の東方と西方に建つ東寺と西寺のみであった。京域からの寺院の排除は，平城京での寺院勢力の跋扈への対策とされる。しかしそれだけでなく，南京極の地への2寺院の限定配置は，それらを羅城門の左右に置いて都城の外観を荘厳化するための装置たらしめる意図を示す。両寺院は朱雀大路には面さず，羅城門から南方に都城軸線を延伸させて建設された「鳥羽作り道」から見た場合に最もよく視界に入る。このことを計算に入れて，両寺に平安京の前座的な役割を付与しているのである。これは，王権の伸長に対応した都城のバロック的改編であり，すでにみた長安やアユタヤの場合とおなじである。この点からも「バロック化された都城」として平安京を位置づけうる。

平安京の「再都市化」――中世京都への胎動

平安京の特質は，皇都としての生命の長さにある。その結果，前近代の日本都市の原型は，平安京さらには京都で胚胎した。平安時代のみに限定して，この点について述べることにしたい。

まず街路呼称は，遷都時には朱雀大路を例外として，平安京も平城京とおなじく数詞呼称であった。しかし10世紀になると，しだいに固有名詞へと変化していく。たとえば大内裏の東辺を走る左京一坊大路は大宮大路とよばれ，地名の表示も「左京三条南，油小路西」と現代に似た呼称が用いられるようになる。

さらに大きな変化は，街路にむかって門が開き，また家が建てられるにいたったことである。平城京と同様に平安京でも，北高南低という地形に対応して，身分による居住隔離がみられた。大内裏南辺を東西走する二条大路の以北には高級貴族と官衙，同大路から五条大路までが一般貴族や官人，五条大路以南が京戸とよばれた庶民の空間であった。東西の両市は，この庶民の空間の中央部に位置していた。大路に対して門を開くことが許されたのは三位以上の高級貴族だけであり，それは彼らの居住地である二条大路以北に限定されていた。それ以外の京域は，大路にそって土塀のみがつづく単調な景観であった。10世紀になると，この規定を離れて門が大路に開かれ，さらには平安時代末になると，街路に面して町家建造物も建てられていく。街路名の固有名詞化，大路に面した門や町家的建物の出現などは，王権の顕示空間としての都城平安京が，居住の機能性と便宜性を備えた都市京都へと変容していく過程を物語る。この頃には右京が衰微して左京へと中心が移動するとともに，さらに院政期には鴨川を越えた白河の地でも都市形成がみられるようになり，中世京都への胎動がはじまる。

V　アジアの都城とコスモロジー ―― 251

column3 　　　　　　　　都城の条坊

　都市内の行政区画の名称は，漢代までは「里」が使われてきた。唐代以降「坊」が公式に使われはじめ，明清まで用いられる。「坊」は「防」が訛ったもので，防壁である防牆で囲まれた街区を指し，後漢末から五胡北朝にかけての動乱期に出現した。「坊」が外郭城全域に造られたのは北魏（AD386～534年）平城（山東省大同）が最初である。華北一帯の「坊」による街区構成を防牆制という。

　北魏洛陽については，『洛陽伽藍記』巻5の巻末に以下のようにある。

　　「京師，東西二十里，南北十五里。戸十万九千余。廟社・宮室・府曹以外は方三百歩を一里と為す。里に四門を開き，門ごとに里正二人・吏四人・門士八人を置く。合わせて二百二十里。寺は千三百六十七所あり。」

　「方三百歩を一里となす」というから，ここでの里は正方形をしており，東西南北に4つの門をもっていたと考えられている。

　隋（AD581～618年）の大興城，唐（AD618～907年）の長安城については，清代の徐松の『唐両京城坊攷』（1848年）が城内の坊ごとに所在の邸宅，宗教施設などについて考証している。皇城の正南面の朱雀門から南へ伸びる南北大街を朱雀大街といい，その東の54坊と東市を万年県が，西の54坊と西市を長安県が管轄した。城内を108坊に区画したのは，中国全土を意味する9州と1年12ヶ月の9×12から得られる数だという。また，東西4列ずつ坊が配されるのは春夏秋冬の四季を象徴したものとされる。坊は大きく分けて大小5種ある。

　　A　皇城直南内　18坊　　350歩×350歩　　（一部は350歩×325歩）
　　B　皇城直南外　18坊　　450歩×350歩　　（一部は450歩×325歩）
　　C　皇城南左右　50坊　　650歩×350歩　　（一部は650歩×325歩）
　　D　皇城直左右　 6坊　　650歩×650歩
　　E　宮城直左右　 6坊　　650歩×400歩

　東西巷のみによって南北に二分されるA，Bを除いて，坊は，各辺の中央に開いた東西巷と南北巷によって4つに区画され，その入口には門を開いていた。この4分の1坊が，さらに内部で十字に交差する道によって4つに分けられていた。朱雀大街は幅100歩，市を取り巻く四面の街路も幅100歩，皇城南の東西街路は47歩とされるが，発掘事例では20歩の例があり，寸法体系は必ずしも明らかにされていない。

　唐代の洛陽城の坊数について徐松は113坊をあげているが，109坊という復原もある。各坊の規模は長安より小さく正方形（各辺300歩）に近い。西郭南壁の定鼎門と宮城の応天門を結ぶ定鼎門大街が中軸線で幅100歩あった。他の南北大街の幅には，75歩，62歩，31歩とヒエラルキーがつ

けられていた(『両京新記』)。

平城京の場合，坊の大きさは心々180丈（1800尺＝1500大尺）四方でそれを東西，南北とも四分割することで「坪」がつくられる。大路，小路の幅が違うので，場所によって「坪」の大きさは微妙に異なることになる。道路の幅は，両側の側溝間の心々間の距離で決められ，朱雀大路が252尺（210大尺），二条大路が126尺（105大尺），一般の大路は48尺（40大尺）〜84尺（70大尺），坊間路，条間路が30尺（25大尺），小路が24尺（20大尺）である。当時の1尺は29.5〜29.6

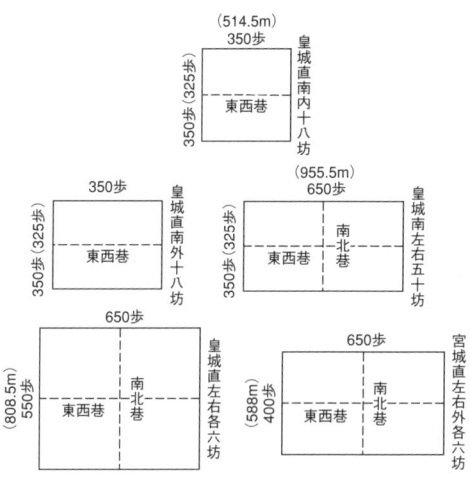

図5-53　長安外郭城内の坊図（徐松撰）

センチであった。「坪」は分割されて宅地となるが，2分の1，4分の1，8分の1，16分の1，32分の1の各事例のあることが発掘からわかっている。藤原京の場合，一坊は90丈四方であったとされるが，近年の大藤原京説などでは平城京と同じであったという説が強くなっている。

長岡京の道路体系は平安京と同じである。同様に内法制が採られている。すなわち，平城京と異なって，道路の幅によって「町」の規模は左右されない。ただ，平城京のように一定ではなく，宮条に面する坊と一般の坊では異なる。「町」の大きさは，宮城の東西の条坊では東西400尺，南北350尺（375尺），宮城の南の条坊では，東西350尺，南北400尺，その他の左京，右京では400尺四方である。

平安京の条坊の概要は古代法典のひとつ『延喜式』の京程に記されている。道路には大路と小路があり，路面，側溝，犬行，築地で構成される。その幅は築地間の心々距離で示される。南北の中軸線，朱雀大路は幅28丈，平安宮の南に接する東西道路，二条大路は幅17丈，宮を東西で南北に区切る東西の大宮大路と九条大路は幅12丈である。宮に面する二条大路の北側の区域では，大路と大路の間も大路となるが，幅10丈，その他の大路は幅8丈，小路はすべて幅4丈である。ここで1丈＝10尺，当時の1尺は現在（30.303センチ）より小さく，29.8445センチであったことがわかっている。以上の大路，小路で区画される街区「町」の規模は40丈（400尺）四方で一定である。「町」は，東西に4分割，南北に8分割され，計32に分けられる。この最小の宅地は「戸主(へぬし)」とよばれる。

VI

イスラーム世界の都市と建築

panorama　　　　定形なきイスラーム建築

　イスラーム建築とは、一般に、イスラーム（という宗教、信仰を核とする生活様式）に関わる建築をいう。イスラーム礼拝所であるモスクがまずイメージされる。モスクは、英語でmosque、フランス語でmosquée、ドイツ語でmoscheeと綴るが、その語源は、アラビア語のmasjidからイタリア語に入ったmoscheaにある。スペイン語ではメスキータmezquitaという。メスキータといえばコルドバのメスキータが想い浮かぶ。もともとローマや西ゴートの建物を転用してつくられたが、増築による拡張を繰り返し、レコンキスタ（失地回復）とともにキリスト教教会堂となる、数奇な運命を辿った傑作である。

　しかし、モスクというのはもともと建物を意味したわけではない。スペイン語のメスキータも、アラビア語のマスジッドに由来する。マスジッドとは「平伏する場」のことである。クルアーン（コーラン）の中に、マスジッドという言葉は28回現れるが、メッカのカーバ神殿が15回、エルサレムのアクサー神域が1回で、他は必ずしも特定の建物を意味しない。マスジッドは平伏して礼拝できる場であればいいのである。

　モスクには、したがって、あらかじめ決まった建築様式があるわけではない。玉葱型のドーム建築が典型的とされるが、時代によって、また地域ごとに異なった様式をとる。イスタンブルのアヤ・ソフィアはもともとキリスト教の教会であった。デリーのクトゥブ・モスクはもともとヒンドゥ寺院であった。イスラームは、しばしば、異教徒の施設を借用する。インドネシアにイスラームが及んだときにも、クドゥス（ジャワ）のミナレットのようにヒンドゥのチャンディ建築や土着の民家の形式が借用された。偶像禁止を厳格な教義とするイスラームは、メッカへの方向（キブラ）は強く意識するものの、建築様式には関心がきわめて薄い。イスラームの教育施設であるマドラサや聖者廟なども必ずしも一定の様式を持たない。そもそも最初期の形式の成立において土着の建築の伝統が大きな影響を与えているのである。

　イスラーム建築は、ムスリムのための建築施設一般、さらにはイスラーム圏の建築一般を意味する。イスラーム圏は今日核心域である中東、アラブからマグリブなどアフリカ各地、東はパキスタン、インドを経てインドネシアまで広がる。清真教、回回教、回教として中国にも古くからその影響は及んでいる。

　ここでは、イスラームに関する基本的事項を確認しながらイスラーム建築の広がりを見よう。その前に、まず今日のイスラームの核心域におけるイスラーム以前を概観しておこう。イスラーム都市というと一般に迷路状の街区に中庭式住居がぎっしり建ち並ぶ景観が想起される。しかし、その都市的伝統がイスラーム以前に遡ることは明らかである。イスラーム建築にしてもビザンティン帝国とササン朝ペルシアの建築伝統を引き継いで成立するのである。

01 都市国家の誕生
── イスラーム以前の西アジア

1 メソポタミア
── オリエントの統一

イスラーム以前のオリエントにはイスラーム暦を遙かに超える歴史がある。とりわけエジプトとメソポタミアは古代都市文明の発祥の地として知られる。

エジプトではBC4000年頃, 領域支配の単位としてのノモスが成立する。そしてBC3000年頃統一王朝が出現し, メンフィス, テーベなどを都として古王国（BC2850～BC2250年), 中王国（BC2133～BC1786年), 新王国（BC 1567～BC1085年）が建つ。クフ王がギザに大ピラミッドを建設したのはBC2650年頃のことだ。アケメネス朝ペルシア（BC550～BC330年）によって滅ぼされるまで（BC525年), ナイル川流域にエジプト王国は栄えた。

一方メソポタミアにおいても, BC3500年頃都市文明が開花する。ウルク, ウル, ラルサ, ラガシュ, ウンマ, イシン, ニップルといった都市遺跡が知られる。BC9000年紀から7000年紀にかけていわゆる「肥沃な三角地帯」, レバント, 北メソポタミア, ザクロス山脈の各地で穀物栽培, 牧畜が始まり, ウバイド期（BC5000～BC3500年）には, チグリス・ユーフラテス両川下流域に灌漑農耕が成立する。そして, ウルク期（BC3500～BC3100年）以降, シュメール人の都市国家が群立し, 統一に向かって覇を競うことになる。

統一国家が成立するのはウル第三王朝時代（BC2100～BC2004年）とされる。イシン・ラルサ時代, 古バビロニア時代が続き, アマルナ時代（BC14世紀）のオリエントには, 新王国時代のエジプト, ヒッタイト, ミタンニ, アッシリア, バビロニアの五大強国が並立する。その後, 混乱, 激動の時代を経て全オリエントを統一したのがアケメネス朝ペルシアであった。

2 シュメール都市

シュメールの都市は都市神を祀る神殿を核に形成された。金星の女神イナンナと天神アンを都市神とするウルクは, 中心の丘の上に神殿とジッグラト（聖塔）が聳え, ほぼ円形の都市壁に囲まれている。ウルは卵形をしており, やや北よりに月神ナンナの神殿とジッグラトが位置する。ニップルのように矩形で2つの市域をもつものもあるけれども, 円形都市はメソポタミアのひとつの伝統である。居住区が迷路状に中庭式住居で埋め尽くされていたことはよく知られている。

メソポタミアの都市を象徴するのがジッグラトである。バビロンのネブカトネザルⅡ世によるバベルの塔そして空中庭園は有

Ⅵ イスラーム世界の都市と建築 ─── 257

図6-1 ウル（都市部分図）

図6-2 アヤ・ソフィア，イスタンブール

エーゲ海北岸からインダス川にいたる大帝国を形成したアケメネス朝ペルシアは，アレクサンドロス大王の東方遠征（BC334〜BC324年）によって滅ぼされ，その都ペルセポリスは廃墟と化す。以降300年のヘレニズム時代を経て，ローマ帝国が地中海を制する。イランには，セレウコス朝シリアから自立したパルティア（BC247〜AD226年）が興る。

3 ビザンティン帝国とササン朝ペルシア

イスラームがジハード（聖戦）を開始した時，各地にはそれぞれの建築的伝統が伝えられていた。大きいのはローマ帝国を引き継いだビザンティン帝国（396〜1453年）とササン朝ペルシア（226〜651年）の伝統である。

何といってもローマの建築遺産が大きい。アーチ，ヴォールト，ドームの技術は，コンスタンティヌス帝がキリスト教を公認して以降，各地に教会堂，殉教記念堂，洗礼堂などが建てられることによって伝わっていた。ギリシア・ローマの都市計画技術も各地に植民都市を具体的事例として残していた。コンスタンティノープルのアヤ・ソフィア大聖堂はすでに存在していたのである。

一方ペルシアの建築遺産もすでに高度な水準を示していた。アヤ・ソフィア大聖堂と同時期に建てられたクテシフォンの宮殿の大ヴォールトは，イスラーム建築のイーワーンをすでに用意していた。構造技術だけではない。イスラーム建築の装飾やディテールにビザンティン美術，ササン朝美術の伝統は引き継がれ息づいていくのである。

名である。ジッグラトは，各辺が東西南北軸に揃えられるピラミッドと異なり，底辺の正方形の対角線が東西南北に向けて建てられた。バビロンの場合，中心に位置するのは宮殿である。一方，円形都市と同様，円形建築の伝統がメソポタミアにはある。メソポタミアにおけるアーチおよびヴォールトの伝統は，イスラーム建築を支えることになる。

02　最初のモスク

1　イスラーム

　イスラーム al-Islām とは，アラビア語で「唯一の神アッラー Allāh に絶対的に服従すること」を意味する。アラビア語のイラーフ ilāh（神）に定冠詞アル al が付加された語がアッラーである。アッラーはメッカ（マッカ Makkah）周辺の人びとによって至高神として信仰されてきたが，預言者ムハンマド Muhammad（570年頃～632年）によってイスラームの最高神に高められる。アッラーに絶対的に服従する信者がムスリム muslim（イスラーム教徒）である。

　ムハンマドは，メッカ（マッカ）のクライシュ族のハーシム家に生まれた。誕生前に父を，幼時に母を失い，孤児として祖父や叔父に育てられた。25歳頃，富裕な未亡人ハディージャと結婚，ある時期から郊外のヒラー山の洞窟で瞑想に耽るようになる。41歳（611年）頃最初の啓示を受け，死ぬまで21年間にわたって断続的に啓示を受ける。この啓示をムハンマドの死後，3代カリフ，ウスマーンの時に集大成したのがイスラームの根本聖典クルアーン（コーラン al-Qur'ān）である。

　クルアーンとは「読誦されるもの」という意味であり，神が一人称で語ったそのままの言葉で記され，朗唱される。神に帰依することは具体的にはクルアーンの言葉に従うことを意味する。クルアーンは，章の長さはいろいろあるが，全部で114章からなり，正邪，善悪に関する基準として，ムスリムの思考や行動を規制する。すなわち，クルアーンは，礼拝，断食，巡礼，禁忌，礼儀作法，婚姻・離婚，扶養，相続，売買，刑罰，聖戦などに関する儀礼的，法的規範を含んでいる。クルアーンの規範をムハンマドの伝承（ハディース）などによって拡大解釈して成立したのがシャリーア（イスラーム法）である。

　後のウラマー（イスラーム学者，宗教指導者）によると，クルアーンに記されたイスラームの教義はイーワーン Īmān，イバーダート ibādāt，ムアーマラート mu'āmalāt からなる。イーワーンはいわゆる六信として定式化される信仰内容をいう。六信とは神（アッラー），天使，啓典，使徒（預言者），来世（アーヒラ ākhira），定命（予定カダル）を信じることである。イバーダートは，神への奉仕を意味し，五柱（五行），すなわち，信仰告白（シャハーダ shahāda），礼拝（サラート），喜捨（ザカート），断食（サウム），巡礼（ハッジ）を行うことをいう。また，クルアーンではジハード（聖戦）が強調される。ムアーマラートとは行動規範であり，姦淫をしないこと，契約を守ること，秤をごまかさないこと，利子の禁止，豚肉を食べることの禁止などが規定される。

Ⅵ　イスラーム世界の都市と建築

2 ムハンマド

アッラーの言葉を預るもの，つまり預言者であることを自覚したムハンマドは，説教を開始する。そして，その周辺に信徒集団が形成される。しかし，その布教活動はメッカの伝統社会を危うくするものとして信徒への迫害は次第に強まった。その結果，ムハンマドはついにメッカを捨て (622年)，ヤスリブの町，すなわち，後にマディーナ・アンナビー (預言者の都市) と呼ばれることになるメディナ (マディーナ Madīnah) へ移住 (ヒジュラ) し，信者とともにイスラーム共同体ウンマを設立する。この移住がイスラーム成立の重要な契機となったという認識から，622年を紀元とするヒジュラ暦 (イスラーム暦) が成立する。

ムハンマドは，メディナでの11年の間に，ユダヤ教徒との抗争を繰り返しながら教義を確立することになる。メッカのクライシュ族とは3度戦い，ついに征服 (631年)，メッカをイスラームの聖地とする。メッカには，アラブ人とユダヤ人の共通の先祖と考えられるイブラヒム (アブラハム) とその息子イスマイールが創始したカーバ神殿があった。メッカに入城するとムハンマドは神殿の偶像を悉く破壊したが，カーバ神殿の黒石への崇拝は温存する。当初は礼拝はエルサレムに向かって行われていたが，後にカーバ神殿に向かって行われるようになる。キブラ (quibla) の成立である。また，一生に一度，カーバ神殿に巡礼 (ハッジ hajji) することがすべてのムスリムに義務づけられることになる。632年，ムハンマドはメッカに最初で最後の巡礼を行い，メディナに戻ってまもなく没した。ムハンマドのヒジュラに同行したのは71人余りの信者であったが，この頃にはその影響力はアラビア半島全体に及んでいた。

3 預言者の家

こうしてイスラームが成立する過程でイスラーム建築も成立する。最初のイスラーム建築とは，預言者ムハンマドがメディナに移り住んで拠点とした住居である。預言者の家こそ最初のモスクであり，モスクの原型なのである。その原初の形態についてはアラブの著述家によって伝えられ復原されている。51メートル四方の中庭を3.6メートルの高さの日乾し煉瓦で囲った中庭式住居 (コートヤード・ハウス) で，東側に妻たちの住居が9つあった。ムハンマドは，最初の妻との間に3男4女を設けた。また，メディナ時代にはハディージャの他11人を超える妻がいた。9つの住居の内4つは複数の居室をもち，他の5つは1室のみで，ムハンマド個人の部屋はない。メッカの方向 (南) とエルサレムの方向 (北) にナツメヤシの柱に葉を被せた簡単な屋根があり，礼拝の場所となっていた。

4 モスクの構成要素

以上のきわめて単純な構成，あるいはマスジッドというその語源が示唆するように，モスクを構成する本質的な要素はきわめて少ない。モスクは，まず，礼拝の場である。毎日，夜明け・昼・午後・夕方・夜の5回，そして，金曜の昼は，集団礼拝が義務づけ

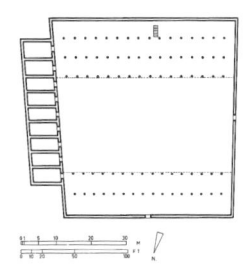

図6-3　預言者の家，メディナ

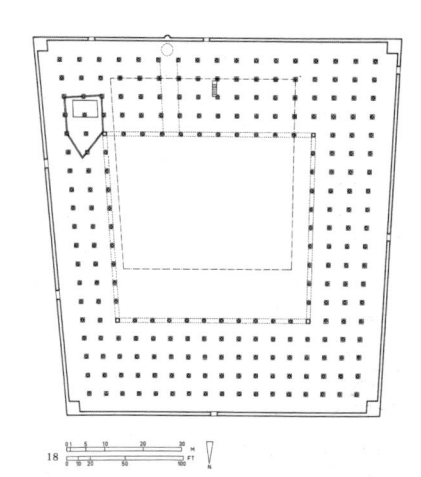

図6-4　ウマイヤ朝のモスク，メディナ

られている。極端にいえば，礼拝を行う，キブラというメッカの方向さえ示されていればいい。

　預言者の家にはないが，やがてキブラの方向を示すために壁に窪みがつけられるようになる。その窪み（ニッチ）をミフラーブmihrabという。ミフラーブの起源については多くの議論があるが，シナゴーグ（ユダヤ教会）やバジリカの後陣（アプス）の壁龕のように彫像が安置されるわけではない。メッカの方向は，来世，神の世界の方向であり，そこへいたる象徴的な門と考えられる。ミフラーブの穿たれる位置は，メッカの東西で当然異なる。モロッコでは東であり，インドでは西である。地球の真反対だったらどうなるか，などとはあまり気にしない。ひとつの都市でもキブラの方向は微妙に異なっており，そう厳密ではない。

　他にモスクの構成要素として共通にあげられるのは，ミンバルminbar（説教台），ミナレットminaret（尖塔），水場である。導師イマームが説教を行うのがミンバルで，規模に応じた階段状の壇である。預言者の家ではキブラ壁の前に木製の階段状の高座が設けられ，ムハンマドはここから信者に

図6-5　カーバ神殿，メッカ

語りかけたのであった。壇は3段で，1番上に腰を掛け2段目に足を置いていたという。

　最初のモスクにミナレットはない。ミナレットの語源として，火の場所，光の場所という2説がある。イスラーム建築史家ク

Ⅵ　イスラーム世界の都市と建築　　261

レスウエルによると，7世紀後半のエジプトで考案されたという。ウマイヤ朝のワリードⅠ世の時代には建てられるようになった。古代の軍事施設やビザンティンの鐘楼の伝統を引き継ぐと考えられる。いわば陸の灯台であり，モスクの位置を示すシンボル・タワーである。また，礼拝のよびかけ（アザーン）が行われる場所である。水場（ミーダーア）は礼拝前に身を洗い清める場所である。

5 モスクの種類

こうしてモスクの構成はいたって簡単であるが，大きく分けると，金曜日ごとに集団礼拝とイマーム（導師）による説教が行われる金曜モスク masjid al-jum'a あるいは集会モスク masjid al-Jami' と一般のモスクの2種に分けられる。一般にジャーミーと呼ばれる集会モスクは，ひとつの町にひとつあるのが基本で，この点ではカトリック世界のカテドラル（大聖堂）と似ている。

今日のモスクも基本的な機能は同じである。まず礼拝の場であり，集会の場である。また，教育の場ともなり，憩いの場ともなる。さらに政治活動の場ともなる。最初のモスクの中庭がまさにそうした空間であり，その意味でも預言者の家はモスクの原型なのである。

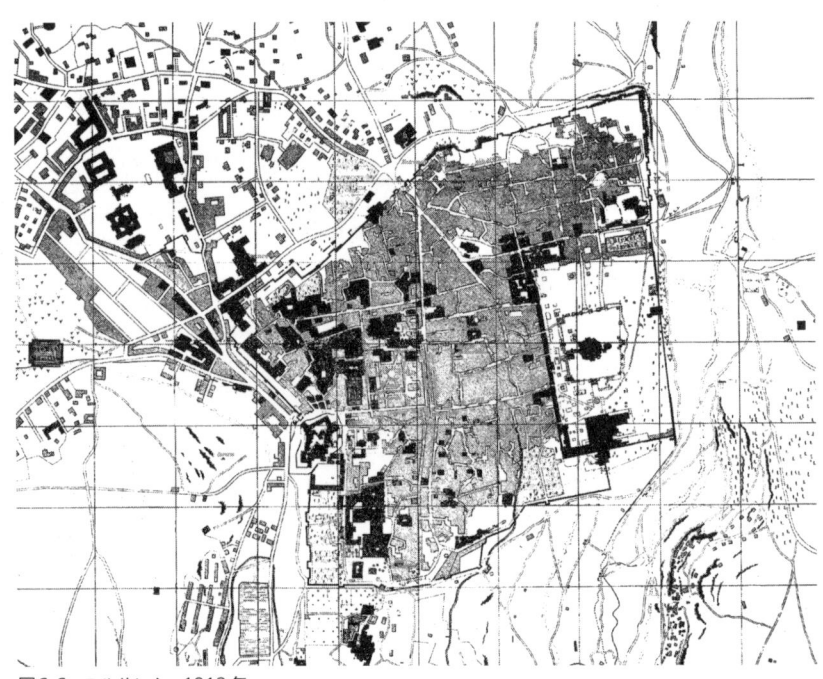

図6-6　エルサレム，1912年

03　岩のドーム——メッカ, メディーナ, エルサレム

1　正統カリフ時代

　ムハンマドの死後、アブー・バクルをカリフ（代理）としてその指導のもとにムスリムは大規模な征服を開始する。4人続いたカリフの時代を正統カリフ時代（632〜661年）と呼ぶ。

　アラビア半島を出たムスリムは7世紀半ばにはササン朝ペルシアの全土を併せ、ビザンティン帝国からエジプトとシリアを奪った。カリフたちは、アリーを除いて、メディナに住んだが、自らの住居をモスクとするのではなく、継続してムハンマドの家で集団礼拝を行った。

　勢力拡大とともにアラブ人は各地に移住していくことになる。その場合、ダマスクス、アレッポのような既存の都市に混住するかたちをとる場合とバスラやクーファのようにまったく新たに軍事キャンプ（ミスル）を建設する場合があった。移住によって各地にモスクが必要とされた。バスラやクーファの場合は、もちろんモスクは新たに建設される。既存の都市であれば、キリスト教の教会が転用されることが多かった。ダマスクスではキリスト教徒とムスリムによって神殿領域の共有が行われている。

　この時期のモスクとしては641年にフスタート（カイロ）に建設されたアムル・モスクが知られるが、現状に近い形になるのはアッバース朝の9世紀前半のことであり、当初は、最初のモスクのようにナツメヤシの葉と泥で葺いた簡素な構造であった。

2　メッカ, メディーナ, エルサレム

　モスクが統一的な建築様式をもつのはウマイヤ朝後期、8世紀に入ってからのことである。まずあげるべきは、エルサレムの岩のドーム、クッバット・アッ・サフラ Qubbat al-Shakhra（691〜92年）である。ウマイヤ朝5代カリフ、アブド・アル・マリク（在位685〜715年）によるこの聖なる岩を覆うドーム建築は現存する最古のイスラーム建築である。

　メッカとメディナは、イスラームの2大聖都である。しかし、イスラーム世界の拡大とともにイスラーム世界の政治的中心はさまざまに移動する。661年、ダマスクス総督であったムアーウィアが権力を奪取、ウマイヤ朝が成立すると、以降約1世紀の間、イスラーム共同体ウンマの中心となったのはダマスクスである。

　メッカ、メディナと新たな中心ダマスクスとの間には政治的緊張と抗争が続く。アリーの息子フサイン殺害の責任者と目されるヤジード I 世が政権につくと、ムハンマドの従兄弟イブン・アズバイルはメッカでカリフを称する。このいわゆる僭称カリフ

VI　イスラーム世界の都市と建築 —— 263

図6-7　岩のドーム，エルサレム

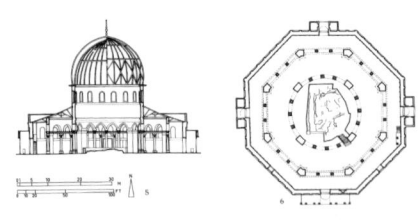

図6-8　岩のドーム（立面・平面図）

は，その死（693年）まで10年以上2聖都とともにアラビア半島を支配した。

そこでアラブ世界の2聖都に対抗する第3の聖地エルサレムが設定される。この間の抗争でカーバ神殿が炎上，そのためウマイヤ朝は後々まで非難されることになるが，2聖都の磁力を弱めるために第3の磁極が必要とされたのである。そのためにひとつの強烈なモニュメントが建設された。それが岩のドームである。

エルサレムが選ばれたのは必然であった。もともとムハンマドはメディナにおいてユダヤ教の伝統を受け入れながら聖地エルサレムを礼拝の方向としていた。大天使ガブリエルは，預言者をメッカの聖モスクからエルサレムの「遠隔のモスク」まで導いたとクルアーンには書かれている。岩のドームが置かれたその場所は，ムハンマドが人面の天馬ブラークとともに昇天して神にまみえたという「ミラージュ（夜の旅）」の舞台である。太祖イブラヒムが犠牲を捧げた記念の場所であり，かつてソロモンの神殿が建っていた場所である。

3　現存最古のイスラーム建築

中央の聖なる岩をドームが覆い2列の周歩廊が取り囲む。金色の銅板で葺かれた若干尖った球形のドームは2重で，もともとは木造の架構であった。そのドームのドラム（胴部）を受ける中央の円環は，4本の壁柱（ピア）と12本の円柱でつくられる16連のアーチによって支えられている。そして，その外側に，8本の壁柱と16本の円柱が正八角形状に建ち並び，2つの周歩廊を仕切っている。外壁もまた正八角形で東西南北に入り口が設けられている。全体はきわめて幾何学的に設計されている。

天馬ブラークの足跡が刻印された岩を中心としてきわめて明快な求心的平面をもつ岩のドームは，明らかに「宇宙建築」の系譜に属する。岩のドームを構成する幾何学的秩序は大宇宙の法則あるいは天の構造を象徴的に表現するものと考えられた。正方形から八角形へさらに円へと変換される2重の回廊は，地上から天国への変換過程を象徴し，巡礼者はそこを巡りながら天との合一，魂と肉体との一体化を体験する。

アブド・アル・マリクは，ビザンティン出自の建築家，シリアの工匠達に仕事を委嘱したとされる。その華麗なモザイク装飾は明らかにビザンティン風である。その形式も，キリスト教の殉教記念堂に見られる円堂形式，具体的に例えばコンスタンティヌス大帝が建設した聖墳墓教会がモデルとされる。

04 ワリードⅠ世と3つのモスク
―ダマスクス

1 ワリードⅠ世

　ダマスクスの骨格がつくられたのはローマ時代である。カルド（南北道）とデクマヌス（東西道）という十字に交差する幹線道路を中心としたグリッドの道路網からなるウルブス・クワドラタ（方形都市）とよばれるローマの都市理念に基く，東西1.5キロ，南北0.75キロの市壁で囲われた矩形の都市であった。現在残る市壁と城塞は十字軍の時代，12〜13世紀に建設されたものである。

　ウマイヤ朝の首都となったダマスクスに建てられたジャーミー・モスクがウマイヤ・モスクである。建設者は，アブド・アル・マリクの後を引き継いで第6代カリフとなった，その息子ワリードⅠ世（在位705〜715年）である。彼は，モスクの歴史に大きな貢献をなすことになる。

　即位とともに，ワリードⅠ世は，メディナの最初のモスク＝預言者のモスクの大改築を命ずる。イブン・アズバイルの死によって，すでに2大聖都メッカ，メディナは奪還され，自由に行き来できるようになっていた。また，平行してエルサレムの「岩のドーム」の南にアクサー・モスクを建設

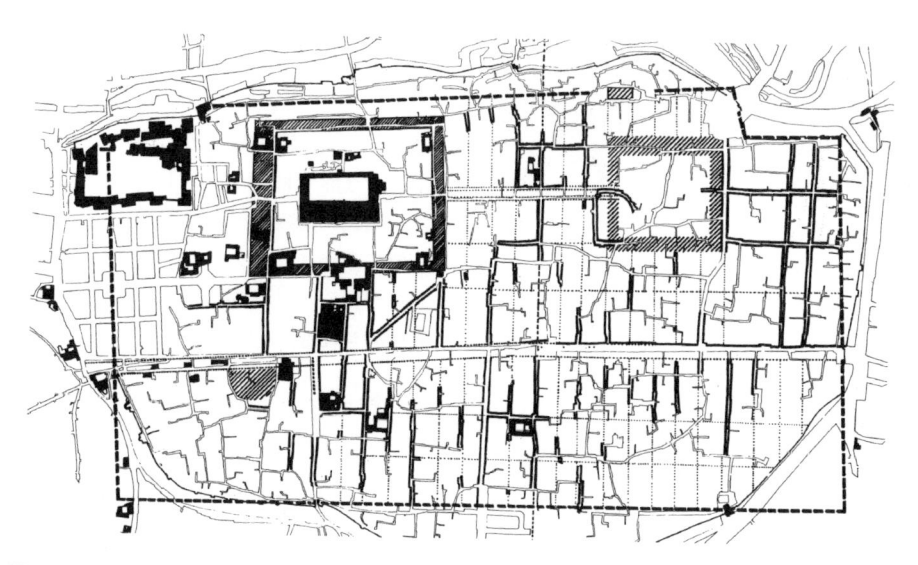

図6-9　ダマスクス

Ⅵ　イスラーム世界の都市と建築　　265

する(715〜719年)。クルアーンにいう「遠隔のモスク」を実現するためである。そしてさらに，ダマスクスの聖ヨハネ教会を没収破壊し，新たにウマイヤ・モスクを建設した(706〜715年)のである。とりわけ，カリフ・アル・ワリードのモスクとも呼ばれるウマイヤ・モスクは初期のモスクを代表する壮麗なる大モスクである。

2 預言者のモスク

きわめて興味深いのは，ワリードⅠ世の手になる3つのモスクがまったく異なった原理に基いていることである。

預言者のモスクは，その後も改変が加えられ，まったく原型をとどめていないが，フランスのアラブ学者ソヴァージェの復原

図6-10 ウマイヤ・モスク，ダマスクス

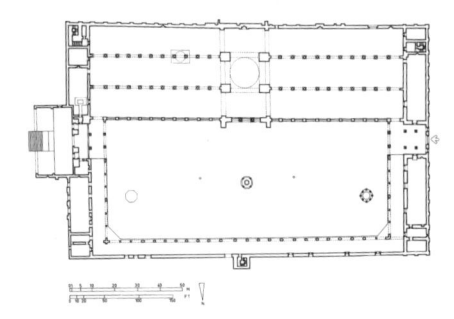

図6-11 ウマイヤ・モスク(平面図)

平面図によると，最初のモスクは約2倍に拡大されている。ほぼ111メートル四方のいくぶん台形をした四辺形の中庭回廊式の建物で，中庭を柱廊が囲んでいた。柱は大理石で屋根はチーク材で架構され，鉛葺きの陸屋根の高さは13メートルほどであった。そして四辺形の四隅には高さ25メートルほどのミナレットが4本建っていた。そして，以後必ず設けられることになるミフラーブがつくられた。すなわち，モスクの基本要素がウマイヤ朝の改築によって揃うのである。しかし，平面は左右非対称であり，ミフラーブは中心軸上にない。中心軸上に置かれたのはミンバルである。また，預言者の墓が存在するのも後のモスクとは異なっている。

3 アクサー・モスク

それに対してアクサー・モスクは明らかに異なる。アクサー・モスクもまた改変が積み重ねられて元の平面を正確に知るのは不可能なのだが，典型的なビザンティン様式のバジリカ風であった。岩のドームに向かい合う形で北側に入り口が設けられ，南北に細長い軸線がとられている。すなわち，南壁に穿たれたミフラーブ，そしてその前に置かれるミンバルへ向かって奥行き方向が強調される構成である。

4 ウマイヤ・モスク

ウマイヤ・モスクは，アクサー・モスクとよく似ており，同じようにバジリカ形式をとっているように見える。もともとビザ

ンティンの教会堂であったという説も根強い。しかし，この2つの空間の質はまったく異なっている。第1に，東西157メートル，南北111メートル，縦横の比率が異なっている。すなわち，南北軸の方が東西軸より短いのである。バジリカの形式を90度回転したかたちである。大差ないと思えるかもしれないが，イスラーム建築においてオリエンテーション（方位）は最も重要である。アクサー・モスクの場合，バジリカ教会と同様，入口から軸線を真っ直ぐ進みそのまま南に向かって礼拝する。ウマイヤ・モスクでは，西から入って進行方向と直行する南に向かって礼拝する。空間体験は異質なのである。この幅の広い中庭の空間構成は，横に隊列を組んで移動する遊牧を伝統としてきたアラブ人の空間意識に根ざしているという説もある。いずれにせよ，横に並んで礼拝するイスラームの形式に密接に関係して成立したことは明らかであろう。

中庭を持つ形式は預言者のモスクと同じであるが，南中央にドームを戴く主礼拝室が明快に設けられているのは異なっている。中庭に向かって切妻のファサードが立ち上げられ，ドームとともにその中心を強調している。要するに形式はよりはっきりと確立されている。とりわけその壮麗さを際立たせるのは，下層の大アーチの上に一対の

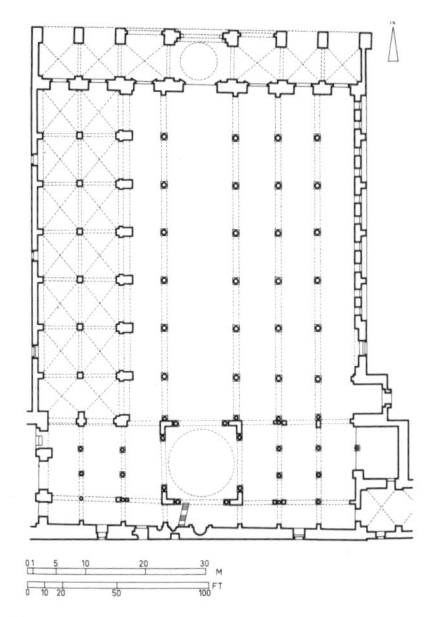

図6-12　アクサー・モスク，エルサレム

小アーチが載る2層構成の列柱である。また，3本のミナレットがその威容を示す。2本はかつての神域の四隅に建っていたものであり，もう1本は礼拝への呼びかけを行うために北の回廊中央に新たに付加されたものだ。

このウマイヤ・モスクの東西に幅の広い中庭を持つ形式は，その後のモスクに大きな影響を与えることになる。ウマイヤ・モスクは，そうした意味でモスクの古典とされる。

Ⅵ　イスラーム世界の都市と建築　267

05 円形都市と方形都市
── バグダードとサーマッラー

1 平安の都

ウマイヤ朝が滅び，アッバース朝(751～1258年)が興るとイスラーム世界の中心はシリアからイラクに移る。クーファでカリフを宣言した初代アブー・アルアッバースを引き継いだ第2代カリフ，マンスール(在位754～775年)は，762年，チグリス川の河畔に新都バグダードの建設を命ずる。イスラーム誕生以来初めての本格的な首都建設である。そして，バグダードは，マディーナ・アッサラーム「平安の都」と呼ばれ，盛時には100万を超える大都市に成長することになる。

2 円形都市

一般には，イスラームに固有の都市の形はない。イスラーム都市というと迷路状の袋小路に中庭式住居が密集する形態がイメージされるが，その街区形態はイスラーム以前に遡る。ウマイヤ朝時代，第6代カリフ，ワリードⅠ世によって建設された(714～715年)レバノンのアンジャールの町はローマの「ウルブス・クワドラタ」(方形都市)の原理にしたがっている。ビザンティンの建築的伝統を受け入れたように，イスラームはそれぞれの土地の，都市計画の伝統を受け入れてきた。興味深いのは，インドや中国のように，コスモロジーと都市形態が直接的に結びつくイスラームに特有な都城思想はないことである。

バグダードは，そうして見ると，特異である。カリフの宮殿とモスクを中心とした完全な円形をしており，きわめて整然と放射状の街路によって区画されている。古代イラン以来の円形都市の伝統を引き継ぐともいわれるが，その求心的構成は岩のドームの求心的構成をも思わせる。復原図によれば，直径2.35キロ，3重の城壁からなり，斜堤に続いて住区が円環状に配されていた。門は4カ所，北東，北西，南東，南西に設置され，門から中心へ向かって商店街が設けられていた。城内には，王宮，モスクの他，諸官庁，カリフ一族の住居などが置かれていた。ただ，こうした明確な計画原理に基づく都市造営は，それ以降見られなくなる。バグダードそれ自体も，すべての建造物が日乾し煉瓦で造られていたため，今日何の痕跡も残っていない。

3 方形都市

バグダードとは対照的なのがサーマッラーである。9世紀に入って，高い戦闘能力のゆえにカリフの家臣グループに取り入れられてきたトルコ系親衛隊の専横を嫌って，カリフ，ムータシム(在位833～842年)は，

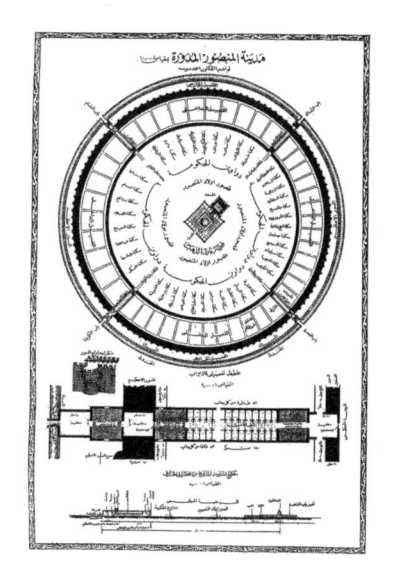

図6-13 バグダード マディーナ・アッサラーム (平安の都)、766年

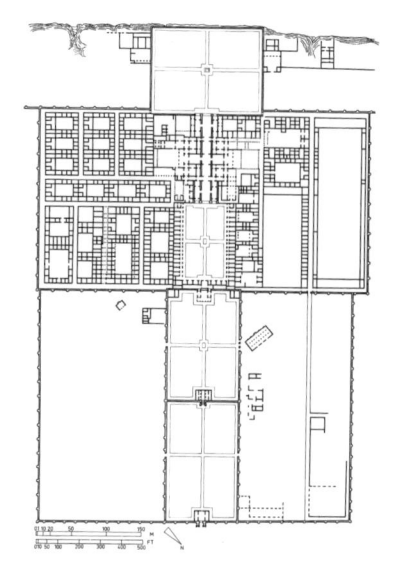

図6-14 サーマッラー (都市図)

バグダードの北西151キロにあるサーマッラーに遷都することを決定する (836年)。きわめて完結的なバグダードがさらなる発展に不都合であったということもあって、サーマッラーではまったく異なった都市計画が行われる。すなわち、塁壁で囲われた区画を順次連続していく方法、いわゆるグリッド・プランが採用される。アッバース朝は、こうして相異なる2つの都市計画原理をもつことになる。

ムータシムを引き継いで、パルクワーラーの宮殿 (851〜861年)、サーマッラーの大モスクとアブー・ドゥラフのモスクなど多くの壮麗な建造物を建てたのがムタワッキル (在位847〜861年) である。発掘によれば、パルクワーラーの宮殿は、明確な中心軸をもち、左右対称にきわめて整然と構成されている。際だつのは中央軸線上の2つの庭園で、その後もペルシア (イラン) の宮廷建築に見られる十字に交差する路によって4分割される四分庭園 (チャハル・バーグ) である。イスラーム建築において庭園は、オアシスであり楽園の象徴とされ、きわめて重要な要素である。整然とした構成の中で、モスクのみがメッカの方向に向けられ、45度ほどずれた正南北軸にしたがっている。

4 ムタワッキルの大モスク

サーマッラーといえば大モスクである。ムタワッキルのモスクとも呼ばれるこの大モスクは848年から852年にかけて建設されるが、厚さ2.65メートルの壁で囲われた建物は241メートル×161メートルの規模を持つ。モスクを囲んで外庭が巡らされ、さらに441メートル×376メートルの聖域が設定されていた。現存する世界

Ⅵ イスラーム世界の都市と建築 ―― 269

図6-15　ムタワッキル・モスクのミナレット，サーマッラー

図6-16　イブン・トゥールーン・モスク，カイロ

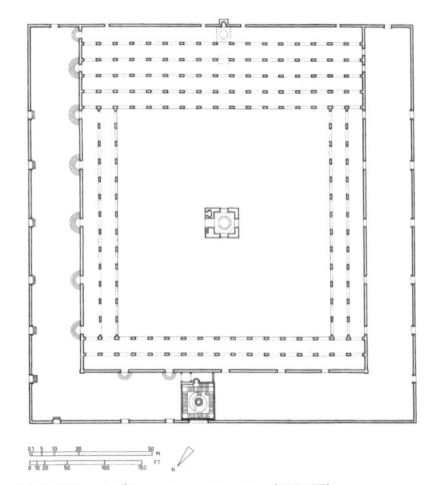

図6-17　イブン・トゥールーン（平面図）

最大のモスクがサーマッラーのモスクである。

　四隅に塔があり，東西それぞれ8つ，南北それぞれ12，計44本の櫓で囲われた内部へは，東西4つずつ，南北3つずつの計14の入口があり，内部には，東西は4列，南は3列，そしてキブラ壁のある北は9列の列柱が並び，161メートル×111メートルの中庭を囲んでいる。中庭はウマイヤ・モスクと違って縦（南北）長である。そして，何よりも特徴的なのは，北に置かれた，バビロニアのジッグラト，そしてバベルの塔を思わせるマルウィーア（螺旋型ミナレット）である。ウマイヤ朝のモスクとは，また異なった類型である。

　この螺旋のミナレットをモスクの外に置く形式は，世界第2位の規模を誇る同市のアブー・ドゥラフ・モスク（859～861年）も同じである。そして，カイロにイブン・トゥールーンのモスクがある。螺旋の塔とともに2重の外壁が特徴である。イブン・トゥールーンはトルコ人傭兵部隊を率いてエジプト入りし，新たな町カターイとともにモスクを建設した（876～879年）のである。ただ，イブン・トゥールーンのモスクの場合，中庭は正方形で中心に泉亭が置かれているのが異なっている。

　サーマッラーは，その最盛期において，市域は幅5キロ，チグリス川に沿って25キロに及んだ。しかし，サーマッラーもまたその痕跡をほとんど残していない。カリフ，ムータミド（在位871～892年）が892年にサーマッラーを捨て，再びバグダードを都として以来，急速に衰え，忘れ去られるのである。

06 レコンキスタとコンキスタ
──マグリブ・イベリア半島

1 後ウマイヤ朝

　ムハンマドの親族にあたるアッバース家の政権獲得によって、ウマイヤ朝の一族はことごとく殺害されるが、唯一の例外は、スペインに逃れてコルドバで政権を建てたアブド・アル・ラフマーン（在位756～788年）である。この政権を後ウマイヤ朝（756～1031年）という。
　アブド・アル・ラフマーンⅠ世は、サン・ヴィセンテ教会を買い取り、コルドバのモスク建設を開始する（785年）。このメスキータは、その後さまざまに拡張、改築され、西方イスラーム圏を代表するモニュメントとなる。そして、13世紀には大聖堂に改造される。教会、モスク、カテドラルという数奇な運命をたどったのがコルドバのメスキータである。
　7世紀から8世紀初めの「大征服時代」にイスラームは西方（マグリブ）へその勢力を拡大する。641年代初めにエジプトが征服されミスル（軍営都市）としてフスタートが建設された後、663～664年にはイフリーキーア（現チュニジア）にまで支配は及びカイラワーンのミスルが造られた。そして、イベリア半島は711年にムスリムの支配下に入った。その勢力は一気にイベリア半島北部まで及ぶが、すぐさまレコンキスタ（失地回復）が始まる。コルドバ、セヴィリア（セヴィージャ）、グラナダと拠点を移しながら徐々にイスラーム勢力は後退していき、1492年のグラナダ陥落によってレコンキスタは完了する。1492年は奇しくもコロンブスが「新大陸を発見」した年であり、コンキスタ（征服）の始まりの年であった。

2 コルドバのメスキータ

　コルドバのメスキータは、当初（785～787年）、幅広の中庭と列柱の建ち並ぶ（東西11列×南北12列）礼拝室からなる単純な構成であった。ローマや西ゴートの建物の資料が転用されている。アブド・アル・ラフマーンⅡ世（在位822～852年）の時代になると、南側に礼拝室は拡張され（832～848年）、柱列は8列伸びて円柱は211本になる。さらに、アブド・アル・ラフマーンⅢ世（在位912～961年）は、さらに南に礼拝室を拡張、中庭に回廊を設け、高さ34メートルのミナレットを建設する。さらに、ハカムⅡ世（在位961～976年）は列柱を追加、南に2重壁をつくる。そして、その形式を確定するのがヒシャームⅡ世（在位976～1113年）の宰相マンスールである。彼は東側に列柱の間を増築、中庭も拡張された（最大時987年）。その結果、コルドバのメスキータは、サーマッラーの2つのモスクに

図6-18　メスキータ、コルドバ

図6-20　アムル・モスク、カイロ

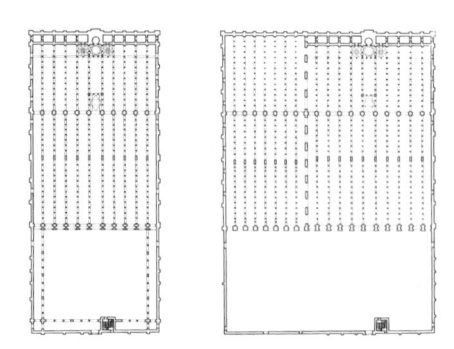

図6-19　コルドバのメスキータの変遷

つぐ世界第3位の規模を誇ることになる。

　こうしてできあがった600本を超える円柱の林立するさまは、まさに森のようである。馬蹄形のアーチの上に半円形のアーチを組んだ2重アーチは他に例のない空間を造り出している。

3　アムル・モスク

　このメスキータの起源についてシリアの影響が指摘される。キブラ壁に直交する形式はエルサレムのアクサー・モスクに見られるからである。創建者アブド・アル・ラフマーンⅠ世がシリアのウマイヤ家の出であり、側近にシリア人が多く、切妻屋根や馬蹄形アーチ、中庭周りのアーケードなど細部にシリアの影響が見られることも指摘されている。

　しかし、このコルドバのメスキータの形式は西方イスラーム世界に共通に見られる。そうした意味で注目されるのは、フスタートのアムル・モスクである。642年に征服者アムル・ブン・アルアースによって建設され、その後、破壊、再建が繰り返されて698年に現在の規模に達する。結果としてキブラ壁に直交する柱列が実現されている。アーチの下部、柱頭を木製の梁で繋いでいるのが特徴である。

4　カイラワーンのモスク

　また、836年に建設されたカイラワーンの大モスクも同様の形式を持つ。平面は不整形であるが、キブラ壁に直交する柱列の林立する身廊空間を持ち、柱頭を木製の梁でつなぐのもアムル・モスクと同じである。カイラワーンの大モスクの場合、身廊の中央にミフラーブへ向かう幅の広い主身廊が明確に設けられ、ミフラーブの前も幅が広く開けられている。一般にT字型プランと

いわれる。このT字型プランは，ほぼ同時代のアブー・ドゥラフのモスクにも見られ，マグリブではひとつの型となる。また，ミナレットも独特である。螺旋形ではなく矩形で3層の構成をとる。キブラと反対側の回廊の外側ではなく，回廊の中央に置かれている。この形式もマグリブで一般的になっていく。マグリブの風土における最初の試行錯誤がアムル・モスクであり，それがカイラワーンの大モスクとコルドバのメスキータにつながったとみるのが自然だろう。

その後の西方イスラーム世界のモスクとして，ムラービト朝 (11～12世紀) のアルジェの大モスク，フェズのカラーウィーン・モスク，ムワッヒド朝 (12～13世紀) のマラケシュ，ラバトのモスクが知られる。そして12世紀後半のセヴィリアの大モスクおよびヒラルダの塔 (1184～1196年，1560～1568年増築) が最後の華となった。

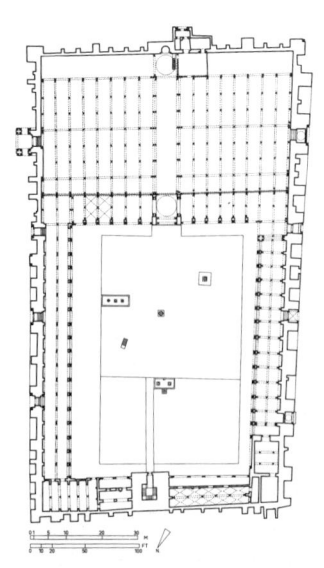

図6-21　カイラワーンのモスク

5　ムデーハル様式

コルドバのメスキータは，前述したようにカテドラルへ改築される。時のスペイン国王カルロスV世は満足せず，「どこに行っても見られないものを破壊して，どこに行っても見られるものをつくった」と言ったと伝えられる。レコンキスタ完了後，キリスト教体制下になっても居住し続けたムスリムをムデーハルという。そして，ムデーハルの工匠たちによる建築様式をムデーハル様式という。セヴィリアのアルカサル (1364年) はその傑作である。

図6-22　セヴィリア・アルカサル

6　グラナダ

コルドバ，セヴィリアに続いて，イベリア半島におけるイスラームの最後の拠点となったのがグラナダである (ナスル朝，1238～1492年)。アルハンブラ宮殿はその建築文化の粋を今日に伝えている。グラナダのアルハンブラ (赤い城) の起源は11世紀に遡るが，フェネラリーフェという離宮と城塞部分，そして，L字型に，「ミルテ (天人

Ⅵ　イスラーム世界の都市と建築　273

花）の中庭」あるいは「アルベルカ（泉）の中庭」と「ライオンのパティオ」という，2つの中庭を持つ宮殿部分からなる。彩色陶板のモザイク，スタッコ彫刻のレリーフ，細かいスタラクタイト（鍾乳石紋）などが絢爛とした空間を現出させている。

図6-24　アルハンブラ宮殿　アラヤネスの中庭

図6-23　アルハンブラ宮殿　ライオンのパティオ，グラナダ

図6-25　アルハンブラ宮殿　ライオンのパティオのディティール

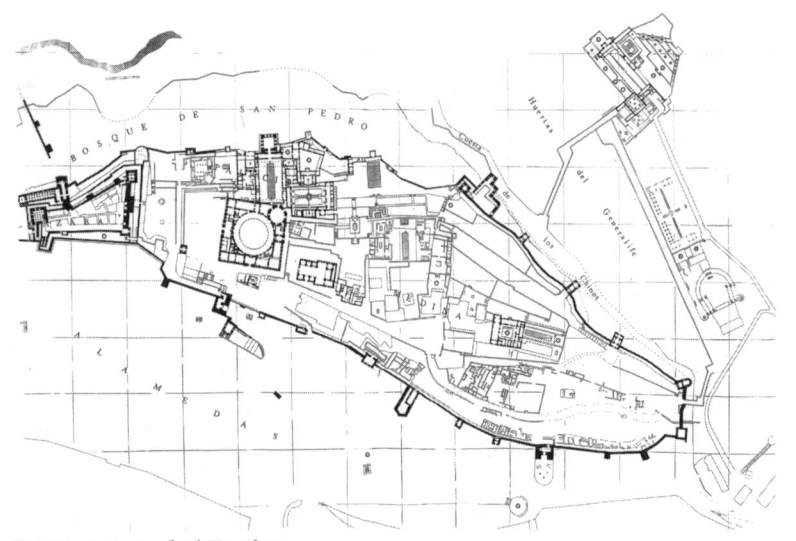

図6-26　アルハンブラ宮殿のプラン

07 アラブ・イスラーム都市の原理
―― チュニス

1 チュニス

　チュニスは，古来栄えたマグリブの主要都市である。カルタゴ，フェニキア，ローマ，バンダル，ビザンティンとめまぐるしく支配者を代え，7世紀にアラブ人ムスリムが侵入して以降は，アグラブ朝（800～909年），ファーティマ朝（909～1171年），ジール朝（972～1148年），ハフス朝（1228～1574年）が続く。14世紀には現在のメディナ medina（旧市街，マディーナ，都市の意）とラバト rabad（郊外地区）の形態はできあがったとされる。チュニスを例にしながら，イスラーム都市を構成する基本要素，そして基本構造を見てみよう。

図6-27　チュニスの街区

図6-28　チュニス（航空写真）

2 イスラーム都市の構成要素

　イスラーム都市は一般に，カスバ kasbah（城塞），市壁で囲まれたメディナ（市街），ラバト（郊外）の3つの部分からなる。チュニスの場合，2つのラバトがあり，両方のラバトを防壁が囲んでいる。
　カスバは，スルタンや総督の居城，軍隊の駐屯地であり，城塞で囲われ，メディナからの自立性は高い。チュニスでは最も高い位置にある。内部には，カサル kasar（宮殿），各種行政施設の他，監獄，キシュラ qishla（兵舎），ハンマーム hammam

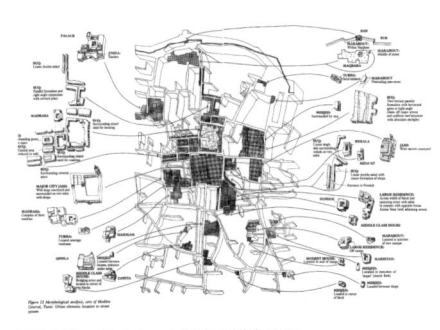

図6-29　イスラーム都市の構成要素

Ⅵ　イスラーム世界の都市と建築　　275

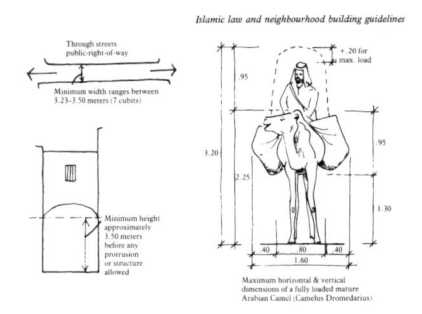

図6-30　シャリーアの規程の1例

(浴場)，市場，店舗などもある。

　メディナは，スール sur（市壁）で囲われ，スールにはバーブ bab（門），ブルジュ burj（望楼）が設けられる。チュニスには計7つのブルジュが配置されている。メディナには，まず，ジャーミー・マスジッド（金曜モスク）があり，礼拝の場ムサッラ musalla が街区単位に設けられる。チュニスのメディナの中央部にあるのは，創建者ハムーダ・パシャのモスクである。また，スーク suq（市場，ペルシア語でバーザール，bazaar）や公共の広場バトハ batha が配される。貯水施設はハッザーン khazzan，下水施設はハンダク khandaq と呼ばれる。マクバラ maqbara（墓地）はラバトもしくは市壁外につくられる。

　イスラーム都市に建設される施設としては，モスクの他，マドラサ madrasa（学校・教育機関），ハンマーム（公衆浴場），隊商宿（アラビア語ではハーン，ワカーラ，フンドゥク，ペルシア語ではサライとよぶ）などがある。

3　シャリーアとワクフ

　街路はくねくねと折れ曲がり，いたるところに袋小路があって，一見無秩序に見えるイスラーム都市であるが，その空間構成には一定の原理がある。イスラーム法（シャリーア）あるいは判例によって公道の幅は荷物と人を乗せた駱駝2頭がすれちがうことができること，公道に障害物を置いてはならない，余分な水を独占してはならない，私的領域へ進入してはならない，モスクのそばに悪臭，騒音の発生源を置いてはならない，家屋に隣接する敷地は使用する権利がある，隣地には先買権がある，既成事実に一定の権利（先行権）がある，といった細々としたルールが決められているのである。

　また，イスラーム都市の建設にあたって興味深いのがワクフ制度である。一種の寄進制度で，バーザールやハンマームなどは建設者によりワクフ財として寄進され，その収益をモスクやマドラサなど主要な公的施設の維持や慈善にあてる制度である。

4　マハッラ（モハッラ）

　アラブ圏の都市は，マハッラあるいはハーラと呼ばれる街区組織を単位として構成される。マハッラは「場所」を意味するマハッルに由来するが，たとえば，インドなどイスラームが及んだ地域でもモハッラといった言葉が使われている。街区は，表通り→小路→袋小路という街路体系からなり，街路に面する住居の集合体がマハッラとなる。独自のモスク，スーク，ハンマームをもつ場合もある。

08 アズハル・モスク
―イスラームの大学,カイロ

1 ファーティマ朝

チュニジアで成立したファーティマ朝は969年にエジプトを征服し,新都カイロ(アル・カーヒラ,勝利の町)の建設を開始する。かつてフスタートが置かれ,アムル・モスク,イブン・トゥールーンのモスクが建設されていた。その後,アスカル(751年),カターイー(870年)と新たな都市が発展していたナイル右岸の土地である。

カイロは1.1キロ四方のほぼ正方形の城塞で,君主,廷臣,親衛隊のみが居住する禁城であった。城壁,東西2つの宮殿,宝庫,造幣所,図書館などとともにその中心に建設されたのがアズハル・モスク(970～972年)である。附置された大学は世界最古の大学といってよく,現在もイスラーム世界で最も権威をもっている。さらに続いて北門フトゥーフ門の近くに建てられた,ファーティマ朝を代表する2つ目のモスクがハーキム・モスク(990～1013年)である。

図6-31 アズハル・モスク,カイロ

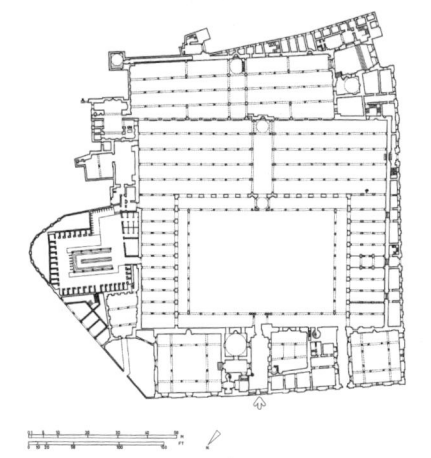

図6-32 アズハル・モスク(平面図)

2 アズハル・モスクとハーキム・モスク

ファーティマ朝はアッバース朝(首都バクダード,750～1258年)のカリフを認めず激しく対立する。初のシーア派の本格的王朝であった。しかし,シーア派独自のモスクの形式を生み出したかというと必ずしもそうでもない。2つのモスクとも増築,改築が重ねられるが,建設当初の復原図によれば幅広矩形の中庭を柱廊で囲む古典的形式は踏襲されている。また,アーチ上部の装飾などはイブン・トゥールーン・モスク

Ⅵ イスラーム世界の都市と建築―277

を原型としている。もちろん，主礼拝室の反対に回廊がないこと，ミフラーブの前面に柱廊がつくられ，ミフラーブの上に小ドームが載せられていることなど古典型モスクとの相違もある。

　ファーティマ朝が瓦解した後もスンナ派の中心的大学が付置され大きな役割を担い続けるアズハル・モスクと異なり，ハーキム・モスクは，やがてモスクの機能を失い，荒廃するが，近年再建された。ミナレットが独特であるが，プランは概ね古典型である。注目すべきは石材が用いられたことである。エジプトでは古来石造建築が行われてきたが，それまでモスクは専ら煉瓦で建てられてきたのである。

図6-33　スルタン・ハサン学院（内部），カイロ

3　サーリフ・タラーイのモスク

　ファーティマ朝独自のモスクの型は後年はっきりしてくる。カイロの南門ズワイラ門の外側に建てられたサーリフ・タラーイ（1160年）のモスクがその典型として残されている。石造で全体は単純な直方体をしている。正面に五連アーチ入口の凹部が設けられ，真っ直ぐ縦長の中庭につながり，キブラの軸線が強調されている。左右からも出入り口がとられるが幅広矩形の古典型とは明らかに異なっている。

図6-34　スルタン・ハサン学院（外観）

4　マドラサ

　サラーフ・アッ・ディーン（サラディン）は1171年ファーティマ朝を倒してアイユーブ朝（1169〜1250年）を興す。彼はカイロの南に城塞を築く。以後カイロとサラディンの城塞の間に市街地が発展することになる。十字軍と戦ったサラディンは12世紀のイスラーム世界で最も著名な人物であるが，興味深いことに大モスクは建てていない。かわりにさかんに建てたのがマドラ

サと呼ばれるイスラームの教育施設である。続くマムルーク朝（1250〜1517年）もモスクよりマドラサを建てた。13世紀後半のカイロには73のマドラサを数えたという。

　イスラームの教えが説かれるのはもともとモスクである。しかし、やがて遠方から学びに来る学生のために学寮を備えた講義のために特別の施設が必要になる。学問振興、教育、官僚やウラマー（知識人）の養成のためにつくられ出したのがマドラサである。マドラサは10世紀のイランで誕生したという。マドラサは一方では為政者にとっては権力誇示の場ともなる。モスクには通常は墓はない。預言者のスンナ（言行）は墓場での礼拝を禁じている。しかし、マドラサに墓を建てることは可能であった。それゆえ、権力者は競って墓付きマドラサを建てたというのが有力な説である。

　カイロに建設されたマドラサあるいは学院付き廟にはカラーウィーン廟（1290年）、バイバルスⅡ世廟（1306年）、スルタン・ハサン学院（1356〜1363年）、バルクーク病院と廟（1384年）などがある。いずれもマムルーク朝成立以降の伝統とされる、中庭を中心とする十字形の平面が特徴的である。中でもスルタン・ハサン学院は、ペルシア起源の四イーワーン形式とシリアの石造技術を混合したマムルーク様式の傑作とされる。

図6-35　ムハンマド・アリのモスク、カイロ

図6-36　ムハンマド・アンナーシルのモスク、カイロ

　カイロのモスクとしてひときわ偉容を誇るのがモカッタムの丘に建つムハンマド・アリのモスク（1848年）である。オスマントルコ帝国のアルバニア人傭兵隊長であったムハンマド・アリーが開いた近代エジプト王朝の中心モスクである。一見イスタンブール様式とわかるが、実際、建築家ユーズフ・ボスナックはシナンの作品を手本としている。アイユーブ朝の城塞に建ち、隣接するムハンマド・アンナーシルのモスクとの様式の違いが興味深い。

Ⅵ　イスラーム世界の都市と建築　279

09　イーワーン――イスファハン

　イスラーム建築の発展にとって大きな役割を果たしたのがペルシア（イラン）である。とりわけ，イーワーンとドームという建築技術はイスラーム建築の骨格を成り立たせ，カーシー・タイルによる装飾技術はイスラーム建築を華麗に彩る。

1　ドーム，ヴォールト，ペンデンティブ

　イーワーンとは建物のファサードに穿たれたアーチ状の窪みのことである。アーチの形には，半円，馬蹄形，尖塔形，四心形といろいろあり，四角く枠取りされる。窪みの上部はヴォールト（円筒，船底，楕円）ないし半球ドームである。モニュメンタルな建物に人びとを引き込む開口部としてイスラーム建築に多用される。中庭を囲んで四方向にイーワーンをもつのが四イーワーン形式である。

　このイスラーム独特の建築言語であるイーワーンは，決して特殊なものではない。ヴォールトあるいはドームを切断して外に開いたのがイーワーンである。

　イスラーム建築の原型はこうしてドーム，ヴォールトの発生にまで遡ることになる。アラブ世界では屋根は木造架構であった。シリア・ビザンティンの伝統である。組石造によるドームは木材不足のゆえに生み出された。先史時代のメソポタミアやイラン高原にすでにドームは知られていた。四角い壁で囲まれた空間に球形の屋根を架けるためにはどうするか。スキンチもペンデンティブもトルコ式三角形もすべてそのために考案されたものである。

2　イスファハンの金曜モスク

　イスファハンの金曜モスク（マスジデ・ジョメー）の小ドームを見てほしい。さまざまなドームの架構方式が試みられているの

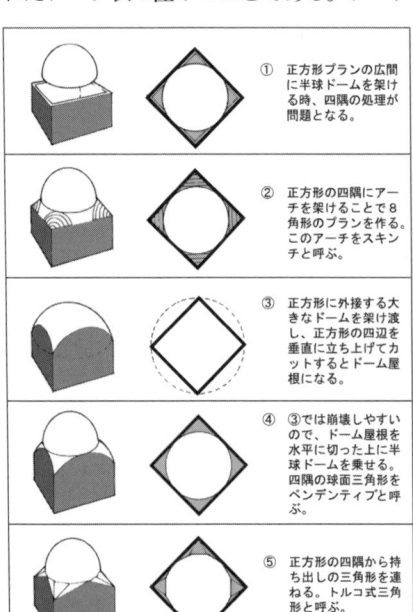

① 正方形プランの広間に半球ドームを架ける時，四隅の処理が問題となる。

② 正方形の四隅にアーチを架けることで8角形のプランを作る。このアーチをスキンチと呼ぶ。

③ 正方形に外接する大きなドームを架け渡し，正方形の四辺を垂直に立ち上げてカットするとドーム屋根になる。

④ ③では崩壊しやすいので，ドーム屋根を水平に切った上に半球ドームを乗せる。四隅の球面三角形をペンデンティブと呼ぶ。

⑤ 正方形の四隅から持ち出しの三角形を連ねる。トルコ式三角形と呼ぶ。

図6-37　ドームとペンデンティブ

である。イスラーム建築の華麗なスタラクタイト（鍾乳石紋）もムカルナスも構造形式の追求の結果なのである。

イスファハンは古来オアシス都市として繁栄してきた。その起源は，バビロン捕囚（BC597〜538年）でイラクにいたユダヤ人の一部が移住してきて居留地をつくったことに始まるとされる。イスラーム時代に入って，金曜モスクが建設されたのは711年のことであるが，本格的まちづくりが行われるのは，アッバース朝の767年にアラブ戦士のためにミスルができてからである。

金曜モスクはさまざまに改変，拡張が行われ今日にいたる。アッバース朝時代は，中庭を列柱廊が囲む古典型のモスクであったことが復原によって明らかにされている。最初の大規模な修復，拡張が行われたのはブワイフ朝（932〜1062年）の時である。教室，図書室，宿泊室が加わり，2本のミナレットが建てられた。ブワイフ朝期に市壁も建設されている。そして，セルジューク朝期（1037〜1157年）に，イスファハンは一時期首都にもなり，金曜モスクはさらに大きく拡張され，今日にいたる基本形態ができあがる。

まず南と北に大ドームが建設された（1086〜1087年）。高さ20メートル，直径は10メートルを超え，当時世界最大であった。そして，列柱ホールの各ベイにありとあらゆるドームの類型学が展開された。さらに中庭に面した4つのイーワーンがつくられた。この4つのイーワーンはおよそ100年（1121〜1220年）かけて建設されたことがわかっている。

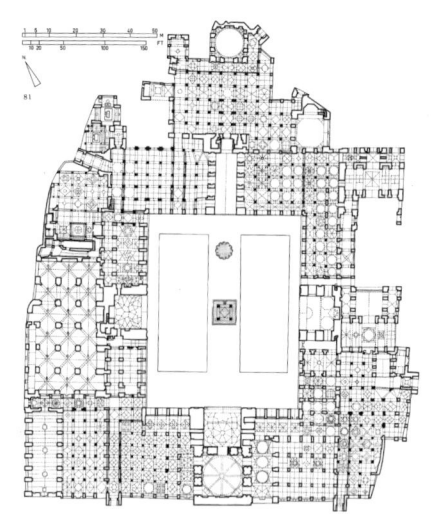

図6-38　金曜モスク，イスファハン

3　四イーワーン形式

四イーワーン形式はササン朝の都クテシフォンの宮殿などイスラーム以前にすでに見られる。また，アフガニスタンにある11世紀初めのガズナ朝（962〜1186年）の王宮都市にも見られ，12世紀初頭になると中部イランのいくつかの町でモスクに取り入れられ始める。そして，イスファハンの金曜モスクに結晶化した四イーワーン形式は，18世紀まで500年以上にわたって，ペルシアのモスクの不変の型となる。そして，シリアやエジプト，インドにまで，さらにマドラサの形式にも取り入れられて普及していくことになった。

4　イスファハン

12世紀にはイスファハンは大都会であった。しかし，ゴール朝とホラムズ・シャ

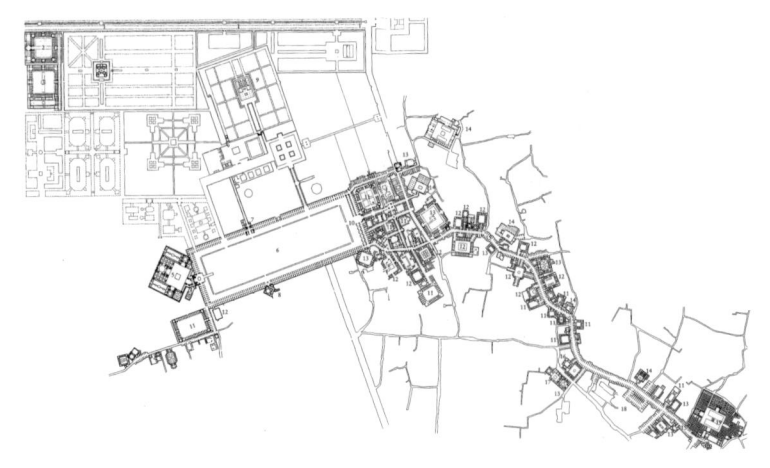

図6-39　イスファハン（都市図）　右下隅が金曜モスク

一朝（1077〜1220年）によってセルジュク朝は滅ぼされる。その後もイスファハンは，1244年のモンゴルの攻略，1387年，1414年のティムール（在位1370〜1405年）の襲来によって2度3度と灰燼に帰している。

フラグ（在位1258〜1265年）はモンゴル高原に戻らず，タブリーズを都としてイルハン朝（1258〜1393年）を建てる。モンゴル支配下における建築遺産は少ない。イマームザーデと呼ばれる聖者廟が建設されるのは，7代のガザン（在位1295〜1304年）がイスラームに改宗して以降である。

トルコ系モンゴル人のティムールがサマルカンドを都としてティムール帝国（1370〜1507年）を建て，すぐれた建築遺産を残すことになる。ティムールによるものとして，四イーワーン形式の中庭をもつ大モスク（1399年）と自身も眠るイスファハン出身の建築家ムハンマド・ブン・マフムード設計のグーレ・アミール（太守の墓，1404年）

がある。方形平面の高い胴部の上に球根形の二重殻ドームを頂く形態はティムール朝のスタイルとなる。ティムールに続いたシャー・ルフ（1405〜1447年），サマルカンドに天文台を建設したウルグ・ベク（1447〜1449年）もヘラート，ブハラなどにもティムールの建築文化を開花させる。サマルカンドのレギスターン地区にはウルグ・ベク・マドラサ，シル・ドール・マドラサ，ティラー・カーリー・モスクの3つを広場を中心に配する大胆な都市設計を行っている。ブハラでもカリヤン・モスクなど中心街に一大コンプレックスを形成した。

また，16世紀初頭，イスマイールⅠ世（1487〜1524年）がタブリーズを都とし，シーア派の民族王朝を建てる。サファヴィー朝（1501〜1736年）の成立である。11世紀のセルジュク朝以来，イラン全域を治めた王朝はなかったけれど，西のオスマン・トルコ，東のムガル帝国の間にあって，200年以上に及ぶ領域支配を維持すること

図6-40 アリー・カプー宮殿, イスファハン

になる。1597年, シャー・アッバースⅠ世 (1587〜1629年) は首都をカズヴィーンからイスファハンに移し (1598年), 新たなまちづくりを開始する。

金曜モスクとその周辺に形成された旧市街の大改造のために, 新たな町の核として「王の広場 (メイダーネ・シャー〔現イマーム広場〕)」がつくられた。そして, 「王のモスク (現イマーム・モスク)」 (1612〜38年) とロトフォッラー・モスク (1602年) の2つのモスク, アリー・カプー宮殿を配した。西側にチェヘル・ソトゥーン, ハシュト・ベヘシュト宮殿が後に加えられる。北側には金曜モスクへ向かってバーザール, キャラバンサライが造られ, ブワイフ朝時代の4倍の市域を囲む市壁が建設された。ザーヤンデ・ルード川に, アッラーヴェルディ橋, ハージュ橋といった橋が架けられ, ジョルファ地区には捕虜にしたアルメニア人を住まわせた。

5 王 (イマーム) のモスク

イスファハンの「王のモスク」はイラン型モスクの最高峰とされる。その全体は見事な幾何学に基づいて設計されている。キ

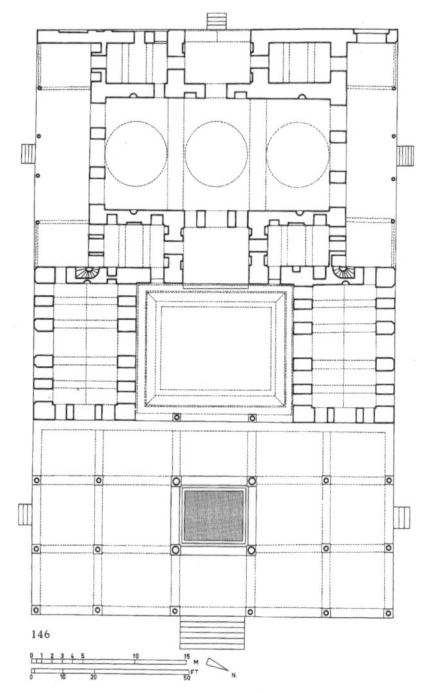

図6-41 チェヘル・ソトゥーン宮殿, イスファハン

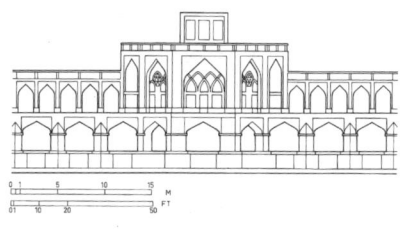

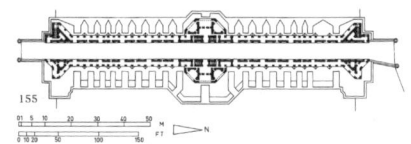

図6-42 ハージュ橋, イスファハン

ブラ壁をメッカの方向に対して直角に配するために「王の広場」に対して45度軸が振られている。もとより意図されたものであろう。広場の長辺中央に位置する小さな傑作ロトフォッラー・モスクも軸は45度振られる。「王のモスク」は完璧な四イー

Ⅵ イスラーム世界の都市と建築 ―― 283

図6-43　ハシュト・ベヘシュト宮殿，イスファハン

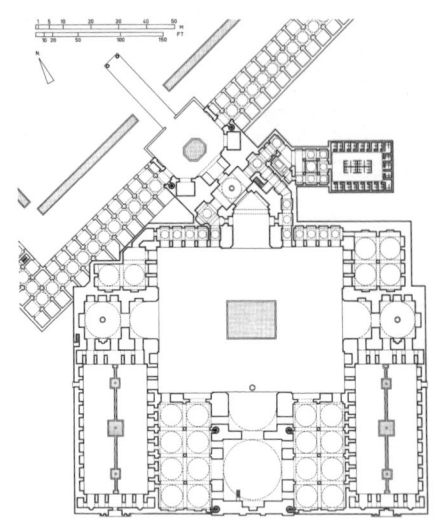

図6-44　イマーム・モスク，イスファハン

ワーン形式である。中庭の大きさ，泉水の大きさと位置，イーワーンの幅と高さなどが，完全に数学的比例関係に基づいていることが明らかにされている。

　タイル装飾についてもひとつの革新が行われる。イスラーム建築を特徴づけるのがモザイク・タイルである。それまではさまざまな大きさの煉瓦を組み合わせて装飾がされてきたが，12世紀初頭頃に青緑色の煉瓦タイルが生み出される。イランのカーシャン地方を産地とすることからカーシー・タイルと呼ばれる。当初表面が彩色された煉瓦そのものが使われるが，やがて彩釉タイルによる陶片モザイクへと変化していく。全面タイル装飾のモスクが出現したのは14世紀初頭からである。この彩陶モザイクの手法は，ティムール朝に絶頂を迎え，各地に伝えられる。四イーワーン形式とともに，西トルキスタン・アフガニスタンからイラク・アナトリアまでイラン型モスクは広まる。ただ，彩釉タイルはシリアやエジプトまたインドでは主流とはならなかった。

　「王のモスク」の建設にあたって，タイル装飾の2つの技法，単色タイルの組み合わせによるいわゆるモザイクと下絵を描いて焼くハフトランギー（七彩）が組み合された。すなわち，白いタイルを何枚か組み合わせて下絵を描き，同時に焼く大量生産の手法である。23センチ×23センチのタイルが150万枚必要とされたという。

　イスファハンは最盛期には人口60万人を超えた。カージャール朝が建って，テヘランに都が移るが，イスファハンは19世紀前半まではタブリーズと並ぶ大都市であった。しかし大飢饉や英，露の綿製品の輸入増加による打撃から19世紀後半には人口5万人まで落ち込んだのであった。

column1　　　　　　墓　　廟

　モスクには基本的に墓がない。預言者のスンナ（言行）は墓場での礼拝を禁じているからである。また，イスラームの教義に従えば死者に特別な墓は本来必要ない。墓は，最後の審判までの仮の宿にすぎないのである。イスラーム勃興後200年ほどの間は特別の墓所がつくられることはなかった。しかし，やがて権力者は単独の建物として墓廟を建てるようになる。また，墓つきのマドラサが流行することになる。

　最初のイスラーム聖廟はサーマッラーのスライビーヤ廟である。862年に死んだカリフ，ムンタシルの墓である。2重の八角形の中央にドームが架かる集中形式である。明らかに岩のドームがモデルになっている。

　続いて，ブハラにサーマーン朝のイスマイール廟（892～907年）がある。直方体の上に半球ドームが載る形式である。

　イラン北部にアリー朝が興るとシーア派の聖者崇拝が勢いを得，塔状の大墓廟によって王の権勢を表現するようになる。その代表が，カスピ海の南東部にあるゴルガーンのカーブース廟（1006年）である。十角の星形平面で円錐形屋根を頂く。その他にダームガーンにアラムダール廟（1026年），マスム・ザーデ廟という2つの廟がある。

　もうひとつの墓廟の型として，内部が鍾乳石紋（スタラクタイト）からなる円錐状の屋根をもつものがある。サーマッラーのイマーム・ドゥール廟（1086年），バグダードのズバイダ廟などがその例である。

　また，二重殻の卵形ドームのスルターニーヤのウルジャーイトゥ廟が構造的には先駆的である。そして，建築家ムハンマド・ブン・マフムードによる，サマルカンドのグーレ・アミール廟は二重殻ドームの傑作である。方形広間の上に第1ドームが載り，その上に円筒形ドラム（胴部）が置かれ，さらに球根形の第2ドームが載っている。この後，内殻ドームは次第に背が低くなり，外郭ドームは肥大化していく。そして，タージ・マハルにいたっては，2つのドームの間の屋根裏の方が広間よりも大きくなるのである。

図6-45　タージ・マハル，アーグラ

10　シナン―イスタンブル

1　セルジュク朝

　トルコ系遊牧民は，もともと，中央アジア一帯に居住していた。アラル海周辺出身のセルジュク家は，10世紀末頃，トランス・オクシアナへ進出し，ブハラにいたってイスラームに改宗する。そして，ペルシア，メソポタミア，そしてアナトリアへ侵攻を開始する。1040年にガズナ朝を破り，1062年にブワイフ朝を倒すと，セルジュク・トルコは，ペルシア全土を手中に収めてイスファハンを首都に定める。

　この間たび重なるイスラーム勢力の侵攻にも関わらず，ビザンティン帝国の東端域を死守してきた小アジア・アナトリア高原もついにイスラーム勢力の手におちる。セルジュク家の一族がコンヤを拠点に独立政権を建てるのである。ルーム・セルジュク朝（1075～1308年）である。以降，アナトリアの諸都市に数多くのモスク，キャラバンサライ，ハンマーム，マドラサなどが建てられるようになる。

　セルジュク朝のダマスクスおよびエルサレムの占領は，十字軍の来襲を招き，トルコの小アジア支配に一時期停滞をもたらすが，12世紀から13世紀にかけて建設活動が活発化する。アナトリア地方には，古来，すぐれた石造建築の伝統がある。ビザンティン帝国支配下において多くのキリスト教建築が石造で建てられている。イスラーム建築も，このアナトリアのすぐれた石造技術をもとに建設されることになる。

　早い例に，ディヤールバクルのウル・ジャーミー（1091年）がある。この場合，ダマスクスのウマイヤ・モスクがモデルとされている。また，シヴァスのウル・ジャーミー（11世紀）は，幅広矩形の中庭と列柱室という古典型のシンプルな構成をしている。さまざまなスタイルが用いられるが，特徴的なのは，中庭のないモスクである。具体例として，ディヴリーのウル・ジャーミー（1228～29年）がある。中庭をもたないのは第1に気候（寒さ）に対処するためである。また，アルメニア教会堂の石造建築の伝統が生かされているのである。

　セルジュク朝の建築で目立つのが100以上現存するキャラバンサライ（隊商宿）である。諸国との通商のために古代の大通商路を再建し，要塞化した独特な形式のキャラバンサライを30～40キロごとに建てたのである。エブドゥル・ハーン（1210年），アクサライ近くのスルタン・ハーン（1232年），カイセリ近くのスルタン・ハーン（1232年）などの例が知られる。小モスクを中心にした中庭を囲む棟と列柱広間の大きく2つの部分からなる。この形式もまた，アルメニア教会をもとにするものであり，アルメニア人工匠によって建てられたこと

が明らかにされている。

2 オスマン・トルコ

モンゴルはアナトリアに侵入するが，各地方にある程度自治権を与える。やがて小アジア西部にオスマンと呼ばれる族長が出て，オスマン・トルコを建国する (1299年)。ブルサを占領 (1326年)，アドリアノーブルを奪取 (1362年)，そして1453年，メフメトⅡ世 (在位1451～1481年) はビザンティン帝国を滅ぼし，コンスタンティノープルを占領し，イスタンブルと改称，都とする (1453～1922年)。16世紀には，マムルーク朝を征服 (1517年)，エジプト，シリアを領有し，さらにモロッコを除く北アフリカを征服する。スレイマンⅠ世 (在位1520～1566年) の時には，ウィーンを包囲し (1529年)，プレヴェザの海戦でヴェネツィアを破り (1538年)，地中海の制海権を獲得することによって，全盛期を迎える。

3 イスタンブル

イスタンブルの歴史は，古代，ギリシア人が植民都市ビザンティオンを建設したことに始まる。330年，ローマ皇帝コンスタンティヌスがこの地に首都を移し，コンスタンティノープルとする。7つの丘のローマに見立てたことが知られる。直ちに首都建設が開始され，360年にはアヤ (聖)・ソフィアが奉献される。2度焼かれ，現在残るのはユスティニアヌスⅠ世の時の，3度目の建造 (537年) のものである。ビザ

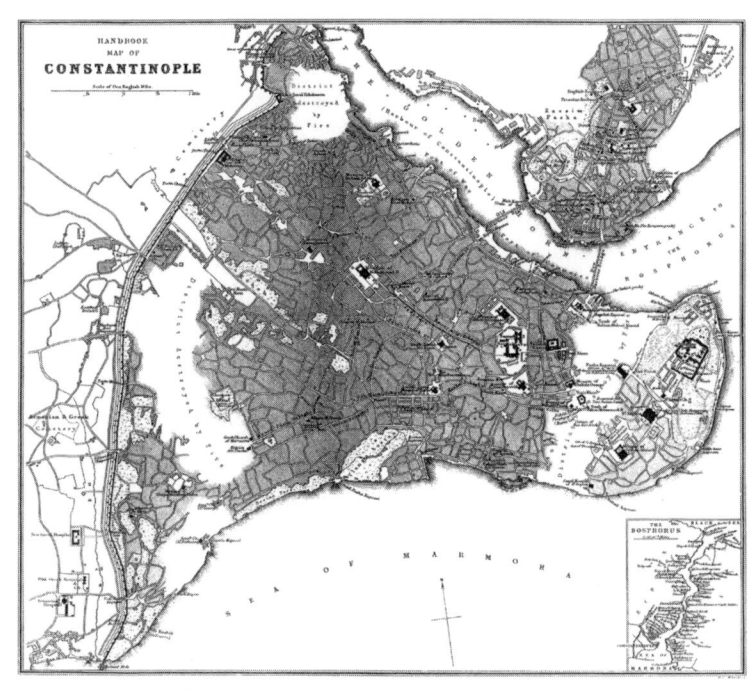

図6-46 イスタンブル，1875年

Ⅵ イスラーム世界の都市と建築 ——— 287

図6-47　スレイマン・モスク，イスタンブル

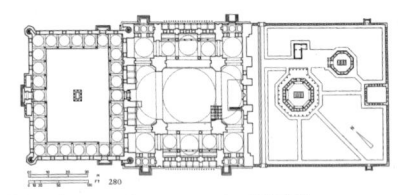

図6-48　スレイマン・モスク（平面図）

ンティン時代の遺跡として，ヴァレンス水道橋，イエレバタン・サルンチ（地下貯水池），コーラ修道院などが残されている。

メフメトⅡ世は入城するとアヤ・ソフィアをモスクへ改造する。また，聖使徒教会を解体して，ファーティフ・モスクをつくる。そして，第1の丘，マルマラ海，ボスフォラス海峡，さらに金角湾を望む高台に，新宮殿としてトプカプ宮殿を造営する（1478年）。

4　シナン

スレイマンⅠ世のもとでイスラーム建築もその絶頂を迎えることになるが，その最高峰とされるのがスレイマン・モスク（1550〜1557年）である。建築家は天才シナン（1489／90 ?〜1588年）である。その出自，生年については議論があるが，中部アナトリアのカイセリでキリスト教徒の家に生まれたとされる。イェニチェリ（親衛隊）の兵士としてイスタンブルに出て，セリムⅠ世（1512〜1520年）の宮廷に仕える。工兵隊として頭角を現し，50歳近くになってスルタン付き宮廷建築家となる（1538年）。1530年代から，モスクの設計に関わり，死ぬまでに477（446?）の建造物を設計したという。その作品は，イスタンブルを中心に（319件），ダマスクス，アレッポ，エルサレム，バグダード，メッカ，メディナ，ハンガリーのブダなどオスマン帝国領の各地に及ぶ。

最初の大仕事はイスタンブルのシェフザーデ・モスク（王子のモスク，1543年）である。シナンが設計にあたってモデルとし，再解釈を加えたのがアヤ・ソフィアである。トラレスのアンテミウスとミレトスのイシドロスによってユスティニアヌス帝のために建てられたアヤ・ソフィアは，中央のドームを一対の半ドームで支える形をとるが，シェフザーデ・モスクは四方向からの半ドームで中央ドームを支えている。

シナン以前に2基のドームを前後に並べ，左右の身廊に2，4，6個の小ドームを載せる形式が発達する。ブルサのオルハン・ガージー・モスク（1339年），イェシル・モスク（緑のモスク，1413年）などである。そして，中庭と主ドームの大広間を連結する形式が生み出される。エディルネのユチュ・シェレフィリ・モスク（1444年）がその嚆矢とされる。この場合，計4個の小ドームが主ドームを固めている。そして，シナンの革新がやってくる。

288

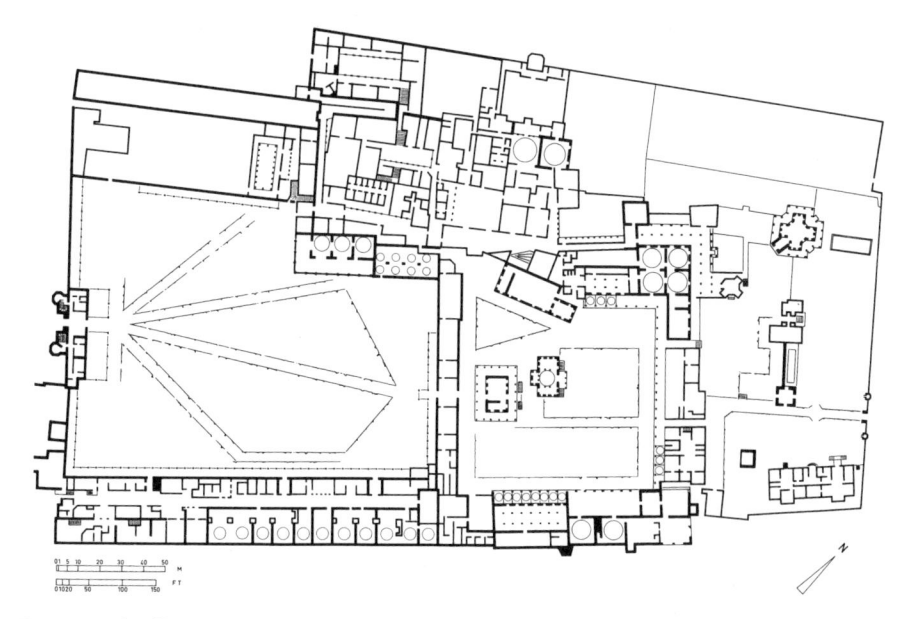

図6-49 トプカプ宮殿（配置図），イスタンブル

5　スレイマン・モスク

スレイマン・モスクの規模は，アヤ・ソフィアよりわずかに小さい。しかし，小高い丘の上に立つことによって，また，スレイマニエという一大コンプレックスであることによって威容を誇る。大ドームを前後2つの半球ドームで支える構造は同じであるが，スレイマン・モスクは計10個の小ドームと4本のミナレットが外観の大きな特徴となっている。内部空間も，球面をモザイクで連続的に仕上げるアヤ・ソフィアに対して，スレイマン・モスクは赤白交互に迫石を積んだ尖塔アーチでくっきりと分節化されている。主ドーム以外は，スレイマン・モスクの方が数多くの開口部が設けられている。ビザンティン様式とオスマン様式の対比は見事である。

シナンは続いて，新しい構造形式を試しながら，ミフリマフ・モスク（1555年），エディルネのセリミエ（1570～1574年），ソクルル・モスク（1571年）などの傑作を建てている。

6　キュリエ

オスマン・トルコの都市設計として注目されるのはキュリエと呼ばれる建築複合施設である。その代表はトプカプ宮殿である。金角湾とマルマラ海に挟まれた景勝の地に，種々の軽快な建築と庭を配した見事な構成を見せている。他に，エディルネのバヤジドⅡ世のキュリエ（1484～1488年）がある。

11　アクバル ― デリー，アーグラ，ラホール

1　デリー諸王朝
　　― クトゥブ・ミナール

　トルコ系ムスリムがインドへ侵入を開始するのは11世紀以降のことである。ガズナ朝（977〜1186年）のマフムードに続いてゴール朝（1148〜1215年）のムハンマドは北インドの大半を手に入れる。奴隷出身の将軍クトゥブ・アッディーン・アイバクがデリー総督に任命されるが，1206年にムハンマドが死ぬと，デリーのスルタンと名乗って奴隷王朝を建てる（1206〜1290年）。ムガル帝国の成立までの王朝をサルタナット（スルタン政権）あるいはデリー諸王朝と呼ぶ。

　クトゥブ・アッディーンが建てたデリーの最初のモスクがクッワト・アル・イスラーム・モスクである。高さ68メートルの巨大なミナレットは，クトゥブ・ミナールと呼ばれる。石造で，ヒンドゥ教徒のインド人工匠を使い，破壊したヒンドゥ寺院の部材を転用している。アーチやドームの技術はこの段階では持ち込まれていない。最初のモスクは，続くイレトミシュ（1211〜1236年）によって拡大され，さらにアラー・アッディーン（1295〜1315年）によって拡大されている。スルタン・ハルバンの墓でアーチのキーストーン（要石）を初めて使ったとされる。

　奴隷王朝後期に，デリー東南部に小都市

図6-50　クトゥブ・ミナール，デリー

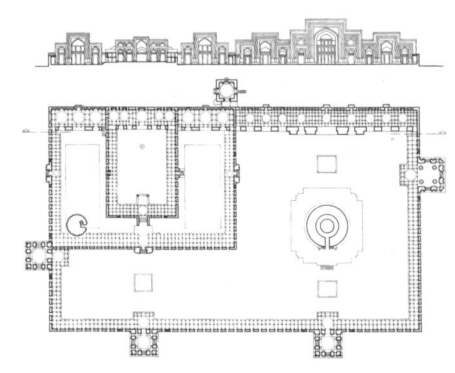

図6-51　クッワト・アル・イスラーム・モスク（立面・平面図），デリー

キーロークリーが建設される。また，ハルジー朝（1290〜1320年）にスィーリー城砦が建設される。ギヤースッディーン・トゥグルク・シャー（1320〜1325年）がトゥグルク朝（1320〜1414年）を建て，トゥグルカーバードを建設する。アラブ人旅行家イブン・バトゥータがトゥグルク宮廷に仕えたことが知られている。続くムハンマド・ビン・トゥグルク（1325〜1351年）は，デカン西部のヒンドゥ王国デーオギリの旧都をダウラターバード（富の町）と名づけて第2の首都建設を企図するが結局は断念している。トゥグルク朝第3代，フィーローズ・シャー（1351〜1388年）の時代にデリーは大変貌を遂げる。シャーは無類の建築好きで，新宮廷，新都フィーローザーバードを建設する。

1398年末にティムール軍が侵入し，南インドのヴィジャヤナガル王国が独立体制を固めることによってデリーは荒廃する。サイイド朝（1414〜1451年），ローディー朝（1451〜1526年）を経て，サルタナット体制はカーブルのムハンマド・バーブルに率いられたムガル（モンゴル）と称する新勢力に倒される（1526年）。330年余りの間に建てられたモスクやダルガーと呼ばれた聖者廟，水利施設，墓廟など数多くの建造物が残されている。

2 ムガル帝国

ムガル帝国（1526〜1858年）は，初代バーブル（1526〜1530年）以降，第2代フマーユーン（1530〜1556年），第3代アクバル（1556〜1605年），第4代ジャハーンギー

図6-52 フマーユーン廟，デリー

ル（1605〜1627年），第5代シャージャハーン（1628〜1658年），第6代アウラングゼーブ（1658〜1707年）と続く間に，オスマン・トルコ，サファヴィー朝と並び立つ一大イスラーム帝国となる。2代皇帝フマーユーンがまずデリーに新城塞の建設を試みるが，シェール・ハーンによって一時期中断を余儀なくされる（スール朝，1538〜1555年）。シェール・ハーンが建てたのがプラーナ・キラである。フマーユーンはデリー奪回後まもなく死ぬが，そのフマーユーン廟（1564〜1572年）は後の墓廟のモデルとなる。四分庭園（チャハル・バーグ）の中心に90メートル四方の基壇がつくられ，その中央に左右前後まったく対称のドーム建築が置かれている。ペルシアの建築家ミーラーク・ギャースの設計であるが，彩釉タイルは用いられず，赤砂岩と白大理石を組合せる手法がとられる。また，屋上のチャトリと呼ばれる小亭がアクセントとなっている。

3 アクバル
——ファテプル・シークリー

第3代皇帝アクバルは帝国の基礎を築い

VI イスラーム世界の都市と建築 —— 291

図6-53　ジョド・バーイ宮殿，ファテプル・シークリー

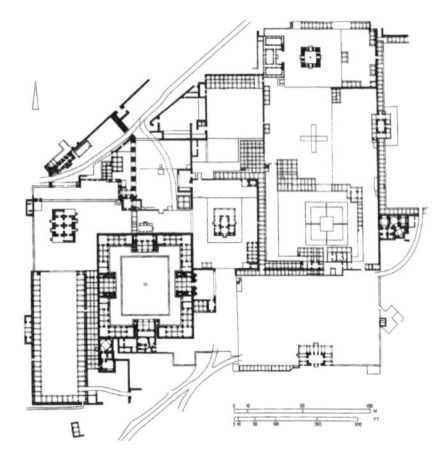

図6-54　ファテプル・シークリー（配置図）

図6-55　イティマード・アッダウラ，アーグラ

ファテプル・シークリーの造営（1569～1585年）がある。ディワーニー・ハース（内謁殿），パンチ・マハル（五層閣）など迫力ある建築を数多く残している。そして，アーグラ城にはジャハンギール・マハールがあり，生前にアクバル廟をアーグラ近郊のシカンドラに建てた（1613年）。

　第4代ジャハーンギールは放蕩で知られるが，芸術の庇護者でもあり，アーグラに傑作イティマード・アッダウラ廟（1628年）を残した。ジャハーンギール自身の廟はラホールに建てられている。宰相イティマード・アッダウラの孫娘ムムターズ・マハルを娶ったのがシャージャハーンである。

4　シャージャハーン ─── タージ・マハル

　第5代皇帝シャージャハーンは，何よりもインド・イスラーム建築の傑作タージ・マハルの建立で知られる。また，シャージャハナバード（オールド・デリー）の造営で知られる。デリーのジャーミー・マスジッド，アーグラの「真珠モスク」も彼の手になる。

　愛妻ムムターズ・マハルの廟として，20年の月日（1632～1652年）をかけて建造された総白大理石のタージ・マハルは，アーグラ城からすぐ手の届く距離に望むことができる。赤砂岩で造られた大手門のイーワーンをくぐると，広大な四分庭園が広がり，南北の中軸線上に真っ直ぐ細長く水が引かれている。そしてその軸線の焦点に4本のミナレットを従えて建つのがタージ・マハルである。基壇の高さは7メート

た大帝であり，イスラームとヒンドゥの融合を図ったユニークな天才である。そして，一大建築家でありプランナーであった。彼は数々の傑作を残している。まず，第1に

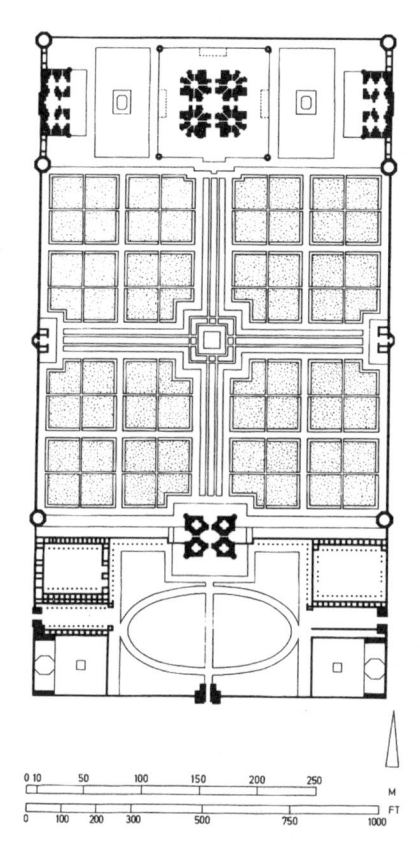

図6-56　タージ・マハル（配置図），アーグラ

図6-57　ジャーミー・マスジッド，デリー

図6-58　ラール・キラ　内謁殿，デリー

ル，一辺は100メートル，直径28メートルのドームの高さは65メートルにも及ぶ。

「地上に楽園がありとせば，そはここなり，そはここなり，そはここなり！」と内謁殿（ディーワーニ・ハース）の壁面に刻んだラール・キラ（赤い城）とシャージャハナバードの造営（1638〜1648年）はムガル帝国の都市，建築文化の到達点である。ラール・キラは，バーザール，庭園，モスク，楼閣，浴場を含む一大宮殿コンプレックスとして見事に構成されている。

王位継承権を持つすべての王子を抹殺し，父シャージャハーンを幽閉して帝位についた第6代皇帝アウラングゼーブは，厳格なイスラーム（スンナ派）へ回帰したことで知られるが，「真珠モスク」と呼ばれる小品をラール・キラ内に残した以外，さしたる建築は知られない。

こうしてムガル帝国はその全盛期を終え，以後，皇帝の廟すら定かではない。

Ⅵ　イスラーム世界の都市と建築　293

12　清真寺

1　イスラーム教

イスラームは，『旧唐書』の「永徽2年(651年)大食始遣使朝貢」あるいは『冊府元亀』の「大食与中国正式通使，確自唐永徽2年始」といった記述から，唐代，651年に中国へ伝えられたとされる。「大食法」とはイスラームのことである。しかし，1980年に揚州城郊外の唐代墓(武徳，618〜626年)から，「真主至大」と書かれた陶器が出土したことから伝来の時期はより早いと考えられている。イスラーム教は「真教」とも呼ばれる。「清真教」という名称は，北京の東四清真寺(明・正統12／13年〔1447／1448年〕)以降一般的に用いられるようになる。その他「天方(聖)教」「西域教」「回教」「浄教」などと呼ばれてきたが，今日正式には「伊斯蘭教」(1956年)が用いられる。

2　懐聖寺光塔

中国への伝播の経路は大きく2つある。海上ルートによって，エルサレム，アラビア半島からダッカ，マレー半島を経由し，泉州にいたる経路と，バグダートとアラル海から，陸上シルクロードによって，サマルカンドやウルムチを経由し，長安にいたる経路である。

図6-59　懐聖寺　光塔，広州

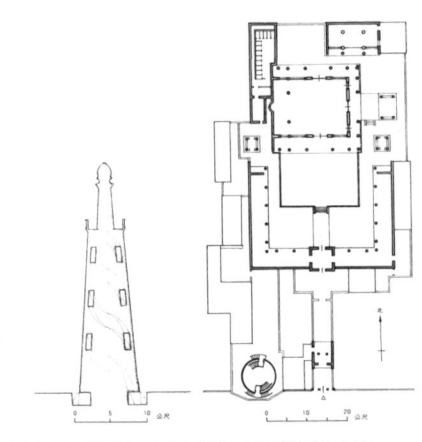

図6-60　懐聖寺平面図(右)，光塔断面図(左)

海上ルートによったムスリムは，広州，泉州，杭州の「番坊」に定住し，モスクを建設する。モスク（清真寺）は，中国で，「礼堂」，「祀堂」，「礼拝堂」，「教堂」，「礼拝寺」，「清浄寺」（泉州），「真教寺」（杭州）などと呼ばれた。

広州の懐聖寺光塔は唐代の創建であり，現在の塔は宋・元時代に再建されたものとみられている。また，泉州の清浄寺も，イスラームの古建築として重要な実例である。清浄寺は，『泉州府志』の記載によれば，南宋の紹興元年（1131年）に，ムスリムのツシル・ウッディーンがサナウェイから泉州に来て建てたもので，その後，元の至正年間（1341～1367年）にイスラーム教徒のキン・アリ（金阿里）が再建し，明・清時代にふたたび修復された。現在残っているのは元代の建築とされる。この寺の平面形式は四合院形式をとる中国国内の多くの清真寺とはちがって，ほとんど漢民族の建築の影響を受けていない。すなわち，配置において「左右対称」を重視していない。

3 清浄寺

清浄寺の寺門は長方形平面，間口4.5メートル，高さ20メートルで，群青色の石を積んでつくられている。門扉は三重の尖頭アーチにつくられ，第3重尖頭アーチの両脇には2つのアーチ門がある。大門の屋上にはテラスがあり，四周にはレンガ積みの垣がめぐらされている。門の上にはもとは塔があったが，すでに失われている。門の内部の天井は玉葱形につくられているが，これらはすべて石造である。礼拝堂は寺の西側にあり，正面は真東を向き，平面は間口5間で，四周に花崗岩の石の壁をめぐらしている。堂内西側の石の壁には壁龕（ミフラーブ）がつくられ，そのうち中央のものが最も大きく，いずれも外方へ突き出しており，一般の礼拝寺院と同じように，神龕を置くところになっている。南側の右の壁には，6つの方形の窓が開けられている。礼拝殿の屋根はすでに失われており，当初の形式を知ることはできない。

4 清真寺（西安）

クビライ・カーンがアラブ人建築家の亦黒迭児丁（イェヘイデルテイン）を重用し，漢人の劉秉忠とともに元大都（北京）の建設にあたらせたことはよく知られている。イスラーム圏と中国の交流は宋・元以降はきわめて活発であった。

明・清時代以降イスラーム建築は，新疆・ウイグル地方とその他の地方の2つの系統に分かれる。

内地の回族の清真寺は，その地方の漢民族の建築形式を採用し，木造である。その代表的な例のひとつが，西安の清真寺である。華覚巷の清真寺は，明代初め（14世紀末）に創建され，その後しばしば改築をへてきたが，主要な建築は明代初期に建設されたものである。

この寺の全体平面は細長い形をなし，全部で4ブロック（進）の中庭群がある。第1ブロックと第2ブロックは閉鎖式の中庭で，大門，牌坊，およびその他の付属建築がある。第3ブロックの中心的建築は，八角形平面，重屋根（内部重層）の「省心楼」

図6-61　清真寺，西安

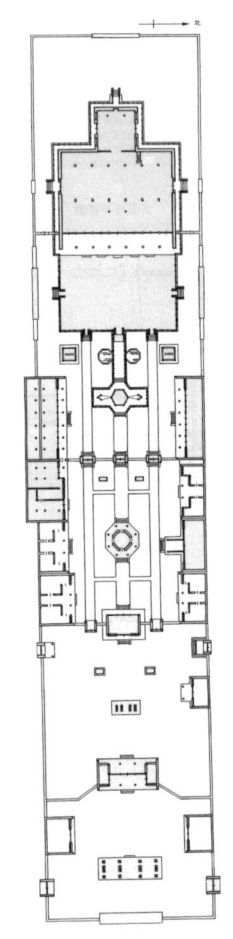

図6-62　清真寺（平面図）

（邦克楼ともいう，ミナレット）で，アホン（ムアッズィン，礼拝呼びかけ人）がこの楼の上から，信徒に，寺に入って礼拝をするように呼びかける。西北地方の礼拝寺院にある「省心楼」はいずれもだいたい同様で，その先端の突起した形によって，礼拝寺院の主要な輪郭線を構成する。「省心楼」の西側には脇部屋があるが，そこは，信徒が礼拝を行う前に沐浴する浴室，応接室，信徒のための教室，導師の居室などにあてられる。最後方の中庭の中心的建築は礼拝殿で，その前面には石の牌坊門と大きな月台（テラス）がある。

　イスラームの礼拝殿は，いずれも前廊（ターラール），礼拝殿堂，後窰殿（こうようでん）の3つの部分からなる。平面は一般に縦長であるが，またT字形をなすものもあり，そのため屋根は一般に3つの部分からなり，たがいに連続してかけられる。このうち，中央の礼拝殿堂の屋根が最も大きく，二重屋根の形式にする場合もある。

　後窰殿には，礼拝窰龕（ようがん）と講壇が設けられる。礼拝殿堂は，大勢の信徒たちが礼拝を行う場所である。信徒たちが聖地メッカの方を向いて遥拝することができるためには，礼拝窰龕は中国では西向きでなければならない。そのため建物全体は，かならず東向きとなる。

　イスラームの教義によって，建築装飾に動物の図案を用いることはできないため，文字の図案であるが，その彫刻や工芸はきわめて精緻である。後窰殿の四壁と柱の表面には一面にレリーフが施され，かすかな光線に照らされて，鬱々とした厳粛な宗教的雰囲気をたたえる。

図6-63　清真寺，牛街，北京

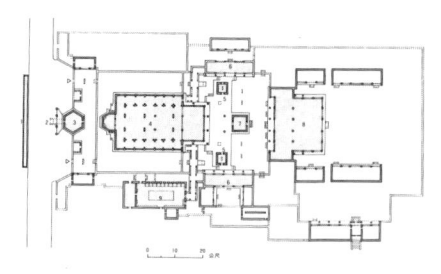

図6-64　禮拜寺（平面図），牛街，北京

図6-65　エイティカール礼拝寺，カシュガル，新疆

5　艾迪而（エイティカール）礼拝寺

　一方，シンチャン地方のイスラーム建築は，主として，ウイグル族の礼拝寺と陵墓である。これらの平面と外観は比較的自由で融通性があり，構造はドーム屋根，または小梁を密に配した陸屋根の2種類の形式を用いている。

　艾迪而（エイティカール）礼拝寺はシンチャン南部の代表的寺院で，パキスタン国境に近いカシュガルの中心的広場に建つ。14世紀の創建と伝えられるが，当時は城外の小寺にすぎなかった。現存するのは，清の嘉慶3年（1798年）の建設である。平面は不整形の中庭型で，東に門楼・聖礼塔，西に礼拝殿を配し，南北両側には司式僧（アホン）の部屋が並ぶ。礼拝殿は間口38間，全部で160本の八角柱がたち，吹放しの外殿と壁で隔離された間口10間の内殿に分かれる。艾迪而寺に顕著なように，シンチャンのイスラーム建築は煉瓦と石の組積構造およびドーム，アーチ，陸屋根を採用する独自なもので，基本的には漢民族建築の影響を受けていない。

　中国では，漢民族以外に，10余りの民族がイスラームを信仰している。信者は，回族（漢族のなかのムスリム）721万人，維吾爾族（ウイグル族）595万人，哈薩克族（カザフ族）90.7万人，東郷族（トンシャン族）27.9万人，柯爾克孜族（キルギス族）11.3万人，撒拉族（サラ族）6.9万人，塔吉克族（タジク族）2.6万人，烏孜別克族（ウズベク族）1.2万人，保安族（パオアン族）0.9万人，塔塔爾族（タタール族）0.4万人，合計1457.9万人とされる（『中国少数民族情況簡表』『人民日報』1982年10月23日掲載）。1997年の世界のムスリム人口は約11億人と推定されている。中国については1990年には1760万人以上と推定されている。そのうち，回族以外，大部分は，中国の西北部のシンチャン，チンハイ，カンスー地方に住んでいる。

Ⅵ　イスラーム世界の都市と建築　　　297

column2　　クドゥス（ジャワ）のミナレット

　世界で最大のムスリム人口を抱えるのは、実はインドネシアである。アラブ圏をイスラームの中核とすれば東南アジアのイスラームは周縁であり、そのあり方も異なっている。ソフト・ムスリムあるいは田舎ムスリムという言葉があるが、お酒や煙草などに対する態度をみても戒律はいくぶん緩やかに思える。中東の乾燥気候と湿潤熱帯で暮らし方が異なることは当然である。

　東南アジアにイスラームがもたらされるのはアラブ人商人、インド人商人（印僑）をつうじてである。沿岸部の港市を押さえていた首長がまず改宗し、その影響力は徐々に内陸に及んでいく。内陸の諸王国が基本的にヒンドゥの理念を統治原理としていたのに対して、それに対抗するためにイスラームの持つ平等原理が都合がよかったという説がある。

　ジャワ島の場合、中部のデマ王国を最初に北海岸のパシシール地域がまずイスラーム化される。イスラーム化につくしたワリ・ソンゴと呼ばれる9人の導師が知られる。J・ハウトマンが最初にスンダ・カラパ（現ジャカルタ）を訪れた時、イスラームは及んでおらず、次の船団が到着した時にはイスラーム化されていたというから、現在のジャカルタ近辺がイスラーム化されるのはヨーロッパの到来と同じ1600年前後である。

　イスラームの到来によってイスラーム建築ももたらされるが、アラブやペルシア、インドの建築様式がそのまま持ち込まれることはなかった。気候や建築技術の水準が異なるから当然である。興味深いのが、クドゥスのミナレットである。ヒンドゥのチャンディ（祠堂）の様式を採用している。また、デマのモスクは4本柱（サカ・グル）を構造の核にするジャワの伝統的住居の形式を採用している。ヒンドゥ教の影響が強いロンボク東北部のササック族のモスクもインドネシアで生み出されたモスクの形式の典型である。

　玉葱形のドームを冠に頂くモスクが建てられ出すのはむしろ近年である。現代建築としてのモスクもさまざまである。東南アジアのイスラーム建築は、その基本様式の確立を目指して模索が続いているようにみえる。

図6-66　クドゥスのミナレット、ジャワ

VII

植民都市と植民地建築

panorama　　　商館，要塞，植民都市

　植民都市とは，もともと古代ギリシャ・ローマにおいて，植民活動（移住）によって建設された都市をいう。人口過剰，内乱，新天地での市民権の確保，軍事拠点の設営などが植民地建設の理由である。ギリシャ語でアポイキア apoikia，ラテン語でコロニア colonia と呼ばれた。古代ギリシャの都市国家ポリス polis，古代ローマの都市国家キビタス civitas は，黒海沿岸，トラキア南岸，リビア北岸，イタリア南部，シチリア東岸，南岸，フランス南岸などに多くの植民都市を建設した。植民都市が植民都市を建設する例も見られる。

　ラテン語のコロニアに起源をもち，colony（英語），colonie（仏語），kolonie（独語）として広く用いられるようになる「植民地」という概念は，近代以前には，ある集団が居住する土地を離れてある地域へ移住し，形成する社会を意味した。中世ドイツの東方移住もその例である。

　しかし，コロニアは，単に移住地ではなく，ある集団が政治的・経済的に支配する地域も意味するようになる。西欧列強による帝国主義的な進出を受けた地域は，保護国，保護地，租借地，特殊会社領，委任統治領などの法的形態を問わず植民地と呼ばれる。ここで問題にしているのは，いわゆる西欧列強による近代植民地である。15世紀末以降，形成過程に入った「世界資本主義システム」に従属的に包摂された「周辺部」が対象地域である。ヨーロッパは，産業革命へいたる過程で，萌芽的に資本制生産様式を生みながら「周辺部」へ向かい，商業資本による富の蓄積を行う。この富の蓄積が，西欧世界が産業資本主義へ移行する原動力となる。そして，そのための拠点として建設されたのが植民都市である。

　スペイン，ポルトガルが先鞭をつけ，オランダ，フランス，イギリスが続いたアジアへの進出は，当初，商業的進出の形をとる。現地社会は必ずしも大きな変革を被ったわけではない。交易拠点として設けられた基地（商館 factory，要塞 fort）がやがて植民都市の核となる。一方，アメリカ大陸においては，直接的植民地支配の形態がとられる。現地人社会は徹底的に破壊され略奪される。その上に植民地支配の拠点として植民都市が当初から建設された。

　植民都市の形成の過程における支配←→被支配の関係は，ヨーロッパ文明←→土着文化の拮抗，衝突，融合，折衷を引き起こした。植民地建築はその文化変容の象徴である。ヨーロッパ建築と土着の建築の伝統が新たな建築様式を生み出すのを植民都市に見ることができる。

01 西欧列強の海外進出と植民都市

　近代ヨーロッパ諸国の中でインド洋および東南アジアの両海域世界にいち早く登場してきたのは、喜望峰まわりで到来したポルトガルとメキシコまわりで到来したスペインであった。スペインの両海域世界への進出が主としてフィリピンだけであったのに対して、16世紀初頭以来、ポルトガルは両海域世界の各所に植民都市を建設していく。16世紀末以降、オランダがその後を追い、さらにイギリスが続くことになる。

1　ポルトガル

　ヨーロッパの海外進出の先鞭をつけたのはポルトガルである。1488年にバルトロメウ・ディアスが喜望峰に到達し、1498年にヴァスコ・ダ・ガマ（c.1469〜1524年）がインド、カリカットにいたる。以降、ゴア占領（1510年）、マラッカ占領（1511年）、セイロン占領（1518年）、マカオ居住権獲得（1557年）とポルトガルはアジアに次々と植民地拠点を築いた。広州到達が1517年、種子島漂着が1543年、中国、日本を最初に訪れたのもポルトガルであった。

　14世紀末、イベリア半島には、ポルトガル、アラゴン、カスティリアなどの諸王国が分立していた。また、アンダルシア地方には、グラナダ王国がイスラームの支配圏をいまだ維持していた。抗争が絶えない中で、1385年に侵入してきたカスティリア軍をジョアンⅠ世（在位1385〜1433年）が破り、アヴィス王朝（1385〜1580年）を建てる。その結果、ポルトガルは、ヨーロッパで最初の国民国家となる。

　ポルトガルは、大国カスティリアに接しており常に圧迫を受けていたことから、その活路を海に求めざるをえなかった。ジョアンⅠ世は、マデイラ、アゾレス、カナリア諸島への植民の試みを援助する。また、アフリカへの進出を企図し、1415年にはドゥアルテ、エンリケ両王子の指揮する大軍を送ってモロッコの港セウタを占領させる。

　エンリケ（1394〜1460年）は航海王子として知られる。兄ドゥアルテが即位（在位1433〜1438年）すると、アフリカ大陸沿岸で行う交易、植民活動などに対する税（5分の1税）を免除される特権を与えられる。王子はそれまで航海の限界とされてきたボジャドール岬を越えて積極的な海外進出を行う。1449年、アルギン島（モーリタニア）に商館を建設、拠点とする。また、ポルトガル南端のラゴスにギネア館を設置し（1450年）、貿易活動を管轄した。エンリケ王子が死去するとアフォンソⅤ世（在位1438〜1481年）はアルギン島に要塞を建設（1461年）して息子のジョアン王子（ジョアンⅡ世〔在位1481〜1495年〕）に管轄を委ね

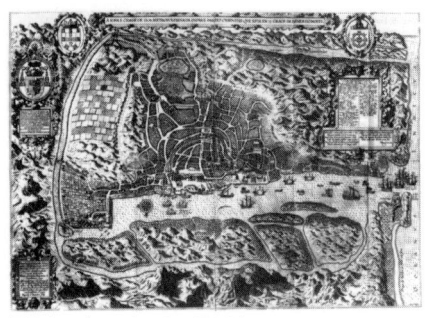

図7-1 ゴア，インド，1595年

る。エンリケを引き継いだジョアン王子はギネア海岸に金と奴隷交易のためにエルミナ城（ガーナ共和国エルミナ）を建設 (1480年)，ギネア館をリスボアに移し，ギネア・ミナ館と称した。アフリカ進出に命運をかけたジョアンⅡ世のもと，1488年についにバルトロメウ・ディアスが喜望峰に到達，インド洋を眼前にしたのであった。

2　トルデシーリャス条約

カスティリアはポルトガルに一歩遅れてカナリア諸島に進出するが，一方でグラナダ王国との抗争に追われていた。1469年，カスティリアの王女イサベルはアラゴンの王子フェルナンドと結婚する。1474年に国王エンリケⅣ世が没するとイサベルは女王 (在位1474～1504年) となり，フェルナンドとともにカスティリアを共同統括する。さらに1479年にはフェルナンドがアラゴン王として即位 (1479～1516年) し，イサベル・フェルナンド両王によるスペイン王国が始まる。アフォンソⅤ世はカスティリアの王位継承に介入するが，1479年にアルカソヴァス条約が成立，ポルトガルは王位継承権を放棄するかわりに，マデイラ，アゾレス，ヴェルデ岬諸島の支配権とアフリカ大陸沿岸における航海と貿易の独占権を得る。スペインにはカナリア諸島の支配権のみが認められた。

そして，コロンブス（クリストーバル・コロン，1451～1501年）の時代が来る。西回り航路によってジパング，カタイ（中国）にいたる航海を提案するコロンブスをジョアンⅡ世は取り合わないが，両王は紆余曲折の末受け入れる。「サンタ・フェ協約」によって，コロンブスには発見される土地全域に対する独占権を与えられた。そして，1492年にコロンブスはサンサルバドル島に到達したのであった。奇しくもグラナダ王国が陥落，レコンキスタが完了した年である。

この結果，ポルトガルとスペインは1494年にトルデシーリャス条約を結ぶ。ヴェルデ岬諸島の西370レグワ (1レグワ≒5.5キロメートル)，西経46度37分の子午線によって東をポルトガル，西をスペインに支配圏を分けるのである。この時，東経133度23分の子午線が通過する日本は，東をスペイン領，西をポルトガル領に分割されたことになる。1500年に発見されたブラジルは条約にしたがってポルトガルの領土となった。

ポルトガルのマヌエルⅠ世 (在位1495～1521年) は即位すると，1497年にヴァスコ・ダ・ガマをインドに送る。そしてガマが1499年にカリカットから帰国すると，1500年には第2回目の船隊を，ペドロ・アルバレス・カブラルを指揮官として送る。カブラルはコチンに商館を開設する。ギネア・ミナ館はインディア館に改称され，以

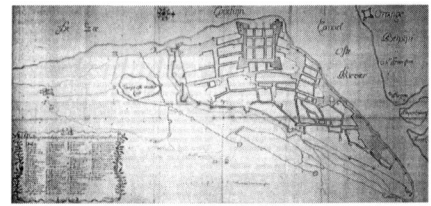

図7-2 ポルトガル期のコチン，インド，1663年

降，毎年インドに船隊が派遣されることになる。

マヌエルⅠ世は，1500年にガスパル・コルテ・レアルを北西方に，1501年にはゴンサロ・コエリョとアメリゴ・ヴェスプッチを南西方に，スペインの勢力範囲を突き抜けてインドに到達すべく派遣するが失敗，西回り航路は断念される。1502年ヴァスコ・ダ・ガマが司令官として再び派遣され，この時からインド洋にポルトガル艦隊を常駐させ，海上交通を武力で支配するようになる。1505年には，アフリカ東海岸およびインドに設けられた商館や要塞はインディア領としてまとめられる。フランシスコ・デ・アルメイダ（1450～1510年）が艦隊司令官兼初代のインド総督として送られ，インディア領を統治することになった。活動の拠点はコチンであり，ゴアがインディア領の首都になるのは1530年のことである。

マヌエルⅠ世はアルメイダにマラッカの発見と占領を命じるが，マムルーク朝とグジャラート王国の連合艦隊などイスラーム勢力に手を焼き果たせない。その任務はディオゴ・ロペス・デ・セケイラに委ねられ，1509年に上陸するが国王マフムード・シャーの攻撃を受けて敗走する。この時のセケイラの船隊にフランシスコ・セランとマゼラン（マガリャンイス）がいたことはよく知られている。

結局，マラッカ占領（1511年）に成功するのは第2代総督アフォンソ・デ・アルブケルケ（1456～1515年，在位1509～1515年）であった。アルブケルケは，インドへの途次，紅海入口のソコトラ島，ペルシア湾入口のオルムズ島の占領に成功する。オルムズに要塞を建設した（1515年）のもアルブケルケである。アラビア半島のアデン，カリカット攻撃には失敗するが，ゴア（1510年）占領，そしてマラッカ占領（1511年）には成功する。この時にもセランとマゼランは参加している。すぐさま石造の本格的要塞の建設が開始され，聖母受胎告知教会の建設も着手された。以降，ポルトガル要塞のカピタン（長）が東南アジアでのポルトガル人の活動の指揮を執ることになる。

3 スペイン

スペインではフェルナンド王が死去し（1516年），カルロスⅠ世が王位（1516～1556年）につくと，コルテスのメキシコ征服（1521年），ピサロのインカ征服（1532年）などスペインによる新大陸の植民地化が本格化していく。

「サンタ・フェ協約」にも関わらず，1499年以降，国王はコロンブスの独占権を無視し，別の航海者にも出帆許可を与えた。1503年以降はセヴィリアの通商院がその役割を担った。新世界への渡航を企てる遠征隊の隊長は許可を得ると，諸費用を自ら調達し，王室官吏の同行を義務づけられた。上陸する土地のスペインの支配権を法的に確認するためである。得られた財宝

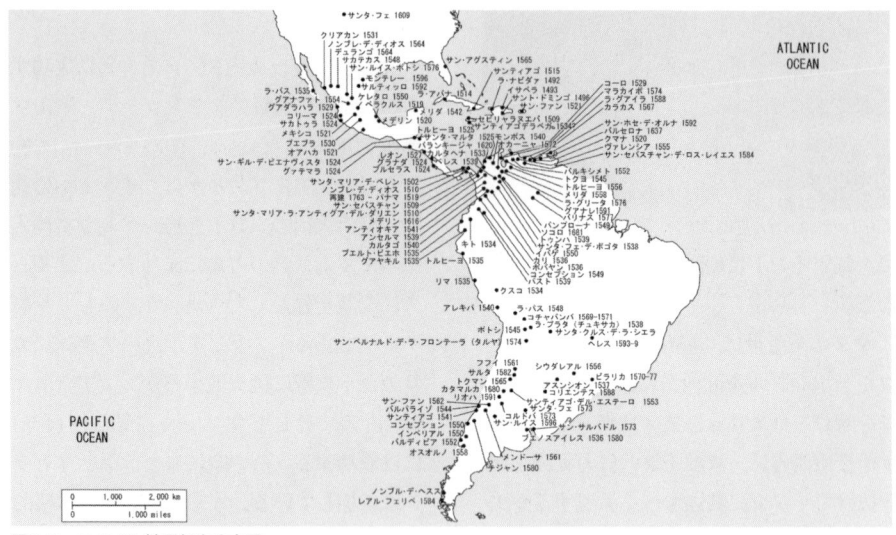

図7-3　スペイン植民都市分布図

の5分の1は国王の取り分とされた。

「征服（コンキスタ）」はこうして私的な性格が強く、遠征隊長にはさまざまな出自のものがいた。渡航者には正式の許可状を持たないものが多数含まれていた。「征服」は、およそ3期に分けられる。

①1期　1492〜1519年　アンティール諸島の発見からメキシコ征服まで

1494年、コロンブスはハイチに戻る。95年シバオの金山が発見され、サント・ドミンゴの港が建設される。プエルトリコ（1508年）、ジャマイカ（1512年）、キューバ（1514年）が征服され、ハバナが建設される。1499年、アメリゴ・ヴェスプッチを案内人とする一隊がベネズエラ海岸に到達、クマナ島に居留地が建設される。1513年、ヌニェス・デ・バルボアがパナマ地峡を横断、太平洋を「発見」する。1517年、エルナンデス・コルドバの指揮のもと、ユカタン半島へ最初の遠征が行われる。

②2期　1519〜1532年　アステカ帝国の征服

1519年、エルナン・コルテスの一行がユカタン半島に上陸、メキシコ盆地に達する。コルテスは、ヌエバ・エスパーニャの総督に任命される（1521年）。1524年以降、ホンジュラス方面の探検が行われる。1530年、太平洋岸とフィリピン諸島が結ばれた。

③3期　1532〜1556年　アンデス高地（ペルー、ボリビア、エクアドル、コロンビア）の占領

パナマ地峡が基地となり、フランシスコ・ピサロを指揮官としてアンデス高地の征服が開始される。

「征服」はカルロスV世の治世の末年1556年には完了し、以降、「発見（デスクブリミエント）」という言葉が使われるようになる。1572年、フェリペⅡ世の勅令によって「征服」は禁止され、植民都市の建設

が始められる。その指針を含むインディアス法が示されたのは1573年である。

1513年，エンリケというマレー人奴隷をともなって帰国したマゼランは，西回り航路によってモルッカ（マルコ，マルク）諸島にいたる航海をマヌエルⅠ世に訴えるも受け入れられず，スペインに移ってカルロスⅠ世に拝謁，許可される。1519年にマゼランを司令官とする5隻の船隊がバラメダ港を出発し，マゼラン海峡を発見し，未知の大洋を横断して，ついに世界一周を成し遂げたことはよく知られている。マゼランはフィリピン諸島に至って先住民に殺された。最初に世界一周を成し遂げたのは，したがって，マレー人エンリケということになる。

ポルトガルは1511年以降，定期的にマルク（モルッカ）を訪れ，香料などを買い付けるが，1522年以降太平洋回りの航路でフィリピンに到達したスペインも，ただちにマルク諸島に進出し，テルナテに近いティドーレ島の王と提携してポルトガルに対抗した。

4　オランダ

重商主義段階に突入した17世紀に入ると，ポルトガルが切り拓いた東インドつまり東方アジアへの道を辿って，他のヨーロッパ列強が両海域世界に進出してくる。その手法は，反宗教改革意識に彩られていたイベリア諸国の場合とは異なって，重商主義段階にふさわしく特許会社方式での進出であった。東インド会社の設立がその手法である。その最初は，英国東インド会社（1600年）で，それに続いてオランダ東インド会社（1602年）が設立された。この2つの東インド会社の活動は日本でもよく知られているが，東インド会社の設立は両国だけではなかった。そのほかにもフランス，デンマーク，スコットランド，オーストリア，スウェーデンなどの諸国も，東インド会社を設立して東方アジア交易に参入する。

1543年以降全ネーデルランドの統治権を得ていたカルロスⅤ世は，1555年に息子のフェリペⅡ世にその統治を委ねる。フェリペⅡ世の絶対主義的な中央集権体制に対するネーデルランドの反乱は，1567年のアルバ公派遣による圧政とオラニィエ公ウイリアムの反抗（1568〜1572年）以降，独立への80年戦争（1568〜1648年）に突入する。

1576年ネーデルランド全国議会が指導権を確立，1579年には北部7州がユトレヒト同盟を結成，1581年のフェリペⅡ世の廃位宣言につながる。オラニィエ公の暗殺（1584年）を経て，1588年にはネーデルランド連邦共和国が実質上成立することになる——正式に認められるのは，1648年のウエストファリア条約によってである。

こうして独立を勝ち取ったオランダは，ポルトガルに代わって，アジア交易の主役に躍り出ることになる。17世紀はオランダの時代である。16世紀後半，ネーデルランドはすでに，ポルトガルがアジアで入手してきた商品をヨーロッパに流通させる大きな役割を果たしていた。ポルトガル，スペインの船で働き，航海に通じていたオランダ人船乗りも少なくなかった。北海，大西洋とヨーロッパ大陸の接点に位置した

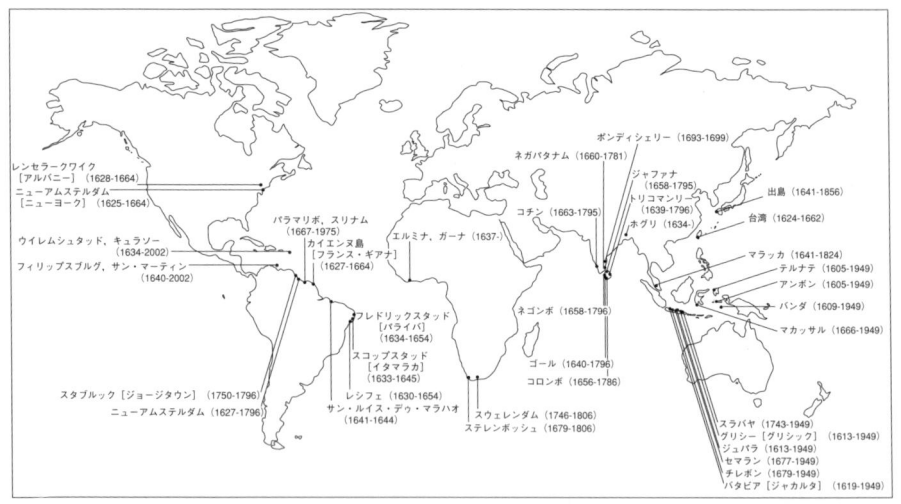

図7-4　オランダ植民都市分布図

アントワープが交易の中心であった。ポルトガルのアジア産香辛料と南ドイツ産の銅，銀の取引が成立したのが大きい。また，英国の毛織物も集中し，ロンドンともつながっていた。地中海と北海を結ぶのみならず，ヨーロッパの内陸ルートの一大結節点となっていたのである。ただ，アントワープは，その位置をアムステルダムに譲ることになる。1585年，約1年の間スペインの包囲に耐えたアントワープもついに陥落する。独立を勝ち取る北部ネーデルランドに対して，南部ネーデルランドは切り離され，スペインの支配につなぎ止められることになったからである。

1580年，フェリペⅡ世はポルトガルを併合し，オランダ船のリスボン寄港を禁止する。オランダ独自の交易ルートの開拓が大きな関心となった。北からヨーロッパ，アジアを目指す北方航路を推奨したのが，アムステルダムの地理学者プランシウスである。ヘームスケルクとバーレンツによって，1594年，1595年，1596～1597年と3回の探検が行われた。彼らはスヴァールバル島沿岸を探検した後，ノヴァヤゼムリヤで越冬している。

一方，平行してポルトガルの東インド航路についての情報収集が行われる。オランダ人ヤン・ハイヘン・ファン・リンスホーテンは，1583年にゴア大司教の秘書としてインドに渡り，1592年に帰国し，その旅行記を出版している。最初に東インド航路を拓くコルネリス・ファン・ハウトマンも，リスボンに渡って海図などを集めている（1592年）。

南部ネーデルランドの豊かな商人の支援を受け，ハウトマンが出航したのは1595年のことである。マダガスカルで冬を過ごし，バントゥン（ジャワ）に到達，1597年に帰国する。アムステルダムの商人たちは競って航海会社を設立することになる。最初の会社が「遠国会社」（1594年）である。

続いて1598年，「旧会社」によって，

ヤコブ・ファン・ネックを総指揮官とする8隻の艦隊が送られ，1600年に全隻帰国する。この時，テルナテに商館を建てている。「旧会社」は1600年までに4回の航海を試みている。多くの会社が林立し，1595年から1602年にいたる間に14の会社が60余隻の船を東インドに送っている。

航海会社の乱立による競争の激化によって，東インドからの商品価格は下落する。そこで，諸会社を統合する構想が生まれる。そして，東インド貿易を独占する会社として設立された（1602年）のが連合東インド会社VOC（Vereeninghde Oost Indische Compagnie）である。このオランダ東インド会社は世界最初の株式会社といわれる。英国東インド会社の設立（1600年）が2年先んじているけれど，資本金の額は10倍以上もあり，組織形態も恒常的ではるかに進んだものであった。

スペインやポルトガルの場合，海外貿易は王室の独占的事業であったが，オランダ東インド会社は取締役，株主によってきわめて組織的に運営された。注目すべきは，東インドにおける条約の締結，自衛戦争の遂行，要塞建設，貨幣鋳造などの権限を独占的に与えられたことである。

オランダ東インド会社は，当初，バントゥンの他，ジャカトラ（現在のジャカルタ），ジェパラ（中部ジャワ），グレシク（東部ジャワ），マカッサル（スラウェシ）さらにジョホール，パタニ（マレー半島），マスリパットナム，スーラト（インド東岸）などに商館を設け，根拠地を探る。1605年にアンボンを襲ってポルトガルから領土を獲得するが，マルク諸島は大根拠地とする条件を欠いていた。

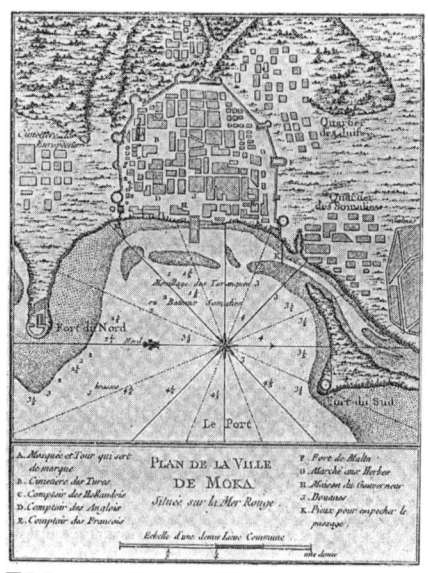

図7-5　モカ，イエメン，1762年

図7-6　バタヴィア，インドネシア，1627年

バタヴィアを根拠地とするとともに，オランダ東インド会社経営の基礎をつくったのは第4代総督ヤン・ピーテルスゾーン・クーン（在位1619〜1623年，1627〜1629年）である。クーンは，1619年の就任と同時にイギリス商館を焼き払い，新しい市街の建設に着手した。そして，バタヴィアは17世紀末には「東洋の女王」と呼ばれる美しい都市に成長することになる。

バタヴィアの建設以降，オランダは各地に都市建設を行う。マラッカを占領したのは1641年である。知られるように，江戸

図7-7　ゼーランディア，台湾，1644年

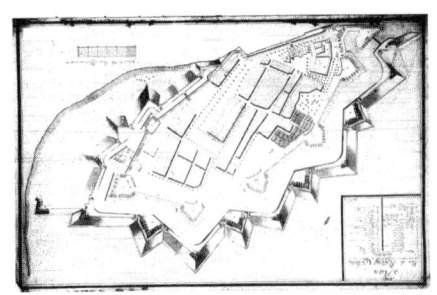

図7-8　オランダ期のフォート・コチン，インド，1782年

図7-9　レシフェ，ブラジル，1637〜1644年

幕府はこの年に平戸のオランダ商館を長崎に移し，オランダのみに通商を認める鎖国体制を完成させている。台湾にゼーランディア城の建設を開始したのは1624年である。要塞が完成するのは1640年，鄭成功に破れて撤退するのが1662年である。

マラッカと同様，ポルトガル要塞を襲って都市建設を行ったのが，セイロンのゴールであり，コロンボである。また，インドのコチンがある。新たな都市として建設された例として代表的なのは，東インドへの航路の中継基地となったケープタウンである。その建設者ヤン・ファン・リーベック (1652〜1795年) は，それ以前にバタヴィアでの勤務経験があり，出島も訪れている。後にマラッカ総督を務めている。オランダ東インド会社が統括したのはケープタウン以東であった。

一方，アフリカ以西，ブラジル，カリブ海のオランダ拠点の経営を担当したのは，1621年に設立されたオランダ西インド会社 (WIC) である。西インド会社は，ヨーロッパとアフリカと中南米との間の三角貿易を担うことになる。同会社の建設になる代表的なオランダ植民都市として，アフリカ，ギネア海岸のエルミナ，ブラジルのレシフェ，パラマリボ（スリナム），ジョージタウン（ガイアナ），アンティール諸島のウィレムシュタット（オランダ領キュラソー）などがある。

5　イギリス

資本主義的世界経済システムの成立過程において最初にヘゲモニーを握ったオランダも，18世紀に入るとその勢いを徐々に失い，18世紀末には英国にヘゲモニーを譲ることになる。オランダの絶頂期は1625〜1675年であるとされる。東インド会社が解散したのは1799年の12月31日であった。

英国東インド会社による最初の航海は，1601年のジェイムズ・ランカスター船長のドラゴン号以下，4隻の船団によるものである。彼らはテーブル・ベイ（ケープタウ

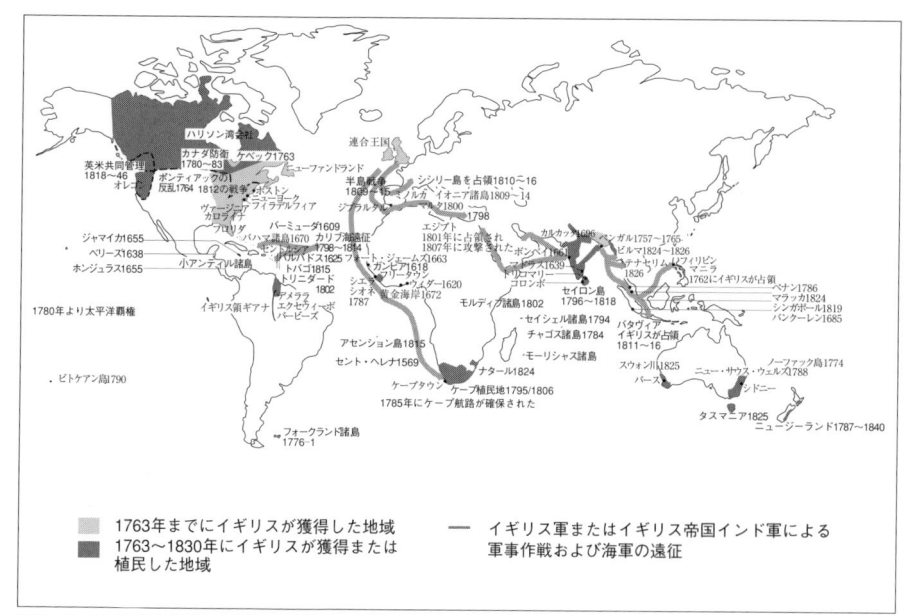

図7-10 イギリス植民都市分布図，1763〜1830年

ン）を経由して，翌年，アチェ（北スマトラ）に着いている。オランダが一歩先んじており，アチェでの交易には失敗するが，バンテンに商館を築くことに成功する。以後，ブンクルー（スマトラ，1603年），マカッサル（スラウェシ，1610年），プロ・ラン（バンダ諸島，1616年），アユタヤ，パタニ（タイ，1612年），アンボイナ，テルナテ（香料諸島，1620年）などに商館を建てるが，オランダの優勢の前にいずれも長期間維持することはできなかった。

　英国による非西欧世界の植民地化はむしろ北米大陸で先行することになる。モデルとなるのが1610年から40年にかけてのアルスター（北アイルランド）のプランテーションである。そして，王政復古期に，シャフツベリー卿がグランドモデルと呼ぶ植民地計画についての定式化が行われる。具体的には，1660年から1685年にかけてのチャールストンとフィラデルフィアの計画がある。さらに1730年代におけるサヴァンナの建設があり，1830年代のウイリアム・ライトによるアデレードの計画に代表されるオーストラリアやニュージーランドにおける体系的な植民都市計画へいたる系譜がある。

　グリッド状の街路パターンを基調とする新大陸やオーストラリアの植民都市の計画に比して，アジアの英国植民都市は様相を異にする。基本的には白人のみの都市を建設した新大陸やオーストラリアとは違って土着の社会との支配─被支配の関係が厳しく問われたからである。

　英国は当初の手詰まりを打開すべくインド西海岸のスーラト（グジャラート）とアラビア海，紅海の間に存在してきた航路に眼

をつける。1606年，東インド会社はムガル帝国宮廷に使者ウイリアム・ホウキンスを送る。時の皇帝は第4代ジャハーンギールであった。ゴアを拠点としていたポルトガルの既得権もあって，通商交渉は必ずしも進展しない。1615年には，ジェイムズⅠ世はサー・トーマス・ローをアーグラの宮廷に送っている。しかし，英国がインド支配のきっかけをつかむのは17世紀末を待たなければならなかった。

英国東インド会社は，インドにおける営業拠点としてボンベイ，マドラス，カルカッタを選び要塞化した商館を建設する。そして，3つの商館の支配地域をプレジデンシー（管区）と呼び，知事を任命するようになる。最初の知事が任命されるのは，ボンベイ1682年，マドラス1684年，ベンガル1699年である。3人の知事は対等で権限も同じであったが，1773年に，徴税権を獲得し経済的に重要なベンガルが他より高い地位を与えられ，外交を監督する権限が与えられる。初代の総督に任命されたのは，W・ヘイスティングス（1772～1785年）である。

東インド会社がインドでの覇権を確立するまでには紆余曲折があるが，その大きなきっかけになったのは1757年のプラッシーの戦いでのフランスに対する勝利である。その勝利に貢献したのがロバート・クライブであり，彼は英領インド帝国の建設者とされる。そして，実際には知事にも総督の地位にもつくことはなかったけれど，実質上の初代総督として扱われている。クライブを含めて，インドの独立を見届けたマウントバッテンまで33人の総督がインド統治にあたっている。

大英帝国は，18世紀末以降，ケープタウン，コロンボ，ゴール，マラッカといったオランダの植民都市を次々に手に入れる。また，ペナン（1786年），シンガポール（1819年）といった新たな海峡植民地を建設している。19世紀半ばまでにインドは英国東インド会社領と会社の保護国化した藩王国に分割されている。インド亜大陸内部に植民地支配を拡大する過程で各地に建設されたのがカントンメント（軍営地）である。またシビル・ラインズと呼ばれる英国人居住地が行政拠点として設けられ，ヒル・ステーション（高原避暑地）も設けられた。

1858年のインド大反乱は英国の植民地政策を大きく転換させる。非干渉主義が統治の基本となり，軍制改革とともに，従来の東インド会社領を本国の直轄植民地とする行政改革が行われる。また，19世紀後半以降，産業化の進展に伴いインド社会は大きく変動する。そうしたなかで独立運動が展開されることになる。

1911年，26代総督ハーディング男爵は，デリー遷都を宣言する。昂揚する反英運動への対策も大きなモメントである。ニューデリー建設は大英帝国の威信をかけた事業であり，英国植民都市の完成形態を示すものといっていい。ニューデリーが完成した1931年に，大英帝国はその絶頂にあり，地球上の陸地の4分の1を支配していたとされる。しかし，インドの独立はわずか20年足らず後のことである。ニューデリーは新生インドへの最高の贈り物となる。英国植民都市の完成はその終わりの始まりでもあったのである。

column1

ラテン十字のヒンドゥ寺院
― ゴア Goa ―

　マンドヴィー川の河口に面しているゴアの港はアジア諸国と交易を結ぶ中継地として、またインド内陸の市場も期待できた。ポルトガルにとって、大きな河口に面したリスボンに似ていることも大きかったのであろう。1510年にアルブケルケがゴアを占拠すると、ムスリムの都市は破壊され、リスボンを模して新都市が建設された。街路は地形にそって曲線を描き、不規則な形状の街区が配された。河港前には副王門と副王官邸、その背後の丘陵上には広場と大聖堂（1619年）や修道院（1517年）などが設けられた。17世紀半ばに南インドのヒンドゥ帝国が崩壊すると、ゴアは重要な交易相手を失う。以後、東南アジア貿易をめぐる権利争いは激しさを増し、「黄金のゴア」はオランダ海軍に幾度も攻撃された。また、コレラやマラリアの流行のため人口が減少し、1759年に「ゴア・ヴェルハ（オールド・ゴア）」から、より河口近くの「ゴア・ノーヴァ（パナジPanaji）」へと、ポルトガル政庁は移転する。

　現在のオールド・ゴアには、世界文化遺産に指定されたフランシスコ・ザビエルが眠るボン・ジェス教会 Basilica of Bon Jesus やアッシジの聖フランシス教会 Church St. Fransis of Assisi、司教座聖堂（エカテリーナ聖堂） Se'Cathedral、聖カエターノ教会 St. Cajetan's Church などが残されている。

　興味深いのは内陸のポンダ Ponda にあるシャンティ・ドゥルガー Shanti Durga、ナゲーシュ Nagesh、モンゲーシュ Mongesh といったラテン十字形の平面をしたヒンドゥ教寺院である。ヒンドゥ寺院がモスクに転用される例は少なくないが、ラテン十字のカトリック教会をそっくり転用したかのようなヒンドゥ寺院は、東西文化が古くから衝突、融合してきたこの地域の象徴である。

図7-11　モンゲーシュ寺院、ゴア、インド　　　図7-12　シャンティ・ドゥルガー寺院、ゴア、インド

02 植民都市の諸類型

1 植民都市の立地と機能

　植民都市は，その機能，立地などによっていくつかに類型化される。たとえば，ラテン・アメリカの植民都市を単純に機能的な観点から類型化してみると，行政都市（メキシコ・シティ，クスコ，リマ，コンセプシン，ブエノス・アイレス），鉱山都市（サン・ルイ，ポトシ，ラプラタ），交易都市（ヴァルパライソ，ヴェラ・クルス），軍事都市（ロス・アンジェルス，アスンシオン）に分かれる。立地については，沿岸か内陸かがまず区別できる。ラテンアメリカでは内陸に直接都市建設が行われることが多いが，交易拠点としてまず沿岸部に商館あるいは要塞が設けられ，続いてヨーロッパ人の街（ホワイトタウン），そして並行して土着の町（ブラックタウン）が形成されるパターンが一般的である。アジア，アフリカの多くの植民都市は，当初「要塞 — 商館」がつくられ，後に農産物，鉱産物の集散地となったケースである。

　沿岸の港湾都市を拠点に，やがて，内陸の支配が進められる。インドの場合，数多くのカントンメント（軍営地）が土着都市の近郊につくられた。また，続いて白人の居住のためのシビル・ラインズが成立する。さらにヒル・ステーション（高原避暑地）がつくられた。オランダの場合も，間接統治を原則としながらも，1830年の強制栽培制度の導入以降，内陸支配を強める。そして，ジャカルタ，スマラン，スラバヤといった港市都市とは異なった2次的，3次的都市が形成された。

　内陸支配の拠点となる都市建設は，19世紀末以降の鉄道建設と結びついている。鉄道駅が都市核になっているパターンは少なくない。立地については，さらに土着の社会との関係が分類軸になる。すなわち，まったくの処女地に建設される場合と土着の集落や都市に近接して建設される場合がある。北アメリカ，オーストラリア・ニュージーランドの場合，処女地に都市建設が行われた例がほとんどである。オランダ植民都市のなかで処女地に都市建設が行われた例としては，ケープタウン，バタヴィア，ウィレムシュタッド（キュラソー），パラマリボ（スリナム）などがある。中南米の場合，内陸の既存の都市を破壊することによって植民都市が建設された。また，西欧列強が建設した拠点を奪取する形で建設される場合がある。アジアでは，まずポルトガルが築いた拠点（商館 — 要塞）をオランダ，続いてイギリスが奪取した例がほとんどである。東南アジアについては，およそ，土着都市の上に西欧の都市形態を重ねたもの（ラングーン Rangoon, フエ Hue），西欧による計画都市（バタヴィア，シンガポール），西欧の影響を受けた土着都市（バンコク）の3

類型が区別できる。

2 植民地化の段階

植民都市は，植民地化の段階によって区別できる。まず明らかなのは，20世紀初頭以降爆発的に人口が増加する大都市プライメイト・シティ（首座都市，単一支配型都市）の出現がある。プライメイト・シティとは，ある地域において突出する規模をもつ大都市で，具体的にはボンベイ，カルカッタ，マドラス，ジャカルタなどをいう。いずれも，植民都市として形成された多機能港市都市である。スエズ運河開通以降，また，蒸気船の発明以降，このプライメイト・シティの基礎がつくられる。まず，この各植民地が巨大なネットワークによって繋がれる段階，また，鉄道の敷設などによって港湾から内陸への侵入が開始される段階を区別できる。植民地の産業化の段階である。

西欧人の流入の度合いによって段階区分するのもわかりやすい。当初一攫千金を夢見た探検家，船乗り，貿易商，軍人，あるいは宣教師が植民地を往復する段階から，やがて土着化していく段階がある。現地都市の機能拡大に従って，官吏や技術者など植民地社会の構成員が増えていく。現地人との混血も進み，また，宗主国を知らないクレオール層が形成される段階となる。

平行して手がかりになるのが，都市計画の諸段階である。植民都市の建設の過程は以上の段階に対応しており，本国における都市理念や建設技術が輸出される過程でもある。大きくは，政治的－軍事的支配の段階とイデオロギー，法制などの移転の段階

を区別できる。

3 植民都市の地域類型

植民地権力の特質，移住集団の構成とその支配イデオロギーは植民都市の特性に関わる。また，植民地化される社会の特質，民族的，社会的構成も植民都市の特性を左右する。宗主国と土着の地域社会の相互関係によって植民都市の類型を考えてみることができる。

ラテンアメリカの場合，脱植民地化が早い。また，都市化の進展も他の大陸に比べて早い。アフリカ大陸からの黒人の大量移住という歴史的事実が大きい。民族的，社会的階層化，複合社会の形成は植民都市の共通の特性であるが，被征服民としてのインディオ，そして黒人の存在がラテンアメリカの植民都市を特徴づけている。スペインの植民都市建設のイデオロギーは決定的である。きわめて象徴的なのが1573年のフェリペⅡ世のインディアス法であるが，基本的には画一的なグリッド・パターンが導入される。スペインは9世紀から14世紀にかけてヨーロッパで最も都市化の進んだ地域であった。コロンブスが新大陸を発見した1492年にレコンキスタを完了し，コンキスタに向かう。新大陸への都市建設はヨーロッパの都市文明の移植であり，エンコミエンダ制の採用など，政治的，文化的，領域的支配の技術でもあった。

アジアの植民都市は，植民地社会そのものあるいはその小モデルである。小さな行政都市やヒル・ステーション，鉄道町といった小都市もあるが，「真の植民都市」

(T・G・マッギー)であるプライメイト・シティが典型である。複合社会という概念はアジアの植民都市をモデルとしているが，ラテンアメリカのように白人-黒人あるいは土着のインディオという階層化とは違って，アジアの場合，多民族のコスモポリタン的構成が特徴である。また，カルカッタにおけるグジャラート，コロンボにおけるタミル，東南アジアにおける中国人など遠隔地からの移住，植民が特徴である。

イスラーム都市の伝統を保持するマグリブ地方を除くと，アフリカには都市の伝統は希薄である。南アフリカ，中央アフリカでは，都市的生活とは白人的生活を意味するほどであった。要するに，ほとんどの都市はヨーロッパ人によって初めてつくられる。また，ポルトガルが西アフリカや中央アフリカで土着の都市を破壊したように，東アフリカのアラブ起源の都市の多くもヨーロッパ人によって無視される。

4 植民都市の空間構造

植民都市の形態については，要塞の形態や街路体系がグリッド・パターンをとるかどうかが大きな分類軸になる。フェリペⅡ世のインディアス法やシモン・ステヴィンの理想港湾都市など，西欧列強は一定のモデルをもとに植民都市建設を行う。そのモデルの比較も分類の視点となる。

しかし，まず共通の特性として指摘できるのは，異質な要素の混在である。ヒンドゥ寺院，モスク，キリスト教会，土着の民家とコロニアル住宅，バーザールとショップなどが近接して立地するのは珍しくない。複合社会の特性は都市景観も特徴づけている。民族ごとの空間的分離も植民都市共通の特徴である。植民地化の過程でさまざまな棲み分けが行われるのである。植民都市は，一般的に，その多様性，複合性を具体的に示す重層的な複合空間である。

しかし，重要なのは，植民都市が基本的に二項対立を重層的にその内に含んでいることである。植民都市を決定的に特徴づけるのは，支配-被支配，西欧社会-土着社会の空間的分離（セグリゲーション）である。インドでは，ホワイトタウンとブラックタウン，あるいは，土着の都市，カントンメント（軍営地），シビル・ラインズといった，2重，3重の分離があらかじめなされている。この空間的分離の影響はきわめて大きい。ガーデンハウスの建ち並ぶ高級住宅地とバスティーと呼ばれるスラムといった形で，植民都市の二重構造は現代にも引き継がれているのである。

column2　　　　　　　ペルシア湾の夢
　　　　　　　― オルムズ Hormuz（イラン）―

　ペルシア湾のオルムズ海峡北岸の河口付近は，紀元前より港があり，アラブ支配期には東方諸国との航海や貿易の拠点となっていた。1300年にモンゴルの侵入を避けて現在のオルムズ島に港が移されている。この島は面積12平方キロほどの岩肌で覆われた不毛の地であるが，周辺諸国より集められた物資の取引がさかんに行われた。

　1515年，インドに進出したポルトガル艦隊に占拠され，アラブ諸国とインド洋への交易拠点となった。島の北に半島があり，港と荷揚げのための広場を包囲するように，貝殻から作った石灰で石や珊瑚を固めた要塞が建造された。

　南および東面に防壁と防御施設（砲台）が設けられていた。要塞は西側の海に向かって開かれており，南の城壁を背にして教会や保管庫，長官の居室が配されていたと考えられる。飲料水も島では調達できなかったため，雨水用の地下貯水タンクが要塞内に設けられていた。要塞の周囲にはポルトガル人の居住区があったと思われる。1622年にサファビー朝のシャー・アッバース王によって再びペルシアに併合され，対岸に港が建設されてからは，港としての機能は果たしていない。現在，オルムズ島では岩塩と酸化鉄の採掘が行われている。

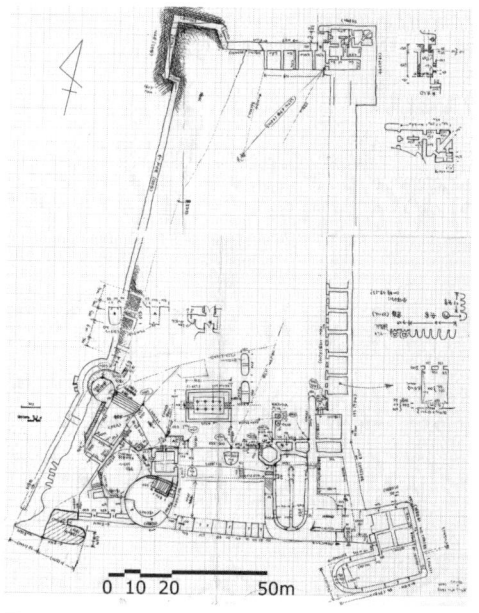

図7-13　オルムズ要塞（実測図），イラン

図7-14　オルムズ要塞　南東の正門

図7-15　オルムズ，1573年

Ⅶ　植民都市と植民地建築

03 フェリペⅡ世の植民都市
── マニラ，ヴィガン，セブ

1 スペインとアジアの出会い

　スペインによる植民地化の影響を受けたのは，アジアではフィリピンのみである。スペインは香料の発見とキリスト教の布教を目的に大西洋を横断した。メキシコを拠点に太平洋を渡りフィリピンへ至る。アカプルコとマニラをむすぶガレオン貿易が始まり，中南米での植民地計画を反映して，フィリピンの植民都市建設が行われた。

　インドネシアやタイ，ベトナムといった東南アジアの他の地域では，マジャパヒト王国など，植民地支配を受ける以前にすでに都市計画の伝統をもっていた。しかし，統一国家のないフィリピンには，木造家屋の集落や木の砦があるのみで，フィリピンの都市マニラ，セブ，ヴィガンなどの骨格には，16世紀後半から19世紀末にかけて植民地支配を行ったスペインの影響が色濃く残された。

　スペインがフィリピンを発見したのは1521年，マルク諸島への航路探索途中の

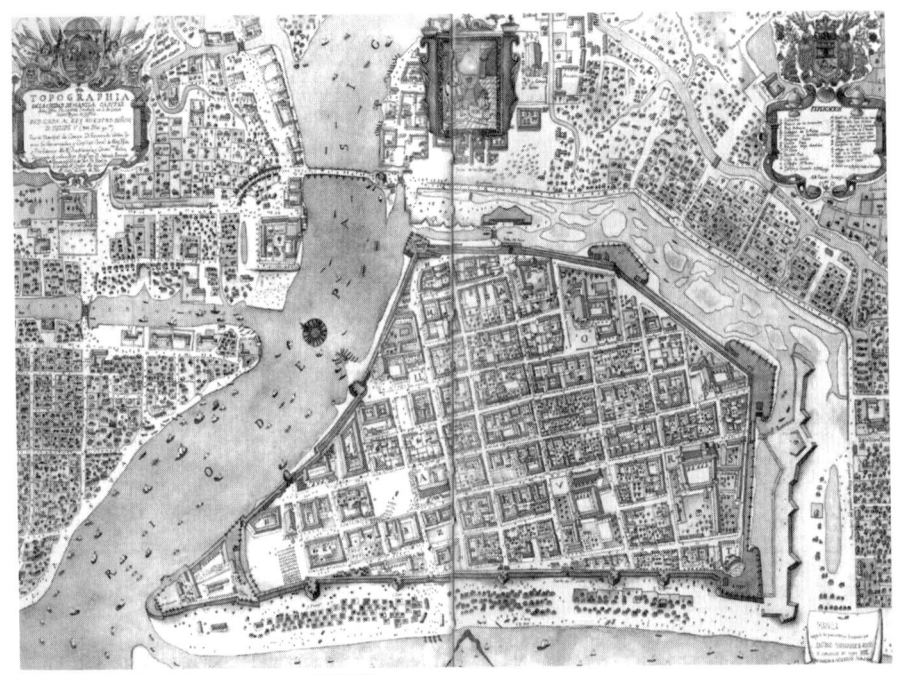

図7-16　イントラムロス，マニラ，1713年

図7-17　サン・アグスティン教会，マニラ

図7-18　サント・トマス・デ・ビジャヌエバ教会，ミアガオ

マゼランによる．1565年，セブ島へ上陸したレガスピによって，フィリピン最初のスペイン人居留地の建設が行われた．続いてパナイ（1569年）が拠点とされる．

スペイン植民都市としてのマニラ建設は1571年に開始される．食料の調達が容易で，かつ良港をもつマニラは首都として適当であった．すでにムスリムによる砦が築かれていたが，現在のイントラムロス砦の位置に，海賊の度重なる襲撃から村を防備するために，土塁に沿って竹柵が立ち並ぶ簡素なものであった．

2　イントラムロス

スペイン人のための城砦都市，イントラムロスが現在のようなかたちで形成されたのは，ダスマリニャス総督（在位1590〜1593年）の時代である．格子状の街路がひかれ，街の中心にプラサ・デ・マヨール（大広場），プラサの南にカテドラル，東側に市庁舎，西側には総督官邸，総督府，南側に司教座聖堂，修道院，病院，学校などの公共建築が建設され，さらに防衛施設として，サンティアゴ要塞やいくつかの稜堡などを備えた市壁が建設され，植民地行政の中枢となった．

スペイン国王フェリペⅡ世は1573年にスペイン植民都市計画の規範となったとされるインディアス法を編さんしている．インディアス法とは，スペイン領アメリカ律法の総体をいい，カスティリア法と植民地のための諸立法からなる．そこにはプラサの規模・形態・配置，街路の位置や方向，教会・修道院・市庁舎・病院などの施設の配置に関する記述がある．フィリピンにおける植民都市建設に際して，必ずしも「法」が忠実に遵守されたわけではないが，規範

として機能していた。イントラムロスの都市構成は，インディアス法の記述に重なるところが多い。

イントラムロスには，16世紀以来の歴史をもつフィリピン最古の建造物，サン・アグスティン教会および修道院がある。1572年には，木材および竹とニッパ椰子の葉からなる建造物であったが，2年後に中国人海賊の襲撃により燃え落ちた。現在の石造の建物は，建築家フアン・デ・マシアスにより設計されたもので，1587年に建造が始められ，1607年に完成した。当初2つ塔があったが，1863年と1880年の地震によってひとつが壊れた。教会には長軸方向の側廊に沿ってバロック様式の礼拝堂が5つ組み合わされて並んでおり，レガスピ総督の遺体が主祭壇の左側の私礼拝堂のひとつに納められている。

3　フィリピンのバロック様式教会群

16世紀から17世紀にかけては，バロック様式がフィリピン低地に建てられた教会に強い影響を残した。フィリピンのバロック様式教会群は，1993年に世界遺産として登録された。イントラムロスのサン・アグスティン教会もそのひとつである。

特徴のひとつとしてあげられるのは「地震バロック」という様式である。華麗な本国のバロック様式とは異なり，地震や台風にも耐えるような堅固で重厚な構造をしている。骨太で素朴なバットレスは教会の壁を支え，鐘楼は地震の災害を防ぐために教会から離れて建てられることも多い。こうした特徴は，サンタ・マリアのヌエストラ・セニョーラ・デ・ラ・アスンション教会 (1765年建造) やパオアイのサン・アグスティン教会 (1704年建造) に見ることができる。

もうひとつの特徴として，教会の壁面にみられる，熱帯植物のレリーフや西欧にはないアジア独特の装飾が挙げられる。宣教師達は精霊信仰など土着の信仰を容認しカトリックと融合させていくことにより，布教の浸透をはかったのである。

ミアガオのサント・トマス・デ・ビジャヌエバ教会 (1797年建造) は，構造，装飾ともに，西欧のバロック様式に土着の要素を取り入れながら，新しいデザインへと再解釈を行ったものである。教会のファサードには，椰子やバナナなどフィリピンで身近に見ることのできる植物の装飾が施されている。

4　「石の家」バハイ・ナ・バト

フィリピンの植民地建築は，スペイン本国の建築様式をベースとしたメキシコ建築の影響も受けている。実際に建設に携わる職人たちは中国人や先住フィリピン人，中国系メスティソであり，住宅建築にもスペイン，メキシコ，中国，フィリピンの諸文化の混交を見ることができる。

スペイン統治期の都市住宅にバハイ・ナ・バト bahay na bato がある。これはタガログ語で「石の家」を意味し，火事や地震，高温多湿の熱帯気候，激しい台風といったフィリピン独自の自然条件に対応する生活に根ざした住宅である。

1階部分は，レンガや石の外壁の中に木

図7-19 カピス貝でできた格子窓, ヴィガン

図7-20 バハイ・ナ・バト, ヴィガン

の柱をもつ木骨造で, 床材には中国産みかげ石が使われることも多い。正面玄関の奥には2階居住部へ続く屋内大階段, カバレリーサ (馬小屋), 物置がある。2階は総木造で, カピス貝の加工品がはめこまれた格子窓が外観を特徴づけている。この引き戸の窓は, 中国あるいは日本がルーツと考えられている。窓や庇には, 高温多湿な空気を循環させる工夫もみられる。2階には, 待合室, 居間, 食堂, 音楽室, 祈祷堂, 寝室, 召使室, 厨房などがある。厨房の隣にはアソテアと呼ばれる総石造りの戸外テラスが設けられる。家事空間であるアソテアは火事のときの非常口としても使われ, 自家用水としてアルヒーベ (天水桶) も置かれた。アソテアの配置は建築条例により義務づけられ, 家屋のなかで使用頻度の高い場所であった。

5 世界遺産 ── ヴィガン歴史地区

現在バハイ・ナ・バトが街並みとして残っている都市は, ルソン島北部のヴィガンのみである。

ヴィガンは, スペイン統治期の植民都市シウダード (市) のなかでも, 現在にその姿を留めている特異な例であり, 17世紀初めの都市計画が今もその原型を留めている。180棟もの建築物が, 18・19世紀に建設されたものであり,「フィリピン的な建造物群」として1999年, 世界遺産に認定された。

都市は川沿いに位置し, 2つのプラザが都市の核を形成している。プラザの周りには, 教会, 司教邸宅, 神学校, 市庁舎, 大学といった公共建築が配置され, 街区はほぼ格子状の道路によって規定される。イントラムロスに類似した形態をもち, スペイン統治期の植民都市の様相を今に伝えている。

column3　インディアス法 Leyes de Indias
　　　　　　　― スペイン植民都市計画の原理 ―

　インディアスと総称されたスペイン領アメリカの植民地律法の総体を指し，法源はカスティリア法と本国から発せられた植民地のための諸立法からなる。植民地の経営には，既存の制度や法のみでは不十分であり，新たな制度や機関が導入され，多くの法令が本国から発せられた。1573年のフェリペⅡ世によるインディアス法はこれらのひとつである。17世紀中頃にはすでに40万件を超えており，1680年にこれらを編纂したカルロスⅤ世による「インディアス法集成」が公布された。新大陸の富の開発とカトリックの布教という2大方針に集約されるが，多くの不備や欠陥があり，論理的な体系を欠いていた。

　しかし，都市計画についての方針はきわめて強力で，中南米のスペイン植民都市を画一的にしたのは同法とされる。その代表がフェリペⅡ世によるインディアス法である。都市計画関連項目は以下のようである。

インディアスを統治するための文書と法 Bulas y Cedulas para el Gobierno de las Indias
　　　　　　　　　　　　　　　　　フェリペⅡ世，スペイン，サン・ロレンツォ，1573年7月

(110)　新しい集落を建設する予定地においては，広場・通り・敷地の土地計画を，縄と定規を用いて行う。測量基点は広場プラサとし，このプラサから主要道路を伸ばす。プラサは，将来街が左右対称に拡張できるように配置する。

(111)　建設地は健康と防御のため，高台にあるのが望ましい。農耕・牧畜のため，肥沃で面積も十分である土地がよい。燃料，木材，新鮮な水，十分な現地住民人口，利便性，資源性，他地域とのアクセスのしやすさなども考慮する。
　　　　北風を受ける位置が好ましく，南・西に海岸線のない位置がよい。

(112)　もし海岸線近くの土地を選ぶ場合，町建設の始点となるプラサは港の近くに配置する。内陸ならばプラサは中央に位置させ，形は長方形とする。この長方形は間口の長さを少なくとも奥行きの1.5倍の比率とする。とくに馬を使用するフェスティバルなどさまざまな祭りにおいて，このプロポーションが一番適しているからである。

(113)　将来の人口成長を見込みつつも，プラサのサイズは街の人口に比例するものとする。プラサは200pie×300pieより小さくても，800pie×300pieより大きくてもいけない。理想は600pie×400pieである（1ピエ pie=1ft）。

(114)　プラサから4本の主道路を伸ばす。

(115)　交易に来る商人達のために，プラサと4主要道路にアーケードを設けるのが好ましい。

(116) 街の道路幅は，一般に寒い気候の場合には広く，暑い気候の場合は狭くする。しかし防御性・馬の利用を考慮すると道幅は広くすることが好ましい場合もある。

(117) 主要道路以外の道路も，町が成長することを見越し，既存の建物や街の利便性の妨げにならないよう計画する。

(118) 街の中央のプラザからある程度距離をおいて，大聖堂・小教区教会・修道院などが周囲に建つ小プラザ（複数）を設ける。これは教育と宗教指針が街全体にまんべんなく行き渡ることを目的とする。

(119) 街が海岸線に位置する場合，教会は港に上陸した船から見える位置に，また教会の構造自体が港の防御施設となりうるよう建設すること。

(120) プラザと道路の建設の後に，建築物の建設用地を計画する。まず大聖堂・小教区教会または修道院を，1ブロックすべてを占有して建てる。利便性と視覚的美しさを損なわないよう，宗教施設と同じブロック内に他の建物を設けてはいけない。

(121) 教会建設用敷地を計画した後，王立市庁舎・税関・兵器庫用の敷地を教会と港の近くに計画する。伝染性でない病気を患う貧困者用の病院を教会の隣に計画する。

(122) 畜殺・漁業・製皮などに付随するゴミ捨て場を計画する。

(123) 内陸部の街の場合，港から河口までの中間地域に上記の職種用の土地を配置する。

(124) 内陸部に位置する街の場合，教会はプラザに接するのではなく，ある程度中心地域から距離をとる。教会が他の建物に隣接することなく，四方から眺められるようにする。そのために階段を建設し高台に教会を配置する。

(125) 内陸部で川に接しない街であっても，上記に従う。

(126) プラザの周りは公共建築か商業建築のみ建設し，個人所有の土地を配置してはならない。プラザ周りの建設に関して住民の貢献と納税が求められる。

(127) プラザ付近の土地は，付近に住む権利を持つものたちが，くじ引きによって所有権を決める。その他の人々の配置は植民地政府が決める。住宅用敷地分配は常に前もって行う。

(128) 街の計画と敷地分配が行われた後，各住民は自分の敷地に持参のテントを建てる。テントのないものは現地調達できる材料で小屋を建てる。現地住民に対する防御のために，すべての住民の労働提供により，プラザの周りに塀か堀を設けねばならない。

(129) 街の成長を見越した規模の，リクリエーションと放牧用の公共用地を設ける。

(130) 上記公共用地に接して水牛・馬・牛用の牧草地を設ける。さらに残った土地は耕作用に分割する。

(131) すべてが済めば直ちに耕地には種まきをし，牛は放牧地に放す。

(132) 作物が育ち牛の数も増えそうであれば，住宅の建設にとりかかる。基礎も壁も堅固な家を

手早く安く仕上げるため，アドベ（日乾し煉瓦）を作るための鋳型や厚板材を配給する。
(133) 居間は南北の風の吹きぬける快適さをもつ状態が好ましい。街中のすべての住宅は，外敵に備えて防御的にすべきである。馬や家財が住宅内に保持でき，健康のためできるだけ広い中庭と倉庫をもつ家にする。
(134) 住民は街の美観のためにできるだけ統一された建設物を建てることが好ましい。
(135) 計画執行者あるいは建築家は上記に従い，できるだけ短期間で街の建設を行う。
(136) 先住民が我々の都市建設に反対を唱えるなら，できるだけ平和な方法で対応する。彼らの財産を奪うわけではなく，彼らに神の教えに従った文明生活を教える目的であることを説明せねばならない。
(137) 町建設が済めば，スペイン人は先住民の村に行ってはならない。彼らを威嚇し，国中に拡散させてはならないからである。また「スペイン人は一時的にではなく定住する目的で街を建設した」と先住民に感じさせられるほどに街が完成するまでは，先住民を町に入れてはならない。

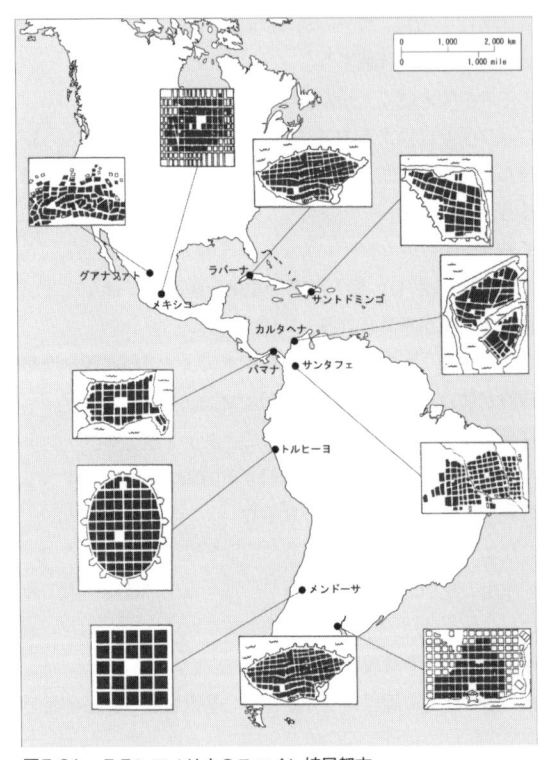

図7-21　ラテンアメリカのスペイン植民都市　　図7-22　ラ・パス，ボリビア，1781年

04 海峡植民地
—マラッカ, シンガポール, ジョージタウン

1 ポルトガルによるマラッカの建設

　マレー半島は、もともと深いジャングルで覆われていた。内陸へは、蛇行する河川を通じてのみアプローチできた。河川の分岐や河口には、上流を支配する土着の王が住まう集落が立地する。これら、マレー系の集落には、固有の住宅形式が成立している。

　一方、マラッカ海峡は古くからの重要な交易ルートであった。14世紀末にはマラッカ王国が成立し、マラッカ川南岸の小高い丘にスルタンの宮殿が建てられた。

　マレー半島における西欧列強諸国の支配は、1511年のポルトガル艦隊のマラッカ占領から始まる。ポルトガル軍はマラッカ海峡に進軍し、スルタンの手からマラッカを奪った。その後スルタンの王宮が建てられていた丘に要塞を築いた。城塞の内部には役人や司祭が居住し、政庁、教会、病院がおかれた。城塞の外部の市街地には多くの商人が居住し、民族ごとに住み分けが行われた。市街地の北縁部は土塁で囲われた。

2 オランダによるマラッカの植民地支配

　マラッカ川の河口部にはジャワ人の市場がおかれた。市街地には、中国系やインド系などの移民が数多く往来し、独自の建築様式と生活文化を維持した。移民は過酷な生活のなかで、民族集団ごとに相互扶助団体を組織する。そしてそれぞれ廟や寺院を建設する。たとえば、中国系住民は青雲亭(チョンフーテン)寺院などを建設した。マラッカの土塁の外側には農・漁業を営むマレー人やジャワ人が居住した。

　ポルトガルは、十分に後背地の資源を活用できぬまま衰退していく。1641年、オランダ・東インド会社はポルトガルを制圧しマラッカを手中に収める。オランダもポルトガル時代に築かれた城塞を中心に都市建設を行う。市街地の外縁には掘割や消波

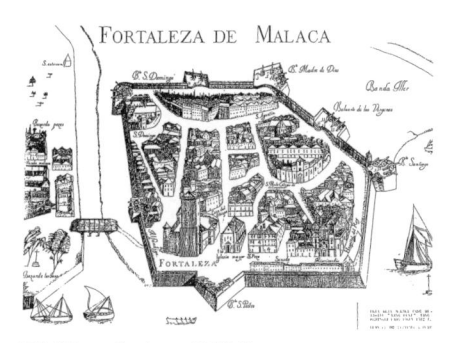

図7-23　マラッカ, c. 1400年

VII　植民都市と植民地建築 ——— 323

堤をめぐらせてゆく。また，市街地の店屋（街屋，ショップハウス）の建物にも延焼防止を目指すなど，近代的な都市造営の方法を取り入れた。

3　イギリスによるジョージタウン（ペナン）の建設

イギリスは，マラッカ海峡の制海権確保に出遅れ，植民地化のための拠点獲得を大きな課題としていた。東インド会社によって拠点確保を目指すが，まず最初に周辺諸国との紛争に悩んでいたスルタンに安全保障を付与することを条件としてペナン島を獲得する。1786年，ペナンに上陸したフランシス・ライトは島の突端に要塞をもうけ，喫水が15メートルある地形を生かして港湾建設を始める。そして，オリジナル・グリッドと呼ばれる，比較的広い街路をもつ街区を整備する。その後，移民の急増とともに市街地は拡大する。建設は中国系・インド系移民を懐柔しつつ進められた。

植民都市としての重要度が増すにつれ，市街地には学校や教会が相次いで建設された。イギリスは拠点都市とそれを結ぶ道路や鉄道を整備しつつ，後背地に広大なゴム・プランテーションや錫鉱山を開拓していった。

4　シンガポールの建設と海峡植民地の完成

ペナンに続いてラッフルズにより拓かれたシンガポールは，貿易・流通を目的として建設された都市であり，囲郭など防衛機能は重視されていない。

大型船の停泊の可能な波止場を中心に，艀だまり，埠頭，荷揚場，倉庫，税関，検疫所，郵便局などが機能的に設置された。そして，シンガポール川の東岸側を華人やマレー人などの居住地区，西岸を白人の居住区と住み分けさせた。また，広大な浅瀬が埋め立てられ市街地は海側に拡大していった。

1824年の英蘭条約によって，マラッカ，ペナン，シンガポールは海峡植民地と呼ばれるようになり，最初は東インド会社，後に英国インド省によって統治された。1867年からは直轄植民地となり，いずれも自由港となった。なかでもシンガポール

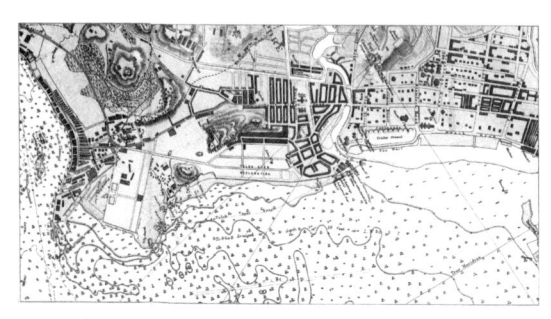

図7-24　シンガポール，1906年

図7-25　ショップハウス，ペナン

は重要な貿易港として発展した。

5　海峡植民地にみられる「店屋（ショップハウス）」

　海峡植民地の市街地には住居併設店舗の「店屋」が多く見られる。市街地は中国系やインド系などの商人に占められ都心商業地を形成した。店屋は，瓦を葺き，妻壁を隔壁にした連棟式住宅である。イギリス支配下に建築規制が行われ店屋建設が義務づけられた。幅約5フィートの歩廊（私有地であるが利用権は公共）が連続する独特な都市景観を実現している。これに多様な民族集団からなる生活者が，高密度に居住し都市の経済を支えた。店屋は海峡植民地のみならず東南アジアに広範囲に分布している。

　植民地開発が進むにつれ，都市建設は防衛・経済などから教育や文化を育む都市施設の整備にいたる。富裕華人やイギリス人官僚の居住地は，都心から冷涼な郊外の山麓や丘陵地帯に移る。ペナンでは，ペナンヒル（標高761メートル）に本格的な高原避暑地の開発が行われる。1922年には最初のケーブルが敷設され建設ラッシュを迎える。緩やかな等高線に合わせて描かれた散策路には，イギリスの郊外住宅地を模してつくられた別荘が築かれている。

6　独立以降のシンガポールとマレーシアの都市

　1963年，マレーシアは独立を果たす。独立当時のマレーシアでは近代国家建設の足掛かりとしてモダニズムが席巻する。しかし，1969年に起こる大規模な民族間紛争を契機に，政権を担当するマレー系は，イスラームとマレー系の文化を中核に据えた国民文化政策を展開する。これ以降，近代建築にもイスラームやマレー系民族文化を取り入れた建築意匠が目立つ。一方，1965年にマレーシア連邦から脱退し独立したシンガポールでは，中国系が優勢ではあるが一貫してモダニズムの追求がなされた。2つの国家の都市景観は，民族と国家の関係を反映し対照的である。

05 東洋のパリ —サイゴン，ポンディシェリー

1 植民地帝国フランス

　フランスはかつて4世紀にわたって，ソビエト連邦ほどの領土をもつ一大植民地帝国であった。アメリカやアフリカに比べればアジアの植民地は規模が小さかったが，他のヨーロッパ諸国，とりわけイギリスとの覇権争いの激しい地方であり，都市の作り方もイギリスと好対照をなしていた。植民地化の歴史は，重商主義的な政策が断続的に行われた初めの3世紀（1533〜1830年）と，帝国主義的な政策が継続的に行われるようになる後の1世紀（1830〜1930年）に大きく分けられることが多く，本国と植民地との関係も時代により大きく変わっていく。ここでは，それぞれの時期の代表として，インドのポンディシェリーとベトナムのサイゴンをとりあげる。

2 ポンディシェリー

　インドの南東部に位置するポンディシェリーの歴史は，1664年に再発足した王立東インド会社によって，1673年，交易の拠点として開発されたことに始まる。アフリカやアメリカの探検がインドへの道筋の確保が第一義であったことからも明らかなように，インド交易はフランス植民地政策の主な関心事であり，ポンディシェリーは

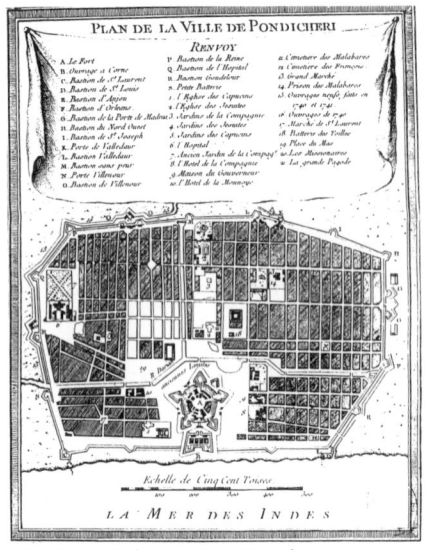

図7-26　ポンディシェリー，1741年

図7-27　1750年頃のポンディシェリー港の様子

植民地領土の中心地として構想された。
　インド洋に面した砂丘上，内陸との交易を行うポンディシェリー川の河口に北面する位置に，1683年から本格的な都市建設が始まった。その後都市域は多少拡大し，イギリスとの抗争が激しくなった18世紀

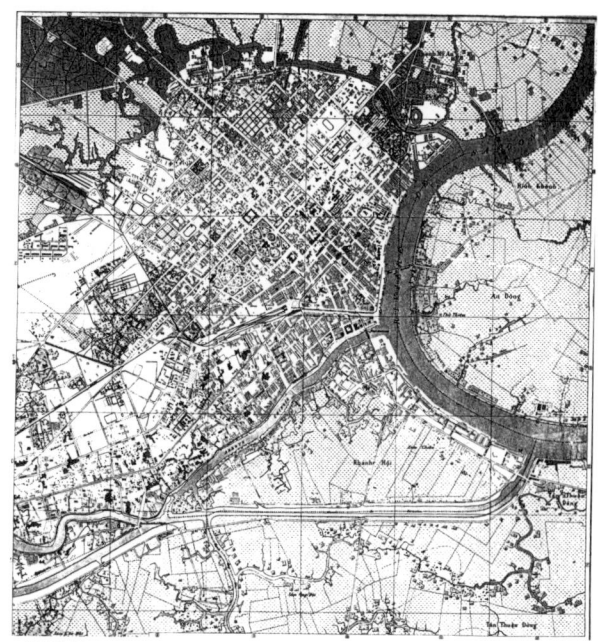

図7-28　サイゴン，1942年

には城壁がつけ加えられるが，それ以外の主な特質はほとんどが建設当初からのものである。

　その最も大きな特徴は，市街地に見られる直交道路で区画された短冊形グリッド・パターンである。フランスは植民都市において，アジアの諸都市のみならずアフリカの都市においてもグリッド・パターンを採用することが多かった。イギリスがアジアで建設した植民都市に，カントンメントと呼ばれる兵営地区などを除けばグリッド・パターンを採用することが少なかったのとは対照的である。ポンディシェリーは，このようなフランス植民都市におけるグリッド・パターンの伝統の最初に位置する都市だといえる。

　また市街地内部は，排水と同時に防御の役割を果たしたと見られる南北に流れる水路をはさんで，東側の砂丘部分は「ホワイトタウン」，西側の後背低地が「ブラックタウン」と呼ばれ，人種による棲み分けがはっきりと行われていた。「ホワイトタウン」は城塞と教会を中心に主にフランス人住宅地からなり，「ブラックタウン」の中心にはバーザール，広場，小公園，収税署といった交易関連の施設が集められていた。これは，都市全体の中心に教会を建設したポルトガルやスペインの植民都市とは大きく異なる点であり，フランスの植民地政策が商業的な目的を重視していたことがわかる。

　1744年以後，イギリスとの覇権争いが激しくなるにつれ，ポンディシェリーはたびたび占領され，とくに中心の城塞部は破壊と建設が繰り返された。そして1816年にフランス領として確定した時，すでにイ

Ⅶ　植民都市と植民地建築　327

図7-29　総督庁舎，サイゴン，1873年

ギリスのインド支配は固まっており，その意義は大きく低下していた。

3　サイゴン（ホーチーミン）

　インドの支配に失敗したフランスが次に目を向けたのがインドシナ，なかでもベトナムである。18世紀末から，ベトナムの農民反乱を鎮圧するという名目で，たびたび兵を派遣していたフランスは，1859年のサイゴン攻略から徐々にベトナムの植民地化を進め，1887年にはフランス領インドシナ連邦を成立させた。占領当時のサイゴンは，人口1万3000人ほどの小都市に過ぎず，フランスはインドシナにおける最初の都市計画をここで行った。植民よりは，商業そして軍事上の目的を主とし，サイゴン川との関係を重視したグリッド・パターンが採用された点において，サイゴンもポンディシェリーから続くフランス植民都市計画の伝統を踏襲していた。そして一方で都市計画に大きな影響を与えたのは，1853年から始まっていたオスマンによるパリ大改造であった。
　1863年に計画された都市中心部の道路網は，交差する2つの中心軸をもち，南北方向にのびるノロドン大通りBoulevard Norodomが官邸と城塞を，これに直交

するカティナ通りRue Catinatが都心と港湾部を結んでいた。政治的に重要な施設を結ぶノロドン大通りに対して，カティナ通りは，ノロドン大通りとの交差部に建設されたカテドラルと，のちに港寄りに建設される劇場との間に諸官庁・図書館・ホテルなどが並び，サイゴンの中心部をなしていくことになる。このように，主要街路の始点と終点に都市の重要施設を配置し，実用的にも視覚的にもこれらの建物をうかびあがらせる手法は，細い街路の入り組んだ中世都市パリを近代的な目的に合致させるために考え出されたものであった。この点にサイゴンとポンディシェリーの大きな違いがある。
　20〜80メートルの幅の格子状の街路には歩道と街路樹が，地下には上下水道や電線が埋設されたが，パリ大改造時に整備された都市計画の新しいノウハウをそのまま移植したものである。都市建設を行ったフランス人工学技師たちは本国のカタログから選んだ街灯によってサイゴンの街路を飾った。サイゴンの主要建物の設計に雇われた建築家も，パリの様式をそのまま熱帯にもちこんでいる。1873年に竣工したサイゴン最初の行政建物である総督庁舎は，列柱をリズミカルに並べた新古典主義を基調とするファサードにルーブル宮の屋根を載せた，まさしくナポレオンIII世時代の折衷主義的なパリ様式である。19世紀後半，フランスの建築家を養成するエコール・デ・ボザールは当時建築のメッカであり，さまざまな国から集まった学生がパリ大改造に伴う建設現場で実地経験を積み，ボザール様式を壮麗な都市の行政建築にふさわ

しいものとして広めていたのである。屋根に瓦が使われている点，また厳しい日射を避ける工夫として半外部のギャラリーやバルコニーが建物外周に設けられた点を除けば，当時のサイゴンの公共建築にアジア的要素はほとんど反映されていない。

4 20世紀の再開発計画

　1919年，都市の乱開発を防ぐため地方自治体へ都市の拡張・再開発計画の策定を義務づけたコルヌデ法がフランスで制定され，植民都市にも適用された。この結果1920年代から30年代にかけて，人口の流入が激しかったベトナムの都市にも再開発計画が立案された。サイゴンの周辺にも，ベトナム人・中国人の活動の中心であった近隣集落コロンとの間に無秩序な開発が行われつつあった。そこでフランス都市計画家協会の建築家たちは，それまでのグリッド・パターンを都市を単調にするものとして退け，放射状街路を骨格とし，広大な公園を各所に配したグリーン・ベルトをもつ，理想の都市を大胆に描いた。

　1920年代頃から，アール・デコやモダニズム様式がサイゴンにも導入され，映画館や商店，住宅といった建物に，しばしばこれまでの植民都市の様式と折衷した形で用いられた。またこの頃からフランス人建築家だけでなく，ボザールに留学し，ガルニエやペレの事務所で経験を積んだベトナム人建築家の第1世代が育ち始める。1925年にインドシナ・エコール・デ・ボザールがハノイにつくられて以来，フラン

図7-30　「未来のサイゴン」，アンリ・セルッティ計画案，サイゴン，1943年

図7-31　ブランシャール・ド・ラ・ブロス美術館，サイゴン，1929年

図7-32　個人住宅，サイゴン，1934年

ス人教師は学生をフランスへ送り，帰ってきたベトナム人建築家たちがその後の建築界を担う存在となっていく。このような関係は1944年に学校がサイゴンに移され，南北ベトナムが分割された後もなお維持され，大きな影響を残した。

Ⅶ　植民都市と植民地建築 329

06 ステヴィンの理想都市計画とオランダ領東インドの植民都市
—— バタヴィア，スラバヤ，スマラン

　バタヴィア，スラバヤ，スマランといった旧オランダ領東インド（現在のインドネシア）の代表的な植民都市は，かつての東インド会社の貿易拠点であり，いずれもジャワ島北岸の河口近くに位置した。一般に初期建設段階においては，スラバヤなど地方の居住地は必要に応じて段階的に拡張されたが，アジア進出の拠点として位置づけられたバタヴィアだけは，明確な計画理念に基づき，17世紀初頭のわずか十数年の間に一気に建設された。

1　シモン・ステヴィンとバタヴィア城の建設

　バタヴィア城のモデルとしてよく知られるのが，オランダ本国で城塞建築術や都市計画技術者養成に先駆的な役割を果たし，レイデン大学の技術者学校 Duytsche Mathematique の創設にも関わったシモン・ステヴィン Simon Stevin による理想都市計画である。17世紀初頭から18世紀末にかけて東西インド会社によって建設された世界各地のオランダ植民都市について考察を行ったファン・ウールス van Oers, R. によれば，ステヴィンの計画の要は，グリッド・パターンを形成する互いに直角な軸に対照的な性格が付与されていることである。3本の運河と平行な長軸方向は，物資の輸送や居住地の拡張方向であり，フレキシブルな性格を持つ。これに対して短軸方向は，宮廷，大市場，大教会，物々交換場，役所，高等教育学校などの機能が配されることにより，明確な空間秩序形成が意図され，その両端は稜堡を持つ城壁によって完全に閉じられ防衛される。バタヴィア城は，こうしたステヴィンの考え方に非常に近いかたちで，チリウン川を長

図7-33　ステヴィンの理想都市計画，1590年

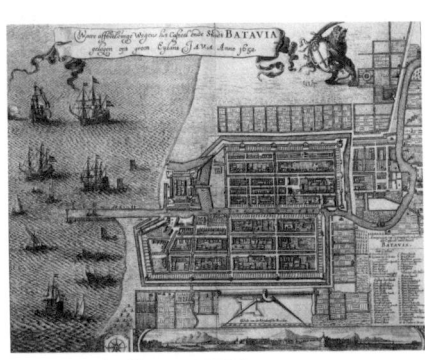

図7-34　バタヴィア，1655年

軸とし，その河口の右岸側に建設された。まもなく左岸側も建設されるが，このとき左岸の街区が右岸と比べて一段海側にずれたのは，星形の城塞との距離を近くして防衛しやすくしたためである。

2 東インド会社による初期居住地

17世紀に遡るオランダ東インド会社による初期ヨーロッパ人居住地は，商館中心の居住地として始まった。そこでは，既存の現地住民集落に隣接する河川岸の場所に，まず米や塩などの貯蔵用の石造倉庫が建設され，次に砦 versterking，場合によっては完全な城塞 fort が建設された。次に居住区を囲んで周壁 ommuring が巡らされ居住地が完成する。居住地に隣接して，生鮮食料供給用の会社菜園 compagniestuin や観賞用庭園が設けられた。中ジャワ北岸のトゥガル Tegal やジュパラ Jepara などの例がある。

初期居住地のうち東ジャワと中ジャワでそれぞれ重要性を増していったスラバヤとスマランは，18世紀には，商館を中心とした町作りをさらに発展させた。初期居住地との違いは，居住区部分が城塞から完全に分離独立して，軸線や街区の存在といった都市計画的要素が発生していることである。また，しばしば，初期居住地では，おもに華人などの外来東洋人居住区が周壁内に置かれたのに対し，そうした居住区が周壁外に追いやられた。ヨーロッパ人居住区が確立しつつあったのである。

図7-35 ウィットカンプによるジャワの地方都市の概念地図，1917年

3 地方都市の台頭

1799年の東インド会社解散の後，本国政府が東インドの直接支配に乗り出すと，強制栽培制度など一連の施策により，ジャワは一大国営プランテーション地帯となる。こうした政庁による植民地開発を背景に，西ジャワのランカスビトゥン Rangkasbitung や中ジャワのバニュマス Banyumas をはじめとした内陸部の河川沿いに都市が開発されるようになる。プランテーション開発のための統治を直接行う地方都市が必要だったのである。地方行政では，土着の支配体制を利用するため現地住民官吏が取り立てられ，行政機構の各レベルでオランダ人官吏と併置された。こうした既存の秩序を利用した「間接統治」は，都市の構成にも

図7-36　18世紀のバタヴィアの邸宅の代表例（現国立文書館）

物理的に反映され，オランダ人官吏の役所は，アルン・アルン（都市広場）を中心とした現地住民官吏のそれと河川をはさんで向かい合う位置に置かれた。そこは，内陸のジャワの文化中心に初めて西洋的な都市要素がもたらされた場所であった。

　1870年の農地法施行によって私企業による土地賃借が可能となり，オランダ領東インドは，自由主義政策時代に入る。プランテーション経営に参入した私企業は，同時に，鉄道・道路網，灌漑設備，港湾の開発をさかんに行った。国営プランテーション時代には，植民地政府によって統治機能を中心に整備されてきた地方都市は，私企業による開発とともに，生産，流通機能の拠点的性格を強めていった。地方の港湾都市や鉄道・道路網の主要な結節点に位置した都市の開発が，新たに行われたのである。ウィットカンプ Witkamp の絵図が示すように，この時代には，オランダ人官吏の役所が，土着の都市要素であるアルン・アルンに面して立地するようになる。都市は，深まる植民地支配を背景に，支配／被支配勢力が，より融合したかたちをとるようになったのである。

4　バタヴィア城からの脱出と新市街の建設

　オランダ本国では低地の都市開発において排水の点で効果的だった縦横に走る運河システムも，熱帯の気候風土の下では事情が異なった。バタヴィア城では，運河が風土病の温床となったのである。1730年代に入ると，バタヴィア城内でマラリア汚染が深刻になり，ヨーロッパ人が城内から退去し始めた。現在も国立文書館として残る当時の総督デ・クレルク De Klerk の邸宅（1777年建設）は，当時，城外に建てられた邸宅の代表例である。オランダ本国の住宅は，当時，ルネッサンス式の破風で庇を出さない妻入り形式が主流だったのに対し，熱帯では，庇を出すために平入りの住宅形式が採用されたのが特徴的である。また，1740年に起きた華人の大虐殺事件以降，華人の居住地も城外に強制的に移された。ヨーロッパ人と華人の退去以降，城内の衛生は適切に保たれなくなり，1791年には運河の埋め立てが始まる。そして19世紀に入ると総督ダーンデルス Daendels（在任1808〜1811年）の決断により，バタヴィア城から3キロほど隔てた内陸方向へ政教中心が移される。バタヴィア城を取り壊した石材を用いて，1キロ四方の広場（現在のムルデカ広場）を中心としたウェルトゥフレーデン Weltevreden 地区が建設されたのである。

　1835年にジャワ戦争の影響を受けて，総督ファン・デン・ボス van den Bosch（在任1830〜1834年）の「防衛線 Defensielijn」と呼ばれる都市防衛策が始まる。ウェルト

ゥフレーデンを囲んで防衛線が計画された。しかし，現在イスティクラル・モスクが建つ場所に城塞が建設されたが，結局，周壁は建設されず，市街地は徐々に拡張し続けた。そして1910年代になると，ウェルトゥフレーデンの南側にオランダ人官吏の住宅街としてメンテン地区が開発された。市街地の南部への延伸は戦後も続き，オランダ領東インドで多くの都市計画を手がけたカールステン Karsten, T. のもとで実務経験を積んだ初めてのインドネシア人都市計画家スシロ Soesilo の設計によるクバヨラン・バル Kebayoran Baru が，ジャカルタの衛星都市として計画されたのは1949年であった。

図7-37 バンドン工科大学, H・M・ポント

5 ファン・デン・ボスの防衛線から真の「植民都市」へ

バタヴィアではファン・デン・ボスの防衛線は完全に実施されなかったが，これによりスラバヤやスマランでは1830年代以降，市街地が周壁に囲まれ，都市の発展が大きく阻害される。しかし19世紀末になると，高密で不衛生な城壁内を脱出して，ついに内陸方向へ市街地が拡張された。一足先にウェルトゥフレーデンとメンテンを建設したバタヴィアと同様に，新たな政治・商業中心の開発と，さらに内陸での住宅地開発の二段階の開発によって中心市街地の移転が行われた。スラバヤでは，20世紀に入ってすぐ開発されたシンパン Simpang 地区と，バンドン工科大学の設計者として知られるM・ポント Pont が，H・P・ベルラーヘ Berlage のアムステルダム南部拡張計画を意識して1920年代に計画したダルモ Darmo 地区の両者が，それにあたる。スマランでは，カールステンによるチャンディ Candi 地区が，同時期の住宅地開発である。いずれもヨーロッパ人の急増を背景に西洋色の強い町を形成するものであった。この意味で，20世紀前半にかけてオランダ領東インドのおもな大都市は，真の「植民都市」へ変貌していったのである。

植民地支配が進むにつれ，ジャワ北岸の植民都市の発展とは，居住地や政教中心という視点からみれば，港湾部付近の衛生条件の悪化から退避するため，また商工業地という視点からは，内陸部プランテーションへ向かって延びる鉄道に近接した用地の取得および利用の簡便性のため，絶え間ない内陸方向への延長を意味したのである。

column4　　ヤン・ファン・リーベック Jan van Riebeeck
　　　　　　　　　— ケープ・タウンの建設者 —

　ケープ・タウンの建設者はヤン・ファン・リーベックである。同市の開祖としてよく知られている。このヤン・ファン・リーベック，実は日本を訪れている。歴史の綾はおもしろい。

　ヤン・ファン・リーベックは，1618年4月，オランダ共和国のクレンボルグで生まれた。父のアンソニーは船乗りで，自ら船を所有し，北海交易に携わって利益を得ていた。後にはグリーンランドや南アメリカにまで足を延ばして，1639年にブラジルで死んだ。ペルナンブコ（オリンダ，レシフェ）に埋葬されたことが知られる。

　リーベックは20歳で外科医の免許をとり，助手として東インド会社の船に乗る。1638年のことだ。バタヴィアに着いて，会社員へと方向転換，商才があったらしい。1642年，会社の幹部とともに長崎の出島に派遣される。鎖国直後，平戸のオランダ商館が出島に移されたばかりで，徳川幕府の動向を調査するのが目的であった。その後，リーベックは出島からトンキン（ベトナム）に移って，絹貿易に従事した。現地語も学び，次第に昇進するが，私貿易，不正蓄財の罪に問われて解雇され，帰国を余儀なくされる。

　1648年に帰国するが，途中ケープ・タウンで数週間過ごした。その経験が後に生きることになる。1651年，ケープの補給基地建設の提案を求められ，指揮官に任命されるのである。

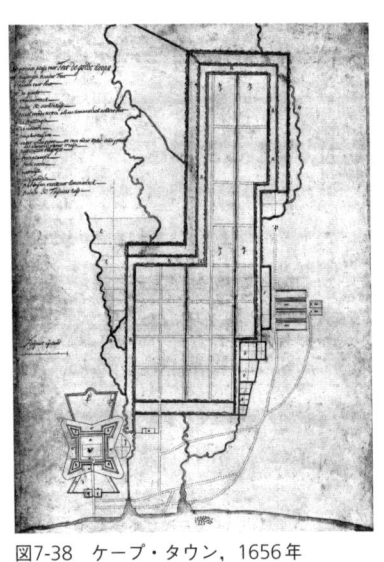

　1652年4月7日にケープ・タウンに上陸，1662年にマラッカ総督を命じられ，44歳でケープ・タウンを去るまで，10年間ケープ・タウン建設に従事した。その発展の基礎をつくったことで同市の開祖とされるのである。

　こうしてファン・リーベックというひとりの男によって，アムステルダム，ケープ・タウン，バタヴィア，トンキン，マラッカ，出島がつながる。台湾のゼーランディア城にも寄港した可能性は高い。

　1664年に妻マリアはマラッカで死亡，その墓が市庁舎近くの墓地に残っている。リーベックは帰国を嘆願するが叶わず，1677年1月18日にバタヴィアで死ぬ。58歳であった。19世紀末に教会が破壊された時に墓石は失われたとされるが，今，それは南アフリカ博物館にある。

図7-38　ケープ・タウン，1656年

07 インド・サラセン様式の展開

── ボンベイ（ムンバイ），マドラス（チェンナイ），カルカッタ（コルカタ）

アジアにおける大英帝国の植民都市建設の歴史において大きな役割を果たしたのは，ボンベイ，マドラス，カルカッタという3つの管区首都（プレジデンシー・タウン）である。3つの都市は小さな商館都市として出発し，やがて本国の港湾都市を凌駕するほどの大英帝国を支える港湾都市に成長する。「宮殿都市」と呼ばれたカルカッタはロンドンにも比肩される帝都であり，今日に数々の建築遺産を残している。ボンベイ，マドラスも同様，その都市核に植民地建築の街並みを伝えている。英国人建築家の大きなテーマは，インド土着の建築様式をどうヨーロッパの建築様式と融合させるかであった。インドで生み出された様式は，インド・サラセン（インド・イスラーム）様式と総称される。19世紀後半にインド経由で日本を訪れたJ・コンドルの作品にも，鹿鳴館が示すようにインド・サラセン様式が影を落としている。

1 マドラス（チェンナイ）

3つの管区首都の中で最初に商館が置かれたのはマドラス（1639年）である。英国東インド会社最初の恒久的商館でもある。そこは，南のサントメにポルトガル，北のプリカットにオランダがそれぞれ商館を構えていた要衝の地であった。マドラスの名はマドラスパトナムという漁村の名に因むが，同じくチェンナイパトナムという村があり，英国植民地時代の名を嫌うナショナリズムの流れのなかで，マドラスという都市名はチェンナイに改称された。

商館の建設とともに，英国人居住地「ホワイトタウン」とインド人居住地「ブラックタウン」が形成される。商館とその周辺施設は要塞化され，1658年にセント・ジョージ要塞が完成している。

1684年にマドラス管区に知事が任命され，1686年に市政府が設立される。マドラスでは行政組織もまた他に先んじて整備されている。1740年に始まる3次にわたるフランスとのカーナティック戦争はマドラスを巻き込んでその都市構造を大きく変える。18世紀半ばに，要塞は拡大補強され，エスプラナード（広場）が設けられることによって，「ブラックタウン」は破壊され，周辺部に移動することになるのである。現在のジョージタウンの基本構造はこの時点で形成されたものである。

プラッシーの戦いで勝利すると英国の植民地支配が本格化するが，マドラスは領土支配の拠点としての性格を強める。それとともに都市構造も変化する。「ホワイトタウン」の官庁街化，「ブラックタウン」のCBD（中心業務地区）化，英国人居住地の郊外化とガーデンハウスの建設が主要な変

化である。

　インド大反乱以後，マドラスもまた急速な都市化の進展に悩むことになる。鉄道の敷設，港湾の改造など産業化の進展による都市改造もまた共通である。ボンベイ，カルカッタと比べると流入人口の男女比に偏りがなく，流入速度も緩やかであったことが指摘されるが，人口増加が集中した「ブラックタウン」の居住問題は深刻であった。改善局，港湾トラストなどが設立され，衛生問題への対応が焦眉の課題となったのであった。

　一方，この時期，大英帝国の威光を示す壮麗な建築群も建設される。代表的なのは，マドラス中央郵便局，マドラス高等法院，マドラス大学，マドラス中央駅，ヴィクトリア記念堂，南インド鉄道本社ビルなどである。

　西洋建築の伝統をふまえた構造形式にドームやアーチなどイスラーム建築の言語や装飾を加味したのがインド・サラセン様式である。マドラス高等法院（1892年，設計J・W・ブラシントン＆H・アーウイン）がひとつの典型で，チャトリやミナレットを思わせる塔が林立する。同じH・アーウインによるヴィクトリア記念堂（1909年）もファテプルシークリの建築を連想させるデザインである。マドラス大学評議員会館（1873年，設計R・F・チショルム）はムガルとビザンティンを折衷する趣があるが，バンガロー形式を思わせるヴェランダを側面に用いている。

2　ボンベイ（ムンバイ）

　ボンベイの都市形成は，1534年にポルトガルがグジャラートのスルタンから土地を取得することによって始まる。ゴアの補給地として要塞と教会がまず建設された。英国がボンベイを取得するのは，チャールズⅡ世が1661年にポルトガル王妹カタリーナと結婚したことによる。婚資として英国に委譲されるのである。ボンベイはポルトガル語のボン・バイア（良湾）に由来する。ムンバイは女神ムンバに因むより古い地名である。英国東インド会社は1668年に国王から貸与を受け，1687年にスーラトから拠点を移す。ボンベイの発展が始まるのは17世紀末以降である。

　もともと7つの島からなるが，市の中心部は旧ボンベイ島の南部に置かれた。チャールズ・ブーン知事によって要塞建設が行われるのは1715年である。1756年の地図が残されており，四隅に陵堡をもつフォートの周辺に広場，タンク，教会などが雑然と配置されている。交易の拠点として人口は増え続け，18世紀半ば頃には，フォートの周辺にも居住地が形成され始めている。1827年の地図を見ると，フォート内はほぼ建てづまり，すでに西，北に広大なエスプラナードが設けられている。

　現在のフォート地区，かつてのジョージ要塞の跡地には，円形広場を取り囲んで，公会堂，銀行など数多くの歴史的建造物が残されている。フォートの西がマイダーン（エスプラナード，広場）でその北に「ブラックタウン」が続く。フォートと市街との間に広大な空間をとるのは3つの管区首都と

図7-39 ヴィクトリア・ターミナル駅, ムンバイ

も同様である。

　19世紀半ば以降, ボンベイは綿業を中心に飛躍的に発展する。アメリカの南北戦争を契機にランカシャー綿業がアメリカ綿からインド綿に転換したのが大きい。デカン高原の綿花輸出を一手に引き受けることになる。鉄道の敷設, 蒸気船の実用化による港湾の拡大など都市構造が大きく転換するのは他の管区首都と同様である。ただ, スエズ運河の開通以降, インド西海岸に位置することから, ボンベイの西方への玄関としての地位は揺るぎないものになったといえる。

　紡績業の発展はさらに人口集中を加速させた。港湾トラストなど改善事業がボンベイでも試みられた。また, 民間のディベロッパーによって, チョウルと呼ばれる設備共用の賃貸集合住宅が大量に供給された。そのチョウルの形態は今日にまで引き継がれボンベイ旧市街の景観を特徴づけている。

　一方, 19世紀末から20世紀初頭にかけての莫大な富の集中は, 数多くのモニュメンタルな建築を生む。F・W・スティーブンスによるヴィクトリア・ターミナル駅 (1887年) とボンベイ市庁舎 (1893年) は通りを隔てて対峙している。前者が正統なヴ

図7-40 ボンベイ市庁舎, ムンバイ

図7-41 ボンベイ大学図書館, ムンバイ

Ⅶ 植民都市と植民地建築 —— 337

図7-42　高等法院，ムンバイ

図7-43　タージ・マハル・ホテル，ムンバイ

図7-44　インド門，ムンバイ

ィクトリア・ゴシックであり，後者はインド・サラセン風である。G・G・スコットのボンベイ大学図書館（1878年）とJ・A・フラーの高等法院（1879年）もエスプラナードに面して並んで建っている。J・A・フラーは20歳でインドに渡り数々の建築を設計するが，G・G・スコットはインドを訪れていない。英国植民都市ボンベイを象徴する建築とされるのが，タージ・マハル・ホテル（1903年，設計W・チェンバース）とインド門（1927年，設計G・ウィテット）である。前者は英領インド帝国における最高級ホテルであり，後者は1911年の英国王ジョージV世の訪問を記念して建てられた。いずれも，英国とインドとのさまざまな融合を表現している。

3　カルカッタ（コルカタ）

　1530年代以降，ベンガルの諸物産を目指してヨーロッパ列強が進出してきた。ポルトガルがまずフーグリに商館を建て，オランダ，フランス，イギリス，デンマークが続く。イギリスは1651年にベンガル太守スルタン・シュジャーから特許状を得て商館を建設，以降ベンガル各地に商館を建てていく。当時，フーグリ川東岸の現在のカルカッタの地には，微高地に沿って，北からスタニュティ，カリカタ，ゴビンダプルの3つの小集落が並んでいた。カルカッタの名はカリカタに由来する。そのベンガル口語発音としてコルカタが現在の名である。

　1690年8月24日ジョブ・チャーノックによってスタニュティに商館の建設が開始され，カルカッタの歴史が始まる。チャーノックは1693年に死ぬが，完成していたのは，倉庫，食堂，厨房，布地仕分け棟，事務所，アパート，チャーノックらの住宅など全部で10棟の土壁藁葺き建物だけであった。

　1696年，カリカタの地にウィリアム要塞の建設が開始される。要塞は，北辺が約100メートル，南辺が約150メートル，東西両辺が約210メートルの台形状の城壁で

囲まれ，中央に東西に並べて東インド会社の職員用住宅，その北に兵器庫，弾薬庫，薬品庫，南に商館（1699年）と石造倉庫を置く構成であった。要塞，商館に続いて，病院（1707年），アルメニア人教会（1707年），アングリカン教会（1709年），公園，貯水池（タンク）などが建設されていく。ウィリアム要塞全体が完成するのは1712年である。

ウィリアム要塞の建設とともにヨーロッパ人がカリカタへ移住し，周辺にヨーロッパ人居住区が形成されていく。ヨーロッパ人とともにインド人も移住してくる。

1742年のマラータのベンガル侵入など，カルカッタの発展も波乱に富んでいる。1756年には，シラージ＝ウダウラーに奪取占拠される事態も発生している。商館の要塞化が意識され，プラッシーの戦いの勝利によって，新ウィリアム要塞の建設が決定される。

それを契機にカルカッタの都市形成は大きく飛躍することになる。新ウィリアム要塞はカルカッタ奪回後すぐさま設計が開始され，1758年に着工，15年かけて1773年に完成する。そして，翌年カルカッタは英領インドの首都となる。新要塞の周囲には軍事的観点から広大なオープンスペースが設けられエスプラナード（現マイダーン）と名づけられた。その規模は東西約1.2～2キロ，南北約3～3.5キロの広大なものである。カルカッタは東インドにおける商館都市から英領インドの政治的・軍事的首都へと変貌していくのである。

新ウィリアム要塞の建設とともに1760年代頃から，郊外住宅地区の開発が実施さ

図7-45　ライターズ・ビルディング，コルカタ

れ，ガーデンハウスが多数建設される。チョウリンギー地区（エスプラナードに面し，チョウリンギー・ロードの東，ベリアル・グラウンド・ストリート〔現パーク・ストリート〕の南）がその象徴である。また，エスプラナードの北辺に沿って東へヨーロッパ人地区は拡大していく。イギリス人地区の拡大と並んで，監獄，病院，英人墓地など官公庁以外の諸施設の郊外（エスプラナード周辺）移転も進められた。英人墓地のパーク・ストリートへの移転は1767年である。

新ウィリアム要塞の完成，諸施設の移転にともない旧要塞のあった「ホワイトタウン」も変貌する。旧要塞は税関に転用され，その東の旧アングリカン教会を含む敷地には東インド会社の下級吏員用の研修宿泊施設（ライターズ・ビルディング）が建設された（1776年，設計T・ライオン）。フーグリ川沿いには造幣所が新設（1791年）され，「ホワイトタウン」の南には高等法院，参事会庁舎，政庁などが建設されていく。チョウリンギー地区にベンガル総督官邸の建設が開始されたのは1779年，完成は1803年である。

「ブラックタウン」と呼ばれたインド人地区の中心はバーザールである。この商業中心の周囲から拡大するインド人地区は狭い道路が錯綜し，きわめて劣悪な環境にあ

Ⅶ　植民都市と植民地建築　　339

図7-46　インド博物館，コルカタ

った。そして，さらに，バスティーと呼ばれる不良住宅地区が大量に発生していくことになる。

19世紀に入ると都市整備が本格的に開始される。まず，エスプラナード周辺に，公共建築物が順次建設されていく。市庁舎（1804年竣工），インド博物館（1817年着工），聖ポール教会（1847年竣工），高等法院（1872年改築），そして，ヴィクトリア女王記念館（1905年着工，設計W・エマーソン）などである。こうして，カルカッタ中心部の都市景観は英領インドの首都にふさわしいものとなる。

公共建築物の建設と平行して，都市基盤整備が行われる。財源として富くじを当てることとし（1793〜1836年），1799年にマラータ濠を埋め立てて環状道路がつくられた。1803年に都市改善委員会が設置され（〜1836年），排水路兼運河が建設された。また，「ブラックタウン」を南北に貫通する道路が建設される。

19世紀における都市整備は，「ブラックタウン」の衛生状態の改善にまでは及ばない。イギリス人地区への給水は1820年に開始されるがインド人地区への給水は1870年になって初めて開始される。下水道建設は1859年に着手されるが，イギリス人地区のみを対象としていた。

インド大反乱鎮圧以後，鉄道建設が開始（1854年）され1870年に完成する。1880年には市内鉄道の運行が開始されている。また，港湾施設は1780年に着工され，1826年に蒸気船が入港する。スエズ運河の開通を契機として，エスプラナード南西部が港湾地区として一段と整備され，その周辺に工業地区が形成される。

こうして，20世紀初頭には，独立後につながる都市構造ができあがることになる。ウィリアム要塞と周辺エスプラナード，官公庁地区，イギリス人高級住宅地区，「ブラックタウン」，郊外住宅地区，港湾地区が大きな地域区分である。

08 大英帝国の首都 ― ニューデリー

1 大英帝国の首都

　19世紀から20世紀初頭にかけて大英帝国は隆盛をきわめ、世界の陸地の4分の1を支配するにいたった。その大英帝国植民地において20世紀初頭に時を同じくして3つの首都が建設された。オーストラリアのキャンベラ（1901年）、南アフリカのプレトリア（1910年）、そしてインドのニューデリー（1911年）である。3つの都市の歴史的背景はまったく異なる。キャンベラは、シドニーとメルボルンの中間にある広大な牧草地に計画され、国際コンペによってアメリカ人建築家W・B・グリフィンGriffinの案が採用された。プレトリアは、英国支配から逃れたアフリカーナー（オランダ系入植者の子孫）が1857年に建設した既存のグリッド状都市が基となった。これらが、大英帝国内の自治領連邦政府の首都であったのに対し、大英帝国の直轄植民地であるインド帝国の首都として建設されたのがニューデリーである。

2 新帝都ニューデリーへ

　1911年、帝都カルカッタからデリーへの遷都が宣言される。インドにおけるカルカッタの地理的偏在性、過酷な気候などの理由から、首都移転は以前より検討されて いた。かつてのムガル朝の帝都シャージャハナバードの南部が計画地として選ばれた。英領時代に建設された部分をニューデリーというのに対し、シャージャハナバードはオールドデリーと呼ばれる。英国人はカルカッタの不衛生な低湿地環境を経験していたので、計画地の選定には十分注意が払われ、衛生問題はとくに重要視された。とりわけマラリアに汚染されていないこと、適度に乾燥しているが樹木が十分に生育できることなどの条件が重視された。樹陰に包

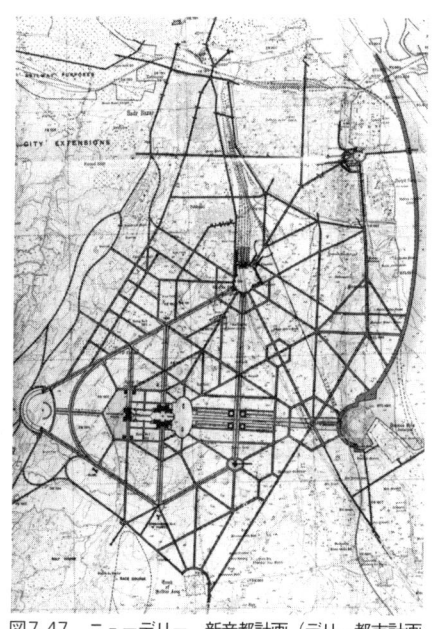

図7-47　ニューデリー、新帝都計画（デリー都市計画委員会最終報告書案）、1913年

Ⅶ　植民都市と植民地建築　341

図7-48　副王宮殿，ニューデリー，1929年，E・ラッチェンス

図7-49　政庁舎，ニューデリー，1931年，H・ベーカー

図7-50　インド門，ニューデリー，1931年，E・ラッチェンス

まれた田園都市の建設を目指したのである。選地にあたっては，それら自然環境とともに政治的な問題も考慮された。ヤムナー川

と丘陵に囲まれたデリー三角地は，インド歴代王朝が都をおいた場所であり，インド亜大陸支配の正統な権力継承者であることを顕示できる場所であった。デリーへの遷都は，勃興するインド・ナショナリズムを懐柔することも意図されていた。その一方で，デリー一帯は，歴代王朝の遺構が点在する権力の墓場であり，そこへの遷都は忌避すべきとの議論もあった。実際，英国によるインド支配は，1947年のインド，パキスタン分離独立によってニューデリー完成からわずか16年で終焉することになる。

3　威信をかけた首都計画

　インドは衰亡しつつあった帝国支配の最後の砦であり，その新都建設は大英帝国の威信をかけたものであった。当時の英国の都市計画技術がすべてそそぎ込まれた。都市計画家G・S・C・スウィントン Swinton を委員長とし，建築家E・ラッチェンス Lutyens，土木技師J・A・ブラディ Brodie によるデリー都市計画委員会 Delhi Town Planning Committee が1912年にロンドンで結成された。都市計画家H・V・ランチェスター Lanchester が顧問として加わり，ラッチェンスによって，当時南アフリカで活動していた建築家H・ベーカー Baker が設計協力者として呼ばれた。オールドデリーとニューデリーの間には衛生隔離緑地帯が設けられ，人種による住み分けが当初から意図されていた。ニューデリーの住宅地区計画では，インド人，英国人は明確に隔離され，さらに社会的，経済的な階層によって居住区の人口密

度が細かく設定された。英国人高級官僚の住宅モデルとなったのは、ベランダを配し庭に囲まれたバンガロー形式である。インドに限らず、こうした人種ごとのセグリゲーションは、植民都市計画にあたって基本的に採用された。街路計画では、軸線が強調され、放射状の街路によって幾何学的に構成された。ライシナの丘から東へ緩やかに傾斜したキングス・ウェイ（現ラージ・パトゥ「王の道」）を主軸として壮大なヴィスタが形成されたバロック的な都市計画である。キングス・ウェイは、副王宮殿（現大統領邸、1929年）から左右2棟の政庁舎（1931年）、インド門（戦没者慰霊碑、1931年）へと続き、かつての王朝遺跡プラーナー・キラ Purana Qi1a（『古い城』、16世紀）の北西角へいたる軸線である。副王宮殿や政庁舎の建つ丘の景観は、アクロポリスが意識されており、大英帝国の威信を具現化したものである。商業中心地であるコンノート Connought 広場を北の頂点としてキングス・ウェイに直交するのがクイーンズ・ウェイ（現ジャン・パトゥ「民の道」）である。さらに、パーラメント・ストリートが60度の角度でキングス・ウェイと交差し、政庁舎からオールドデリーのジャーミー・マスジッド（1658年）、ムガル帝国の王城ラール・キラ La1 Qi1a（『赤い城』、1648年）と結ばれている。ニューデリーの計画に、かつての王朝遺跡をたくみに取り入れ、大英帝国が正統なインド亜大陸支配者であることを顕示したのである。

4 植民地の建設者

　ニューデリーの主な政府関係の建築を設計したのは、E・ラッチェンスとH・ベーカーである。E・ラッチェンスは、副王宮殿とインド門、H・ベーカーは、政庁舎と議事堂を設計している。プレトリアの大統領官邸（1910年）を設計したのもH・ベーカーであり、翼棟をもつシンメトリーな古典主義建築は、ニューデリーの政庁舎設計にも引き継がれている。また、キャンベラのコンペで勝ったW・B・グリフィンが後にインドで活動しているように、大英帝国を中心に植民地間で都市計画や建築の専門家のネットワークが存在した。彼らは植民地計画に深く関わっており、都市景観を創造し、大英帝国の威信を具現化する役目を担っていた。こうした伝道者たちによって、宗主国のもつ都市計画技術、制度、理念が植民地へ輸出され、また植民地での経験は宗主国へ逆輸入された。副王官邸や政庁舎にはインド産の赤、黄砂岩が使われ、チャトリが配されている。ヨーロッパでは、すでに国際主義の近代建築運動がさまざまに展開されていたが、E・ラッチェンスやH・ベーカーは、植民地においてインド・サラセン様式を細部に取り入れながらも古典主義に傾倒していたのである。英国人建築家は、人種問題を十分に認識していた。インド文化に理解と尊敬の念を向けるとしながらも、その計画思想の根底では、インド的要素を決して相容れないものとして除外した。ニューデリーは、英国人にとっての理想が終始意識されて建設された都市であった。

Ⅶ　植民都市と植民地建築　343

09 ロシアの植民都市
――ブラゴベシチェンスク，ハバロフスク，ウラジオストク

　南からアジア地域へ進出したポルトガル，オランダ，イギリス，フランスなどに対して，1605年のシベリア植民令以降に北から本格的に東北アジア地域へ進出したのは，帝政ロシアである。ステファンは「ロシア極東 Dalni Vostok Rossii」という概念を歴史的に考える際には，一地方から世界の半分までという広範な事柄を参照せざるをえない，とし，その概念上の伸縮性を指摘する。これは西シベリアから東シベリア，カムチャッカ半島，ベーリング海峡を越えてアラスカへ，それに現在の極東地域，そして19世紀末には中国東北（旧満州）地域までへと帝政ロシアが拡張していった歴史的過程を一連のものとして検討する必要性を示している。

　アジアにおけるロシア植民都市を考える場合，このような帝政ロシア固有の地域概念の内容と広がりを考慮する必要がある。もちろんロシアにおける「アジア」という概念も，別に検討しておく必要がある重要な課題であるが，ここでは地政学的な背景をふまえて東北アジア地域に含まれるロシア極東の3都市の成り立ちを中心に見たい。

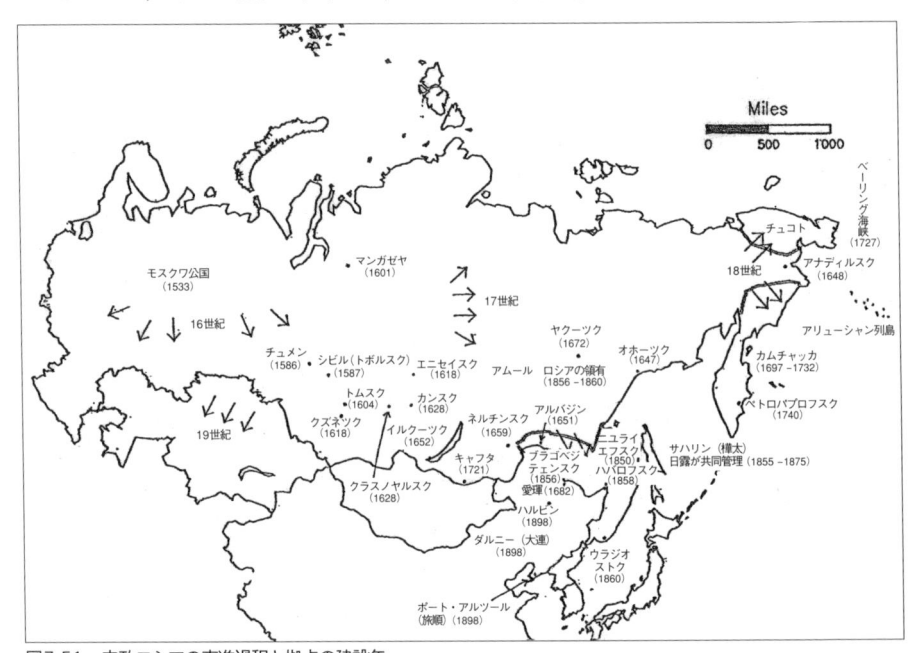

図7-51　帝政ロシアの東進過程と拠点の建設年

1　帝政ロシア

　帝政ロシアは，16世紀より，主にコサック隊を前面に水路づたいに連水移動しつつ，先住民の生活空間であったシベリアを陸続きに猛烈な勢いで東進した。その拠点は主に水陸の結節点に築かれた。

　アムール川 (中国名：黒竜江) 流域への南下は，1640年代以降に始まり，アムール川上流のシルカ川に面したネルチンスク Nerchinsk (1659年)，アムール川に面したアルバジン Albazin (1651年) という拠点が形成されたが，モンゴル人，および彼らが従属下にあった清朝中国の激しい抵抗を受けた。1682年に中国軍がアムール川右岸の愛琿に根拠地を建設した後は，流域での軍事活動が活発化する。結局1689年のネルチンスク条約により，ロシアはアムール川流域から撤退し，流域北側のスタノボイ山脈の分水嶺が，中露国境と定められた。

　その後約150年にわたり，アムール川流域の中露関係は平穏な時期が続くが，1847年にムラヴィヨフが東シベリア総督に就任すると，アヘン戦争によるイギリスの中国進出に対抗すべく，アムール川流域への再進出に乗り出す。1849年ムラヴィヨフの部下であったネヴェリスコイが，カムチャッカ半島ペトロパブロフスク Petropavlovsk (1740年) に根拠地をおき，アムール川河口調査を開始した。翌年，河口付近にニコラエフスク Nikolaevsk (現ニコラエフスク・ナ・アムーレ) などを設置し，その後もこの流域でロシア人占領の既成事実が積み重ねられ，すでにロシア皇帝から清国との交渉権を一任されていたムラヴィヨフは，1858年に清国政府との愛琿条約の調印にこぎつけ，アムール川以北の領土はロシアへ割譲された。現在，アムール州の中心都市であるブラゴベシチェンスク Blagoveshchensk (1856年) やハバロフスク地方の中心都市ハバロフスク Khabarovsk (1858年) は，この条約を根拠として建設がなされている。また続く1860年の北京条約においては，ウスリー川と日本海との間に挟まれた区域 (のちの沿海州 Primorskii oblasti，現在は沿海地方 Primorskii Krai と呼ばれる) をロシアへ併合することが承認された。現在沿海地方の中心都市であるウラジオストク Vladivostok (1860年) もこの時に開基された。

　のちに帝政ロシアは中国東北 (旧満州) 地方へと侵攻し，鉄道と鉄道付属地における都市および施設の建設を行う。それらを起源とする代表的な都市は，ハルビン，ダルニー (大連)，ポート・アルツール (旅順) である。このような東北アジア地域への帝政ロシアの東進・南下は，日露戦争でのロシアの敗北 (1905年) まで続く。

2　極東3都市

　ブラゴベシチェンスク，ハバロフスク，そしてウラジオストクは19世紀後半から建設が進められた都市である。これら3都市は，現在ロシア極東の主要都市であるが，ヨーロッパからはまさに東の果ての地域に存在しており，また中露間の国際条約によって清国から割譲を受けた領域内にあることも含め，シベリア地域の諸都市 (イルクー

ツク，トムスクなど）とは出自の経緯を異にしている。シベリア・極東の帝政ロシア植民都市の系譜においては，末期に位置するものとして捉えることができるが，その都市建設にはどのような特質が認められるのだろうか。

もともとこの3都市の周辺には，中国人（漢人）が漁労や狩猟などのために集落を形成しており，それぞれ元来からの中国名による地名が存在していた。すなわち帝政ロシアによる都市建設は，少数民族を含めた先住者の生活空間に侵入する形で進められた。各都市においては，初期計画に先立って，海軍の部隊が拠点を設定し，主に軍関係の建物が建てられていたことは共通である。また人口の多くは，軍関係者であったが，民間人もすでに入り込んでいるという点も共通する。

古い市街地図，都市計画図をみると，これらの都市の初期市街地計画は都市の完成形を描いたものではないことがわかる。具体的には，①市街地の範囲設定，②分譲土地の形態・寸法，③墓地・教会の配置，④埠頭・市場・オープンスペースなど貿易・交易のための基本的な施設の配置，という4点に主眼がおかれている。上で触れたような，この地域の地政学的コンテクストを念頭におくと，これらの都市の計画は，国境地域における短期間での軍事拠点形成および定住地確保の方策として捉えられていたことが，容易に理解できる。

3都市で原則的に用いられているグリッド・パターンの都市骨格は，土地を調査したり，分割したりするのには最も便利なシステムであり，多くの植民都市で採用されてきたものである。18世紀以降のロシア

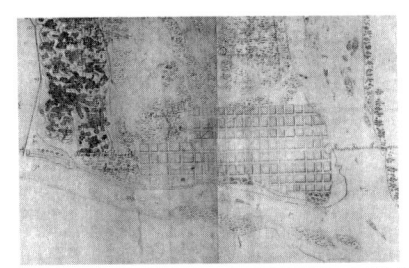

図7-52　ブラゴベシチェンスク　初期プラン，1869年

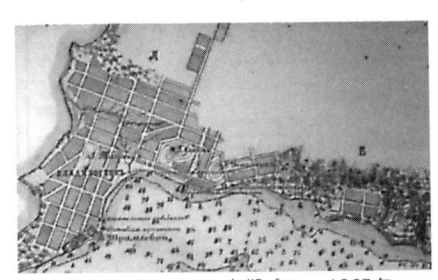

図7-54　ウラジオストク　初期プラン，1865年

図7-53　ハバロフスク　初期プラン，1864年

図7-55　ウラジオストク中心市街地，1870年代

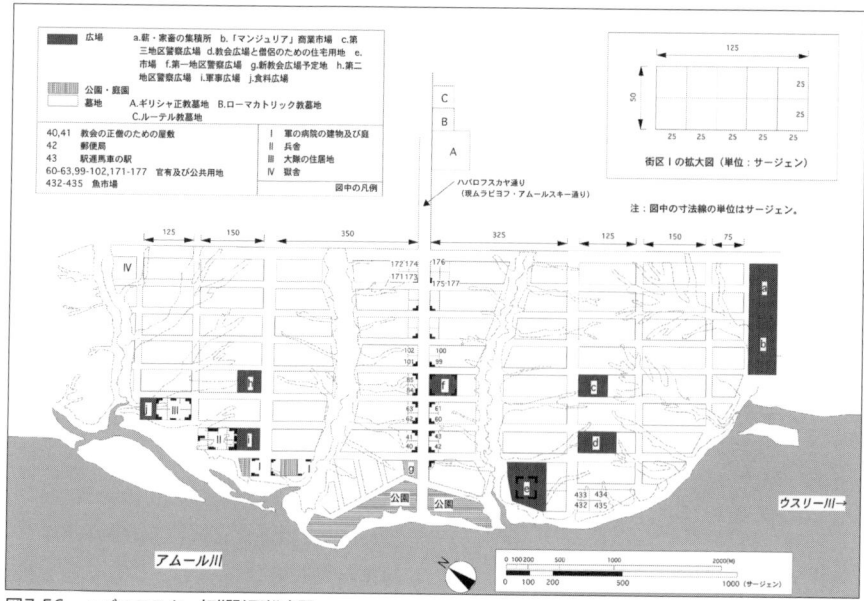

図7-56　ハバロフスク　初期計画推定図

　のシベリア植民都市においても見られる。
　ブラゴベシチェンスクの市街地骨格は，極東での帝政ロシアの進出における最初の足がかりとして1850年から建設が始められたニコラエフスクのパターンと類似している。1910年代末の9,000分の1の地図があるが，地形条件から見た川と市街地の関係，正方形に近いグリッド割の構成は酷似している。この両都市にはそれぞれ建設に前後してムラヴィヨフが訪れており，市街地計画にあたっても彼の考えが直接的に反映された可能性もある。ブラゴベシチェンスク，ニコラエフスクのプランの，とくに正方形に近いグリッド形状は，図像的に見ると，スペインによる中南米の植民都市のパターンとの類縁性を想起させる。
　一方でハバロフスクとウラジオストクの市街地計画は，コルサコフによる市街地計画の方針が出された後の計画であり，同じ測量技師ルビアンスキーによって市街地計画が立案された。骨格パターンの差異をもたらした要因として考えられるのは，計画に関わった人的な条件，および当事者の有していた職能と知識である。
　当時の軍の測量職には，「トポグラフ」と「ゼムレメール」という異なった職能をもつ2つの職があった。トポグラフは，自然地形を測量し，地形図をつくるというのがその主な職務内容であり，一方ゼムレメールはそうした測量成果をもとに，土地の分譲およびその価格などを鑑定し，価値を証明するという不動産鑑定的な職務内容を含んでいた。市街地計画の立案は，具体的な場面では，この両者，すなわちトポグラフとゼムレメールの職能を組み合わせてなされるものであろう。上記のルビアンスキ

VII　植民都市と植民地建築　347

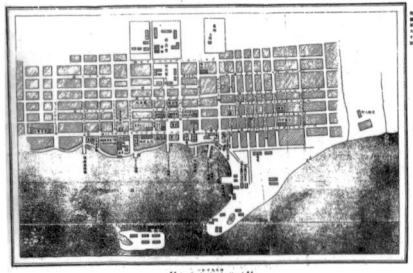

図7-57 ニコラエフスク・ナ・アムーレ

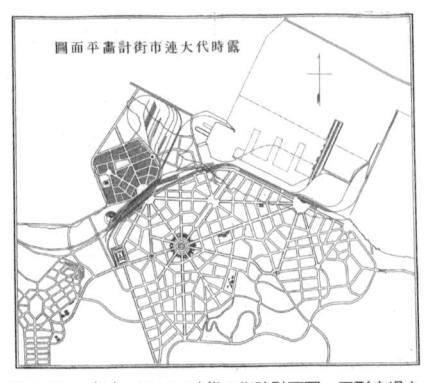

図7-59 大連・ロシア時代の街路計画図。円形広場を中心とする多心放射状の街路構成をもつ。

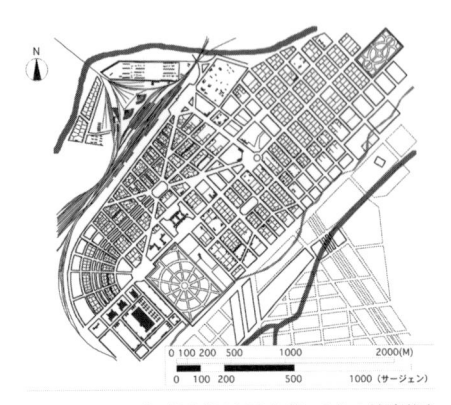

図7-58 ハルビン新市街1900年代。2本の幹線道路を骨格とし、その交点に寺院を配置し、また斜交路をもつ構成である。

ーはゼムレメールであったが、当然計画立案の前提にはトポグラフによる測量の成果があったはずである。また、トポグラフが土地分譲以前の市街地骨格の線を引き、ゼムレメールが事後的に土地ロットの分割線を重ね合わせて引く、ということもあったのではないだろうか。この2つの職能の具体的組み合わせによっても、市街地計画は違った形態となる可能性は十分考えられる。

同様の南下政策の中で帝政ロシアはハルビンやダルニー（大連）においては優れたアーバンデザインを残しているが、ロシア極東の3都市においては、少なくとも初期の段階においてそうした手法の活用は見られない。ハルビン、ダルニーは、アジアにおける国際商業都市を目指して、あるいは第2のモスクワを目指しての都市建設であった。その建設にあたっては都市美の形成を大きな目標としていた。このような点を考慮すると、極東3都市における初期の都市設計では、都市成立のための基本的な用件、すなわち軍事的な機能の充足、植民の定着には考慮が払われていたが、街路と建物などを一体的に考えていくというようなアーバンデザイン的ヴィジョンはない。その差異を最も明確に表しているのは、ハルビンや大連の計画においては、市街地計画の段階から建築家が関与していることである。このような計画に携わる具体的な職能の組み合わせの違いには、極東3都市との間の初期市街地計画における本質的な違いが現れているとみることができる。

10　中国と西洋列強 ── 香港，上海，広州

1　十三夷館とアヘン戦争

十三夷館とは，1720年に始まった公行(コーホン)制度（官商である十三行がギルドを組織し，価格協定，連帯責任などを定め，外国貿易を独占する）によって対外貿易の一切を仕切った官商（「牙行」「官行」などと称した）と呼ばれる商人が広州府城の南西，珠江に面する河岸に集まり，その数から十三行と呼ばれた一角に外国人居留地が設けられたことに由来する。十三夷館は敷地の川沿いに荷卸しの埠頭が整備され，各国の国旗が翻るヴェランダやアーチ窓を持つジョージアン・スタイルの西洋建築が建ち並んだ。建物は2階建てが多く，1階は事務所や倉庫と使用人の住居，2階は商人たちの住居として使われた。

こうした広東を唯一の窓口とする中国貿易はイギリスにとって赤字を生み，イギリス商人はインド産アヘンによる三角貿易によってその局面を打破しようとした。1838年，欽差大臣林則徐(りんそくじょ)がアヘンの取締りを強化し，外商手持ちのアヘンを没収したことからアヘン戦争が勃発する。1842年，南京条約によって，広州，上海をはじめ廈門(アモイ)，福州，寧波(ニンポー)5港の開港と香港島の割譲が取り決められ，一部の中国商人が独占する公行制度は廃止された。これによって広州で先行した対外貿易は，上海・香港へとそのウエイトをシフトさせていく。そして，外国人居留地である租界も，十三夷館を雛形として広まっていくのである。

十三夷館は，1856年のアロー号事件（第二次アヘン戦争）によって灰燼に帰し，その後，同じ場所に再建されることはなかった。1860年には，イギリス人とフランス人が共同で十三行の西の沼地，沙面を租借し，埋め立てて居留地とする。これは，細長い楕円形の土地に1本の大通りが走り，周りには堀が巡らされ，1本の橋だけで市街地と結ばれる閉鎖的な租界を形成した。

2　都市の形成 ── 港と租界

上海には，イギリス租界，遅れてフランス租界，アメリカ租界（イギリス租界とアメリカ租界は1863年，共同租界として合併）が設定され，十三夷館同様に商館が建ち並んだ。黄浦江に沿った細長い土地は，荷揚げの場所として整備されていった。これはバンド（外灘。Bundはインド亜大陸，デカン高原や北西

図7-60　1750年頃の十三夷館，広州

図7-61　ヴェランダ様式の建物が連続する1865年頃のプラヤ，香港

部の斜面畑で雨水を貯水するための大型の畦〔土手〕を指す。その語源はサンスクリットのbandhにあるとされる）と呼ばれ，上海の港湾機能であるとともにランドマークとなった。租界には当初，外国人のみ居住が許されたが，大量に流入した中国人に対する上海独特の集合住宅である里弄住宅がうまれる。里弄住宅はイギリス人が中国の伝統的住居を改良したもので，まさに租界的な産物であった。

　香港はアヘン貿易だけでなく，苦力貿易によって急速にイギリス植民地として発展していく。ビクトリア湾に沿った香港島北岸が上海でも有力商人であったデントやジャーディン＆マゼソンらによって整備され，この港としての上環から銅羅湾にいたる海岸線はプラヤ（ポルトガル語のpraia 海浜に由来）と呼ばれた。

　上海や香港において当初つくられた西洋人の建物はヴェランダ様式と呼ばれ，香港最古の建築は現在，茶具博物館となっている旧三軍司令官官邸である。これは，東南アジアの気候風土の中で確立した，ヴェランダ・列柱間の日除け・白色スタッコがその特徴である。香港では1888年のピークトラムの開通によって，外国人は冷涼な高台に住居を建て，セントラルで働き，ピークに住むというライフスタイルが確立した。他方，中国人の住居は広東や福建の伝統的街屋（店屋，ショップハウス）である。これは1階が店舗，2階が住居であり，道路に面して1階部分に列柱廊（アーケード）が連続した。

　20世紀に入ると，上海は南京路を軸として西に拡大した。香港は過密化する香港島の緩和から，1860年に割譲された九龍半島さらにはその後背地の新界の租借（1898年）を契機に，大陸側でのネーザンロードを軸線とする開発が進む。両者ともに，中国人のための街区形成といえる。

3　都市景観と歴史的建築

　上海と香港は，海岸線あるいは河岸に沿って建物が林立する同じような景観を呈するが，租界とイギリス植民地の違いが表れる。藤森照信によれば，香港は上海のような商業都市でありながら，他方で大英帝国の版図の中に位置づけられ，総督が駐在する政治的都市の色合いも持つ。商業都市は，

十三夷館もそうであるように、オープンスペースを必要とせず、道路や水道などインフラを最大限有効利用するために、密集して高層化の道をたどり、その結果、水辺を前景として建物が林立するのである。香港のビクトリア広場とそれに面する最高法院（1903年）は記念碑性の高い空間であり、これは上海には見られないものである。
　バンドの景観形成に大きく寄与したのは、当時としては上海あるいはアジア最大の設計事務所であったパーマー＆ターナーである。今日もなお香港における大手組織設計事務所であるパーマー＆ターナーは、1930年代、バンドのランドマークとなる主要な建築物を設計していく。大英帝国の中国における力を象徴するものであった香港上海銀行上海支店（現上海市人民政府、1924年）、税関である上海海関（1925年）、ニューヨークの摩天楼の影響を色濃く反映させ、上海における高層建築の代表例となるサッスーンハウス（現和平飯店北楼、1929年）などがある。これらの多くは開港から3代目にあたり、今日も都市景観の要となっている。ちなみに1代目はヴェランダをめぐらした植民地様式、2代目は19世紀末にイギリスで流行したクイーン・アン・リバイバルであった。
　これに対して、香港では都市の発展に伴う埋立によって、建物は更新され続けた。1888年にはすでに新プラヤの建設が始まっており、プラヤにあった建築群は意味を失い、再開発の対象となっている。戦後、中華人民共和国の成立によって、戦前まで上海が果たした自由貿易港の役割を一手に

図7-62　里弄住宅，上海

図7-63　バンドの夜景，上海

図7-64　バンドの景観，上海

担い、急速な発展を遂げたことも大きい。香港において歴史的建築の現存例が少ないのは、19世紀から20世紀にかけて、西洋との対外窓口が広州から上海、そして香港へと動いたことと表裏一体である。

Ⅶ　植民都市と植民地建築 ——— 351

11 日本植民地の都市と建築

1 日本につくられた居留地，日本がつくった居留地

19世紀半ば，西欧列強の圧力を前に，江戸幕府は開国を余儀なくされた。長崎，神戸，横浜，函館などの開港場に設定された居留地には，道路や公園などの社会資本が整備され，コロニアル様式の建築が建てられた。これらは，インドや東南アジア，中国の広州（十三夷館）や上海，あるいはアメリカなどをわたりながら，測量から土木・建築工事，ときに建築材料の生産や機械設計まで幅広くこなした欧米人技術者たちが，その経験を日本に持ち込んだものだった。海岸に沿うオフィス街と山の手の住宅地にヴェランダ付のコロニアル建築が建ち並び，両者に挟まれるように中国人や日本人の町ができた。一方，こうして出現したコロニアル建築の影響は，居留地を飛び出して，日本人棟梁たちの技術的蓄積と進取の気質のもとに，いわゆる擬洋風建築を生み出した。明治前期の日本の都市は，この擬洋風建築によって新しい景観を装うことになった。

これら居留地は，不平等条約の改正を最重要課題とした明治政府の外交努力によって，1899年には撤廃される。一方で日本は，自ら帝国主義に転じていったが，その最初のあらわれは，日本が朝鮮に強制した不平等条約（1876年の日朝修好条規）であった。これにより釜山が開港され，翌年には日本専管居留地，清国専管居留地および各国共同租界が朝鮮におかれた。こうして，西欧列強の居留地獲得の動きに，日本や清国が加わり，朝鮮各地の港や都市が開かれていく。朝鮮にも洋風建築が登場し，各居留地では港湾や道路・下水道などの社会資本の建設が李朝政府の負担により進められた。

日本との関係では釜山が注目される。日本から朝鮮半島への表玄関として重要だった釜山では，日本は事実上独占的な勢力を確立した。釜山居留地は，李朝と対馬藩の通交の窓口であった「倭館」の置かれた地域を踏襲し，約38万平方キロの面積を擁したが，以後も最恵国待遇の獲得や海岸の埋立によって土地の取得，拡大を重ね，1910年の「韓国併合」以前にすでに主要市街地が形成された。現在もソウルにつぐ韓国の重要都市である釜山の原型はこうしてできあがったのである。

2 北海道開拓と札幌

帝国主義国家日本の海外進出の動きは，やがて台湾（1895年～），樺太（1905年～），朝鮮（1910年～）の植民地経営へと展開する。また日本は，関東州（軍政 — 租借地，

1905年〜），南洋群島（委任統治領，1922年〜），満州国（傀儡国家，1932年〜）など，多様な形式の海外支配地を次々に獲得していった。第2次世界大戦の終結まで，これら広義の植民地に日本は多くの都市を建設した。

近代日本の植民地経営の出発点とみなされるのが北海道開拓である。維新直後の1869年，明治政府は札幌に開拓使庁を置き，政策的に北海道の開発を進めたが，これにはお雇い外国人をつうじて，アメリカ合衆国の開拓・植民地経営の政策や技術が導入された。旭川，帯広など，グリッド・パターンの都市がつくられた。建築についても，アメリカからバルーンフレームと呼ばれる木造壁式構造と下見板張の技術が導入されたが，とくに土木技術者のW・ホイーラーの活躍が知られる。

しかし近代日本の最初の植民都市とみなされる札幌の計画については，近世からの連続性という視点も必要である。1871年の建設着手時点ではお雇い外国人の関与がないからである。実際，札幌の街区寸法は平安京や近世の町人地計画のそれを踏まえたものであり，開拓使庁・官庁街・一般市街地のゾーニングには，近世城下町のそれとの共通性も指摘されている。

3 台北とソウル

海外における日本の本格的な植民都市建設は，日清戦争（1894〜1895年）の結果，清国から割譲された台湾にはじまる。都市建設にあたっては，道路と下水道の整備を主眼として都市改造をおし進める「市区改正」の手法が用いられた。初期に大きな役

図7-65 市区改正により建設された本町通（現・重慶路）と建築群，台北

割を果たしたのは，内務官僚出身で1898年に台湾総督府民政局長となった後藤新平（1857〜1927年）である。「近代日本都市計画の父」ともいわれる後藤は，これ以後も植民地経営と国内の都市政策を行き来した，きわめて象徴的な人物である。彼は台湾で，永住的定着を前提とする都市経営の方向づけを行い，台北では車道と歩道を組み合わせたブールバールや，亭仔脚（道路に面した歩廊）を持つ都市建築の型を与えた。以後，日本では東京以外に実績を残さなかった市区改正が，植民地では既存市街地の改造や拡張に大きな力をふるった。これは朝鮮でも同様だった。

李朝の王都ソウルは，風水思想に基づく選地や，中国都城の制に準じた宮城や祭祀施設の配置，不規則な街路網などの特徴を持ち，すでに約400年の歴史を有していた。しかし朝鮮開国後，1882年に開市場となり，まもなく日本人・中国人を中心とする外国人の城内居留がはじまる。日本人居留地は，市街の南にたちあがる南山の北麓一帯（「倭城台」と呼ばれた）に設定された。この結果生じたソウル市街における民族的棲み分けの構造（北部＝朝鮮人居住地，南部＝日

Ⅶ 植民都市と植民地建築 ─── 353

図7-66 旧朝鮮総督府庁舎（1926年竣工，1995年より取壊）と太平通（現・世宗路），ソウル

本人居住地）は，植民地期をつうじて解消されなかった。

　1925年前後になると，併合後に総督府が進めてきた都市再編の結果がはっきりとあらわれてくる。迷路状の街路網のうえに，広幅員の市区改正道路が都市の大きな骨格をつくり出した。なかでもいち早く建設されたのは，景福宮（李朝正宮）の正面から都市全体を南北に貫く街路である。この太平通──南大門通がソウルに明瞭な都市軸を与え，総督府諸官庁，京城府庁舎，警察署，主要銀行などもこの街路沿いに新築された。ヴィスタをつくる景福宮の正面には，威圧的なバロック様式の総督府新庁舎（デラランデ基本設計・野村一郎実施設計，1926年）が建設された。都市軸の南端は南大門で，ここから南山の西斜面をのぼると，植民地朝鮮全土を守護する国家的創建神社・朝鮮神宮（伊東忠太・朝鮮総督府建築課設計，1926年）の広大な境内があった。こうした官庁地区と神社神域を結ぶ都市軸の設定は，日本植民都市に広くみられる特徴である。

　さて，日本では後藤新平と佐野利器の主導により1919年に都市計画法と市街地建築物法が制定された。これを受けて，朝鮮では1934年に朝鮮市街地計画令，台湾では1936年に台湾都市計画令がそれぞれ施行され，用途地域や土地区画整理といった近代都市計画の技術と制度が導入された。戦後の台湾や韓国の都市計画は，これを直接に受け継いでいる（台湾の亭仔脚は，台湾都市計画令にも組み込まれ，現在も生きた制度として存続している）。

4　長春（新京）

　満洲地方（中国東北部）の都市経営は「植民特許会社」として1907年に営業を開始した南満洲鉄道株式会社（満鉄）によって推進された。満鉄は，ロシアが市街化を進めなかった「鉄道付属地」に，継続的な資本投下を行って，精力的な社会資本整備を展開した。ここでもリーダーシップを発揮したのは後藤新平である。

　長春付属地は，長春庁と呼ばれた中国人の旧市街に隣接して，長春停車場（駅）を中心に建設された。線路に対して表側を官公庁・商業・住宅用地，裏側を工場・倉

庫用地とした。平坦な地形に整然としたグリッド・パターンを基本とし，駅前と市街枢要地に設けられた広場へと斜路が集中する，バロック的な都市計画である。これらは満鉄の都市経営に共通する特徴である。

1931年の満洲事変をへて「満州国」が成立すると（1932年），その国都として長春が選ばれ，「新京（しんきょう）」と命名された。新京は，皇帝の宮殿と政府諸官庁を擁する計画人口50万人の政治都市として，国都建設局によって満鉄時代の既成市街の南側に計画された。宮殿は南面させ，宮域の正面中央から南へ都市軸をのばし，ここに官庁街を配した。これは北京のような中国都城の制に準じるものであった。新京駅（旧長春駅）に加えて南新京駅が置かれたが，これらを結ぶ多心放射状の幹線道路が骨格を与え，その下位の支線をグリッド・パターンとした。要所には直径200メートルをこえる広場がつくられ，その中心は公園となった。下水は汚水と雨水を分ける分流式とし，一方で新市街を何本も流れる川を堰き止めて人工湖をつくり，雨水をここに流し込んで調整池と親水公園を兼ねた。小河川や低湿地がすべて公園とされ，幹線道路のパークウェイで結ぶ公園緑地系統が実現された。

こうした新京の都市計画は，当時の日本国内はもとより欧米諸国を含めても先進的

図7-67　旧満州国国務院庁舎（1936年竣工，現・白求恩医科大学基礎医学部），長春

なものであったとして，今日も評価が高い。計画策定には，佐野利器，武居高四郎，山田博愛，笠原敏郎，折下吉延といった，後藤新平や内務省に関わりの深い都市計画の主要な専門家や技術者が，顧問や職員として参画し，彼らが蓄積していた知識や技術が発揮されたのである。植民地満洲が近代都市計画の実験場と称される所以である。

建築では，宮殿の建築は未完に終わったが，宮城に発する順化街に一定の様式を持つ官庁建築が建ち並んだことは特筆される。単純化された古典主義系の壁体に，瓦葺きの大きな勾配屋根を載せるその形式は，満州国としての国家様式が模索された結果であるが，当時日本国内で「帝冠様式」と呼ばれたものや，中華民国の政府関係の建築に好まれた折衷様式にも通じるものであった。

Ⅶ　植民都市と植民地建築　　355

終章

現代アジアの都市と建築

panorama　　　　　現代建築の課題

　現代アジアの都市と建築を広く見渡すと，まず，1,000万人にも及ぶ人口規模を持つ大都市が思い浮かぶ。ムンバイ，ニューデリー，チェンナイ，コルカタ，バンコク，ジャカルタ，マニラ，北京，上海，ソウル，東京…。いずれも中心部には超高層ビルが林立する。そして，その周囲に住宅地が形成され，えんえんと郊外へ向かって広がっている。俯瞰すれば，アジアの大都市はきわめてよく似ている。

　一方，大都市から離れた田舎の光景も思い浮かぶ。はるか昔から同じように家をつくり続けてきたかのように思えるヴァナキュラー建築の世界がある。しかし，その世界にも亜鉛塗鉄板（トタン）のような近代的な工業材料が浸透し，家の形態は変容しつつある。各地域の中核都市には，ショッピング・センターのような現代的な新しい建築が増えつつある。

　アジア各地を旅すると，各地域が次第に似かよってくるという印象を受ける。建築生産の工業化を基礎にする近代建築の理念は大きな力を持ち続けているということであろう。工場でつくられた同じような建築材料が世界中に流通するから，住宅地の景観が似てくるのは当然である。

　現代アジアの都市と建築について，いくつか共通の問題を以下にみよう。

　第1にあげるべき問題は住宅問題である。今日なお，大多数の人々はヴァナキュラーな建築の世界，すなわち「建築家なしの建築」の世界で暮らしている。上述のように，工業化の進展とともに，その秩序が崩れつつあることは大問題であるが，それ以前に危機的なのは，住宅そのものの数が足りないこと，時として生存のためにぎりぎりとも言える劣悪な条件にあることである。そうした大都市の住宅問題にどのような建築的解答を与えるかは建築家にとっての現代アジアの共通の課題であり，各地でユニークな試みがなされている。

　第2は，歴史的な都市遺産，建築遺産をどう継承，発展させるかという問題である。開発，あるいは再開発圧力のなかで，歴史的な建築遺産をストックとしてどう活用するかは発展途上国，先進諸国を問わない共通の課題である。とりわけ，アジアの諸都市においては，西欧諸国の建設した植民建築をどう評価するかが大きなテーマとなっている。

　第3は，「地球環境問題」という大きな枠組みが意識されるなかで，どのような建築形式がふさわしいか，という問題である。エコ・シティ，エコ・アーキテクチャー，あるいは「環境共生」ということがスローガンとされるが，真に「地域の生態系に基づく建築システム」を生み出すことができるかどうかは，これからの課題である。

01 カンポンの世界

　まず，大きな問題は大都市の居住環境である。アジアの大都市には世界の人口の過半を占める人びとが住む。そして，その環境は多くの場合劣悪である。生存のためにぎりぎりの条件にある地区もある。人口問題，住宅問題，都市問題は21世紀のアジアの大都市にとって深刻である。

　しかし，アジアの大都市の居住地は必ずしも「スラム」なのではない。フィリピンはバリオbarrio，インドネシア，マレーシアではカンポンkampung，インドではバスティーbustee，トルコではゲジュ・コンドゥgeju conduなどとそれぞれ独自の名前で呼ばれるように，物理的には貧しくても，社会的な組織はしっかりしているのが一般的である。

　カンポンとは，マレー（インドネシア）語でムラのことである。インドネシアでは，行政村はデサdesaという。カンポンというともう少し一般的で，カタカナで書くムラの語感に近い。カンポンガンkampunganといえば，イナカモン（田舎者）というニュアンスである。

　インドネシアで，ジャカルタ，スラバヤといった大都市の住宅地をカンポンというのは，都市の居住地でありながら，ムラ的要素を残しているからである。この特性は発展途上地域の大都市の居住地に共通である。英語ではアーバン・ヴィレッジ（都市

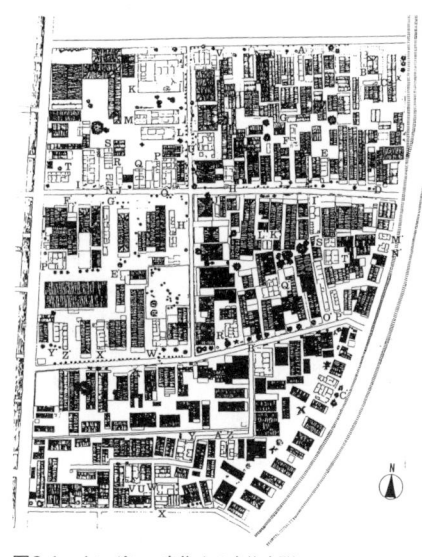

図8-1　カンポン　密集する小住宅群

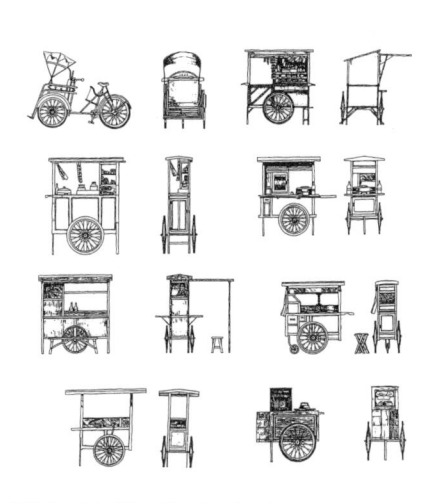

図8-2　カンポン　屋台のいろいろ

終章　現代アジアの都市と建築 ―― 359

図8-3　スクォッターたちの住まい，スラバヤ

図8-4　カッチャ・ハウス，コルカタ

村落）という。

　まず，第1に，カンポンでは，隣組（RT: Rukung Tetanga），町内会（RW: Rukung Warga）といったコミュニティ組織はきわめて体系的である。すなわち，さまざまな相互扶助組織はしっかりしている。アリサンarisanと呼ばれる講（頼母子講，無尽），ゴトン・ロヨンgotong royongと呼ばれる共同活動が居住区での活動を支えているのである。

　第2に，カンポンの居住者構成をみると，きわめて多様である。カンポンには多様な民族が居住する。植民都市としての歴史が大きいけれど，インドネシアはそもそも多くの民族からなる。多民族が共住するのがインドネシアの大都市である。また，カンポンはさまざまな所得階層からなる。どんなカンポンでも低所得者と高所得者がともに住んでいて，土地や住宅の価格によって階層ごとに棲み分けている先進諸国の住宅地とは異なっている。

　第3に，カンポンは単なる住宅地ではなく，家内工業によってさまざまなものを作り出す機能を持っている。また，さまざまな商業活動がカンポンの生活を支えている。住工混合，住商混合がカンポンの特徴である。

　第4に，カンポンの生活はきわめて自律的である。経済的には都心に寄生する形ではあるが，生活自体は一定の範囲で完結している。

　第5に，カンポンは，その立地によって，地域性を持つ。多様な構成は，地区によって異なり，それぞれの特性を形成している。

　カンポンは，独自の特性を持った居住地といえるだろう。

　英語のコンパウンドcompoundの語源は，実はカンポンである。オクスフォード英語辞典（OED）にそう説明されている。コンパウンドというと，インドなどにおける欧米人の邸宅・商館・公館などの，囲いをめぐらした敷地内，構内，南アフリカの現地人労働者を収容する囲い地，鉱山労働者などの居住区域，捕虜や家畜などを収容する囲い地を指す。しかし，もともとはバタヴィアやマラッカの居住地がそう呼ばれていたのを，英国人がインド，アフリカでも用い出すのである。カンポン＝コンパウンドが一般的に用いられ出すのは19世紀初頭であるが，カンポンが西欧世界と土着社会との接触がもとになって形成されたという事実はきわめて興味深いことである。アジアは全般的に都市的集住の伝統は希薄

なのである。

　カンポンのような都市の居住地に対して，この間，各国で行われてきたのは，スラム・クリアランスによる西欧モデルの集合住宅の供給である。しかし，住宅供給は量的に足りず，価格が高くて低所得者向けのモデルとはならなかった。それぞれの生活様式と住宅形式があわないのも決定的であった。それに対して大きな成果を上げたのは，上下水道，歩道など最小限のインフラストラクチャーを整備する居住環境整備である。イスラーム圏のすぐれた建築活動を表象するアガ・カーン賞が与えられたインドネシアのカンポン・インプルーブメント・プログラム（KIP）がその代表である。また，コア・ハウス・プロジェクトなど，スケルトンだけを供給して，居住者自ら住居を完成させる，興味深い手法も試みられてきた。

　しかし，アジアの大都市はさらなる人口増に悩みつつある。そこで各都市共通の課題となるのが，新しい都市型住居のプロトタイプである。カンポンのような都市村落の形態とは異なった，高密度の居住形態がそれぞれに求められているのである。カンポンに対しては，カンポン・ススンという，廊下（居間），厨房，トイレなどを共用するコレクティブ・ハウス型集合住宅の提案がある。

　イスラーム圏にはそれぞれに都市組織をつくる伝統がある。インドにはハヴェリ，中国には四合院という都市型住宅の伝統がある。また，ショップハウスの伝統は東南アジアに広がっている。そうした伝統をどう新しく引き継ぐかがテーマとなる。

図8-5　カンポン・ススン・ソンボ，スラバヤ

図8-6　フィリピンのコアハウス，ダスマリニャス

図8-7　タイのコアハウス，ランシット

終章　現代アジアの都市と建築────361

02　都市遺産の継承と活用

　植民都市としての起源を持つアジアの諸都市にとって、もうひとつ共通の課題となるのは、植民地期に形成された都市核の保存あるいは再開発の問題である。もともと都市の中心的機能を担っていた地区であるが、その機能をはるかに超える都市の膨張によって、再開発を余儀なくされる。また、新都市への移転が図られるのが一般的である。

　そこで、都市核に残された植民地建築をどう評価するかがそれぞれに問われる。第二次世界大戦後に次々と独立、新たに形成された国民国家にとって、植民地時代は否定すべきものである。ボンベイ、マドラス、カルカッタといった世界史に名を残すインドの大都市が次々に改称され、各都市においても英領時代の通り名が混乱を厭わず改称されているのはナショナリズムの現れである。また実際にも変化は激しい。たとえば、ガーデンハウスが建ち並んだかつてのコルカタ（カルカッタ）の中心地区、チョウリンギーは、超高層ビルやアパートが建ち並ぶ現代的な中心業務地区に転換しつつある。英国がつくったシンガポールや香港も、歴史的な街区への配慮はあるにしても、超高層ビルの林立するアジアを代表する現代都市へと変貌している。オランダを宗主国としたインドネシアでも同じような事情がある。ジャカルタのコタ地区はかつてのバタヴィアの栄光を記憶する場所であり、オランダは保存復原を提案する。1619年から1949年（正確には1942年の日本占領）まで、330年、数多くのオランダ人が居住してきたのである。しかし、ジャカルタにとってコタ地区は今では必ずしも重要な地区ではない。日本植民地期に建てられたかつて朝鮮総督府であった国立博物館を、光復（独立）50周年を期に解体した韓国のような例

図8-8　コルカタに残るガーデンハウス

図8-9　トコ・メラ（赤い家）、ジャカルタのコタ地区

図8-10　旧朝鮮総督府（解体前），ソウル

図8-12　ゴール・フォート，ゴール，スリランカ

図8-11　大統領府（旧台湾総督府），台北

図8-13　サンチャゴ砦，マラッカ

もある。

　一方，都市遺産の保存継承，活用を主張する動きもある。提案されるのは，相互遺産 mutual heritage，あるいは両親（2つの血統）dual parentage という理念である。300年もの植民地支配の過程は，それぞれの国の建築文化や都市の伝統に深く染み込んでいる。それはかけがえのないものとして評価すべきだという主張である。マニラのイントラムロスは見事に復原されている。インドでも，ムンバイのフォート地区などでは保存建物が指定されている。必ずしも大きな流れにはなっていないけれど，各都市に保存トラスト（INTACH）が組織され，チェンナイでも，歴史的遺産のリストアップは進められつつある。スリランカのゴール，北ルソンのヴィガンなど，世界文化遺産に登録された都市もある。続いてマレーシアのマラッカ，ペナンも世界遺産登録を準備しつつある。

　植民地遺産の評価は，旧朝鮮総督府の例が示すように，政治的な問題に直結しうる。しかし，かつての日本植民地でも台湾のように総督府を大統領府として使い続けているケースもある。ニューデリーは，結果としてインド独立への最大の贈り物になった。遺産をどう活用していくかはケース・バイ・ケースである。いずれにせよ，都市核の保存継承か再開発かをめぐって問われているのは，それぞれの都市の今後の大きな方向である。

03 地域の生態系に基く建築システム
── エコ・アーキテクチャー

　アジアに限らず世界中で問われるのは地球環境全体の問題である。エネルギー問題, 資源問題, 環境問題は, これからの都市と建築の方向を大きく規定することになる。

　かつて, アジアの都市や建築は, それぞれの地域の生態系に基づいて固有のあり方をしていた。メソポタミア文明, インダス文明, 中国文明の大きな影響が地域にインパクトを与え, 仏教建築, イスラーム建築, ヒンドゥ建築といった地域を超えた建築文化の系譜が地域を相互に結びつけてきたが, 地域の生態系の枠組みは維持されてきたようにみえる。インダスの古代諸都市が滅亡したのは, 森林伐採による生態系の大きな変化が原因であるという説がある。

　地球環境全体を考える時, かつての都市や建築のあり方にもどることはありえないにしても, それに学ぶことはできる。世界中を同じような建築が覆うのではなく, 一定の地域的まとまりを考える必要がある。国民国家の国境にとらわれず, 地域の文化, 生態, 環境を踏まえてまとまりを考える世界単位論の展開が1つのヒントである。建築や都市の物理的形態の問題としては, どの範囲でエネルギーや資源の循環系を考えるかがテーマとなる。

　ひとつには地域計画レヴェルの問題がある。各国でニュータウン建設が進められているが, 可能なかぎり, 自立的な循環システムが求められる。20世紀において最も影響力を持った都市計画理念は田園都市である。アジアでも, 田園都市計画はいくつ

図8-14　スラバヤ・エコ・ハウス

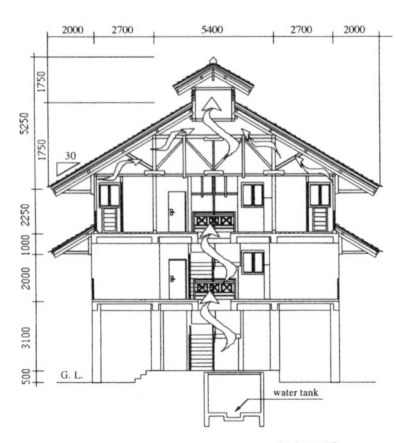

図8-15　スラバヤ・エコ・ハウス（断面図）

か試みられてきた。しかし，田園都市も西欧諸国と同様，田園郊外を実現するにとどまった。というより，田園郊外を飲み込むほどの都市の爆発的膨張があった。大都市をどう再編するかはここでも大問題である。どの程度の規模において自立循環的なシステムが可能かは今後の問題であるけれど，ひとつの指針は，1個1個の建築においても循環システムが必要ということである。

アジアにおいて大きな焦点になるのは中国，インドという超人口大国である。また，熱帯地域に都市人口が爆発的に増えることである。きわめてわかりやすいのは，熱帯地域で冷房が一般的になったら，地球環境全体はどうなるか，ということがある。基本的に冷房の必要のないヨーロッパの国々では，暖房の効率化を考えればいいのであるが，熱帯では大問題である。米国や日本のような先進諸国では自由に空調を使い，熱帯地域はこれまでどおりでいい，というわけにはいかない。事実，アイスリンクを持つショッピング・センターなどが東南アジアの大都市ではつくられている。

しかし地球環境問題の重要性から，熱帯地域でもさまざまな建築システムの提案がなされつつある。いわゆるエコ・アーキテクチャーである。スラバヤ・エコ・ハウスもその試みのひとつである。自然光の利用，通風の工夫，緑化など当然の配慮に加えて，二重屋根の採用，椰子の繊維を断熱材に使うなどの地域産材利用，太陽電池，風力発電，井戸水利用の輻射冷房，雨水利用など

図8-16 スラバヤ・エコ・ハウス ダブル・ルーフの模型

図8-17 MESIAGAビル 空調を使わないオフィス・ビル，クアラルンプール，ケン・ヤン

がそこで考えられている。マレーシアのケン・ヤンなどは，冷房を使わない超高層ビルを設計している。現代の建築技術をいかに自然と調和させるかは，アジアに限らず，全世界共通の課題である。

終章 現代アジアの都市と建築 ——— 365

【あとがき】

　京都大学に「世界建築史Ⅱ」という科目が新設開講され，担当し始めたのは1995年後期のことである。「Ⅰ」が西欧を扱い，「Ⅱ」が非西欧を扱う。アジアをずいぶん歩き回っているのだから担当せよ，ということでお鉢が回ってきた。正直困った。アジアといっても広い。東南アジアについては多少の自信を持っていたけれど，それだけでは「世界建築史」にはならないだろう。唯一の手がかりは，日本における「東洋建築史」研究の蓄積であり，「世界建築史Ⅱ」の開講に合わせるように出版された『東洋建築史図集』（日本建築学会編，彰国社）であった。

　まず，伊東忠太，関野貞，村田治郎 … といった東洋建築史研究の先達の仕事を紹介することから始めたが，結構おもしろい。当初は，一夜漬けの俄勉強をしながらの講義だったから，ずいぶんあやふやな話も多かったと思う（今も試行錯誤をしているのは変わりはないのだが）。

　ひとつ心に決めたのは，これは強迫観念といっていいけれど，可能なかぎり実物を見よう，それを紹介しよう，という方針である。生の実感とスライドがあればなんとか講義ももつだろう。旅に出るときには，『東洋建築史図集』が必携となった。掲載されているすべての作品を見るのが目標であるが，この数年でかなり見て回って，ようやく目標に近づきつつあるところだ。

　講義を始めてみてすぐ気がついたことは，非西欧（アジア，アフリカ，ラテン・アメリカ）の建築や都市についての情報がきわめて少ないということである。また，西欧で書かれた「世界建築史」をうたう著作のなかに，とくにアジアのウエイトが低いことである。そして，日本の「東洋建築史」の蓄積が戦前期までで中断し，概説という形ででも，その「全体」が必ずしも書かれていないことである。

　講義の回数を重ねるにつれて，ある程度講義のフレームが見えてきた。もちろん，我流であるが，『東洋建築史図集』を読むいくつかの筋道がわかってきた。教科書というのはおこがましいけれど，ガイドブックのようなものなら書けるのではないかと思い始めた矢先に，昭和堂の松井久見子さんから『アジア

建築史』をまとめないか，という話があった。『日本建築史』『ヨーロッパ建築史』『近代建築史』といったシリーズの一環として『アジア建築史』が欲しいとおっしゃる。『アジア美術史』『アジア庭園史』という構想もあるという。渡りに船と，向こう見ずにも乗った次第である。

　まず，「アジア都市建築研究会」(1995年設立。2002年末で57回の研究会を開催) の主立ったメンバーに声をかけた。「アジア都市建築研究会」の蓄積が大きな支えになると考えていたからである。手頃なテキストが欲しいという必要性を感じていたのが，近畿大学 (非常勤) で同じように「世界建築史」という講義を持っていた人間環境大学の青井哲人君である。彼は「伊東忠太研究」で修士論文を書き，朝鮮半島，台湾の神社建築に関する論文で学位をとった。また，インド中を歩き回ったことのある滋賀県立大学の山根周君が頼りになる。そして，「アジア都市建築研究会」の顧問というか理論的支柱といっていい応地利明先生 (京都大学名誉教授) には「アジアの都城」をめぐる議論をぜひ紹介いただきたいと思った。また，全体を統括していただきたいと考えた。執筆分担は別掲のとおりで執筆責任は個々にあるが，応地先生には，最後に全体に眼を通していただき相当程度手も入れていただいた。その該博な知識には驚嘆すべきものがある。本書がそれなりの水準を保ちえているとすれば，それは応地先生のフィールドに支えられた知のおかげである。

　以上のコアメンバーで，基本方針としたのが以下の諸点である。
① アジアの都市，建築の多様性を重層的に浮かび上がらせる。必ずしも時代順の記述はとらない (とれない)。より大きな地域区分，世界単位を下敷きにしたい。すなわち，ある程度のまとまりは意識したい。また，章立てにあたっては，地域，都市，建築の相互関連についてのテーマを重要視したい。
② アジアの都市，建築についての基礎的事項は網羅したい。また，主要な都市，主要な建築についての情報は盛り込みたい。重要な都市，建築を各章にうまく配置したい。
③ 単に建築をリストアップ (網羅) するに終始することを避け，めりはりをつける。ひとつの節ではひとつの建築 (都市) を重点的に記述する。さまざまな切り口から記述が可能な都市，建築を選定する。

④　モニュメンタルな建築のみの記述に終始しない。都市と建築を密接な関係において記述する。建築については都市を常に意識する。あるいは都市に焦点を当てながら主要な建築は記述する。
⑤　建築については基礎的データの他は，その空間構成，設計手法にウエイトをおいて記述する。
⑥　都市については，主要な建築の配置，都市構成原理を中心に記述する。
⑦　章立てから漏れるものについてはコラムをたてる。

　表記については，原則として平凡社『大百科事典』を基本とした。また，現地語の発音に近い表記を原則とした。
　基本方針はあくまで基本方針であって，本書で実現しえたかどうかについては読者の判断を待ちたい。あえて無謀な試みを行った，その無謀さを評価していただければ幸せである。西欧一辺倒で来た日本の近代建築の歴史であるが，アジアの都市と建築についてよりグローバルな視座のもとにいくつかの視点を提示する役割は日本にあるのではないか。そのほんの一歩になればと思う。

　本書に誤りや足りない点は少なくないと思う。願わくば，多くの読者を得て，さらに充実したものにしていく機会が与えられればと思う。

　本書の出版は，最初から最後まで松井久見子さんのリードによった。その的確な判断がなければ到底まとめることができなかったと思う。末尾ながら，心からの感謝の意を記したい。

布野修司

図 版 出 所 一 覧

序章　アジアの都市と建築

布野修司撮影　0-7～9, 0-13
伊東, 伊東忠太建築文献編纂委員会編 1936a　0-18
伊東, 伊東忠太建築文献編纂委員会編 1937a　0-10
伊東, 伊東忠太建築文献編纂委員会編 1937b　0-14, 0-16, 0-17
伊東, 伊東忠太建築文献編纂委員会編 1937c　0-15
伊東 1940　0-11
川畑良彦作成　0-4, 0-6
京都大学附属図書館編 2001　0-1～3, 0-5
村田 1931a　0-19, 0-20
村田 1931b　0-21
関野, 関野博士記念事業会編 1938　0-12

I　ヴァナキュラー建築の世界

千々岩 1960　1-27
Corner 1969　1-53
Domenig 1980　1-21, 1-22, 1-28, 1-35, 1-45, 1-71, 1-73, 1-74
Duly 1979　1-7, 1-8, 1-40, 1-41
布野修司撮影　1-10, 1-13～17, 1-19, 1-20, 1-23, 1-25, 1-26, 1-36, 1-47, 1-49, 1-51, 1-52, 1-55, 1-56, 1-58, 1-59, 1-61, 1-63, 1-65, 1-69, 1-70, 1-72, 1-75
布野他 1981　1-66, 1-76, 1-77, 1-78, 1-79, 1-80, 1-81, 1-84, 1-85
布野 1987　1-68
蓮見他 1993　1-38, 1-39
池 1983　1-29～34
金谷俊秀撮影　1-5
光復書局編纂 1992　1-50
Marechaux 1993　1-9
Ministry of Housing & Urban Development Cultural Heritage Organization 1-6, 1-62
村田 1930　1-42
大辻絢子作成　1-64
Oliver 1997　1-3, 1-4, 1-11, 1-12, 1-43, 1-44
Randhawa 1999　1-60
Scott 1996　1-18
高山 1982　1-67
高谷 1996　1-1, 1-2
UN Regional Housing Center 1973a　1-37
UN Regional Housing Center 1973b　1-48
Yuswadi et al. 1979　1-82, 1-83
脇田祥尚撮影　1-57

van Huyen 1934　1-54
Waterson 1990　1-24, 1-46

II　仏教建築の世界史

Fisher 1993　2-4, 2-7, 2-11, 2-18, 2-20
布野修司撮影　2-12, 2-14, 2-15, 2-28～35, 2-38, 2-39, 2-42, 2-44～49, 2-53, 2-58, 2-59, 2-63
布野修司（現地にて入手）　2-1
Hutt 1994　2-54, 2-55
金谷俊秀作成　2-10, 2-65
金谷俊秀撮影　2-50
松長 1991　2-51, 2-52, 2-66, 2-67
Moore and Stotto 1996　2-56, 2-57
森田一弥撮影　2-8, 2-9
中村・久野監修 2002　2-13
日本建築学会編 1995　2-36, 2-64
西川 1985　2-3
Ringis 1990　2-40, 2-41
梁 1984　2-60, 2-61
Strachan 1989　2-37
Tadgell 1990　2-5, 2-6, 2-16, 2-17, 2-23, 2-27
高井雅木撮影　2-62
魚谷繁礼撮影　2-2, 2-19, 2-21, 2-22, 2-24～26, 2-43

III　中華の建築世界

『文物』1976a　3-15
『文物』1976b　3-21
『文物』1979および1981　3-12
『文物』1981　3-14
陳 1981　3-29～31, 3-41
趙 2000　3-28
中国科学院自然科学史研究所編 1985　3-32, 3-33
中国建築科学研究院編 1982　3-1, 3-4, 3-5, 3-16, 3-22, 3-27, 3-35, 3-44, 3-48
布野修司撮影　3-3, 3-20, 3-50
伊東, 伊東忠太建築文献編纂委員会編 1937　3-11
陣内他編 1998　3-10
故宮博物館　3-8
光復書局編纂 1992a　3-2
光復書局編纂 1992b　3-18, 3-19
光復書局編纂 1992d　3-51
光復書局編纂 1992f　3-25, 3-26, 3-47
光復書局編纂 1992g　3-45, 3-46

『考古』1963　3-13
『考古』1976　3-17
茂木他編 1991　3-9
日本建築学会編 1989　3-38，3-39
日本建築学会編 1995　3-23，3-36，3-37，3-42，3-43
『山西古建築通覧』2001　3-34
関口 1984　3-40
田中 1989　3-24
寺田 1999　3-7
ツルテム 1990　3-49
楊 1997　3-6

IV　ヒンドゥの建築世界

千原 1982　4-100
布野修司撮影　4-1～9，4-23～32，4-51，4-72，4-80～90，4-92～94，4-96～99，4-101～108
Hatje 1991　4-19～21，4-54，4-74
Kuibhushan and Minakshi 2000　4-76～78
Mitra 1976　4-12
Moore 1999　4-10
Siribhadra and Moore 1992　4-91
Strachan 1989　4-109
Tadgell 1990　4-11，4-16～17，4-22，4-33～47，4-50，4-52，4-53，4-55～70，4-73，4-75，4-79
魚谷繁礼撮影　4-18，4-48，4-49，4-71，4-95
柳沢究撮影　4-13～15

V　アジアの都城とコスモロジー

足利 1985　5-49
Chakrabarti 1995　5-13
張 1994　5-29
深井晋司　5-3
布野修司撮影　5-30
賀 1985　5-28
林部 2001　5-40
徐・張校補 1985　5-53
徐 1994　5-54
『欽定礼記義疏』　5-10
Kirk 1978　5-6
岸 1987　5-50
岸 1988　5-42，5-43
向日市埋蔵文化財センター編 2001　5-48
村井 1970　5-52
日本建築学会編 1995　5-17
『大越史記全書』　5-36，5-37
応地利明作成　5-1，5-11，5-12，5-18～20
応地利明撮影　5-23～26，5-38，5-39
Ohji 1990　5-5，5-7，5-22

応地 1997　5-16，5-21
小沢 1997　5-44
定方 1985　5-4
セデス（原著1947）をもとに応地利明作成　5-15
妹尾 2001　5-8，5-31，5-32
朱 1994　5-34
杉山 1984　5-33
戴震　5-9
舘野 2001　5-45，5-47
寺崎 2002　5-41
礪波 1987　5-46
Vietnamese Studies 48, 1977　5-35
王 1984　5-27
山中 1994　5-2
山中 1997　5-51
楊 1987　5-14

VI　イスラーム世界の都市と建築

アルハンブラ宮殿　6-26
ベネーヴォロ 1983　6-9，6-13
布野修司撮影　6-2，6-10，6-16，6-18，6-20，6-22～25，6-31，6-33～36，6-40，6-43，6-47，6-50，6-58，6-66
Hakim 1986　6-1，6-27～30
光復書局編纂 1992　6-59～65
中川編 1996　6-6，6-46
大辻絢子作成　6-37
Robinson 1996　6-7，6-46
Stierlin 1979　6-3～5，6-8，6-11，6-12，6-14，6-15，6-17，6-19，6-21，6-32，6-38，6-39，6-41，6-42，6-44，6-48，6-49，6-51，6-54～56
魚谷繁礼撮影　6-45，6-52，6-53，6-57

VII　植民都市と植民地建築

Ad Orientem and Auftrum 1573　7-15
Algemeen Rijlsarchief, Den Haag 所蔵　7-2，7-8，7-9
Bibliotheque Nationale de France 7-26～28
ブラゴベシチェンスク市役所所蔵　7-52
張編 1994　7-62
藤森・汪編 1996　7-60
布野修司撮影　7-17，7-19，7-20，7-36，7-37，7-39～46
"Hydrographer of the Navy, Taunton, England" 7-24
今川朱美作成　7-13
今川朱美撮影　7-14
"Indonesian Heritage vol.6. Architecture" 1998　7-34

Irving 1981　7-47
Kagan 2000　7-22
Khabarovsk Regional Lore Museum所蔵　7-53
国土地理院所蔵情報サービス館所蔵　7-58
Kostof 1991　7-33
Kotkin and Wolff 1996 をもとに作成　7-51
桑原正慶作成　7-3, 7-21
le Brusq and de Selva 1999　7-29〜32
"Melaka : The Transformation of a Malay Capital c. 1440-1980, vol. 1 & 2"　7-23
『南満州鉄道株式会社　第二次一〇年史』1928　7-59
村松 1998　7-63, 7-64
Museum of Vladivostok Fortress所蔵　7-54
西澤　1996b　7-67
李 1980　7-65
Rohas 2000　7-16
参謀本部編 1972　7-57
佐藤圭一撮影　7-48〜50
佐藤洋一作成　7-56

辛 1987　7-66
佃真輔作成　7-4, 7-10
van Oers 2000　7-38
"Vladivostok" konets XIX - nachalo XX veka" 1992　7-55
"Volkskrant" Vrijdag, 13, Maart, 1998　7-5
Wertheim 1958　7-35
Wiltshire 1995　7-61
山口潔子撮影　7-18
山根周撮影　7-11, 7-12
山崎大基撮影　7-25
Zantvliet 1998　7-1, 7-6, 7-7

終章　現代アジアの都市と建築

布野修司撮影　8-3〜11, 8-13, 8-14, 8-16, 8-17
平野敏彦作成　8-1, 8-2
Juergen Schreiber 撮影　8-12
山本直彦作成　8-15

参 考 文 献

0　東洋建築史一般

Bussagli, M., "Oriental Architecture 1/India, Indonesia, Indochina 2/China, Korea, Japan", Electa/Rizzoli, 1981.

Fergusson, J., "History of India and Eastern Architecture", London: John Murray, 1876, revised 1876.

伊東忠太，伊東忠太建築文献編纂委員会編『日本建築の研究：上（伊東忠太建築文献：1）』龍吟社，1937年a。

伊東忠太，伊東忠太建築文献編纂委員会編『日本建築の研究：下（伊東忠太建築文献：2）』龍吟社，1936年a。

伊東忠太，伊東忠太建築文献編纂委員会編『日本建築の研究（伊東忠太建築文献：3）』龍吟社，1936年b。

伊東忠太，伊東忠太建築文献編纂委員会編『東洋建築の研究（伊東忠太建築文献：4）』龍吟社，1937年b。

伊東忠太，伊東忠太建築文献編纂委員会編『論業・随想・漫筆（伊東忠太建築文献：6）』龍吟社，1937年c。

伊東忠太『法隆寺（創元選書：65）』創元社，1940年。

京都大学附属図書館編『近世の京都図と世界図 — 大塚京都図コレクションと宮崎市定氏旧蔵地図』応地利明解説，京都大学附属図書館，2001年。

村田次郎『東洋建築系統史論：1』（建築雑誌，昭和6年4月号），日本建築学会，1931年a。

村田次郎『東洋建築系統史論：2』（建築雑誌，昭和6年5月号），日本建築学会，1931年b。

村田治郎『東洋建築史（建築学大系：4）』彰国社，1972年。

日本建築学会編『東洋建築史図集』彰国社，1995年。

関野貞，関野博士記念事業会編（編纂代表：伊東忠太）『支那の建築と芸術』岩波書店，1938年。

都市史図集編集委員会編『都市史図集』彰国社，1999年。

I　ヴァナキュラー建築

浅川滋男『住まいの民族学的考察 — 華南とその周辺』京都大学位請求論文，1992年（『住まいの民族建築学 — 江南漢族と華南少数民族の住居論』建築資料研究社，1994年）。

浅川滋男編『先史日本の住居とその周辺』同成社，1998年。

Bagneid, A., 'Indigenous Residential Courtyards: Typology, Morphology and Bioclimates', "The Courtyards as Dwelling", Iaste vol.6, 1989.

Benedict, P., "Austro-Thai Language and Culture: With a Glossary of Roots", New Haven: Human Relations Area Files Press, 1975.

Benedict, P., "Japanese / Austro-Thai", Michigan: Karoma, 1986.

Bourdieu, P., 'The Berber House', In M. Douglas, "Rules and Meanings", Penguin: Harmondsworth, 1973.

張保雄『韓国の民家研究』宝晋斎出版社，1981年（『韓国の民家』佐々木史郎訳，古今書院，1989年）。

千々岩助太郎『台湾高砂族の住家』丸善，1960年。

カマー, E. J. H.『図説　熱帯植物集成』渡辺清彦訳，廣川書店，1969年。

Covarrubias, M., "Island of Bali", 1987.

Cunningham, C., "Order in the Atoni House", Bijdragen tot de Taal-, Land-en Volkenkunde, 120, 1964.

Dawson, B. and J. Gillow, "The Traditional Architecture of Indonesia", Thames and Hudson, 1994.

Denyer, S., "African Traditional Architecture", Heineman, London Ibadan Nairobi, 1978.

Domenig, G., "Tectonics in Primitive Roof Construction", 1980.

ドメニク, G.「構造発達論よりみた転び破風屋根 — 入母屋造の伏屋と高倉を中心に」杉本尚次編『日本の住まいの源流』文化出版局，1984年。

Duly, C., "The Houses of Mankind", Thames and Hudson, 1979.

Dumarcay, J., "The House in South-east Asia", 1985.

Freeman, D., "Report on the Iban", London: Athlone, 1970.

布野修司他『地域の生態系に基づく住居システムに関する研究：I』新住宅普及会，1981年。

布野修司『インドネシアにおける居住環境の変容とその整備手法に関する研究』東京大学学位請求論文，1987年。

布野修司他『地域の生態系に基づく住居システム

に関する研究：Ⅱ』住宅総合研究財団，1991年．
布野修司『住まいの夢と夢の住まい ─ アジア住居論』朝日新聞社，1997年．
Gibbs, P., "Building a Malay House", 1987.
Guidoni, E., "Primitive Architecture", New York: Harry n. Abrams, Inc., Publishers, 1978.
蓮見治雄他『遊牧民の建築術 ─ ゲルのコスモロジー』INAX出版，1993年．
池浩三『祭儀の空間』相模書房，1979年．
池浩三『家屋紋鏡の世界』相模書房，1983年．
Izikowitz, K. and P. Sorensen, "The House in East and Southeast Asia", Anthropological and Architectural Aspects, 1982.
Jones, D. and G. Mitchell, "Vernacular Architecture of the Islamic World and Indian Asia", 1977.
木村徳国『古代建築のイメージ』NHK出版，1979年．
木村徳国『上代語にもとづく日本建築史の研究』中央公論美術出版，1988年．
Levi-Strauss, C., 'The Family', in H. L. Shapiro (ed.), "Man, Culture, and Society", New York: Oxford University Press.（レヴィ＝ストロース，C.「家族」祖父江孝男訳編『文化人類学リーディングス ─ 文化・社会・行動』誠心書房，1968年）
Lim Jee Yuan, "The Malay House", Rediscovering Malaysia's Indigenous Shelter system, 1987.
馬炳堅『北京四合院』天津大学出版社，1999年．
Marechaux, P. and M., "Yemen", Paris: Editions Phebus, 1993.
Ministry of Housing and Urban Development Cultural Heritage Organization, "New Life - Old Structure", Iran, 1999.
宮本長二郎『日本原始古代の住居建築』中央公論美術出版，1996年．
茂木計一郎・稲次敏郎・片山和俊，木寺安彦写真『中国民居の空間を探る 群居類住 ─ "光・水・土"中国東南部の住空間』建築資料研究社，1991年．
村田治郎『東洋建築史系統史論』1930年．
村田治郎『北方民族の古俗』自家版，1975年．
村山智順『朝鮮の風水』朝鮮総督府，1930年．
西沢文隆『コートハウス論』相模書房，1974年．
野村孝文『朝鮮の民家』学芸出版社，1981年．
太田邦夫『東ヨーロッパの木造建築 ─ 架構形式の比較研究』相模書房，1988年．
Oliver, P., "Shelter and Society", London: Barrie and Rockliff, 1969.
Oliver, P., "Shelter in Africa", London: Barrie and Jenkins, 1971.

Oliver, P., "Shelter Sign and Symbol", London: Phaidon, 1975.
Oliver, P., "Dwellings: The House Across the World", London: Phaidon, 1987.
Oliver, P. (ed.), "Encyclopedia of Vernacular Architecture of the World", Cambridge University Press, 1997.
Randhawa, T. S., "The Indian Courtyard House", New Delhi: Prakash Books, 1999.
Rapoport, A., "House Form and Culture", Engelwood Cliffs: Prentice-Hall, 1969.
Rapoport, A., "The Meaning of the Built Environment", Beverley Hills: Sage, 1982.
Rudofsky, B., "The Prodigious Builders", London: Secker and Warburg, 1977.（『驚異の工匠たち』渡辺武信訳，鹿島出版会，1981年）
Rudofsky, B., "Architecture without Architects", London: Academy Editions, 1964.（『建築家なしの建築』渡辺武信訳，鹿島出版会，1984年）
劉敦楨『中国の住宅』田中淡・沢谷昭次訳，鹿島出版会，1976年．
Sargeant, P. M., "Traditional Sundanese Badui-Area", Banten, West Java, Masalah Bangunan, 1973.
佐藤浩司編『シリーズ建築人類学 住まいを読む：1～5』学芸出版社，1999年．
Scott, W. H., "On The Cordillera", Manila: MCS Enterprises Inc., 1996.
朱南哲『韓国住宅建築』一志社，1980年（『韓国の伝統的住宅』野村孝文訳，九州大学出版会，1981年）．
杉本尚次編『日本の住まいの源流』文化出版局，1984年．
杉本尚次『住まいのエスノロジー』住まいの図書館出版局，1987年．
Sumintardja, D., "Central Java: Traditional Housing in Indonesia", Masalah Bangunan, 1974.
高谷好一『「世界単位」から世界を見る ─ 地域研究の視座』京都大学学術出版会，1996年．
高山龍三「ボルネオの密林に建つロングハウス」梅棹忠夫編『住む憩う』学芸出版社，1982年．
Tailor, P. M. and L. Aragon, "Beyond the Java Sea: Art of Indonesia's Outer Islands", 1991.
Talib, K., "Shelter in Saudi Arabia", London: Academy Editions, 1984.
東京芸術大学・中国民居研究グループ『中国民居の空間を探る』建築資料研究社，1991年．
東京工業大学窰洞調査団『生きている地下住居』彰国社，1988年．
坪内良博・前田成文『核家族再考 ─ マレー人の家

族圏』弘文堂，1977年。
UN Regional Housing Center, "Batak Karo: Traditional Buildings of Indonesia", vol. II, Bandung, 1973a.
UN Regional Housing Center, "Batak Simalungun and Batak Mandaling: Traditional Buildings of Indonesia", vol. III, Bandung, 1973b.
Yuswadi, S. et al. "Pra Penelitian Sejarah Arsitektur Indonesia", Fakultas Sastra Universitas Indonasia, 1979.
van Huyen, N. Les Caracteves Ceneraux de la Maison sur Pilotis dans le Sud-Est de L'asie, 1934.
王其均『中國傳統民居建築』台北：南天書局出版，1992年。
Waterson, R., "The Living House: An Anthropology of Architecture in South-East Asia", Oxford University Press, 1990.（ウォータソン，R.『生きている住まい ─ 東南アジア建築人類学』布野修司監訳，アジア都市建築研究会，学芸出版社，1997年）

II 仏教建築

Bechert, H. and R. Gombrich, "The World of Buddhism", London and New York, 1984.
Bhirasri, S., "Thai Buddhist Art（Architecture）", Bangkok: The Fine Arts Department, 1963.
張駆賓『中国塔』山西人民出版社，2000年。
千原大五郎『ボロブドールの建築』原書房，1970年。
千原大五郎『東南アジアのヒンドゥー・仏教建築』鹿島出版会，1982年。
Coomarasswamy, A. K., "Origin of the Buddha Image", New Delhi, 1980.
慧立『玄奘三蔵 ─ 西域・インド紀行』彦悦宗・長澤和俊訳，講談社，1998年。
Dallapiccola, A. L., "The Stupa: Its Religious, Historical and Architectural Significance", Wiesbaden, 1980.
Fisher, R. E., "Buddhist Art and Architecture", London: Thames and Hudson, 1993.
Harle, J. C., "The Art and Architecture of the Indian Subcontinent", Harmondsworth, 1986.
Huntington, S., "The Art of ancient India: Buddhist, Hindu, Jain", New Yoek and Tokyo, 1985.
Hutt, M., "Nepal: A Guide to the Art and Architecture of the Kathmandu Valley", Kiscadale Publications, 1994.
Khanna, M., "Yantra: The Tantric Symbol of Cosmic Unity", London: Thames and Hudson, 1979.
Kloetzli, R., "Buddhist Cosmology", New Delhi, 1983.
Knox, R., "Amaravati: Buddhist Sculpture from the Great Stupa", London, 1992.
Kumar, J., "Masterpieces of Mathura Museum", Government Museum Mathura, 1989.
Le May, R., "A Concise History of Buddhist Art in Siam", Tokyo: Charles E. Tuttle, 1963.
Leoshco, J., "Bodhgaya: The Site of Enlightenment", Bombay, 1988.
Matics, K. I., "Introduction to the Thai Temple", Bangkok: White Lotus, 1992.
松長有慶『密教』岩波書店，1991年。
松尾剛次『仏教入門』岩波書店，1999年。
宮治昭『ガンダーラ ─ 仏の不思議』講談社，1996年。
宮元啓一『仏教誕生』筑摩書房，1995年。
Moore, E. and P. Stott, S. Sukhasvasti, M. Freeman, "Ancient Capitals of Thailand", Asia Books Co. Ltd., 1996.
ムケルジー，A.『タントラ ─ 東洋の知恵』松長有慶訳，新潮社，1981年。
長澤和俊『仏教の源流 ─ 正倉院からシルクロードへ』青春出版社，2002年。
中村元・久野健監修『仏教美術事典』東京書籍，2002年。
奈良国立博物館『日本仏教美術の源流』奈良国立博物館，1978年。
日本建築学会編『東洋建築史図集』彰国社，1995年。
西川幸治『仏教文化の原郷をさぐる ─ インドからガンダーラまで』1985年。
西村公朝『やさしい仏像の見方』新潮社，1983年。
Rawson, P., "The Art of Tantra", Thames and Hudson, 1973.
Ringis, R., "Thai Temples and Temple Murals", Singapore: Oxford University Press, 1990.
Rowland, B., "The Evolution of the Buddha Image", Asia Society, 1968.
梁思成 "A Pictorial History of Chinese Architecture", The MIT Press, 1984.
Seneviratna, A. and A. Polk, "Buddhist Monastic Architecture in Sri Lanka", Abhinav Publications, 1992.
下中彌三郎編『世界美術全集：第11巻 インド古代・中世 東南アジア』平凡社，1957年。
Steinhardt, N. S., 'Early Chinese Buddhist Architecture and its Indian Origins', "Marg" 50（2），Marg Publications, 1998.
Strachan, P., "Pagan Art and Architecture of Old Burma", Kiscadale, 1989.
杉山信三『朝鮮の石塔』吉川弘文館，1944年。

Tadgell, C., "The History of Architecture in India, from the Dawn of Civilization to the End of the Raj", London: Architecture Design and Technology Press Longman Group UK Limited, 1990.
高田修『仏像の起源』岩波書店, 1967年。
立川武蔵『マンダラ』学習研究社, 1996年。
立川武蔵『密教の思想』吉川弘文館, 1998年。
高桑駒吉『大唐西域記に記せる東南印度諸國の研究』森江書店, 1926年（国書刊行会, 1974年）。
高桑駒吉『大唐西域記に記せる東南印度諸国の研究』国書刊行会, 1974年。
玉城康四郎・木村清孝『ブッダの世界』NHK出版, 1992年。
Williams, J., "The Art of Gupta India", Princeton, 1982.
薮田嘉一郎編『五輪塔の起原』綜芸社, 1958年。
Zurcher, E., "Buddhism: Its Origin and Spread in World, Maps and Pictures", London, 1962.

III　中国・朝鮮半島

白佐民・邵俊儀主編『中國美術全集　建築藝術編：6　壇廟建築』中國建築工業社, 1988年。
Boerschmann, E. "Chinesische Árchitecture". 2 vols., Berlin: Wasmuth, 1925.
Boyd, A., "Chinese Architecture and Town Planning, 1500 B.C.-A.D.1911", University of Chicago Press, 1962.（ボイド, A.『中国の建築と都市』田中淡訳, 鹿島出版会, 1979年）
『文物』文物出版社, 1976年a（1期）。
『文物』文物出版社, 1976年b（2期）。
『文物』文物出版社, 1979年（10期）および1981年（3期）。
『文物』文物出版社, 1981年（3期）。
Chinese Academy of Architecture, comp., "Ancient Chinese Architecture", Peking: China Building Industry Press; Hong Kong: Joint Publishing CO., 1982.
陳明達『営造法式大木作研究』文物出版社, 1981年。
千倬雲編／楼慶西編『中国美術全集　建築芸術編：1　宮殿建築』人民美術出版社, 1987年。
鄭寅国『韓国建築様式論』一志社, 1974年。
趙廣超『不只中国木建築』三聯書店, 2000年。
朝鮮総督府『朝鮮古蹟図譜』朝鮮総督府, 1915～1935年。
中国科学院自然科学史研究所編『中国古代建築技術史』科学出版社, 1985年。

中国建築科学研究院編『中国の建築』末房由美子訳, 小学館, 1982年。
中国建築工業出版社編『中国建築・名所案内』尾島俊雄監訳, 彰国社, 1983年。
中国建築工業出版社編『西蔵古迹』中国建築工業出版社, 1984年。
中国建築史編纂組『中国建築史』中国建築工業出版社, 1982年。
中国建築史編集委員会『中国建築の歴史』田中淡訳, 平凡社, 1981年。
藤島亥治郎『韓の建築文化 ─ わが研究五十年』芸艸堂, 1976年。
福永光司編, 東アジア基層文化研究会『道教と東アジア ─ 中国・朝鮮・日本』人文書院, 1989年。
福山敏男『福山敏男著作集：6　中国建築と金石文の研究』中央公論美術出版, 1983年。
伊原弘『中国中世都市紀行』中公新書, 1988年。
伊原弘『中国人の都市と空間』原書房, 1993年。
飯田須賀斯『中国建築の日本建築に及ぼせる影響』相模書房, 1953年。
伊東忠太『清國北京紫禁城殿門ノ建築』『清國北京紫禁城建築調査報告』（東京帝國大學工科大學学術報告：第4号）, 東京帝国大学工科大学, 1903年。
伊東忠太『東洋史講座：第11巻　支那建築史』雄山閣, 1931年。
伊東忠太, 伊東忠太『清國』刊行会編『清國　伊東忠太見聞野帖　Set, 1, 2.』柏書房, 1931年（1990年復刊）。
伊東忠太［講演］『熱河遺跡の建築史的價値』（講演集：第69回）, 啓明會事務所, 1936年。
伊東忠太, 伊東忠太建築文献編纂委員会編『東洋建築の研究：上（伊東忠太建築文献：1）』龍吟社, 1937年。
伊東忠太『支那建築装飾：第1～5巻』東方文化学院, 1941～1942年補。
伊東忠太, 陳清泉譯補『中國文化史叢書：第2輯　中國建築史』商務印書館, 1937年。
伊藤清造『支那の建築』大阪屋号書店, 1929年。
伊藤清造『支那及満蒙の建築』大阪屋号書店, 1939年。
陣内秀信他編『北京 ─ 都市空間を読む』鹿島出版会, 1998年。
樺山紘一他編『岩波講座　世界歴史：9　中華の分裂と再生』岩波書店, 1999年。
韓国建築家協会編『韓国伝統木造建築図集』一志社, 1982年。
片桐正大『朝鮮木造建築の架構技術発展と様式成立に関する史的研究 ─ 遺構にみる軒組形式の分析』1994年。
荊其敏『絵で見る中国の伝統民居』白林監訳, 学

芸出版社，1992年。
木津雅代『中国の庭園 — 山水の錬金術』東京堂出版，1994年。
近藤豊『韓国建築史図録』思文閣出版，1974年。
光復書局編纂『中國古建築之美：1　宮殿建築 — 末代皇都』光復書局／中國建築工業出版社，1992年a。
光復書局編纂『中國古建築之美：2　帝王陵寢建築 — 地下宮殿』光復書局／中國建築工業出版社，1992年b。
光復書局編纂『中國古建築之美：3　皇家苑囿建築 — 琴棋射騎御花園』光復書局／中國建築工業出版社，1992年c。
光復書局編纂『中國古建築之美：4　文人園林建築 — 意境山水庭園院』光復書局／中國建築工業出版社，1992年d。
光復書局編纂『中國古建築之美：5　民間住宅建築 — 圓樓窰洞四合院』光復書局／中國建築工業出版社，1992年e。
光復書局編纂『中國古建築之美：6　佛教建築 — 佛陀香火塔寺窟』光復書局／中國建築工業出版社，1992年f。
光復書局編纂『中國古建築之美：7　道教建築 — 神仙道觀』光復書局／中國建築工業出版社，1992年g。
光復書局編纂『中國古建築之美：8　伊斯蘭教建築 — 穆斯林禮拜清眞寺』光復書局／中國建築工業出版社，1992年h。
光復書局編纂『中國古建築之美：9　禮制建築 — 壇廟祭祀』光復書局／中國建築工業出版社，1992年i。
光復書局編纂『中國古建築之美：10　城池防禦建築 — 千里江山萬里城』光復書局／中國建築工業出版社，1992年j。
光復書局編纂『中國古建築之美：付録　建築形制裝飾精選』中國建築工業出版社，1997年。
『考古』科学出版社，1963年（9期）。
『考古』科学出版社，1976年（2期）。
茂木計一郎他編『中国民居の空間を探る』建築資料研究社，1991年。
村田治郎『満州建築』東学社，1935年。
村田治郎『支那の仏塔』富山房，1940年。
村田治郎『居庸関』京都大学工学部，1955～1957年。
村田治郎『村田治郎著作集：3　中国建築史叢考　仏寺・仏塔編』1988年。
中村蘇人『江南の庭 — 中国文人のこころをたずねて』新評論，
中西章『朝鮮半島の建築』理工学社，1989年。
中野美代子『龍の住むランドスケープ — 中国人の空間デザイン』福武書店，1991年。
日本建築学会編『日本建築史図集』彰国社，1989年。
日本建築学会編『東洋建築史図集』彰国社，1995年。

『山西古建築通覧』山西人民出版社，2001年。
関口欣也「中国両浙の宋元古建築：2」『仏教芸術』157，1984年。
関野貞他『樂浪郡時代の遺蹟　本文，圖版上册，圖版下册（古蹟調査特別報告：第4册）』朝鮮總督府，1925～1927年。
関野貞『朝鮮美術史』朝鮮史學會，1932年。
関野貞・竹島卓一編『熱河：第1～4巻』座右宝刊行會，1934年。
関野貞『支那碑碣形式の變遷』座右宝刊行会，1935年。
関野貞・関野博士記念事業会編『支那の建築と藝術』岩波書店，1938年。
関野貞・関野博士記念事業会編『朝鮮の建築と藝術』岩波書店，1939年。
関野貞・竹島卓一『遼金時代ノ建築ト其佛像：図版／上・下（東方文化學院東京研究所研究報告）』東方文化學院東京研究所，1934～1935年。
斯波義信『中国都市史』東京大学出版会，2002年。
Sickman, L. and A. Soper, "The Art and Architecture of China", Harmondsworth: Penguin, 1956: 3rd ed. 1968; paperback ed. 1971, reprinted 1978.
杉山信三『韓国の中世建築』相模書房，1984年。
竹島卓一『遼金時代の建築と其仏像』龍文書局，1944年。
竹島卓一『中国の建築』中央公論美術出版，1970年。
竹島卓一『営造法式の研究：1，2，3』中央公論美術出版，1970～1972年。
田中淡『中国建築史の研究』弘文堂，1989年。
寺田隆信『紫禁城史話』中央公論新社，1999年。
Thilo, T. "Chang'an Metropole Ostasiens und Weltstadt des Mittelalters 583-904", Teil1: Die Stadtanlage, Wiesbaden: Harrassowitz, 1997.
常盤大定・関野貞『支那佛教史蹟：1［評解］～5［図版］』佛教史蹟研究会，1925～1928年。
常盤大定・関野貞『中国文化史蹟：1［山西］～増補［東北篇］』法藏館，1975～1976年。
ツルテム，N.『モンゴル曼荼羅：3　寺院建築』蓮見治雄監修，杉山晃造写真，新人物往来社，1990年。
Victor Cunrui Xiong, "Sui-Tang Chang'an, and A Study in the Urban History of Medival China", Ann Arbor: The University of Michigan, Michigan Center for Chinese Studies, 2000.
楊鴻勛『唐長安大明宮含元殿の復元的研究』『佛教芸術』233，1997年。
米田美代治『朝鮮上代建築の研究』秋田屋，1944年。

Ⅳ　インド世界・東南アジア

Acharya P. K., "Manasara Series": "Ⅰ A Dictionary of Hindu Architecture", "Ⅱ Indian Architecture According to Manasara-Silpasastra", "Ⅲ Manasara on Architecture and Sculpture", "Ⅳ and Ⅴ Architecture of Manasara (translation and illustration)", London: Oxford University Press, 1934.
天沼俊一『印度乃建築』大雅堂，1944年。
荒松雄『多重都市デリー ── 民族，宗教と政治権力』中央公論社，1993年。
Batley, C., "The Design Development of Indian Architecture", London, 1934.Bedge, P. V., "Forts and Palaces of India", Delhi, 1982.
Boisselier, J., "Trends in Khmer Art", Ithaca, New York: SEAP, 1989.
Brown, P., "Indian Architecture (Indian and Hindu: Islamic Period), 2 vols", Bombay, 1942 and subsequent editions.
Chandra, P., "Studies in Indian Temple Architecture", Delhi, 1975.
千原大五郎『東南アジアのヒンドゥ・仏教建築』鹿島出版会，1982年。
Coomaraswamy, A. K., "Early Indian Architecture: Palace", Delhi, 1975.
Dagens, B., "Mayamata an Indian Treatise on Housing, Architecture and Iconography", New Delhi, India: Sitaram Bhartia Institute of Scientific Research, 1985.
Deva, K., "Temple of North India, Delhi, 1969.
Deva, K., "Temples of India vol.Ⅰ-Ⅱ", New Delhi: Aryan Books International, 1995.
Dhaky, M. A. and M. Meister, "Encyclopedia of Hindu Temple Architecture, Delhi, 1983.
Dutt, B. B., "Town Planning in Ancient India", Calcutta, 1925.
Dumarcay, J., "The Temples of Java", Oxford University Press, 1986.
Dumarcay, J., "The Palaces of South-East Asia Architecture and Customs", Oxford University Press, 1991.
Fergusson, J. and J. Burgess, "Cave Temples of India", London, 1880.
Freeman, M. and R. Warner, "Angkor: The Hidden Glories", 1990.
藤岡通夫『ネパール　建築逍遙』彰国社，1992年。
Ghosh, A., "Jaina Art and Architecture (3 vols)", Delhi, 1974-1975.
Grabsky, P., "The Lost Temple of Jawva", UK: Seven Dials, 2000.
Grover, S., "The Architecture of India, Buddhist and Hindu, Sahibabad", 1980.
Harle, J. C., "The Art and Architecture of the Indian Subcontinent", London: Penguin Books, 1986.
Hatje, "Vistara die Architektur Indiens", Berlin: Haus der Kuluturen der Welt, 1991.
Havell, E. B., "The Ancient and Medieval Architecture of India", London: John Murray, 1915.
Huntington, S. L., and J. C. Huntington, "The Art of Ancient India", New York and Tokyo: Weatherhill, 1985.
飯塚キヨ監修『インド建築の5000年 ── 変容する神話空間』世田谷美術館，1988年。
石澤良昭『古代カンボジア史研究』図書刊行会，1979年。
石澤良昭『タイの寺院壁画と石造建築』めこん，1989年。
伊東忠太・佐藤巧一・森口多里・濱岡周忠『印度の文化と建築』洪洋社，1924年。
Jain Kuibhushan and Minakshi, "Architecture of the Indian Desert", Aadi Centre, Ahmedabad, 2000.
Jouveau-Dubreuil, G., "Dravidian Architecture", Madras, 1917.
Kamil, K. M., "Architecture in Pakistan", Singapore, 1985.
神谷武夫『インド建築案内』TOTO出版，1996年。
神谷武夫『インドの建築』東方出版，1996年。
辛島昇『南アジアを知る事典』平凡社，1992年。
小寺武久『古代インド建築史紀行』彰国社，1997年。
Kramrisch, S., "The Hindu Temple (2 vols)", Calcutta, 1946.
Meister, M. W. and M. A. Dhaky, (ed.), "Encyclopaedia of Indian Temple Architecture South India Upper Dravidadesa Early Phase, A. D. 550-1075", American Institute of Indian Studies, University of Pennsylvania Press, 1986.
Michell, G., "The Penguin Guide to the Monuments of India, vol.1: Buddhist, Jain, Hindu", London: Penguin Books, 1989.
Mitchell, G., "The Hindu Temple", London, 1977.（ミッチェル，G.『ヒンドゥ教の建築 ── ヒンドゥ寺院の意味と形態』神谷武夫訳，鹿島出版会，1993年）
Mitra, D., "Buddhist Monuments", Calcutta, 1971.
Mitra, D., "Konarak", The Director General Archaeological Survey of India, New Delhi, 2nd ed., 1976.（『北インドの建築入門』佐藤正彦訳，彰国社，1996年）

Monod-Bruhl, O., "Indian Temples", Oxford, 1952.

Moore, E., "The Hindu Pantheon, the Court of All the Gods", New Delhi and Madras: Asian Educational Services, 1999.

森口多里・濱岡周忠共編『建築文化叢書：第7編 印度の文化と建築』洪洋社，1924年。

森本哲郎編『NHK文化シリーズ 歴史と文明 埋もれた古代都市：第5巻 インダス文明とガンジス文明』集英社，1979年。

Myint, U. A., "Burmese Design through Drawings", Silpakorn University, 1993.

中村元編『世界の文化史蹟：5 インドの仏蹟とヒンドゥー寺院』講談社，1968年。

日本工業大学『ネパールの王宮建築』日本工業大学，1985年。

日本工業大学『ネパールの王宮と仏教僧院』日本工業大学，1985年。

オカダ，A., M. C. ジョシ『タージ・マハル』中尾ハジメ訳，岩波書店，1994年。

小倉泰『インド世界の空間構造 ― ヒンドゥー寺院のシンボリズム（東京大学東洋文化研究所研究報告）』春秋社，1999年。

Ray, A., "Villages, Towns and Secular Buildings in Ancient India", Calcutta, 1964.

Raz, R., "Essay on the Architecture of the Hindus", London, 1834.

定方晟『異端のインド』東海大学出版会，1998年。

坂田貞二他編『都市の顔 インドの旅』春秋社，1991年。

Sarkar, H., "Studies in Early Buddhist Architecture of India", Delhi, 1966.

佐藤雅彦『南インドの建築入門 ― ラーメシュワーラムからエレファンタまで』彰国社，1996年。

佐藤雅彦『北インドの建築入門 ― アムリッツアルからウダヤギリ，カンダギリまで』彰国社，1996年。

SD編集部編『都市形態の研究 ― インドにおける文化変化と都市のかたち』鹿島研究所出版会，1971年。

Siribbhadra, S. and E. Moore, "Palaces of the God Khmer Art and Architecture in Thailand", Bangkok: River Books, 1992.

Sirva, N. D., "Landscape Tradition of Sri Lanka", Deveco Designers & Publishers Ltd., 1996.

曾野寿彦・西川幸治『死者の丘・涅槃の塔』新潮社，1970年。

Soundara Rajan, K. V., "Indian Temple Styles", Delhi, 1972.

Srinivasan, K. R., "Temples of South India", Delhi, 1972.

Stein, B., "South Indian Temples", Delhi, 1978.

Strachan, P., "Pagan, Art and Architecture of Old Burma", Kiscadale Publications, 1989.

立川武蔵・石黒淳・菱田邦男・島岩『ヒンドゥーの神々』せりか書房，1980年。

Tadgell, C., "The History of Architecture in India: From the Dawn of Civilization to the End of the Raj", London: Phaidon Press Limited, 1990.

高田修・上野照夫『インド美術：Ⅰ，Ⅱ』日本経済新聞社，1965年。

武澤秀一文・写真『建築巡礼：27 空間の生と死 ― アジャンターとエローラ』丸善，1994年。

武澤秀一『建築探訪：9 インド地底紀行』丸善，1995年。

Tillotson, G. H. R.,"The Tradition of Indian Architecture", New Haven and London, Yale University Press, 1989.

上野邦一・片木篤編『建築史の想像力』学芸出版社，1996年。

UNESCO, "Cultural Triangle of Sri Lanka", UNESCO Publishing, 1993.

Volahsen, A., "Living Architecture: Indian, and Islamic Indian", New York, 1969-1970.

Wiesner, U., "Nepalese Temple Architecture", Leiden: E. J. Brill, 1978.

Wijesuriya, G., "Buddhist Meditation Monasteries of Ancient Sri Lanka", Sri Lanka, Colombo: Department of Archaeology, 1998.

米倉二郎編『インド集落の変貌 ― ガンガ中・下流域の村落と都市』古今書院，1973年。

Ⅴ　アジアの都城

阿部義平「新益京について」『千葉史学』9，1986年。

Acharya, P. K., "Architecture of Manasara, Taranslated from Original Sanskrit", Delhi: Manoharulal, 1994.

足利健亮『古代歴史地理研究』大明堂，1985年。

愛宕元『中国の城郭都市』中公新書，1991年。

Banga, I., "The City in Indian History", Urban History Association of India, 1994.

Begde, P. V., "Ancient and Medieval Town-planning in India", New Delhi: Sagar Pub., 1978.

Begde, P. V., "Forts and Palaces of India", Delhi, 1982.

セデス，G.『インドシナ文明史』辛島昇他共訳，みすず書房，1980年（原著1962年刊行）。

セデス，G.『アンコール遺跡 ― 壮大な構想の意味を探る』三宅一郎訳，連合出版，1993年（原著1947年刊行）。

Chakrabarti, D. K., "The Archaeology of Ancient Indian Cities", Delhi: Oxford Univ. Pr., 1995.

張在元「中華都城本紀」張在元編『中国 — 都市と建築の歴史』鹿島出版会，1994年。

千田稔『日本文明史：3　宮都の風光』角川書店，1990年。

陳高華『元の大都 — マルコ・ポーロ時代の北京』佐竹晴彦訳，中央公論社，1984年。

『大越史記全書』

同済大学城市規格教研室編『中国城市建設史』中国建設工業出版社，1982年。

Dutt, B. B., "Town Planning in Ancient India", Calcutta, 1925.

深井晋司「ハトラ遺跡を訪ねて」東京大学イラク・イラン調査団編『オリエント』朝日新聞社，1985年

羽田正「イラン・イスラーム世界の都城 — イスファハーンの場合」板垣雄三・後藤明編『イスラームの都市性』日本学術振興会，1993年。

林部均『古代宮都形成過程の研究』青木書店，2001年。

平岡武夫編『唐代の長安と洛陽：資料編』京都大学人文科学研究所，1956年（1985年に同朋舎より復刊）。

広瀬和雄・小路田泰直編『日本古代王権の成立』青木書店，2002年。

本郷真紹「律令国家の仏教政策」狩野久編『古代を考える　古代寺院』吉川弘文館，1999年。

陣内秀信編『北京 — 都市空間を読む』鹿島出版会，1998年。

徐松撰・張穆校補『唐両京城坊考』中華書房，1985年。

徐松撰『唐両京城坊攷』愛宕元訳注，平凡社，1994年。

賀業鉅『考工記営国制度研究』中国建築工業出版社，1985年。

狩野久『日本古代の国家と都城』東大出版会，1990年。

狩野久「平城京から平安京へ」門脇禎二・狩野久編『〈都〉の成立 — 飛鳥京から平安京へ』平凡社，2002年。

カウティリヤ『実利論 — 古代インドの帝王学：上・下』上村勝彦訳，岩波書店，1984年。

辛島昇他『インダス文明 — インド文化の源流をなすもの』日本放送出版協会，1980年。

『欽定礼記義疏』

喜田貞吉「藤原京考証」『歴史地理』21（1・2・5），1924年。

Kirk, W., 'Town and Country Planning in Ancient India: According to Kautilya's Arthasastra7', "Scot. Geogr. Mag." 94, 1978.

岸俊男「日本都城制総論」岸俊男編『日本の古代：9　都城の生態』中央公論社，1987年。

岸俊男「日本古代宮都の研究」岩波書店，1988年。

岸俊男「日本の古代宮都」岩波書店，1993年。

岸俊男『古代宮都の探究』塙書房，1994年。

鬼頭清明「仏教の受容と寺院の創建」狩野久編『古代を考える　古代寺院』吉川弘文館，1999年。

駒井和愛『中国都城・渤海研究』雄山閣出版，1977年。

叶驍軍編『中国都城歴史図録：1〜4』羊州大学出版社，1986年。

京都文化博物館編『長安 — 絢爛たる唐の都』角川選書，1996年。

Lassner, J., 'The Caliph's Personal Domain, the City Plan of Bagdad Re-examined', In A. H. Hourani and S. M. Stern (eds.), "The Islamic City", Oxford: Burno Cassirer, 1970.

Moore, E. et al., "Ancient Capitals of Thailand", Asia Books, 1995.

向日市埋蔵文化財センター編『再現・長岡京』向日市，2001年。

村井康彦「洛陽・長安の都」林屋辰三郎編『京都の歴史：1　平安の新京』学芸書林，1970年。

村田治郎『中国の帝都』綜芸舎，1981年。

室永芳三『大都長安』教育社，1982年。

中村修也『平安京の暮らしと行政』山川出版社，2001年。

中村太一「藤原京と『周礼』王城プラン」『日本歴史』582，1996年。

中村太一「藤原京の『条坊制』」『日本歴史』612，1999年。

那波利貞「支那首都計画史上より考察したる唐の長安城」『桑原博士還暦記念東洋史論叢』1930年。

日本建築学会編『東洋建築史図集』彰国社，1995年。

Ohji, T.（応地利明）, "The 'Ideal' Hindu City of Ancient India as Described in the Arthasastra and Urban Planning of Jaipur", East Asian Cultural Studies vol. XXXI, Nos. 1-4, 1990.

応地利明「南アジアの都城思想 — 理念と形態」板垣雄三・後藤明編『イスラームの都市性』日本学術振興会，1993年。

応地利明『絵地図の世界像』岩波新書，1996年。

応地利明「王都の展開」京都大学東南アジア研究センター編『事典東南アジア』弘文堂，1997年。

大室幹雄『劇場都市 — 古代中国の世界像』三省堂，1981年。

大室幹雄『桃源の夢想 — 古代中国の反劇場都市』三省堂，1984年。

岡千曲「都城の宇宙論的構造 — インド・東南アジ

ア・中国の都城」上田正昭編『古代日本文化の探究　都城』社会思想社，1976年。
小野勝年『中国隋唐長安・寺院史料集成：資料編』法蔵館，1989年。
小沢毅「古代都市『藤原京』の成立」『考古学研究』44 (3)，1997年。
Ray, A., "Villages, Towns and Secular Buildings in Ancient India", Calcutta, 1964.
定方晟『須弥山と極楽』講談社，1973年。
定方晟『インド宇宙誌』春秋社，1985年。
桜井由躬雄「ハノイ ― 唐代・長安の制にならう」『朝日アジアレビュー』7 (4)，1976年。
妹尾達彦『長安の都市計画』講談社，2001年。
朱自煊「北京」張在元編『中国 ― 都市と建築の歴史』鹿島出版会，1994年。
白石昌也「ベトナムの『まち』― 特に『くに』との関連を中心として」『東南アジア研究』21 (2)，1983年。
杉山正明「クビライと大都」梅原郁編『中国近世の都市と文化』京都大学人文科学研究所，1984年。
杉山正明『世界史を変貌させたモンゴル』角川書店，2000年。
戴震『考工記図』。
竹田正敬「藤原京の京域」『古代文化』52 (2)，2000年。
谷川道雄他編『魏晋南北朝隋唐史の基本問題』汲古書院，1997年。
舘野和己『古代都市平城京の世界』山川出版社，2001年。
寺崎保広『藤原京の形成』山川出版社，2002年。
礪波護「中国の都城」上田正昭編『古代日本文化の探究　都城』社会思想社，1976年。
礪波譲『日本の古代：9　都城の生態　中国の都城の思想』中央公論社，1987年。
月村辰雄・久保田勝一共訳『全訳マルコ・ポーロ東方見聞録』岩波書店，2002年。
唐代史研究会編『中国都市の歴史的研究』刀水書房，1988年。
上田正明編『都城』社会思想社，1976年。
梅原郁編『中国近世の都市と文化』京都大学人文科学研究所，1984年。
山中章『日本古代都城の研究』柏書房，1997年。
山中由里子「文明を支えた空間 ― 都市と建築」後藤明編『講座イスラーム世界：2　文明としてのイスラーム』栄光教育文化研究所，1994年。
楊寛『中国都城の起源と発展』尾形勇・高木智見共訳，学生社，1987年。
若山滋『文学の中の都市と建築』丸善，1991年。
王仲殊『漢代考古学概説』中華書局，1984年。
Vietnamese Studies 48, "Tahang Long: The City and its People", 1977.

Wright, A. F., "Symbolism and Function, Reflections on Changan and Other Great Cities", the Journal of Asian Studies, 24-4, 1965.（ライト，A. F.「象徴性と機能 ― 長安及び他の大都市に関する考察」奥崎裕司訳，『歴史教育』14，1966年）

Ⅵ　イスラーム世界

天沼俊一『埃及紀行』岩波書店，1927年。
荒松雄『インド史におけるイスラーム聖廟』東京大学出版会，1977年。
Aslanapa, O., "Turkish Art and Architecture", Londres et New York, 1971.
Badawy, A., "History of Egyptian Architecture I-X", London: Histories & Mysteries of Man Ltd., 1990.
Barry, M., "Color and Symbolism in Islamic Architecture", Thames and Hudson, 1996.
北京市文物研究所編『中国古代建築辞典』中国書店，1992年。
ベネーヴォロ，L.『図説・都市の世界史：2』相模書房，1983年。
ブルックス，J.『楽園のデザイン ― イスラムの庭園文化』神谷武夫訳,鹿島出版会，1989年。
Brown, P., "Indian Architecture, Islamic Period", Bombay: D. B. Taraporevala Sons & Co. Pvt. Ltd., 1965.
張承志『回教から見た中国』中央公論社，1993年。
Creswell, K. A. C., "Early Muslim Architecture", Baltimore, 1958.
Ettinghausen, R. and O. Grabar, "The Art and Architecture of Islam (650-1250)", Harmondsworth, 1987.
Faruqi, L. L., "The Cultural Atlas of Islam", New York: Macmillan Publishing Company, 1986.
Frankfort, H., "The Art and Architecture of The Ancient Orient", Harmondsworth, 1954.
Goodwin, G., "A History of Ottoman Architecture", Thames and Hudson, 1971.
後藤明『メッカ ― イスラームの都市社会』中央公論社，1991年。
Grabar, O., "Islamic Architecture and its Decoration A. D. 800-1500", Londres, 1964.
Grabar, O., "The Formation of Islamic Art", London, 1973.
羽田正・三浦徹編『イスラム都市研究 ― 歴史と展望』東京大学出版会，1991年。
羽田正『モスクが語るイスラーム史 ― 建築と政治権力』中央公論社，1994年。
羽田正編『シャルダン「イスファハーン誌」研究

380

― 17世紀イスラム圏都市の肖像』東京大学出版会，1996年。
Hakim, B. S., "Arabic-Islamic Cities", London and New York: Kegan Paul International, 1986.
ハキーム，B. S.『イスラーム都市 ― アラブのまちづくりの原理』佐藤次高監訳，佐藤次高他訳，第三書館，1990年。
日高健一郎・谷水潤『建築巡礼：17 イスタンブール』丸善，1990年。
Hill, D., "Islamic Architecture and its Decoration", Chicago, 1964.
Hoag, J. D., "Western Islamic Architecture", London, 1963.
ホーグ，J. D.『図説世界建築史：6 イスラム建築』山田幸正訳，本の友社，2001年。
石井昭編『世界の建築：3 イスラーム』学習研究社，1983年。
石元泰博写真，吉田光邦他文『イスラム空間と文様』駸々堂出版，1980年。
板垣雄三・後藤明編『事典 イスラームの都市性』亜紀書房，1992年。
井筒俊彦『イスラーム文化 ― その根底にあるもの』岩波書店，1991年。
Jairazbhoy, R. A., "Art and Cities of Islam", London, 1964.
木島安史『建築巡礼：14 カイロの邸宅 ― アラビアンナイトの世界』丸善，1990年。
光復書局編纂『中國古建築之美：8 伊斯蘭教建築 ― 穆斯林禮拜清眞寺』光復書局／中國建築工業出版社，1992年。
小杉泰『イスラームとは何か』講談社現代新書，1994年。
栗田勇『イスラム・スペイン建築への旅 ― 薄明の空間体験』朝日選書，1985年。
Leick, G., "A Dictionary of Ancient Near Eastern Architecture", London and New York: Routledge, 1988.
前田徹『都市国家の誕生』山川出版社，1996年。
Michell, G., "Architecture of the Islamic World: Its History and Social Meaning", Londres, 1978.
三木亘・山形孝夫編『都市民』（上岡弘二他編『イスラム世界の人びと：5』）東洋経済新報社，1984年。
三浦徹『イスラームの都市世界』山川出版社，1997年。
森俊偉『建築探訪：14 地中海のイスラム空間 ― アラブとベルベル集落への旅』丸善，1992年。
Mumutaz, K. K., "Architecture in Pakistan", Singapore: Concept Media Pte Ltd., 1985.
中川浩一編『近代アジア・アフリカ都市地図集成』柏書房，1996年。
中村廣治郎『イスラーム教入門』岩波書店，1998年。
Nath, R., "History of Mughal Architecture I-V", Delhi: Malik Abhinav Publications, 1994.
岡田保良『メソポタミアにおける建築空間の特性に関する史的研究』京都大学学位請求論文，私家版，1993年。
岡崎文彬『イスラムの造景文化』同朋舎出版，1988年。
Pereira, J., "Islamic Sacred Architecture A Stylistic History", New Delhi: Books & Books, 1994.
Peterson, A., "Dictionary of Islamic Architecture", London and New York: Routledge, 1996.
Prochazka, A. B., "Architecture of the Islamic Cultural Sphere" 1a, 1b, 1c, 2a, 2b, Marp, Zurich, 1988.
Robinson, F. (ed.), "The Cambridge Illustrated History of the Islamic World", Cambridge University Press, 1996.
坂本勉『イスラーム巡礼』岩波書店，2000年。
佐藤次高・鈴木董編『新書イスラームの世界史：1 都市の文明イスラーム』講談社，1993年。
清水宏祐編『イスラム都市における街区の実態と民衆組織に関する比較研究』東京外国語大学，1991年。
鈴木薫『オスマン帝国』講談社，1992年。
Stierlin, H., "Architecture de L'Islam, Office du Livre", Fribourg, 1979.（スチルラン，H.『イスラームの建築文化』神谷武夫訳，原書房，1987年）
寺阪昭信編『イスラム都市の変容 ― アンカラの都市発達と地域構造』古今書院，1994年。
Vogt-Goknil, U., "Turquie ottomane, collection《Architecture universelle》", Fribourg, 1965.
Wilber, D. N., "The Architecture of Islamic Iran", Princeton, 1955.
Yeomans, R., "The Story of Islamic Architecture", Garnet Publishing Ltd., 1999.

Ⅶ 植民都市・コロニアル建築

Ad Orientem and Auftrum, "Hispaniae Urbes", 1573.
Beamish, J. and J. Ferguson, "A History of Singapore Architecture: The Making of a City", Graham Brash, 1985.
Blagoveshchensk-fotorasskaz, "Gosudarstvennoe proizvodstvenno-kommercheskoe izdatel'stvo Zeia",

Blagoveshchensk, 1998.
Boxer, C. R., "The Dutch Seaborne Empire 1600-1800", London: Penguin Books, 1965.
ブロール, M.『オランダ史 (文庫クセジュ)』西村六郎訳, 白水社, 1979年。
Butcher, J. G., "The British in Malaya 1880-1941", Oxford University Press, 1979.
張在元編『中国　都市と建築の歴史』鹿島出版会, 1994年。
陳舜臣『香港』文藝春秋社, 1997年。
City Council of Georgetown, Penang Past and the Present, Ganesh Printing Works, 1966
Codrington, H. W., Short History of Lanka, Lakdiva, 1926.
Entsiklopedicheskii slovar (Reprintnoe vosproizvedenieizd. F. A. Brokgauz-I. A. Efron, 1890 g.), Moscow, Terra, 1990-1994.
フォーシス, J.『シベリア先住民の歴史 — ロシアの北方アジア植民地』森本和男訳, 頌流社, 1998年。
藤森照信・汪坦編『全調査　東アジア近代の都市と建築』大成建設株式会社, 1996年。
藤原恵洋『上海 — 疾走する近代都市』講談社, 1988年。
Gill, R. G., "De Indische Stad op Java en Madura", Proefshrift TU Delft, 1995.
Hall, B. S., "Weapons and Warefare in Renaissance Europe Gunpowder, Technology and Tactics", The Johns Hopkins University Press, 1977.
浜鍋哲雄『大英帝国インド総督列伝』中央公論社, 1999年。
原暉之『ウラジオストク物語』三省堂, 1998年。
Home, R., "Of Planting and Planning: The Making of British Colonial Cites", E & FN Spon, 1997. (ホーム, R. 著, 『植えつけられた都市 — 英国植民都市の形成』布野修司・安藤正雄監訳, アジア都市建築研究会訳, 京都大学学術出版会, 2001年)
飯塚キヨ『植民都市の空間構造』大明堂, 1985年。
生田滋『大航海時代とモルッカ諸島』中公新書, 1998年。
"Indonesian Heritage vol.6: Architecture", Archipelago Press, 1998.
Irving, R. G., "Indian Summer: Lutyens, Baker and Imperial Delhi", New Haven and London: Yale University Press, 1981.
加藤祐三編『アジアの都市と建築』鹿島出版会, 1986年。
Khabarovsk: geograficheskii atlas, Glavnoe upravlenie geodezii ikartografii, Moskva 1988.

Khabarovskii krai, Izdatel'stvo Utro Rossii, Vladivostok, 1996
Kotkin, S., Wolff, D. (ed.), Rediscovering Russia in Asia, M. E. Sharp, New York, 1996.
Khoo Su Nin, "Street of George Town", Jamus Print & Resource, 1994.
越沢明「大連の都市計画史 (1898〜1945年)」『日中経済協会報』134〜136号, 1984年。
越沢明『哈爾濱の都市計画』総和社, 1989年。
Kagan R. L. "Plan de Pondichery en 1741" 2000.
Kostof, S., "The City Shaped", London: Thames and Hudson, 1991.
Kotkin, S. and D. Wolff (ed.), "Rediscovering Russia in Asia", M. E. Sharp, New York, 1996.
Krushanov, A. I., "Nekotorye voprosy sotsial'no-ekonomicheskoi storii Vladivostoka (1860-1916) ", in A. F. Lancker, "Atlas van Historische Forten Oberzee", Onder Nederlandse Vlag, 1987.
Jon S. H. Lim, "The Shop House Rafflesia", JMBRAS vol.66, Part 1, 1993.
le Brusq, A. and L. de Selva (photographer), "Vietnam: A Travers l'architecture Colonial", Patrimoines et Medias/ Editions de L'amateur, 1999.
李乾朗『台湾近代建築』雄獅図書股份有限公司, 1980年。
Leipoldt, C. L., "Jan van Riebeeck", London: Longmans Green and Co., 1936.
リンスホーテン『東方案内記』大航海時代叢書V 岩波書店, 1968年。
Major David Ng (Rtd) et al., "Malaya-Gaya Hidup Antara 1900-1930", Penerbit Fajar Bakti, 1989.
マン=ロト, M.『イスパノアメリカの征服 (文庫クセジュ)』染田秀藤訳, 白水社, 1984年。
Materialy po istorii Vladivostok, Kn. 1-2, Primorskoe knizhoe izdatel'stvo, Vladivostok, 1960.
Matveev, N. P., Kratkii istoricheskii ocherk g. Vladivostoka, izdatel'stvo Ussuri, Vladivostok. (再版) 1990.
Maurice, B., "Histoire des Pays-Bas", Collection QUE SAIS-JE? No.490, 1974.
Melakai, "The Transformation of a Malay Capital c.1400-1980, vol.1 & 2".
Milone, P. D., "Queen City of the East: The Metamorphosis of a Colonial Capital", Ph. D. thesis, Berkeley: Univ. of California, 1967.

『南満州鉄道株式会社　第二次一〇年史』南満洲鉄道, 1928年。
モリス, J.『香港』講談社, 1995年。
村松伸『上海　都市と建築　1842〜1949年』PARCO出版, 1991年。
村松伸『香港　多層都市』東方書店, 1997年。
村松伸『図説上海　モダン都市の150年』河出書房新社, 1998年。
永積昭『オランダ東インド会社』近藤出版社, 1971年。
Nelson, W. A., "The Dutch Forts of Sri Lanka", Canongate, 1984.
日蘭学会編『オランダとインドネシア』山川出版社, 1986年。
西澤泰彦『図説「満州」都市物語 ─ ハルビン・大連・瀋陽・長春』河出書房新社, 1996年a。
西澤泰彦『海を渡った日本人建築家 ─ 20世紀前半の中国東北地方における建築活動』彰国社, 1996年b。
西澤泰彦『図説大連都市物語』河出書房新社, 1999年。
Obertas, V. A., "Formirovanie Planirovochnoi Sturuktury Vladivostoka v XIX v.", (in Arkhitekturnoe nasledstvo No.25, 1976, pp.85-94), 1976.
Pertubuhan Akitek Malaysia, "Post-Merdeka Architecture", PAM., 1987.
ピレス, T.『大航海時代叢書　東方諸国記』生田滋他訳, 岩波書店, 1966年。
Port of Singapore Authority, "Singapore: Portrait of Port", MPH., 1984.
Rohas, A., "San Agustin Museum", 2000.
参謀本部編『西伯利出兵史 ─ 大正七年乃至十一年』新時代社, 1972年。
Sarina Hayes Hoyt 1991 Old Penang, Oxford University Press, 1991.
佐藤洋一「帝政期のウラジオストク中心市街地における都市空間の形成に関する歴史的研究」早稲田大学学位論文, 2000年。
Schweizer, G., "Bandar'Abbas und Hormoz", Wiesbaden, 1972.
辛基秀『映像が語る「日韓併合」史　1875〜1945年』労働経済社, 1987年。
Stephan, J. J., "The Russian Far East: A History", Stanford: Stanford University Press, 1994.
Trea Wiltshire, "Old Hong Kong vol.1, 2, 3", Form Asia. 1995.
鶴見良行『マラッカ物語』時事通信社, 1981年。
van Oers, R., "Dutch Town Planning Overseas during VOC and WIC Rule (1600-1800)", Ph. D thesis TU Delft, 2000.
Wertheim, W. F., "The Indonesian Town: Studies in Urban Sociology", Van Hoeve, 1958.
Wild, A., "The East India Company, Trade and Conquest from 1600", London and India: Harper Collins Illustrated, 1999.
Wiltshire, T., "Old Hong Kong", vol.1, Form Asia, 1995.
Zandvliet, K., "Mapping for Money Maps, Plans and Topographic Paintings and their Role in Dutch Overseas Expansion during the 16th and 17th Centuries", Amsterdam: Batavian Lion International, 1998.
Zangheri, L. (ed.), "Architettura Islamica e Orientale", Alinea, 1986.
Zialcita, F. N. and M. I. Tinio, "Philippine Ancestral Houses (1810-1930)", Quezon City: GCF Books, 1980.

索　引

[あ]

アイホーレ　164, 165, 176
アウラングゼーブ　291, 293
アクサー・モスク　265-267, 272
アクバル　290-292
挙折　128, 133
アケメネス朝　144, 257, 258
アジャンター　70, 80, 82, 158
アショーカ　67, 68, 71, 75, 79, 84, 85, 94, 98, 144, 158
アズハル・モスク　277, 278
校倉　19, 22, 25, 32, 44, 45
アゾレス　301, 302
アーチ　34, 46, 87, 92, 157, 258, 264, 267, 272, 277, 278, 280, 289, 290, 295, 297, 336, 349
アッシリア　3, 257
アッバース　193, 263, 268, 269, 277, 281, 283
アッラー　259, 260, 283
アナトリア　26, 41, 284, 286-288
アヌラーダプラ　84, 85
アフガニスタン　26, 41, 43, 44, 46, 47, 69, 143, 281, 284
アマラーヴァティ　75, 95, 188, 189
アムステルダム　306, 333, 334
アムル・モスク　263, 272, 273, 277
アムール川　44, 345
アメリゴ・ヴェスプッチ　303, 304
アヤ・ソフィア　256, 258, 288, 289
アユタヤ　86, 89, 209, 210, 212-214, 219, 251, 309
アーリヤ　108, 143, 144, 152, 181
アルタシャーストラ　106, 196, 197, 199, 202, 208, 211, 212
アルハンブラ　273
アルブケルケ　303, 311
アルメニア　286
アレクサンドロス大王　144, 258
アレッポ　263, 288
アンコール・トム　183, 207-210
アンコール・ワット　33, 89, 183, 185, 186, 207
アンティール　304, 308
アントワープ　305, 306

[い]

イェニチェリ　288
イエメン　27, 55
出雲大社　36
伊勢神宮　32, 36
伊東忠太　9-19, 91, 111, 116, 143, 354
イフガオ　31, 52
イマーム（エマーム）　261, 262, 282, 283, 285
入母屋　38-41, 123, 134, 136-138
イーワーン　258, 279-284, 292
インスラ　53

インダス　2, 25, 26, 28, 29, 53, 70, 143, 144, 205-207, 258, 364
院子　28, 54, 115, 116
インディアス法　304, 313, 314, 317, 318, 320
イントラムロス　317-319, 363
インドラ　107, 145, 183, 189, 197
インド・サラセン様式　143, 335, 336, 343
陰陽五行　135, 141

[う]

ヴァイシャ　146, 196
ヴァナキュラー　2, 21, 22, 25, 33, 177, 358
ヴァーラーナシー　67, 71, 75, 154, 155
ヴァルナ　144-147, 199
ヴィガン　316, 319, 363
ウイグル　26, 295, 297
ヴィシュヌ　89, 145, 148, 149, 156-158, 162, 163, 174, 177, 183
ヴィジャヤナガル　174, 291
ウィトルウィウス　45, 151
ヴィハーラ　19, 66, 67, 79-84, 86, 92, 97, 99, 158, 186, 188, 189
ヴィハン　98, 99
ヴィマーナ　92, 98, 153, 159, 163, 172-174
ヴェーダ　9, 107, 108, 143-145, 149, 175
ヴェランダ　336, 349-352
ヴォールト　19, 27, 42, 46, 80, 87, 126, 153, 157, 162, 167, 258, 280
ウズベク　41, 297
ウマイヤ　262-266, 268, 270, 271
ウラジオストク　344, 345, 347
ウラマー　259, 279
ウル　53, 257
ウルク　53, 257
ウルムチ　26, 294
雲岡　15, 47, 91, 99, 125, 126
雲南　28, 29, 33, 34
ウンマ　257, 260, 263

[え]

営造方式　100
エジプト（エヂプト）　2, 10, 11, 17, 16, 20, 26, 46, 53, 257, 262, 263, 270, 271, 277, 278, 279, 281, 284, 287
エスプラナード　335, 336, 338-340
エディルネ　288, 289
エニセイ　25, 44
エーヤーワディ（イラワジ）　87, 188, 189
エルサレム　256, 260, 263-265, 272, 286, 288, 294
エルミナ　302, 308
エレファンタ　158, 159

384

エローラ	70, 80, 158, 159, 176	カンポン	359-361
閻浮提	107, 143	干闌式	51, 125
エンリケ	301, 302, 305		

[お]

オアシス	23, 26, 27, 269, 281
オーストロネシア	31, 32, 34, 35, 38, 50, 60
オスマン・トルコ	282, 287, 289, 291
尾垂木	126, 130-132
オランダ東インド会社	305, 307, 308, 331
オリエント	6, 7, 19, 53, 257
オリッサ	153, 167, 168, 170, 175, 188
温突	51, 52

[か]

カイセリ	286, 288
カイラワーン	271-273
カイロ	55, 263, 270, 277-279
墓股	100, 126, 127
家屋文鏡	38, 39
懸造	28
仮昂	130, 136
カザフスタン	26, 41
カーシャン	27, 284
カジュラーホー	167, 169, 170
頭貫	126, 130
カスティリア	301, 302, 317, 320
カースト	28, 144, 145, 181
カチン	32, 57
ガズナ朝	281, 286, 290
カッパドキア	26
ガート	154, 155
カトマンズ	29, 85, 97, 98, 179, 180
カナート	27
カニシカ	70, 72, 77, 78, 90, 144
ガネーシャ	148
カーバ	256, 260, 264
河姆渡遺跡	52, 125
ガマ、ヴァスコ・ダ	301-303
伽藍	12, 19, 66, 68, 69, 79, 81, 82, 85, 97, 99, 100-102, 138, 151, 153, 162, 163, 166, 168, 171, 172, 174, 179, 185, 238
カリカット	301-303
カリフ	194, 259, 263, 265, 266, 268, 270, 277, 285
カルカッタ（コルカタ）	310, 313, 314, 335, 336, 338-341, 358, 362
ガルダ	149, 156, 177
カールラー	80, 82, 158
カルロスV世	273, 304, 305, 320
ガンガ（ガンジス）	17, 28, 29, 67, 70, 144, 145, 155, 156, 167, 172, 173
観世音菩薩	74, 89, 183
ガンダーラ	14, 70, 73, 77, 78, 82, 83, 90-92
カンチープラム	70, 166
広東	18, 28, 132, 349, 350
カントンメント	310, 312, 314, 327

[き]

祇園精舎	18, 66-68, 70, 79
義浄	82
キビタス	300
キブラ	194, 256, 260, 261, 270, 272, 273, 278, 283
キャラバンサライ	55, 283, 286
穹廬	19, 20, 42
キュリエ	289
極東	6, 17, 19, 25, 43, 344-348
居留地	281, 304, 317, 349, 352, 353
切妻	30, 32, 34, 36, 38-42, 63, 125, 267, 272
キルギス	41, 297
金	100, 129, 131, 223

[く]

空海	73, 102, 106
クシナガラ	67, 68, 70
クシャトリヤ	146, 179, 192, 196, 199, 202
グジャラート	29, 153, 170, 175, 214, 303, 309, 314, 336
クテシフォン	195, 258, 281
百済	12, 94, 102, 245
クディリ	187, 188
クーファ	263, 268
グプタ	82, 92, 144, 153, 156, 164, 177, 189
クメール	89, 181, 182, 183, 186, 188, 189
クリシュナ	145, 159
クレオール	313
鞍形屋根	29, 30, 32, 36, 39, 41, 49, 58
グラナダ	271, 273, 301, 302
グリッド	205, 206, 211, 224, 227, 240, 313, 314, 327-330, 346, 353-355
クルアーン（コーラン）	256, 259, 264, 266

[け]

京城	15, 112, 115, 121, 139, 238, 252, 354
華厳寺	94, 100, 101
開城	15, 94, 131, 141
闕	47, 91, 112, 113, 125, 201, 202, 203, 204, 209, 216, 218, 219, 220, 224, 225, 226, 235, 236, 237, 239, 240, 241, 244
ケープタウン	308, 310, 312
ケーララ	48, 54, 177, 178
ゲル（パオ、包）	19, 25, 26, 41-43, 46, 138
元	26, 42, 92, 101, 105, 110, 122, 129, 131, 136, 137, 139, 221-224, 295
原始入母屋造	38-40
乾隆帝	105, 114, 139, 140
玄奘	69, 70, 79, 82, 84, 90, 101, 104

[こ]

ゴア	301, 303, 306, 310, 311, 336

黄河	2, 17, 26, 28, 53, 110, 125
康熙帝	114, 139
高句麗	47, 52, 94, 102, 125
孔子	9, 114, 121, 134
広州	28, 295, 301, 349, 351, 352
高麗	94, 102, 103, 130, 131, 141
工程做法	113
孔廟（孔子廟）	114, 121, 134
虹梁	126-128, 130, 132
コーサラ	67, 70
五山	79, 131
コスモロジー	36, 150, 191-194, 197, 200, 202, 204, 208-210, 216, 268
五台山	18, 92, 100
コチン	302, 303, 308
五堂形式	157, 168, 170
ゴープラ	153, 159, 162, 171, 172, 174
午門	112, 113, 228, 229
五輪塔	90, 95, 96
ゴール	55, 281, 290, 308, 310, 363
コルドバ	256, 271-273, 304
転び破風	32, 33, 36, 39
コロンブス（コロン）	271, 302-304, 313
コロンボ	308, 310, 314
コンキスタ	256, 271, 273, 302, 304, 313
金剛宝座	68, 70, 83, 86, 89, 92, 93, 185
金剛頂経	74, 106, 108
コンスタンティノープル	258, 287
コンドル	335

[さ]

サイゴン	326, 328, 329
最澄	104
ササック	59, 63, 298
ササン朝ペルシア	82, 194, 195, 256, 258, 263
叉首	39, 40
サダン・トラジャ	45, 49, 59, 60
サファヴィー朝	225, 282, 291
ザビエル，F	311
サヘート・マヘート	68
サーマッラー	268-271, 285
サマルカンド	69, 282, 285, 294
サラスヴァティ（弁財天）	145, 149
皿斗	100, 125
サルタナット	290, 291
サールナート（鹿野苑）	67, 68, 70, 82, 92
傘蓋	76, 82, 91
傘竿	76, 91
サンスクリット（梵語）	67, 73, 75, 89, 104, 106, 107, 143, 145, 150, 151, 154, 181, 182, 185, 186, 189, 192, 196, 208, 350
サンチー	346, 75, 76, 82, 95, 156
サントメ	335

[し]

シヴァ	89, 108, 145, 148-150, 154, 156-158, 162, 163, 165, 180, 183, 187, 286
慈恩寺	69, 70, 101
シカラ	87, 98, 150, 153, 157, 161, 166-168, 170, 176, 177, 189
紫禁城	15, 111-116, 225, 228
四合院	28, 53, 55, 110, 115-119, 140, 295, 361
始皇帝	120, 122, 139, 215
シー・サッチャナライ	88, 89, 99
四姓	152, 196, 199, 204
ジッグラト	257, 258, 270
四天王寺	94, 99, 102
四分庭園（チャハル・バーグ）	269, 291
ジハード	258, 259
シベリア	20, 25, 43, 45, 74, 344-347
ジャイナ教	47, 67, 80, 83, 107, 108, 143, 144, 165, 169, 170, 175, 176
ジャイプル	179, 211, 212
シャイレンドラ	86, 89, 186, 187
釈迦（釈尊）	48, 66, 67, 70, 71, 75, 79, 90, 94, 95, 102, 107
ジャカルタ	33, 298, 307, 312, 313, 333, 358, 359, 362
シャクティ	108, 145, 169
シャー・ジ・キ・デリー（雀離浮図）	90, 91
シャージャハナバード	292, 293, 341
シャージャハーン	291-293
ジャーティ	146, 147
ジャハーンギール	291, 292, 310
ジャーミー・マスジッド（金曜モスク）	262, 276, 280, 281, 283, 292, 343
ジャヤヴァルマン	89, 182, 183, 207, 208
シャリーア	259, 276
社稷	119, 121, 200, 201, 220, 224, 227, 228
舎利	66, 75, 76, 84, 90, 95, 98, 131, 209, 210
ジャワ	30, 50, 51, 66, 86, 89, 141, 185-189, 256, 298, 306, 307, 323, 330-333
上海	349-352, 358
儒教	10, 28, 103, 110, 113, 116, 117, 134, 135, 215, 222
シュメール	257
周礼（考工記）	119, 121, 200-202, 216, 219, 220, 222-225, 236, 237, 239, 241
シュラーヴァスティー	67, 68, 70, 79
シュリーヴィジャヤ	86, 187
シュードラ	146, 197
書院	32, 116, 134, 135, 249
商館	300-303, 307, 309, 310, 312, 331, 334, 335, 338, 339, 349, 360
城隍廟	136, 225-227
上座部	66, 67, 71-73, 84, 86, 89, 97, 98, 181, 184, 189
十字巷	220, 241
精舎	18, 66-68, 70, 79
小乗仏教	72, 73
浄土宗	102, 104, 105
ジョージタウン	308, 323, 324, 335
ショップハウス（街屋，店屋）	324, 350, 325, 361
初転法輪	67, 68, 70, 82
新羅	94, 102, 104, 141
シルカップ	81

386

シルクロード	26, 90, 241, 294		ソーランキー	170, 176
シンガサリ	187, 188		ゾロアスター	241
シンガポール	310, 312, 323-325, 362		[た]	
秦	102, 110, 119, 120, 122, 124, 139, 140, 215, 216, 221, 222, 245, 246		帝釈天	107, 145, 197
新京	238, 246, 354, 355		大衆部	71, 72
神仙思想	92, 135, 139		大乗仏教	69, 72, 73, 82, 85, 89, 106, 134, 183, 184, 186, 187, 189
シンド	17, 143		大蔵経	74, 103, 105
シンハラ	56, 85		大都	131, 221, 223-225, 295,
[す]			大同	15, 47, 100, 125, 130, 252
水牛	36, 145, 181, 321		大唐西域記	69, 79, 104
スエズ	313, 337, 340		大日経	73, 74, 106, 108
スカンダ	148, 162		大仏様	2, 100, 132, 133
スキンチ	47, 280		太廟	217, 220, 224, 228, 241
スコータイ	86, 88, 89, 98, 99, 185, 208, 209, 210		太和殿	112-114, 228, 229
朱雀	219, 227, 233, 238, 239, 241, 242, 244, 246, 247, 250-253		台湾	34, 35, 141, 308, 334, 352-354, 363
スタラクタイト	274, 281, 285		高倉	22, 31, 32, 40, 52
スダッタ	68, 79		ダーガバ	84, 85
ステヴィン, S	314, 330		高床	19, 20, 22, 25, 28-35, 38, 41, 44, 50-52, 57, 60, 62, 125
ストゥーパ	19, 66, 68, 70, 75, 76, 80-87, 89-92, 95, 96, 98, 99, 180, 183, 186, 187		タキシラ	70, 75, 81, 82
ストゥープ	89, 98		タージ・マハル	285, 292, 338
スラウェシ	32, 36, 59, 60, 307, 309		多包式	130, 131
スーラト	307, 309, 336		多宝塔	92, 94, 102
スラバヤ	187, 312, 330, 331, 333, 359, 365		ダマスクス	55, 193, 194, 263, 265, 266, 286, 288
スーリヤ	145, 150, 168, 170, 177, 212		ダーメク	68, 82, 83, 92
スリランカ（セイロン）	16, 25, 55, 56, 66, 71, 73, 84-88, 97, 143, 301, 308, 363		ダライ・ラマ	74, 137, 138
スンダ	30, 33, 51, 298		ダルニー（大連）	345, 348
スンナ	278, 279, 285, 293		ダルマラージカー	75, 81, 82
スンバ	30, 34, 63		ダンダーカ	152, 207, 208
[せ]			タントラ	107, 108, 145
聖所（ガルバ・グリハ）	153, 156-160, 163-165, 167, 168, 170-174		タンロン	226, 227, 229
清真寺	116, 294, 295		[ち]	
井籠組	19, 20, 25, 44, 45, 47		チェディ	88, 89, 98, 99, 186
セヴィリア	271, 273, 303		チェンナイ（マドラス）	160, 335, 358, 363
石寨山	33, 34		チグリス・ユーフラテス	27, 53, 257
関野貞	9, 13-16, 91, 192		チベット	23, 26, 43, 45, 47, 51, 66, 73, 74, 92, 95-97, 101, 105, 106, 110, 134, 137, 138, 150, 222
石窟	15, 47, 79, 80, 82, 85, 91, 99, 100, 102, 125, 126, 156, 158-160, 175		チャイティヤ	66, 75, 79-82, 87, 88, 98, 99, 186
ゼーランディア城	308, 334		チャオプラヤー	31, 88, 213
セルジュク朝	282, 286		チャクラ	143, 148
磚	28, 32, 46, 91, 116, 123, 124		チャトリ	291, 336, 343
氈車・氈帳	19, 42		チャンディ	50, 89, 186-188, 256, 298, 333
禅宗	101, 102, 105, 130-133, 139		チャンデーラ	153, 167, 169
磚塔	70, 90, 100		チャンパ	189, 227
[そ]			チャールキヤ	143, 152, 153, 158, 159, 164, 165, 173
宗廟	118, 119, 121, 124, 201		チュニス	55, 275, 276
相輪	83, 90-92, 96		チョウル	337
ソウル	52, 94, 134, 141, 352-354, 358		チョーラ	153, 171-173
			朝堂院	231, 237, 244, 246, 250
			長安	69, 70, 73, 102, 110, 112, 113, 120, 121, 215, 216, 218-225, 227, 235, 236, 238-244, 251, 252, 294
			地床（土間）	22, 32, 50-52
			柱心包式	131

索 引 ——— 387

重源	95, 132, 133
朝鮮総督府	141, 354, 362, 363

[つ]

ツェディ	87, 189

[て]

亭仔脚	353, 354
ティムール	282, 284, 291
デオーガル	156, 157
テルナテ	305, 307, 309
天竺	69, 79, 143
デカン	29, 81, 143, 153, 158, 164, 291, 337, 349
デサ	60, 359
デリー	256, 290-292, 310, 341, 342, 343
天円地方	120, 121, 200
天壇	121, 219
天井	19, 20, 28, 46, 49, 54, 80, 90, 126, 127, 130, 158, 159, 295
テント	19, 25-27, 41-43, 45, 52, 138, 321
道観	116, 134-136, 139, 242
東宮	220, 227, 244

[と]

道教	10, 101, 105, 110, 134-136, 219, 222, 241
唐招提寺	104, 127, 242
銅鐸	38
銅駝街	217
ドゥルガー	145, 149, 165, 311
斗栱	100, 125, 126, 129-131, 136, 137, 161
独楽寺	100, 129
突厥	26, 223
吐蕃	73
ドーム	19, 20, 46, 47, 176, 256, 258, 263-268, 278, 280-282, 285, 288-291, 293, 297, 298, 336
トラジャ	32, 45, 49, 59, 60, 62
トーラナ	76, 85
ドラヴィダ	143, 144, 152, 153, 162
トルクメン	26, 41
トロブリアンド	45
ドムス	53
ドンソン銅鼓	32, 33

[な]

ナイル	53, 257, 277
ナーガ	36, 73, 77, 81, 148, 152, 182, 183
ナーシク	80, 158
ナーチュナー	157, 164
ナーランダ	70, 82, 83, 104

[に]

ニアス	30, 60
ニコラエフスク	345, 347
ニューギニア	25, 34, 48
ニューデリー	310, 341-343, 358, 363
繞道	76, 157-159, 165, 170, 173

[ね]

熱河	114, 137
ネパール	25, 29, 50, 67, 73, 85, 86, 88, 92, 97, 98, 143, 179, 180
涅槃	68, 75, 176
ネワール	29, 97, 179

[は]

ハウトマン	298, 306
ハヌマーン	145, 149
ハノイ	18, 134, 226, 329
ハバロフスク	344, 345, 347
ハラッパ	144
ハリハラ	89, 168, 183
ハンマーム	275, 276, 286
ハヴェリ	29, 54, 361
バイヨン	89, 183, 185, 208, 209
パゴダ	87, 188, 189
パガン	87, 188, 189
バグダード	27, 193-195, 268-270, 285
バーザール	199, 204, 276, 283, 293, 314, 327, 339
バジリカ	261, 266, 267
バスティー	314, 340, 359
バタヴィア	307, 308, 312, 330, 332-334, 360, 362
バタク	32, 36, 45, 48, 58, 59, 62
パタニ	307, 309
バーダーミ	80, 158, 164, 165, 176
パータリプトラ	71, 82, 156
パティオ	54, 55, 274
バドゥイ	51
バヌア	60
バハ	29, 97, 98, 180, 318, 319
バビロン	257, 258, 281
バベルの塔	257, 270
バーミヤン	69
バーラタ	143, 144, 149, 161
バラモン	73, 108, 144-146, 150, 175, 192, 197, 202, 211, 212
バリ	50, 51, 54, 60, 61, 63, 86, 158, 160, 161, 188, 223, 359
パーリ語	73, 84, 95
パルテノン	13, 14
パールヴァティ	145, 148, 149, 157, 162, 164
バンコク	86, 98, 312, 358
版築	28, 46, 120, 241
パントゥン	306, 307

[ひ]

ビザンティン	256, 258, 263, 286, 287
肘木	41, 100, 113, 126, 127, 130-132
ヒジュラ	260

ヒッタイト	257
人字形	100, 125, 126
ビハール	158, 175
ヒマラヤ	9, 25, 44, 45, 48, 110, 143, 153, 154, 177
ビュー族	87, 188, 189
平壌	94, 102
ヒル・ステーション	310, 312, 313
ビルマ	57, 73, 83, 87, 143, 188, 189

[ふ]

ファーガソン, J	13-15, 143, 152, 164
ファテプル・シークリー	291, 292
ファーティマ朝	275, 277, 278
風水	116, 141, 353
フエ	113, 227, 229, 312
フェズ	273
フェリペⅡ世	304-306, 313, 314, 316, 317, 320
ブギス	36, 45, 60, 62, 213
不空	95
覆鉢	19, 76, 87, 90, 92
フーグリ	338, 339
釜山	15, 352
藤原京	231-242, 244, 246, 251, 253
フスタート	263, 271, 272, 277
ブータン	43, 97, 143
仏像	66, 70, 77, 78, 81, 83, 90, 92, 99, 100, 186
仏陀	66-68, 71-75, 77, 78, 85, 90, 95, 98, 107, 114
ブッダガヤ	67, 68, 82, 83, 92
仏塔	2, 19, 65, 66, 83, 84, 90-93, 97, 179, 180
浮図（浮屠）	90, 91
胡同	115, 116, 224
フナン	181, 182
ブハラ	282, 285, 286
扶余	102
プラサーダ	150, 153
ブラジル	213, 302, 308, 334
ブラックタウン	312, 314, 327, 335, 336, 339, 340
ブラーナ	145, 156, 291, 343
ブラーフマン	107, 145, 149, 151, 197, 198, 212
ブランバナン	50, 186
プレトリア	341, 343
フローレス	30, 36, 61
ブワイフ	281, 283, 286
文廟	110, 116, 134, 139

[へ]

平安京	194, 242, 244, 246-249, 251, 253, 353
平頭	76, 85, 87, 90, 91
北京	15, 28, 92, 93, 110-112, 115, 121, 123, 136, 137, 139, 218, 221-225, 229, 232, 246, 294, 295, 345, 355, 358
ペシャワール	70, 90
ベトナム	32, 34, 50, 51, 57, 89, 110, 113, 134, 141, 189, 193, 226-229, 316, 326, 328, 329, 334
ベドウィン	26, 27, 43
ベナン	310, 324, 325, 363
ペルシア	16, 23, 26, 82, 143, 144, 194, 195, 214, 256, 257, 258, 263, 269, 276, 279-281, 286, 291, 298, 303, 315
ペルセポリス	258
ヘロドトス	195
ベンガル	29, 54, 74, 156, 177, 188, 310, 338, 339
ベンデンティブ	20, 46, 47, 280

[ほ]

法隆寺	9, 11-15, 17, 66, 99, 104, 125
北魏	90, 99, 102, 105, 125, 126, 135, 216, 221, 236, 252
菩薩	68, 74, 85, 89, 106-108, 183
ボスフォラス	2, 288
ポタラ	26, 137, 138
ボードナート	85, 86
ポルトガル	145, 213, 300-303, 305-307, 310-312, 314, 315, 323, 327, 335, 336, 338, 344, 350
ボルネオ	25, 48, 56, 61
ボロブドゥール	33, 50, 66, 89, 90, 186
ホワイトタウン	312, 314, 327, 335, 339
梵天	107, 140, 149, 197, 212
ボンベイ（ムンバイ）	310, 313, 335-338, 358, 362, 363
ポンディシェリー	326-328

[ま]

マイダーン	336, 339
マウリヤ朝	71, 144, 156, 158, 175
マカオ	301
マッカサル	213, 307, 309
マカラ	188
マグリブ	54, 256, 271, 273, 275, 314
マシュリク	28
マジャパヒト	187, 188
マスジッド	256, 260, 276, 292, 343
マゼラン（マガリャンィス）	303, 305, 317
マダガスカル	34, 306
マディーナ・アッサラーム	194, 268
マトゥラー	70, 77, 78
マドゥラ	30, 59, 174
マドラサ	256, 276, 278, 279, 281, 282, 285, 286
マドラス（チェンナイ）	160, 310, 313, 335, 336, 358, 362, 363
マーナサーラ	150, 151, 207
マニラ	316, 317, 358, 363
マハーバーラタ	144, 149, 161
マヌエルⅠ世	302, 303, 305
マハーバリプラム	158, 160, 161
マハーボディ	68, 82, 83, 92
マフムード	282, 285, 290, 303
マムルーク朝	279, 287, 303
マラケシュ	55, 273
マラッカ	57, 58, 301, 303, 307, 308, 310, 323, 324, 334, 360, 363
抹楼	51, 52
マルク（モルッカ）	50, 305, 307, 316

マンスール 194, 195, 268, 271
マンダパ 81, 99, 153, 158, 164-168, 170-173, 176, 180
マンダラ 106, 137, 151, 152, 185, 197, 198, 199
マンドゥーカ 152, 197, 198, 199

[み]

ミクロネシア 25, 34
ミスル 263, 271, 281
ミナレット 256, 261, 266, 267, 270, 271, 273, 278, 281, 289, 290, 292, 296, 298, 336
ミナンカバウ 32, 33, 48, 57, 58
ミフラーブ 261, 266, 272, 278, 295
ミャンマー（ビルマ） 48, 57, 73, 83, 86, 87, 143, 188, 189
ミンダナオ 57, 60
ミンバル 261, 266

[む]

ムカルナス 281
ムガル帝国 179, 282, 290, 291, 293, 310, 343
ムスリム 74, 207, 211, 213, 256, 259, 260, 263, 271, 273, 275, 290, 295, 297, 298, 311, 317
無著 70, 73
ムハンマド 259-261, 263, 264, 271, 279, 282, 285, 290, 291

[め]

明器 42, 91, 118, 125
明堂 119-121
メキシコ 15, 301, 303, 304, 312, 316, 318
メコン 89, 181, 182
メスキータ 256, 271-273
メソポタミア 2, 17, 25-27, 46, 53, 194, 195, 257, 258, 280, 286, 364
メッカ（マッカ） 194, 256, 259-261, 263-265, 269, 283, 288, 296, 328
メディナ 260, 263-265, 275, 276, 288
メール山（須弥山） 107, 150, 197, 208

[も]

蒙古 19, 41-43, 93
モザイク 176, 264, 274, 284, 289
モデュール 113, 128, 132
モルディブ 143
モロッコ 55, 261, 287, 301
モンゴル 4, 6, 23, 25, 26, 41-43, 46, 74, 110, 122, 137, 138, 222-225, 282, 287, 291, 315, 345

[や]

窰洞 28
薬師寺 102, 238, 242
ヤントラ 108, 147

[ゆ]

ユルト 25, 26, 41, 42, 45
ユーラシア 2, 9, 12, 13, 44, 192

[よ]

ヨーガ 74, 108, 169
揚子江 17, 53, 110

[ら]

ラクシュミー 145, 149, 177
洛陽 69, 99, 102, 110, 112, 216-218, 221, 222, 236, 252
ラージプート 179
ラージャグリハ（ラージギル） 67, 68, 71
ラテライト 177, 178, 208
ラテルネン・デッケ 19, 46
ラバト 273, 275, 276
ラマ教 74, 92, 114, 137, 138
ラーマーヤナ 144, 149
ラール・キラ 293, 343

[り]

リグ・ヴェーダ 143-145
リスボン 306, 311
李朝 131, 134, 135, 141, 352-354
リッチャヴィ期 85, 98, 180
リーベック 308, 334
遼 90, 94, 100, 129, 130, 223
リンガ 59, 148, 152, 162, 166, 167, 183, 186
輪廻転生 75, 155

[る]

ルンビニー 67, 68

[れ]

レコンキスタ 256, 271, 273, 302, 313

[ろ]

ログハウス 25, 44
ロティ 36, 61
ロトフォッラー・モスク 283
ロングハウス 36, 56, 57
ロンボク 50, 51, 59, 63, 86, 298

[わ]

ワクフ 276
ワット 18, 33, 89, 98, 99, 183, 185, 207, 209
ワリードⅠ世 262, 265, 266, 268

390

■編　者　布野修司

■執　者　アジア都市建築研究会
布野修司（日本大学，建築計画，環境設計，アジア建築史・都市史）：序章，Ⅰ，Ⅱ，Ⅲ，column1，column2，Ⅳpanorama，01〜10，column2，Ⅴcolumn2，column3，Ⅵ，Ⅶpanorama，01，02，07，column3，終章
応地利明（京都大学名誉教授，地域研究）：Ⅴpanorama，01〜10，column1
青井哲人（明治大学，地域都市計画論，アジア建築史・都市史）：Ⅲpanorama，01〜08，column3，Ⅶ11
山根　周（関西学院大学，地域生活空間論，イスラーム都市建築史，）：Ⅳ（全体構成），Ⅶcolumn1
今川朱美（広島工業大学，環境都市計画）：Ⅶcolumn2
脇田祥尚（近畿大学，建築計画，まちづくり論）：Ⅶ03
宇高雄志（兵庫県立大学，都市居住環境計画，歴史環境保全）：Ⅶ04
山本麻子（アルファヴィル，建築設計計画）：Ⅶ05
山本直彦（奈良女子大学，地域住環境論，東南アジア都市・住居論）：Ⅶ06
佐藤圭一（福山大学，地域生活空間計画）：Ⅶ08，column4
佐藤洋一（早稲田大学芸術学校，都市計画，極東都市地域論）：Ⅶ09
木下　光（関西大学，都市計画，東アジア都市地域論）：Ⅶ10
柳沢　究（京都大学，建築計画，建築設計，住居計画）：Ⅳcolumn7

■図写真資料・編集協力
川畑良彦，大辻絢子，金谷俊秀，山田協太，宇都宮崇行，佃真輔，米津孝祐，桑原正慶，モハン・パント，黃蘭翔，韓三建，孫躍新，闞銘崇，渡辺菊真，鄧奕，丹羽哲矢，松本玲子，高松健一郎，朴重信，魚谷繁礼，ナウィット・オンサワンチャイ，バンバン・フェリアント，高橋俊也，堀切健太郎，永谷真理，廣富純，荻野衣美子，柳室純，根上英志，山口潔子

アジア都市建築史

2003年8月15日　初版第1刷発行
2018年1月25日　初版第4刷発行

編　者　布　野　修　司
執　筆　アジア都市建築研究会
発行者　杉　田　啓　三

〒607-8494 京都市山科区日ノ岡堤谷町3-1
発行所　株式会社　昭　和　堂
振替口座　01060-5-9347
TEL（075）502-7500/FAX（075）502-7501
http://www.showado-kyoto.jp

© 布野修司他 2003　　　印刷　亜細亜印刷

ISBN 4-8122-0316-3
＊落丁本・乱丁本はお取替え致します．
Printed in Japan

田路貴浩 編	日本風景史 ヴィジョンをめぐる技法	4100円
齋藤潮 山口敬太 編	近代建築史	2400円
石田潤一郎 中川理 編	日本建築史	2400円
古賀秀策 編	ヨーロッパ建築史	2400円
藤田勝也 編		
西田雅嗣 編	世界住居誌	3000円
布野修司 編	京都の町家と町なみ 何方を見申様に作る事、堅仕間敷事	6600円
丸山俊明 著	建築学のすすめ	2800円
traverse編集委員会 編		

──── 昭和堂刊 ────
（表示価格は税別）